车辆定位与导航系统

主　编　马庆禄
副主编　马　丹　李泽慧　魏　明　廖其龙
参　编　邓天民　王登贵　高　超　王志建

中南大学出版社
www.csupress.com.cn
·长沙·

图书在版编目(CIP)数据

车辆定位与导航系统 / 马庆禄主编. —长沙：中南
大学出版社，2014.10(2023.2 重印)

ISBN 978-7-5487-1200-8

Ⅰ.①车… Ⅱ.①马… Ⅲ.①车辆—无线电定位
②车辆—无线电导航 Ⅳ.①U491

中国版本图书馆 CIP 数据核字(2014)第 223593 号

车辆定位与导航系统

马庆禄　主编

□责任编辑	刘　灿		
□责任印制	唐　曦		
□出版发行	中南大学出版社		
	社址：长沙市麓山南路	邮编：410083	
	发行科电话：0731-88876770	传真：0731-88710482	
□印　　装	长沙印通印刷有限公司		

□开　　本	787 mm×1092 mm 1/16	□印张 19	□字数 483 千字
□版　　次	2014 年 10 月第 1 版	□印次 2023 年 2 月第 2 次印刷	
□书　　号	ISBN 978-7-5487-1200-8		
□定　　价	54.00 元		

高等院校交通运输类"十二五"规划教材

编审委员会

前　言

伴随着各项科学和应用技术的不断发展和进步，城市交通已经逐渐进入了信息化、人性化的智能交通系统(intelligent traffic system，ITS)时代，该系统将先进的信息技术、数据通信传输技术、电子控制技术、传感器技术以及计算机处理技术等各种技术有效地综合运用于交通系统中，从而实现对交通系统更加准确、实时、高效地综合管理和控制，最大限度地实现人、车、路之间的和谐统一。而ITS中的交通管理系统、动态路线制导系统、自动收费系统、自动避撞系统以及公共运输中的车辆调度和管理系统等都不同程度地依赖于车辆的位置信息。如果车辆定位与导航系统不能提供ITS所要求的位置精度和可靠性，将使ITS的大部分系统功能无法实现。因此车辆定位与导航技术在ITS中的应用是非常重要的，已经成为许多行业(如公交、消防、紧急救护、交通事故处理等)发展的一种必然的需求。

本书共分两篇，其中第一篇第1章车辆定位导航技术概述主要介绍车辆定位导航技术的发展及其在ITS中的地位与作用。第2章到第9章介绍了各个子系统的关键基础知识，其中：第2章数字地图的相关内容由魏明博士编写；第3章主要围绕经典无线定位的经典算法展开，第4章系统介绍了常用地图匹配算法以及路径规划的基本方法，第5章主要介绍了路径引导的相关知识，这三章是根据各参编人员的相关资料汇总而成；第6章卫星定位与导航技术主要介绍了卫星定位系统的基本原理及在车辆定位与管理中的应用，由马丹博士编写；第7章介绍移动无线定位与导航技术，是在第3章的基础上对无线定位技术在关键应用领域的一次拓展；第8章组合导航系统主要介绍如何组合使用其他定位信息源完善定位信息，由李泽慧博士编写；第9章智能车辆导航系统，主要介绍定位与导航在智能车辆中的应用，主要由马丹博士编写。第二篇从第10章到第11章，主要根据编写者们的相关材料进行案例分析，分析了车辆定位与导航在浮动车技术中的应用情况和探讨了定位与导航在车辆管理系统中的使用方案。全书汇集了编写组成员的科研实践成果，特别是第10章是马庆禄博士在孙棣华教授指导下形成的研究成果，在此对编写组成员以及孙老师的支持和帮助一并表示感谢。

本书作为交通运输类"十二五"规划教材，主要作为智能交通系统研究领域及相关学科的高等院校本科生和研究生的教材，也可供研究生参考学习，亦适合希望熟悉或从事车辆定位与导航系统的工程师、管理者及专业人员参考。

由于车辆定位和导航知识面广、技术发展快，要详细覆盖整个领域是困难的，因此本书重点介绍系统的车辆端，尽可能介绍最新进展和最重要的方面。由于编者水平有限以及时间匆促，书中错误和不详之处，敬请读者批评指正，同时留下E-mail：MQL360@163.com，以接收各种建议，不胜感谢。

编　者

2014年8月

目　录

第一篇　理论与技术基础

第二篇　综合案例分析

第一篇　理论与技术基础

第 1 章

概　述

1.1　车辆定位与导航的技术背景

20 世纪 90 年代以后，随着全球经济的高速发展，世界各国城市（尤其是大城市）的人口和车辆持续增长，由于交通拥挤而造成的损失随之逐年增加。因而各国竞相投资修建交通设施，试图解决这一问题。但是车辆的增长速度远远高于道路和其他交通设施的增长速度，由此带来的问题使道路交通系统的复杂性和拥挤度与日俱增。近年来，人们已经逐渐认识到单纯依靠增加道路基础设施建设不可能从根本上解决车辆的快速增长与交通设施滞后之间的突出矛盾。只有在计算机、信息和通信等高科技手段的辅助下充分利用现有的道路基础设施，才是合理可行的方法，由此出现了建设智能交通系统（intelligent transportation system，ITS）的热潮。事实上，建立现代化的交通系统，已经成为国家现代化的主要标志之一。与此相关的一系列方法与技术也成为当今计算机科学、地理信息科学等相关学科中的研究重点和热点。

ITS 是一个复杂的巨大系统，它包含众多的子系统，其中车载导航系统是最为重要的子系统之一，具有极大的市场前景和发展潜力。车载导航系统的研制开发可以划分为相互关联的技术模块，其中路径规划是其他功能模块运行的基础，包含了车载导航系统中的很多关键技术。由于车载导航系统对道路网络建模、实时路径计算等方面有着特别的要求，在技术上还存在着许多没有完全解决的问题。本书重点介绍车载导航系统的路径规划问题。智能交通系统的目标是应用先进的技术使交通在减少拥挤、污染和对环境影响的同时更安全有效地运行。在交通、计算机、信息、通信和系统科学与工程领域中，智能交通系统的理论和实践是人们目前集中、深入研究的领域，有着非常光明的发展前景。它的成功定会对我们将来的生活起到不可估量的重要作用。进一步来说，如果智能交通系统按人们所预计的那样发展，它最终将可能影响世界上的每一个人。为了达到这一目标，智能交通系统可以采用多种不同的形式。本书讨论的重点将集中在智能交通系统中的一个重要组成部分：公路车辆定位和导航系统。然而，本书所介绍的原理、概念和算法可广泛应用于许多其他领域的定位和导航系统，并能为读者理解、设计和使用先进的智能交通系统打下坚实的基础。

近年来，随着车辆数量的快速增长和道路网范围的扩大，公路交通系统的拥挤度和复杂性与日俱增，随之而来的是交通代价与浪费不断提高，个人用户出行很不便。研究发现，仅美国的主要城市每年因交通拥挤浪费的燃料达 143.5 亿 L，造成的经济损失已超过 475 亿美元，浪费的工作小时为 27 亿 h。20 世纪 90 年代以来，这些数字以每年 5%～10% 的速度递增。为了改善交通状况，越来越多的新科学技术被用来保障交通舒畅和道路安全。由于计算机、信息和通信技术越来越广泛地应用于交通系统，全行业已兴起了一个新的研究领域——智能交通系统。在过去 20 多年中，车辆导航系统得到了迅猛发展，目前其应用已经相当广泛，而且随着时间的推移和技术的发展，其普及趋势必将更加广泛而迅速。当前复杂的交通环境使得用户更加依赖车辆导航系统。车辆导航系统在疏导交通、减少到达目的地时间、提高车辆运行过程安全性方面做出了很大贡献。

荷兰著名的研究机构 TNO 最近公布了一项研究成果，证明了车辆导航系统对于交通安全的重要作用。其主要研究结论如下：①当在未知区域要行驶到已知目的地时，卫星导航系统的使用能够帮助车辆驾驶者顺利快捷地到达目的地，减少 18% 的行驶时间和 16% 的行驶距离，减小 12% 的车辆损坏可能性。②卫星导航系统能够提高驾驶员的警惕性，缓解驾驶员的压力。此外，该项研究还表明，卫星导航系统能够使驾驶员集中注意力在车辆驾驶上，而不是找路，从而减少车辆行驶过程中驾驶员不恰当驾驶操作的 50%。78% 的卫星导航系统用户能够更好地掌控行驶过程中的各种状况。同时，卫星导航系统能够减少驾驶员工作量的 20%。

1.2 定位与导航的由来及发展

尽管车辆定位和导航系统在最近几年才开始出现在世界市场，但是在人类文明史上，它的研究和发展已有相当长的历史。根据史料记载，最早的车辆导航系统可以追溯至公元前 4000 年前中国的指南车。指南车又名司南车，是古代帝王出行时的先驱车，车上站着一个木人，伸展手臂指向南方，不管车子怎样转动，其手臂总是指向南方，这种利用齿轮传动系统和离合装置来指示方向的基本原理类似于现代的差分里程计。从三国时期（220—280 年）开始，历代史书差不多都有文字记载它的发明。到了宋代（960—1279 年），由于活字印刷的发明，才有了对指南车的详细记载，《宋史·舆服志》详细地记载了燕肃和吴德仁所造指南车的结构和技术规范，成为世界历史上最宝贵的工程学文献。

近代，对指南车的研究，受到了国内外学术界的广泛重视，提出了指南车内部结构的各种猜想，其中有英国学者郎基斯特（G. Lanchester）提出的差动轮系机构。大英博物馆中的指南车就是按他的猜想复原制作的。李约瑟博士在对指南车的差动齿轮作详细研究后指出：无论如何，指南车是人类历史上第一架有共协稳定的机械（homeostatic machine）；当把驾车人与车辆看成一整体时，它就是第一部摹控机械。1924 年，英国学者穆尔（Moule）发表了研究指南车的论文，并根据《宋史》文献记载给出了具体的复原方案，接着又有很多国内外学者对此进行

图 1-1　王振铎复制的燕肃指南车模

了研究。1937 年，王振铎根据燕肃的指南车技术，改良穆尔的设计，复原完成了指南车模型（如图 1-1 所示），体现了中国古代在机械齿轮传动及离合器应用上的巨大成就（如图 1-2 所示）。1971 年，王振铎根据史书记载，成功复制了马钧的"黄帝指南车"。

另一个几乎与指南车同时发明的是计里鼓车。像指南车一样，它有一套齿轮。齿轮随着车的运动而转动，以带动车上的两个木人的手臂。这两个木人，一个面对着鼓，另一个面对着锣。每当车行驶 1 里的时候，一个木人击鼓一下；而每当车行驶 10 里的时候，另一个木人

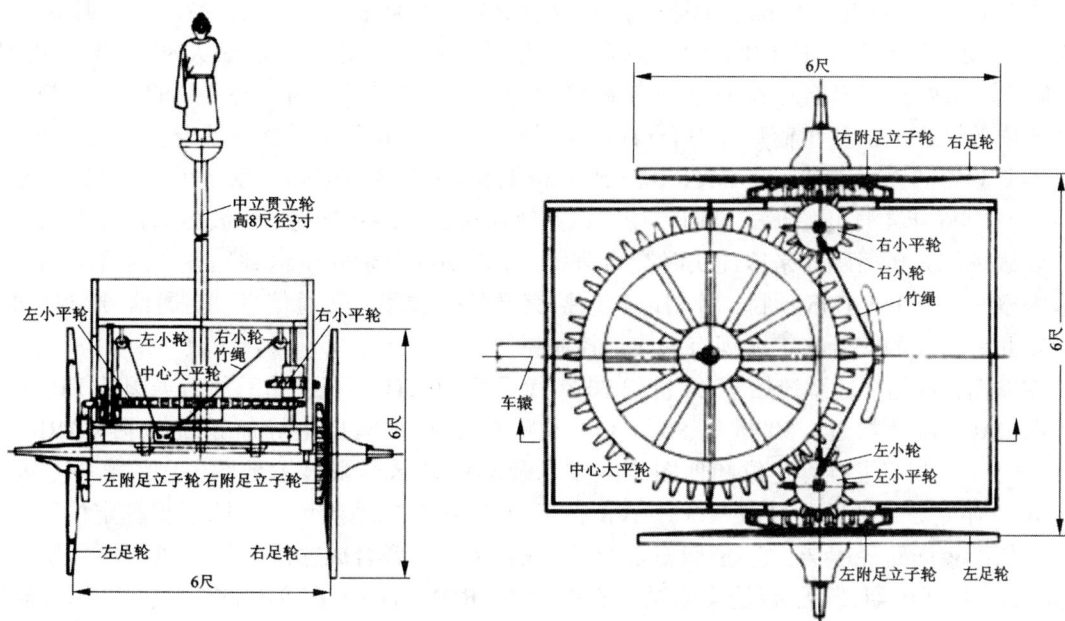

图 1-2　燕肃指南车齿轮机械结构复原图

击锣一下。计里鼓车的基本原理与现代的里程计类似。根据史书记载的描述，王振铎教授也复制了如图 1-3 所示的计里鼓车。

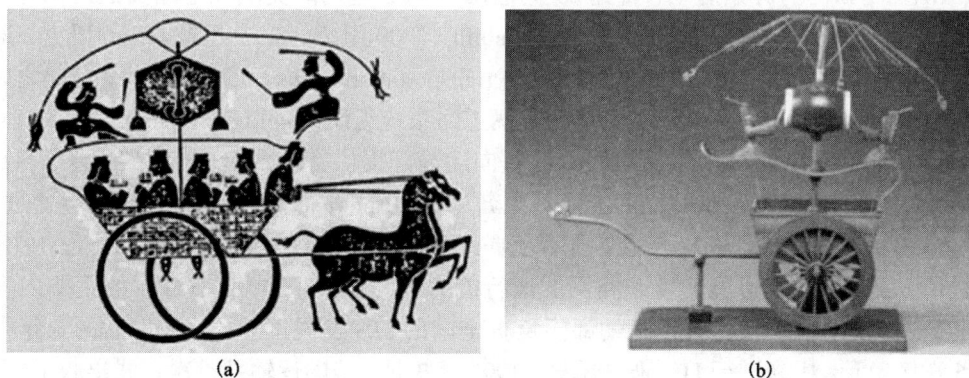

(a)　　　　　　　　　　　(b)

图 1-3　计里鼓车
(a)汉代孝堂山画像石中的"鼓车图"；(b)计里鼓车复原模型(来源于中国国家博物馆)

据史料记载，诸如里程计、差分里程计和磁罗盘这些基本的定位和导航技术是 2000 多年前发明的。20 世纪开始，这些技术和其他相应的技术已经逐渐地应用到现代车辆上。

在日本，智能交通系统始于 1971 年的汽车综合控制系统(CACS，comprehensive automobile control system)。CACS 计划与美国的 ERGS 计划在基本思想上极为相近。20 世纪 80 年代，日本的汽车市场推出了一种自主导航系统。这一系统采用了彩色显示器及由 CD-ROM 来存储数字地图的新技术。从那以后，许多各式各样的、越来越先进的导航系统相继出现在市场上，其中不少采用了地图匹配、全球定位系统（GPS）及接收机和声音引导技术。到 20 世纪 90 年代中期已经有多达 1200000 台导航系统卖给了用户。智能交通系统从 80 年代的 RACS 和 AMTICS 发展到了当前的 ATIS、VICS 和 UTMS。ATIS 受到日本当地警察局的大力支持，它利用车内的蜂窝电话及车辆管理中心与电话线相连的计算机来控制整个系统。1991 年年末，在日本邮政省的大力支持下，AMTICS 与 RACS 结合起来成为 VICS 计划，VICS 一直在进行实验，并于 1996 年 4 月开始正式推向市场。该系统通过红外线指向标、微波指向标或者调频广播的副载频作为传播媒介来传递实时交通信息，用以引导车辆安全地到达各自的目的地。由国家警察厅发起的 UTMS 项目，计划以其包括交通数据收集、交通信息、交通信号控制和动态导航几种功能的综合来扩大现有的交通控制系统。

在欧洲，智能交通系统始于 20 世纪 70 年代后期的 ATI 工程，此工程与美国的 ERGS 和日本的 CACS 极为相近。20 世纪 80 年代，欧洲推出的车辆自主导航系统包括 CARIN 和 EVA。CARIN 利用了推算定位和地图匹配技术及彩色显示器来显示地图，它是第一个采用 CD-ROM 存储数字地图的导航系统。EVA 曾于 1983 年成功地演示过。除了推算定位、地图匹配和依次转向路径引导，它还可以同时用可视显示和声音合成输出来给司机提供导航。自 20 世纪 80 年代中期开始，智能交通系统实验计划 PROMETHUS 和 DRIVE 一直在欧洲大规模地实施。前一个计划是由汽车工业界发起的，它的主攻点是车内系统及其周围的环境；后一个计划是由欧洲共同体发起的，它的主攻点是基础交通设施的要求。这两个计划一直联手合作并有许多正式和非正式的连接。最近，PROMETHUS 已演变为 PROMOTE，而 DRIVE 已成为一个称之为在交通及环境中的电讯应用项目。

在美国，20 世纪 60 年代后期，ITS 的第一个项目——电子路线引导系统（electronic route guidance system，ERGS）开始启动；直到 20 世纪 80 年代，这期间美国在道路交通的信息化、智能化方面几乎没有任何进展；1987 年，成立了 ability 2000 组织，继续开展 ITS 的研究，该组织后来演变成了现在的 ITS America（the intelligent transportation society of America），在此之后进入高速发展时期，1990 年 8 月，成立了智能化车辆道路系统组织（intelligent vehicle-highway society of America，IVHS America），其主要任务之一是向运输部提供有关 IVHS 计划的需求、目标、目的、计划及进展等。IVHS America 于 1994 年更名为 ITS America。1991 年，美国国会通过了"综合地面运输效率方案"（ISTEA），旨在利用高新技术和合理的交通分配提高整个网络的效率，根据计算机仿真的结果，尽可能使整个路网的通行能力提高 20%~30%。ISTEA 的主要内容就是实施智能交通系统，并确定由美国运输部门负责全国的 ITS 发展工作，并在以后的 6 年中由政府拨款 6.6 亿美元，用来进行 ITS 研究开发。1995 年 3 月，美国运输部首次正式出版了《国家智能交通系统项目规划》，明确规定了智能交通系统的 7 大领域和 29 个用户服务功能，并确定了到 2005 年的年度开发计划。为了加强 ITS 研究，美国政府加大了支持力度，由美国联邦政府公路局在全美建立了 3 个 ITS 研究中心，中心的经费由联邦政府和地方政府共同提供。为了调动企业和私人投资公路建设的积极性，美国大力展开了电子收费系统和不停车收费系统的实验研究，目前美国已有 12 个运输管理机构在进行这方面的工作。

1.3　车辆定位与导航系统

在智能交通系统中，交通信息采集、车辆调度控制、车辆监控以及紧急救援等，都需要选择合适的定位技术实时准确地掌握车辆的位置信息。为了实时避开交通拥堵的区域，又需要建立车辆导航系统。现代定位与导航技术是涉及自动控制、计算机、微电子学、光学、力学以及数学等多学科的高新技术，是实现公众出行特别是车辆定位与导航任务的关键技术，也是交通监控的核心技术，这对于提高交通监管、出行服务以及辅助驾驶等工作效率和改善综合交通服务能力具有重要意义，能在智能交通等现代高技术交通管理与控制平台中得到广泛应用。技术上常把定位与导航集成为智能车辆定位与导航系统（intelligent vehicle location and navigation system，IVLNS）。IVLNS 应用车辆定位技术（vehicle location）、地理信息系统（geographic information system，GIS）、数据库技术（database technique）、信息技术（information technology，IT）、多媒体以及远程通信技术（multimedia and remote communication technologies），为车辆驾驶员提供车辆定位、行车路线设计、路径引导服务、综合信息服务、无线通信等重要功能。

车辆定位导航技术是 ITS 中的关键技术之一。车辆导航定位系统的首要功能是能够提供车辆的位置、速度和航向等信息，而精确、可靠的车辆定位则是实现导航功能的前提和基础。常用的车辆定位技术主要有航位推算技术（dead reckoning，DR）、卫星定位技术（global position system，GPS）、惯性导航技术（inertial navigation system，INS）、地图匹配技术（map matching，MM）等。由于基于任何一个单独的定位技术的系统都有本身无法克服的短处，因此出现了组合导航系统。本书根据智能交通系统的特点，提出了 GPS、航位推算技术与地图匹配技术相结合的组合导航系统。

随着经济的飞速发展，机动车的增长率远远高于道路修建的速度，任何城市都面临道路状况改善相对滞后的局面，从而造成交通拥堵、环境恶化，大力发展智能交通系统(ITS)已成为解决交通问题的唯一行之有效的出路。利用全球定位系统(GPS)的城市车辆定位技术作为 ITS 的关键技术之一，借助电子地图等其他手段，可依据城市道路拥挤状况和运输的最佳线路，选择运输途径，从而避免运输道路选择的盲目性，提高了城市车辆的调度和管理水平，减少了车辆行驶时间和油耗，从而保证城市道路系统负荷的均匀性，达到改善交通状况的目的。车辆定位与导航可采用各种技术手段进行，但其中车辆精确定位的实现最为重要，也是最困难、花费最高的。

重点与难点

重点：(1)ITS 的概念以及与定位、导航的关系；(2)车辆定位与导航技术在我国的起源与发展情况；(3)车辆定位与导航的内涵。

难点：车辆定位与导航技术在 ITS 中的地位与关系。

思考与练习

1-1　简述车辆定位与导航系统的基本概念。

1-2　车辆定位技术有哪些？各自有什么特点？

1-3　简述车辆定位与导航在 ITS 中的地位。

第 2 章

数字地图

　　数字地图是基于点、线和面的一维线性网络来表达道路系统，是车辆定位和导航的基础，也可以应用于交通管理的各个环节，如交通规划、交通建设和交通管理等。本章系统地介绍数字地图的概念和发展现状、交通数字地图的特征及其应用前景，并结合 GIS 技术，以 MapInfo 为例，学习如何构建和操作一个交通数字地图，在此基础上初步掌握交通数字地图的二次开发技术。

2.1　数字地图概论

　　数字地图又称电子地图，是数字化和矢量化的地图，其以地图数据库为基础在一定坐标系统内将具有确定坐标属性的地面要素和现象的离散数据，以数字形式存储在计算机中并在电子屏幕上可显示的地图。

　　地图矢量化有两个含义：一是指将地图底图上各种信息(道路、区块、轮廓等)的 x、y 坐标转换为经纬度或大地坐标；二是指将各种地理信息(车站、银行、超市等)在定位(矢量化)后分层叠加到电子地图上，形成电子地图的各个图层。电子地图可以存放在数字存储介质上，例如磁带、硬盘、U 盘、CD-ROM 等。

2.1.1　电子地图在 ITS 中的作用

　　在 ITS 中有很大一部分内容是和车辆定位与导航系统相关的，这部分内容是 ITS 的重中之重。在这些内容的实现过程中，电子地图扮演着平台、对象、工具等多重不可替代的角色。只有在显示屏幕中加载电子地图，用户才能和定位与导航系统进行交互，才能从定位与导航系统中获得自己所需要的信息。用户通过电子地图，才能对 ITS 表达自己需要达到的目的，才能向 ITS 提出服务请求。我们一般把用于 ITS 中的电子地图称为导航电子地图。

　　在车辆 GPS 定位过程中，电子地图是各个系统工作的平台，同时也是工作的对象。正是通过电子地图中量化的各种数据与 GPS 数据间的联系(地图匹配)，我们才能确定车辆的实际空间位置；在车辆的导航系统中，要计算车辆行使的最佳路径(最佳路径搜索)，电子地图既是算法计算的对象，也是算法赖以成立的工具。与传统地图相比，数字地图的优点如下：

　　(1)数字地图的信息量远大于普通地图，可以实现地图要素的分层显示、任意比例尺和范围绘图、自动化测量等数字化管理。

　　(2)数字地图可以非常方便地对普通地图的内容进行任意形式的要素组合、拼接，形成新的地图。

（3）利用虚拟现实技术将地图立体化、动态化，令用户有身临其境之感。

（4）利用数据传输技术可以将电子地图传输到其他地方。

由上可知，数字地图是以图论和数据库为基础，它除了通过点、线和面表示地图的几何要素之间地理相关之外，还可设置它们的属性内在联系（如图 2-1 所示），它是传统地图与计算机技术、GIS 技术、网络技术相融合的产物，突破了传统纸质地图在时间和空间上的局限性，具有更丰富的信息含量和更广阔的应用范围。

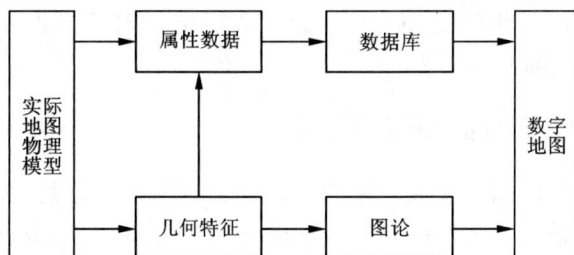

图 2-1 数字地图的概念图结构

地理信息系统（GIS）是建立在空间数据库基础之上的信息系统，因此电子地图是 GIS 最基础的组成部分。目前，随着地理信息系统在智能交通系统（ITS）、导航系统（GPS）中的广泛应用，电子地图也成为这些系统中不可或缺的重要组成部分，例如通过电子地图可以将各种交通信息直观地展现出来，并能对车辆进行实时定位等。

2.1.2 数字地图的发展现状

在军事导航、卫星运行测控以及经济建设的各个行业中，随着计算机技术和信息科学的高速发展，仅靠纸制地图和一些零散的数字地图已无法满足现实需要，要求数字地图融合空间信息与专题信息，亟待建立基于区域性的综合数字地图，以可视化的数字地图为背景，用图表、声音、视频等多种媒体技术综合展示该地区城市、旅游景点等区域综合人文、经济面貌。通过人机交互手段可以实时、动态地提供信息检索、过程模拟和定位导航等功能，从而满足用户的多样化需求。综上所述，数字地图主要有以下几个发展方向：

1. 多媒体数字地图

多媒体数字地图是数字地图与多媒体技术的结合产物，是数字地图的进一步发展。它除了具有数字地图的优点之外，还增加了地图表达空间信息的媒体形式，以听觉、视觉等多种感知形式，直观、形象、生动地表达空间信息。

2. 导航数字地图

导航数字地图是将数字地图、GPS 定位和路径引导等技术综合集成而成，可以快速地定位用户的位置，根据用户的出行目的地、出行偏好、出行费用和时间等现实约束，为用户选择多条路径，并排序推荐。

3. 网络数字地图与 WebGIS

网络数字地图是用户基于 Internet/ Intranet 技术可访问的数字地图。目前，WebGIS 是网络数字地图的流行技术之一，已经广泛应用于环境监测、数字天气预报、灾害监测与评估、跟踪污染和疾病的传播区域、现代物流、数字城市等诸多领域。

4.三维数字地图

三维数字地图是在二维数字地图基础上,采用数字高程模型技术,将地貌信息立体化,真实准确地反映地貌状况的数字地图。此外,也可以将人文、经济数据融入该数字地图中,除了提供三维空间数据外,还可根据用户的要求提供丰富的人文、经济专题数据。

5.基于虚拟现实的数字地图

基于虚拟现实的数字地图是虚拟现实技术与地图制图相结合的产物,可为用户提供一种模拟现实地理环境中的相关物体之间交互,通过人机情景对话操作虚拟现实中的物体的动作,从而能分析整个系统的涌现行为。

2.1.3 交通数字地图的特征及应用前景

交通数字地图是数字地图在交通领域的应用,以地理数据为基础,客观、完整地表达现实世界中道路的连通关系。交通地图与一般地图存在一定差异,这是因为它们是面向不同用户确定的,其区别体现在以下几个方面:

(1)数字地图中的道路是以道路为中心,而交通数字地图按照交通流方向更关注有物理或法定隔离带的道路上下行关系。

(2)数字地图的立交桥较少描述立交桥匝道与其他道路的连通关系,而交通数字地图将它们抽象为一个符号或节点,刻画它们之间的直达性。

(3)数字地图在表达道路时完全能够反映两条或数条道路交叉处之间的直观视图,但在数据上不能反映它们之间的连通关系,而交通数字地图更关注后者,在前者上有所欠缺。

(4)数字地图的点、线和面几何要素是物理实际存在的,而交通数字地图中许多均是抽象的,受很多因素限制。例如公交小区划分是人文地理环境所决定的,同一地点可能有三个公交站点(车流量较大),公交线路和道路并不完全一致等。

由上可知,虽然数字地图与交通数字地图的数据共享平台是一样的,但是在数据内容、数据组织结构、拓扑关系等方面存在明显的差异,在利用基础地理信息生产数字交通地图时,根据用户开发的目标,必须实地调查、专家研讨进行要素重构,其主要方面包括交通区域划分、站点或交叉口、道路网络结构、交通专题信息(引导信息、交通拥堵等)等。

2.2 数字交通地图预处理技术

2.2.1 MapInfo 简介

MapInfo 是美国 MapInfo 公司生产的桌面地理信息系统软件,是目前主流的地理信息系统应用平台之一。MapInfo 格式矢量电子地图是指采用 MapInfo 矢量数字地图空间数据结构的电子地图。MapInfo 格式电子地图是分层存放的,它将一张地图分成不同的图层,这样就可以对某一图层(也即某一类空间对象)进行独立处理,而且这样的空间数据便于空间数据的查询。MapInfo 提供了数据库和地图、图表和统计图可视化的处理功能,是进行数据分析、销售和展示不可多得的商用工具。因此,学会如何利用 MapInfo 建立一个数字交通地图,可为交通 GIS 的统计分析、二次开发打下坚实的基础。

1. MapInfo 的拓扑关系模型

空间数据的拓扑关系模型是建立地理信息系统的基石。目前，主流的商用地理信息系统中，主要有 POLYVRT 结构和"空间实体+空间索引"两种空间数据模型。

MapInfo 采用的是"空间实体 + 空间索引"的空间拓扑关系模型。"空间实体+空间索引"模型的基础是"空间实体"。空间实体是地理信息系统中对实际的地理实体的一种抽象，"空间实体+空间索引"模型的空间查询功能主要是通过"空间索引"技术来完成的。空间索引的目的是对给定的空间坐标，能够以尽快的速度搜索到坐标范围内的空间对象。相对于 POLYVRT 空间拓扑关系模型，"空间实体+空间索引"模型，由于空间数据相对独立，对于空间数据的可维护性较强，而且对空间数据的查询、分析以及处理更加方便快捷。

2. MapInfo 的数据结构

MapInfo 的属性数据以及空间数据主要是依靠以下 5 个文件组织起来的，如图 2-2 所示。

（1）属性数据的表结构文件（.tab）

属性数据表结构文件定义了地图属性数据的表结构，通过它可以描述空间数据的属性信息。如可以通过属性数据表结构文件描述道路的宽度、车道数、坡度等信息。

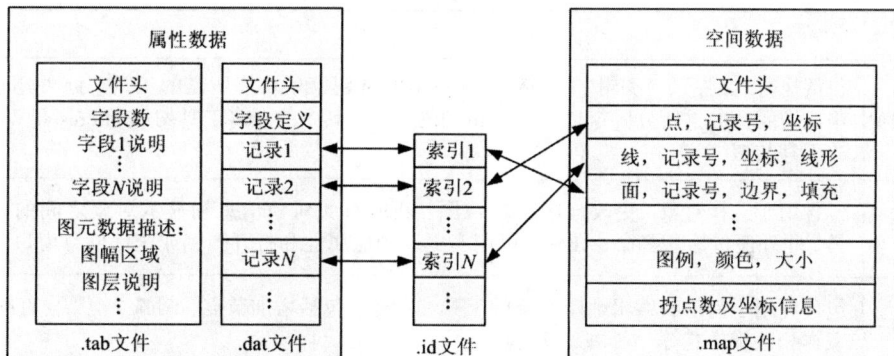

图 2-2　MapInfo 的文件格式

（2）属性数据文件（.dat）

主要存储属性数据表结构文件中字段的记录，如可在属性数据中存储某条道路的道路宽度为 20 m。

（3）交叉索引文件（.id）

交叉索引文件的主要作用是连接数据和对象，它相当于空间对象的定位表。

（4）空间数据文件（.map）

空间数据文件主要描述的是各种地图对象的空间数据，此外还有与空间对象对应的属性数据记录在属性数据文件中的记录号。

（5）索引文件（.ind）

索引文件并不是必需的，它是由 MapInfo 自动生成的，它的主要作用是提高空间数据的查询速度。

MapInfo 支持.tab 格式的数据文件，如表 2-1 所示，当创建一个表后，将会产生表的结构、制表数据、图像对象、索引文件等 5 个文件。

表 2-1　MapInfo 数据格式

文件格式	备　注
<SOMEFILE>.tab	表的结构
<SOMEFILE>.dat	制表数据
<SOMEFILE>.map	图像对象
<SOMEFILE>.id	链接数据和对象的交叉索引文件
<SOMEFILE>.ind	链接数据和用于 Microsoft Access 表的对象的交叉索引文件

3. MapInfo 界面

（1）工具栏

MapInfo 提供了标准、绘图和选项等 4 个工具栏，用户借助这些工具栏可以实现众多地图绘制创意，如表 2-2 所示。

表 2-2　MapInfo 工具栏

工具栏	作　用
标准工具栏	包括执行"文件"、"编辑"和"窗口"菜单中的常用菜单功能所需的工具。此外还包括用于快速访问新的重新分区窗口和联机帮助的工具。其中的众多工具均和 Microsoft Windows 中的工具类似
主工具栏	包含用于选择对象、更改地图窗口视图、获取有关对象信息和显示对象之间的距离的工具。此外还包括众多命令按钮，可用于更改图层属性和打开图例或统计信息窗口
绘图工具栏	包含可用于创建和编辑地图对象的工具和命令，包括增加节点、圆弧、框架、直线、矩形、文本和区域样式等
工具栏选项	要重新调整工具栏，只需点击并拖放其边框即可

（2）MapInfo 地图的建立与编辑

在操作 MapInfo 创建地图数据之前，需要打开相应的文件或表，在此基础上可以编辑地图，如建立地图、编辑地图的表结构等，具体操作步骤如下。

步骤 1：如图 2-3 所示，单击文件菜单中的"Open"（打开）按钮，弹出"Open"对话框。

步骤 2：在打开的对话框中，根据所选择的数据类型和视图，浏览要打开的数据文件，点击"Open"按钮进入当前地图编辑界面，如图 2-4 所示。

步骤 3：在文件菜单中单击"New Table"（新建表）按钮，弹出"New Table"对话框，从以下复选框中选择如何显示新表，根据所需选择添加相应的新窗口，如图 2-5 所示。

步骤 4：如图 2-6 所示，单击"Add Field"（增加字段）按钮，设置该字段的属性，在完成表的结构之后，单击"Create"（创建）以创建该表。

图 2-3　打开对话框

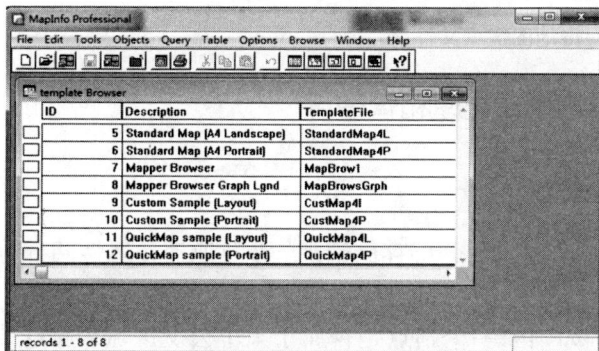

图 2-4　地图编辑界面

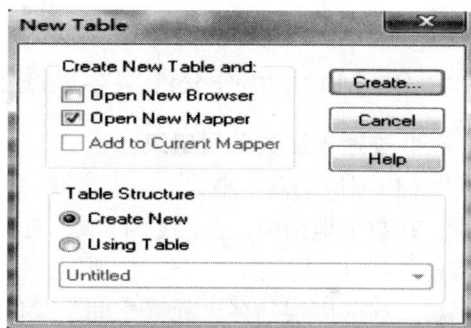

图 2-5　新建表

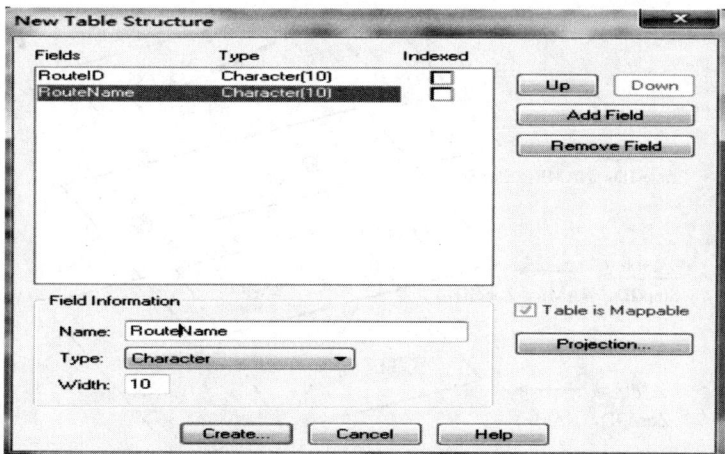

图 2-6　增加数据表的字段

步骤 5：在"保存类型"下拉列表中选择指定的文件类型，在"文件名"选项中输入表的名称，点击"Save"（保存）按钮，如图 2-7 所示。

图 2-7　保持地图数据文件

2.2.2　MapInfo 在交通数字地图上的建模、处理和管理

1. 交通地图的分层组织

（1）图层的基本概念

在数字地图中，点、线、区域、文本和集合等元素分层存储管理，涉及地理和属性两部分信息，它们共同构成一个完整地图，如公交网络地图包括公交区域、站点、线路和客流四个图层。这些图层的各个元素之间是关联的，如判断一个站点是否属于某个公交区域，通过计算它们的坐标方差最小，或设置它们之间的关联属性。前者是显然的，后者设置站点的属性为站点 ID、站点名称和站点所属区域 ID，如图 2-8 所示。

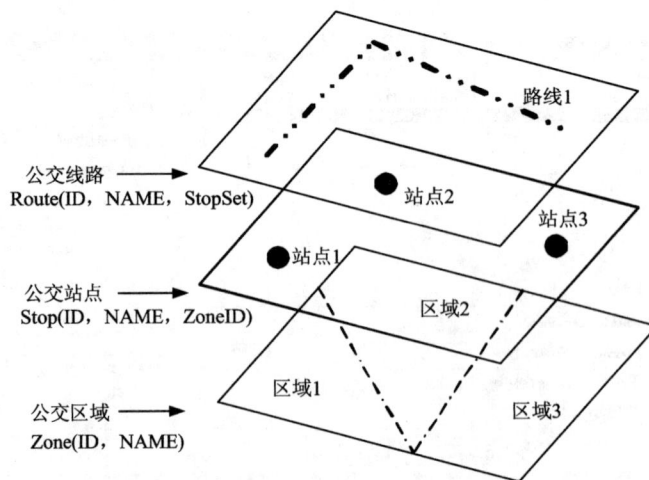

图 2-8　公交网络的图层概念

在 MapInfo 中，每个数据表均显示为单独的图层，在创建地图图层之后，可以采用多种方式来编辑图层，包括属性修改、添加图像元素等，或增减图层，或对其重新排序，一次可以选择显示一个、两个或多个表，构建完整的地图。

（2）图层的访问控制

由上可知，"图层控制"对话框是构建地图的关键，包括可视、可编辑、可选和自动标注，或重排、添加或移除图层等。要访问"图层控制"对话框，在地图菜单或主工具栏中单击"图层控制"按钮，出现如 2-9 所示的对话框，当在复选框完成选择和更改之后，执行相应的操作以更改地图的图层。

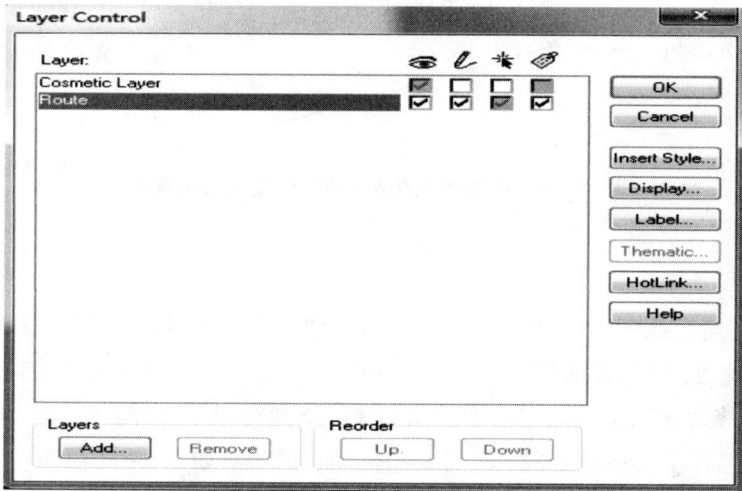

图 2-9　图层操作

2. 节点、路段、面及其图形操作

（1）建模分析

当对某个交通领域进行 GIS 建模分析时，其核心在于确定该交通网络需要构建几个图层，图序分为地理和非地理两大类：前者侧重于如何利用点、线和面刻画它们的几何特征，它们的先后顺序为面→点→线，即点在面上，线连接点，如图 2-8 所示；后者描述这些地理要素的人文、经济特征。不同图层的各个元素坐标是一致的，也可以设置它们的属性关联，具体做法可以参考 E-R 图，它们的属性一般设为 Zone（ID，Name）、Point（ID，Name，ZoneID）、Line（ID，Name，PrePointID，NexPointID）、非地理图层（ZoneID/PointID/LineID，社会、经济和人文指标）等。以公交网络客流评价为例，如图 2-10 所示，该 GIS 在图 2-8 基础上增加公交客流图层。

在交通 GIS 中，常见的面层包括行政区域、交通规划区域、公交区域、物流配送区域等，常见的点层涉及交叉口、站点、停车场、加油站和配送中心等，常见的线层有路段、公交线路和配送线路等，常见的非地理层有人口、经济、交通流、餐饮、旅游、商贸等。

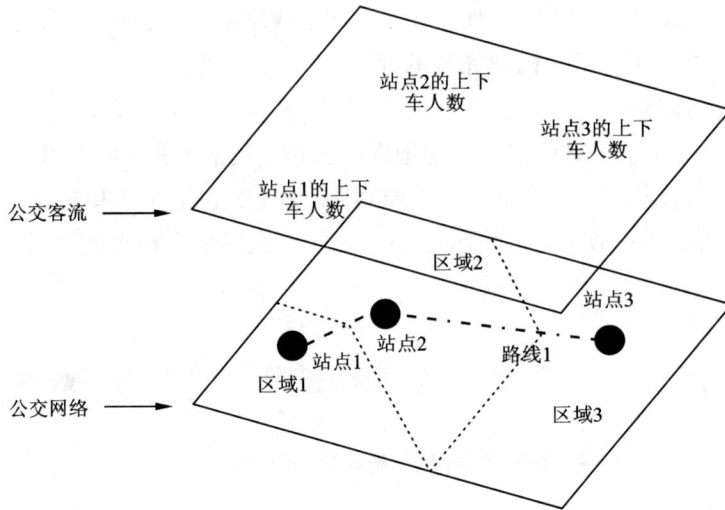

图 2-10　公交网络的地理和非地理建模示意图

（2）图形操作

MapInfo 拥有全套绘图工具和编辑命令，当创建一个图层后，设定绘图对象样式，如颜色、填充图案、线型、符号和文本等，在图 2-9 中将要更改的图层设为可编辑状态，利用这些工具可以绘制和修改图层上的对象。要编辑对象，请执行以下操作：

步骤一：用选择工具选择对象，将对象拖到新位置上，如图 2-11 所示。

步骤二：双击选中对象，设置其线型、填充图案或符号等格式，如图 2-12 所示。

步骤三：双击选中对象，在工具栏中点击"Browse"（浏览）按钮，更改对象的属性，如图 2-13 所示。

步骤四：在文件菜单上，单击"Save"，即可保存所做的更改，如图 2-14 所示。

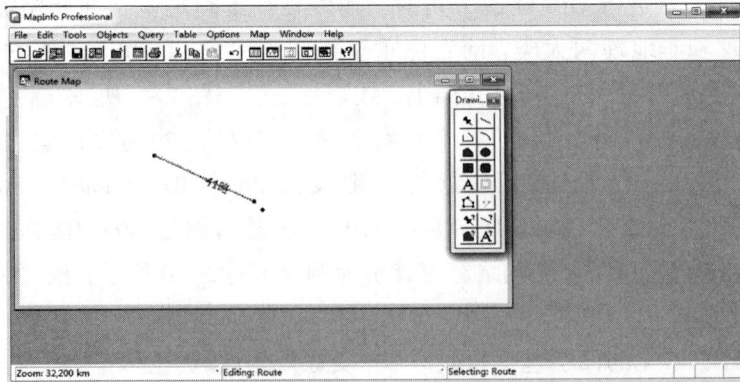

图 2-11　在图层中添加对象

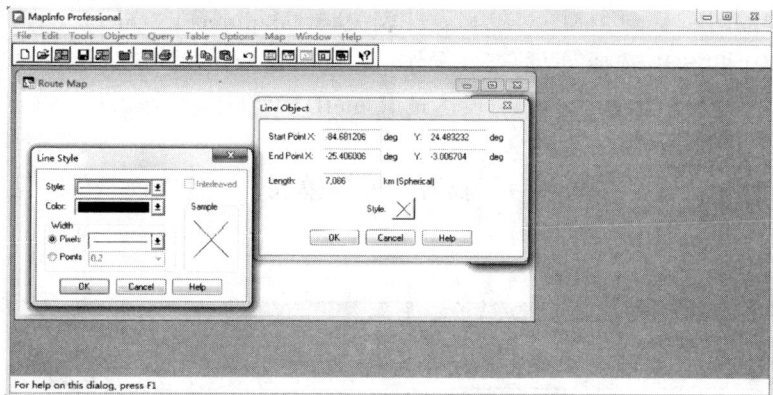

图 2-12　设置图层中的对象样式

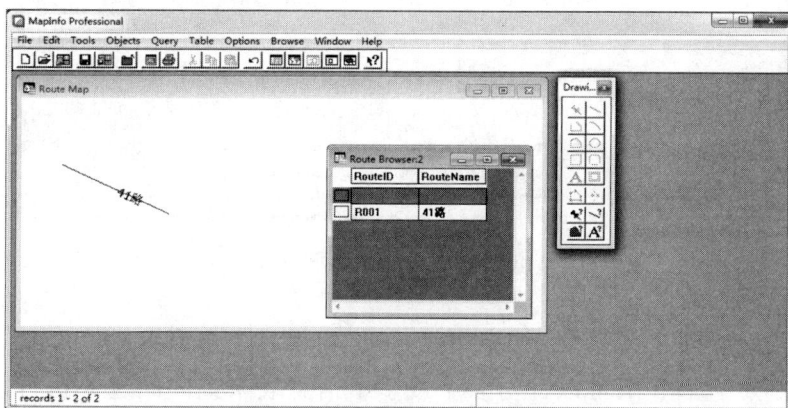

图 2-13　设置图层中的对象属性

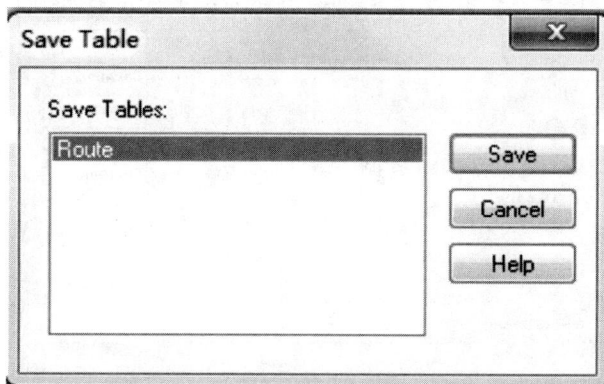

图 2-14　保存图层

　　此外，若对图层或对象执行其他操作，在右键菜单中选中"Object Editor"（编辑对象）按钮，可以进行对象之间的合并、分裂、重叠等操作。

3. 空间数据管理与信息查询

在上文创建的图层上，因地图对象和属性表关联，MapInfo 在"Query"（查询）菜单中提供了"Select"（选择）和"SQL 选择"两种查询操作，通过构建 SQL 语句逻辑表达式，用于从数据中查询、汇总和统计分析信息。例如，表达式 RouteID＝R 001 表示。

（1）选择查询

如图 2－15 所示，选择查询对话框仅可以操作单表，设置查询条件，只显示相应的列和行。

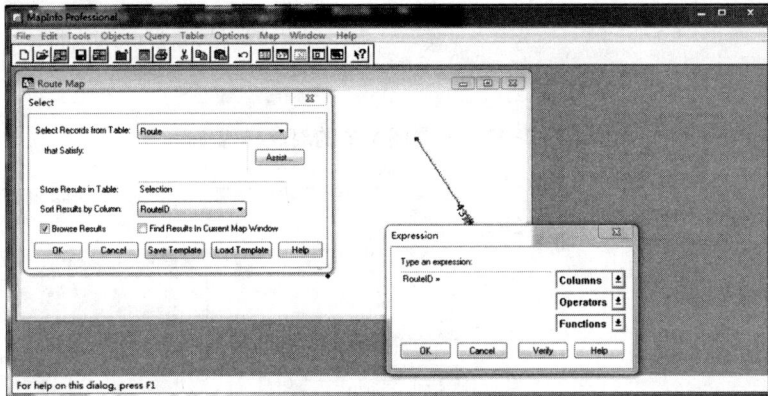

图 2-15　选择查询

（2）SQL 查询

如果采用 SQL 选择，则可以针对一个或多个信息表来询问问题并执行以下任务，如图 2-16 所示。

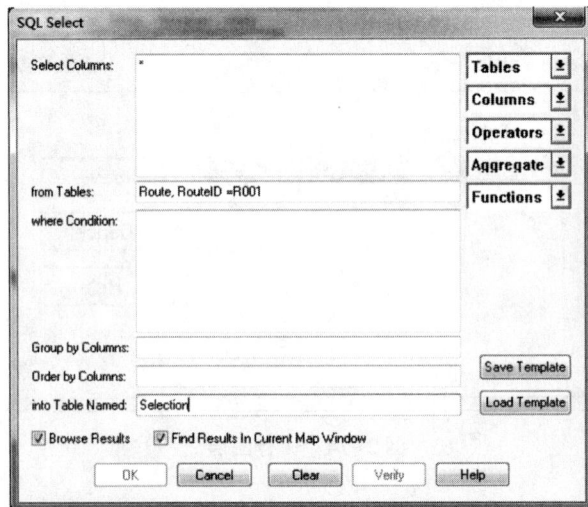

图 2-16　SQL 查询

2.2.3　地图预处理关键技术

1.路网拓扑结构构建算法

通过在路网拓扑结构构建前建立道路缓冲区，分别对道路首尾节点进行分析，求多点所组成区域的质点及质点在相邻道路上的垂点等预处理，对原始道路图层中不规则的路网关系进行分类和信息补充，以提高拓扑结构构建的精度。现有算法需要对道路进行频繁删除和创建才能完成对原始道路的预处理，本算法则首先进行信息的补充，然后只进行一次创建路段即可完成对原始道路的预处理和路段图层的构建，这将提高算法的运行效率。

原始路网预处理是应用缓冲区分析技术和计算区域质点等预处理方法对原始路网不规则的关系进行分类，主要分为三种典型情形，如图 2-17 所示。针对不同的情形应用不同的方法收集和补充道路信息，并将信息写入各道路的属性表内。该预处理方法只在道路属性表内补充必要的道路信息，不对原始道路的几何特征进行修改。

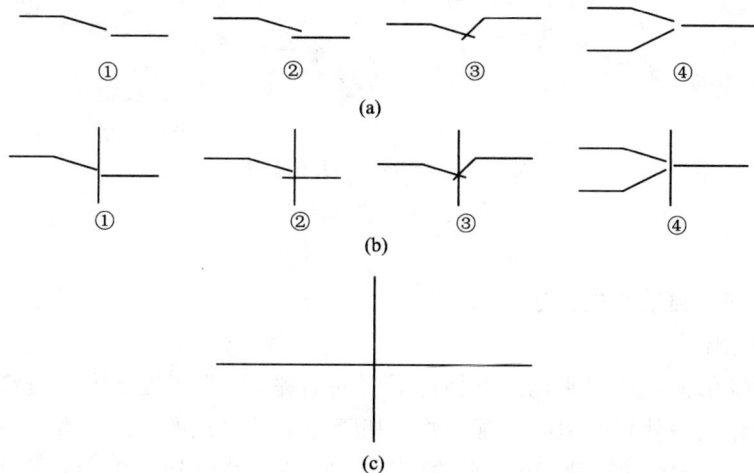

图 2-17　电子地图上原始道路拓扑关系典型情形

（a）道路在端点处相邻、相交；（b）多条道路端点与另一条道路非端点处相邻、相交；（c）两条道路在非端点处相交

路段图层创建是根据写入到属性表内的信息和使用 MapX 对象属性提取的道路节点、形状点信息新建路段图层。

路网拓扑结构构建是在路段图层的基础上创建节点图层，然后从路段图层和节点图层中提取拓扑信息写入路段表和节点表内，其具体算法如下：

为便于描述算法，给出如下定义：

①L_i：在道路图层遍历的第 i 条道路。

②道路集合 T：道路 L_i 缓冲区搜索到的道路集合。

③道路集合 S：以道路 L_i 首节点为圆心搜索到的道路集合。

④道路集合 E：以道路 L_i 尾节点为圆心搜索到的道路集合。

⑤SD_{1j}、SD_{2j}：SD_{1j} 为 S 中 S_j 的首节点到 L_i 首节点的距离；SD_{2j} 为 S 中 S_j 的尾节点到 L_i 首节点的距离。

⑥SR、MR：SR 为图 2-17(b)情形中的特殊道路；MR 为图 2-17(c)情形中的道路。

⑦P_1、P_2：P_1 为道路节点和形状点集合；P_2 为原始路网预处理所补充的节点集合。

⑧PC：道路的路段点集数组，$PC(i)$ 表示第 i 个点集（$i=1,\cdots,n$）。n 表示该道路可分为 n 个路段。

⑨节点：道路与道路的交叉点或道路的端点 [如图 2-18(a)所示]；

　　形状点：指同一条非直线道路上的转弯点 [如图 2-18(b)所示]；

　　路段：两节点间的一段，用于表示分段道路 [如图 2-18(c)所示]。

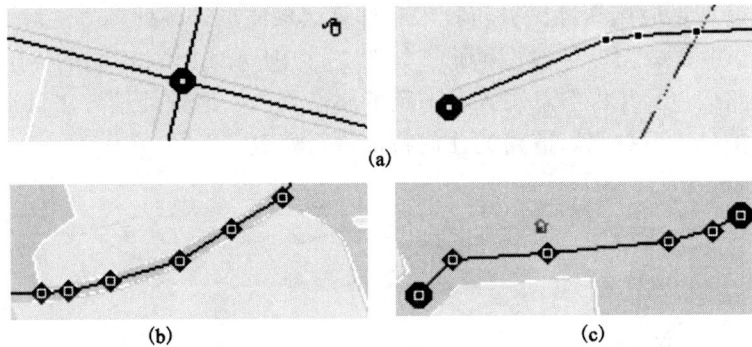

图 2-18　路网中的几何元素

(a)节点；(b) 形状点；(c)路段

2. 路段边线节点自动生成算法

（1）问题的提出

在匹配精度能够满足路段平均速度估计需要的前提下，为了提高大规模 GPS 定位数据的匹配速度，下面介绍一种新的地图匹配算法：基于地图预处理的地图匹配算法。本算法不同于现有的点到点、点到线、线到线地图匹配算法，它是一种点到面(区域)的地图匹配算法。此算法需要的基础条件是面(区域)对象，而现在电子地图上有准确的道路中心线信息，没有道路面信息，可以先以道路中心线为基础计算道路的边线节点，然后利用节点信息生成道路面对象。

另外，在电子地图上显示道路的交通状态时，采用路段染色的方式比较直观。有两种方式对路段染色：第一种是改变路段面对象的颜色，第二种是改变路段线对象的颜色。道路分为单行道和双向道。对于单行道，如果采用第一种方式需要首先利用道路中心线计算道路的边线节点，然后根据节点和道路状态生成不同颜色的道路面对象；如果采用第二种方式可以直接根据道路状态修改路段线的颜色。对于双向道而言，因为两个方向上的交通状态不同，需要分别显示，所以无论采用哪种方式都需要首先计算道路中心线的边线节点，然后再分别创建两个方向上的面对象或者修改线对象的颜色。

（2）算法的设计思想

本算法的基本思想是：利用 MapX 提供的建立缓冲区、画圆、画弧等方法求取每条路段的节点、形状点相对应的路段边线节点。

（3）计算路段边线节点坐标步骤

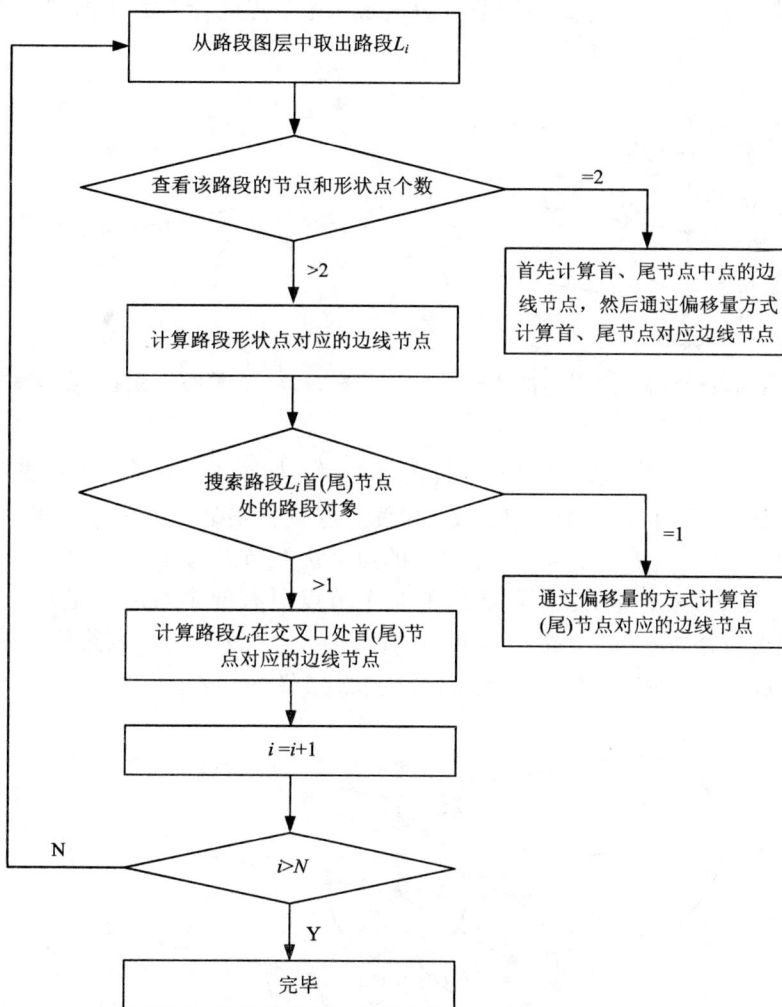

图 2-19 路段边线节点自动生成算法流程图

计算路段边线节点坐标的算法流程图，如图 2-19 所示，具体步骤如下。

Step 1：从路段图层中取出一条路段 L_i，查看该路段的节点和形状点个数 n，如果 $n>2$，转 Step 2；如果 $n=2$，转 Step 5。

Step 2：依次计算路段 L_i 上第 2 到 $n-1$ 个点(形状点)对应的道路边线的节点(假设道路宽度为 40 m)。

首先作出路段 L_i 的缓冲区(缓冲区宽度为 20 m)；然后以路段 L_i 上第 j 个节点 P_j 为圆心，10 m 为半径画圆，交路段于 A_{ij}、B_{ij} 两点，再利用 MapX 提供的方法以 A_{ij}、B_{ij} 两点为端点画弧 $A_{ij}C_{ij}B_{ij}$，点 C_{ij} 为弧 $A_{ij}C_{ij}B_{ij}$ 的中点(该点坐标可以利用 MapX 从弧 $A_{ij}C_{ij}B_{ij}$ 中提取出来)，连接 C_{ij}、P_j 与缓冲区交于点 D_{ij}。点 E_{ij} 的求法同理。

Step 3：在路段图层中，搜索路段 L_i 上首节点 P_{i1} 处的路段对象，如果路段对象个数大于 1，转 Step 4；否则，计算首节点 P_{i1} 对应的道路边线节点(如图 2-21 所示)：分别计算节点 P_{i2} 对应道路边线节点 D_{i2}、E_{i2} 相对于 P_{i2} 的偏移量，然后将首节点 P_{i1} 坐标加上相应的偏移

量坐标即为首节点 P_{i1} 对应的道路边线节点 D_{i1}、E_{i1}（尾节点的计算方法同理），转 Step 6。

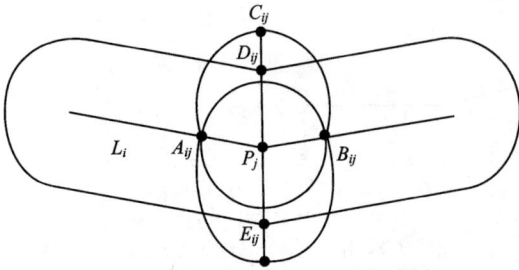

图 2-20　计算路段形状点边线节点的情形

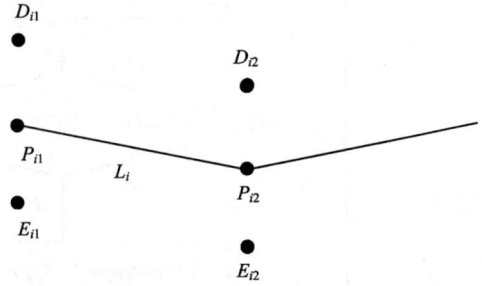

图 2-21　计算路段首尾节点边线节点的情形 I

　　Step 4：当首节点 P_1 处的路段对象个数大于 1 时，如图 2-22 所示。三条路段在路段 L_i 的首节点 P_{i1} 处交汇（P_{i1} 同时为路段 L_m、L_n 的首节点或者尾节点，在这里假设 P_{i1} 同时也是 L_m、L_n 的首节点，即 P_{m1}、P_{n1}），节点 P_{i1} 对应的道路边线节点为 A_{i1}、B_{i1}、C_{m1}，这三点的计算方法同 Step 2。如图 2-22 所示，一条路段的某个节点只有两个对应的道路边线节点，A_{m1}、B_{m1} 为点 P_{m1} 相对应路段 L_m 的道路边线节点；A_{i1}、C_{i1} 为点 P_{i1} 相对应路段 L_i 的道路边线节点；B_{n1}、C_{n1} 为点 P_{n1} 相对应路段 L_n 的道路边线节点，转 Step 6。

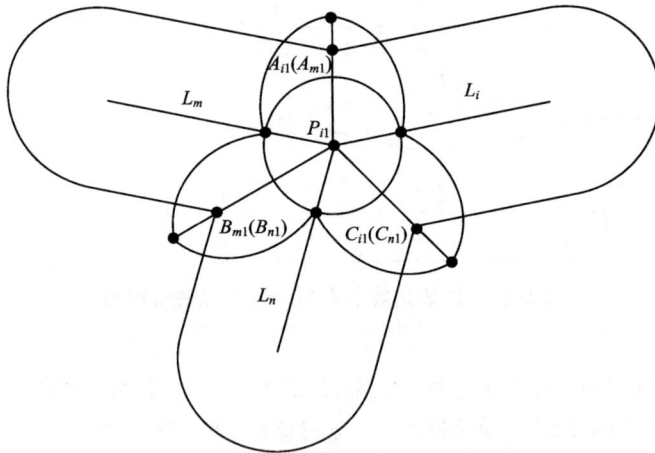

图 2-22　计算路段首尾节点边线节点的情形 II

　　Step 5：当路段 L_i 的节点和形状点个数 $n=2$ 时，求出这两点的中点，并把该中点记为路段 L_i 的第 2 个节点，然后用 Step 2 中的方法计算该中点对应的路段边线节点，转 Step 3。

　　Step 6：$i=i+1$，若 i 大于图层中总路段数，则退出；否则，转 Step 1。

3. 直线段方向角计算方法

　　由于 GPS 数据中的方向角是以正北方向为零度，为了处理方便，在求取直线段的方向角（以同一路段内的直线段为一组计算方向角）时也以正北方向为零度角。

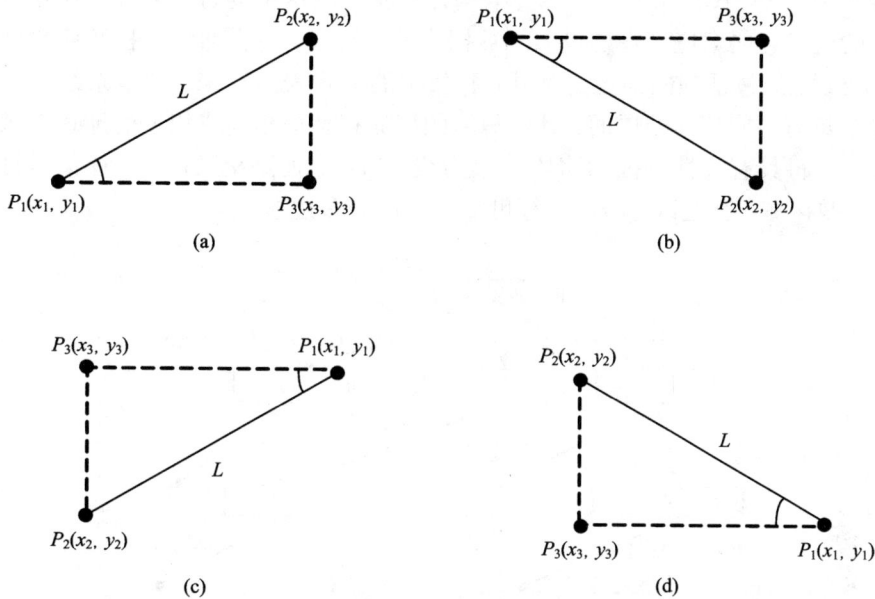

图 2-23　电子地图上直线段的四种方向情形

由公式：
$$\sin P_1 = \frac{|P_2P_3|}{|P_1P_2|} \qquad \begin{cases} x_3 = x_2 \\ y_3 = y_1 \end{cases} \tag{2-1}$$

$$P_1 = \arcsin P_1 \tag{2-2}$$

当为（a）、（b）情况时（$x_1 \leqslant x_2$），L 的方向角为

$$\frac{\pi}{2} - \text{sgn}(y_2 - y_1)P_1 = \frac{\pi}{2} - \text{sgn}(y_2 - y_1)\arcsin P_1 \tag{2-3}$$

当为（c）、（d）情况时（$x_1 > x_2$），L 的方向角为

$$\frac{3\pi}{2} + \text{sgn}(y_2 - y_1)P_1 = \frac{3\pi}{2} + \text{sgn}(y_2 - y_1)\arcsin P_1 \tag{2-4}$$

2.3　空间数据库设计

2.3.1　系统空间数据库组织

电子地图数据由表达道路相关地理实体几何属性的空间属性和表达非几何属性的空间数据构成。空间数据表示地理实体的空间位置，表达物体地理实体的几何定位特征，一般以坐标数据表示，如道路、车站和道路交叉口的空间位置等；属性数据表达了与几何位置无关的地理实体属性特征，如路段的路段编号、道路等级、车道数、是否单向道、有无隔离带等属性特征。

空间数据组织中，以"层"的概念对具有地理特征的相关信息进行管理和存储。每层存储某特征相同或相近的地理对象集（如图 2-24 所示）。点（point）、线（line）、面（region 或称区域 area）及注记（annotation）是地图的四种最小操作单元，也是组成地理对象集的基本要素。

在本系统地图中，每一图层都有一个数据表与之对应，图层中的每一对象，在相应的数据表中都有唯一的记录与之对应。在建设 GIS 数据库的过程中，将交通状态检测所需的基本设施实体的各个要素，通过适当的筛选，用图形和数字的形式表达出来，即本系统将道路相关实体抽象为多个具有不同特征的层面，其中每一图层储存特征相同或相近的地理对象。在构建空间数据库时，将具有线性特征的路段抽象为线；站点、道路交叉口、交通信号灯等节点用点来描述；行政区域、交通区、居民区等可抽象为面或多边形。

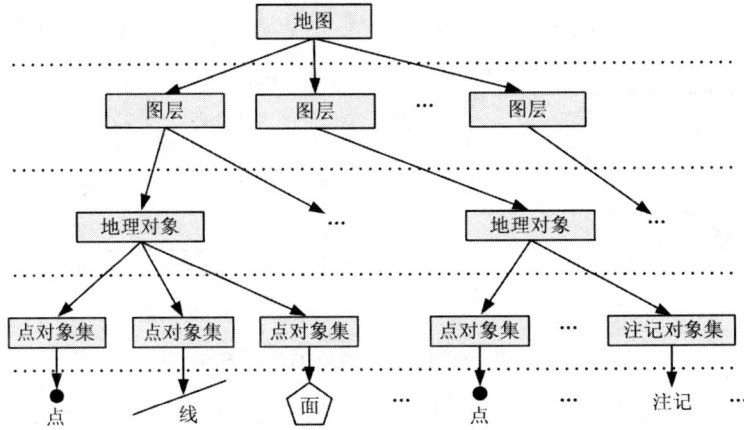

图 2-24　空间数据组织

利用图层来管理、贮存、分析不同时间、不同属性道路的相关信息，如车站、交叉口和交通信号灯等信息，通过把这些图层叠加起来，既可以实现对整个研究区域道路相关实体的可视化，也可以为交通状态检测模型的建立提供参数支持。

2.3.2　系统空间数据库的设计

电子地图的制作需要耗费大量的时间和精力，一般由专业的勘测单位进行量测制作。为了突出体现交通状态检测中的各信息要素，系统电子地图要具有较多的专题图层，例如描述公交站点、交叉口、路段图层等交通实体图层。为了充分考虑交通设施对交通状态的影响，还应添加交通设施图层，例如交通信号灯分布图层等。

根据交通状态检测系统所需的基本空间信息，本书抽取重庆市公交电子地图中的部分图层作为本系统所用电子地图的基础图层。这些图层分别是：行政机关图层、公安图层、道路名称图层、道路中心线图层、桥梁图层、绿地图层、铁路图层、国道图层、岛屿图层、边界图层、居民小区图层、河流图层。此外根据交通数字地图的需要还可以补充路段图层、直线段区域图层、交叉口图层、信号灯图层、公交站点图层等。其中，路段图层为按照交叉口或是重要的交通设施将道路分割成的小路段。每个对象(图元)都有一个唯一标示码 ID 号，空间 ID 号与属性数据库中的空间 ID 号是一一对应的，从而建立空间地理对象与属性数据的联系。

2.3.3　系统属性数据库的设计

系统属性数据库存放的是与地理实体空间位置没有直接关系的描述空间实体的属性信

息。属性数据根据存储的位置可分为两种方式，一种是在内部的关系属性数据表中，另一种是存储在外部 DBMS 中。在本系统中同时采用这两种方式，将与 GPS 定位数据无关或者不经常改变的属性数据存储在系统内部的属性数据表中，将与 GPS 定位数据关系密切或者一些动态变化的属性数据存储在外部 DBMS 中，通过利用 MapX 访问远程数据库获得存储在外部 DBMS 的属性数据。

本系统的属性数据量比较大，涉及很多交通基本设施以及大量的基础地物的信息，包括路段、站点、交叉口等。地图每个图层都包含与之对应的内部属性数据表文件（.tab 文件和 .dat 文件），在设计属性数据时，首先设计该图层的对象（图元）的属性字段（如表 2-3 所示的属性数据表），然后根据图层所确定的属性字段加入对象相关的字段信息。对于有些经常变化的属性信息，将它们存储在外部的关系数据库中，这样需要对其建立相应的关系数据表。另外，一个对象可以与远程数据库中的几个数据表相对应。表 2-4 所示为远程数据库中的属性数据表。

表 2-3　站点图层属性数据表

站点编号	站点名称	站点所在路段的编号	站点在该路段的方向标志
001	松树桥	005	1
002	红石桥	006	1
003	观音桥	007	1
⋮	⋮	⋮	⋮

表 2-4　路段节点信息数据表（远程关系数据库）

字段编号	字段名称	数据类型	字段长度	备注
1	节点编号	int	4	关键字段
2	路段节点经度	float	8	
3	路段节点纬度	float	8	
4	路段左边线节点经度	float	8	
5	路段左边线节点纬度	float	8	
6	路段右边线节点经度	float	8	
7	路段右边线节点纬度	float	8	
⋮	⋮	⋮	⋮	⋮

2.4　GIS 应用开发

2.4.1　GIS 的概念

地理信息系统（GIS）是集现代计算机科学、地理学、信息科学、管理科学和测绘科学为一体的一门新兴学科。它采用数据库、计算机图形学、多媒体等最新技术，对地理信息进行处理，能够实时准确地采集、修改和更新地理空间数据和属性信息，为决策者提供可视化的支持，也可以说 GIS 是一种决策支持系统，拥有信息系统的各种特点。但 GIS 与其他信息系统的主要区别在于其存储的信息是经过地理编码的，地理位置及与该位置有关的地物特征属性信息成为信息检索的重要部分。GIS 以其特有的地理空间特征和各种统计信息表现力，使其广泛应用于社会的 GIS 各个领域，如交通运输、土地利用、资源管理、环境监测、城市规划等。

GIS 是一个获取、存取、编辑、处理、分析、显示和输出地理数据的系统。它具有七大功能：数据的采集、录入和编辑，数据的集成，数据重构和数据转换，空间数据的查询和检索，空间操作和分析，空间显示和成果输出以及空间数据的更新。

2.4.2　组件式 GIS

目前对象和组件技术主要有 COM 和 JavaBeans。COM 现在非常流行，许多著名的 GIS 厂商都提供了基于 COM 技术的 GIS 组件产品，比较著名的有 ESRI 的 MapObjects，MapInfo 的 MapX，Integraph 的 GeoMedia 以及国内超图的 SuperMap 等。除了 COM，也有一些基于 JavaBeans 构建的组件，例如 ObjectFX 的 SpatialFX，MapInfo 的 MapXtreme Java 等。目前市场上 JavaBeans 标准的 GIS 组件产品还比较少，而基于 COM 技术的 GIS 组件比较多，其代表产品为 MapObjects 和 MapX。

基于 COM 的 ActiveX 构件实现，已成为软件工业的一种标准。伴随着未来其他非 Windows 平台对 AetiveX 的支持，ActiveX 构件化的 GIS 软件系统将对 GIS 的体系结构和 GIS 将来的应用前景产生深远影响。

组件式 GIS 是指基于标准的组件对象平台，由一组具有某种标准通信接口的、允许跨语言应用的组件所提供的 GIS。其各个组件之间不仅可以进行自由、灵活的重组，而且具有可视化的界面和方便的标准接口，极大地方便了系统集成和应用。组件式 GIS 基本思想是把 GIS 的各大功能模块划分为几个控件，每个控件完成不同的功能。各个 GIS 控件之间，以及 GIS 控件与其他非 GIS 控件之间，可以方便地通过可视化的软件开发工具集成起来，形成最终的 GIS 应用。控件如同一堆各式各样的积木，它们分别实现不同的功能（包括 GIS 和非 GIS 功能），根据需要把实现各种功能的"积木"搭建起来，就构成应用系统。

组件式 GIS 的发展符合当今软件技术的发展潮流，同时也极大地方便了应用和系统集成。组件式 GIS 通过把 GIS 的功能适当抽象，以组件形式供开发者使用，带来许多传统 GIS 工具无法比拟的优点：①小巧灵活、价格便宜；②强大的开发工具，并且集成方便、可扩展性好；③强大的 GIS 功能；④开发容易、快捷；⑤更加大众化。

2.5　MapX 组件技术

MapX 是 MapInfo 公司向用户提供的具有强大地图分析功能的 ActiveX 控件产品。由于它是一种基于 Windows 操作系统的标准控件，因而能支持绝大多数标准的可视化开发环境，如 Visual Basic、Delphi、Visual C+等。编程人员在开发过程中可以选用自己最熟悉的开发语言，轻松地将地图功能嵌入到应用中，并且可以脱离 MapInfo 的软件平台运行。利用 MapX 能够简单快速地在企业应用中嵌入地图化功能，增强企业应用的空间分析能力，实现企业应用的增值。MapX 采用基于 MapInfo Professinal 相同的地图化技术，可以实现 MapInfo Professional 具有的绝大部分地图编辑和空间分析功能。而且 MapX 提供了各种工具、属性和方法，实现这些功能是非常容易的。

MapX 不仅仅是一个地图浏览器，通过 MapX 可以分析并直观地显示业务数据，创建或编辑地图图元，并按地理位置显示数据结果。MapX 的主要显著功能有：数据显示、图层控制、专题地图、逐层细化制图、地图旋转、数据绑定地图、远程空间数据服务器。

2.5.1　MapX 的空间数据结构

空间数据结构是 GIS 的基石，GIS 就是通过这种地理空间拓扑结构建立地理图形的空间数据模型并定义各空间数据之间的关系，从而实现地理图形和数据库的结合。MapX 的空间数据结构如图 2-25 所示。

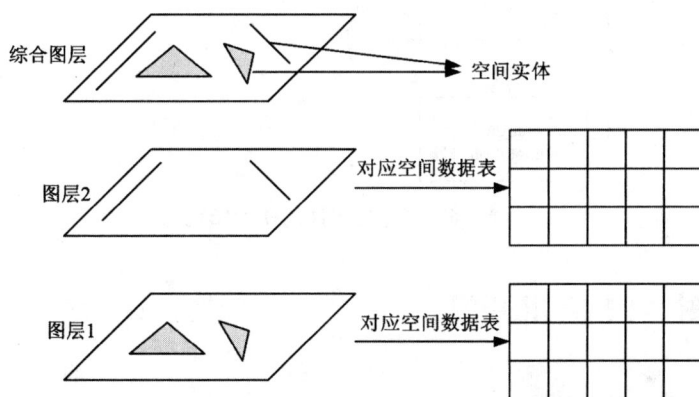

图 2-25　MapX 的空间数据结构

从横向分析，MapX 采取的空间数据结构是基于空间实体和空间索引相结合的一种结构。空间实体是地理图形的抽象模型，主要包括点、线、面三种类型。任何点、线、面实体都可以用直角坐标点 x、y 来表示。点可以表示成一组坐标 (x, y)，对于线和面，则均被表示成多组坐标 $(x_1, y_1; x_2, y_2; \cdots; x_n, y_n)$。空间索引是查询空间实体的一种机制，通过空间索引，就能以尽快的速度查询到给定坐标范围内的空间实体及其所对应的数据。

从纵向分析，MapX 的空间数据结构是一种分层存放的结构。用户可以通过图形分层技术，根据自己的需求或一定的标准对各种空间实体进行分层组合，将一张地图分成不同图层。采用这种分层存放的结构，可以提高图形的搜索速度，便于各种不同数据的灵活调用、更新和管理。

2.5.2　MapX 组件的模型结构

MapX 组件的基本组成单元是单个对象(Object)和集合(Collection)，其中集合包括对象，是多个对象的组合。每种对象和集合负责处理地图某一方面的功能。图 2-26 表示了 MapX 组件的模型结构。由图 2-26 可以看出，Layer、DataSet、Annotation 是 Map 对象下面 3 个重要的分支。如果要操作地图的图层，就要用到 Layer 对象和 Layers 集合；如果要在地图上增加文本或符号，就要用到 Annotation 对象和 Annotations 集合；如果要访问空间数据表，那就要用到 DataSet 对象和 DataSets 集合。另外从图中也可以看出，对象和集合是按层次来划分的，处在最高层的是 Map 对象，其他所有的属性和方法是从 Map 对象继承过来的。

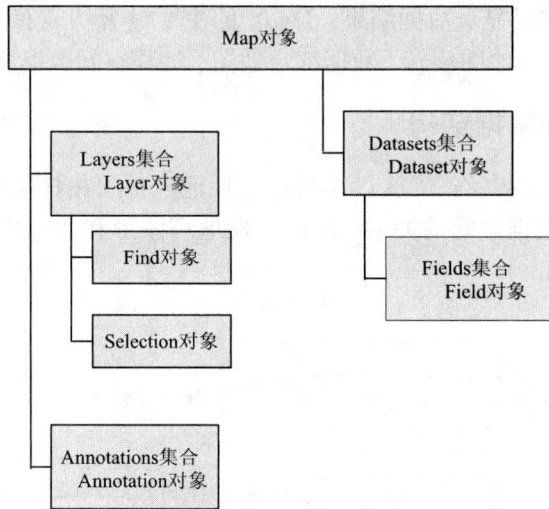

图 2-26　MapX 组件的模型结构

2.6　在线地图 API 应用开发

2.6.1　百度 MAP 应用开发示例

1. 百度 MAP 简介

百度 MAP 是一套由 JavaScript 语言编写的地图 API 组件，它能够帮助我们在网站中构建功能丰富、交互性强的地图应用。自 1.1 版本起开始支持 iPhone、Android 这样的移动平台，需要一个 HTML 元素作为容器，当通过<script>标签将 MAP 组件加载到 Html 页面后，可以直接调用构建地图基本功能的各种 API 函数接口，提供诸如本地搜索、路线规划等数据服务。

2. 第一个"Hello，World"程序

以下是构建第一个百度地图的"Hello，World"，以坐标(116. 404，39. 915)作为地图的中心。首先，将 MAP 组件的<script>标签嵌入在 Html 中，参数 v 为 API 当前的版本号（目前最新版本为 1. 2），还可以设置 services 参数；其次，将 MAP 操作地图的各种 API 嵌入<div></div>，这些使用方法与 JavaScript 语言一致，通过 new 操作符可以创建一个地图实例，直接调用其函数实现相关功能。程序代码示例如下：

```
<! DOCTYPE html >
<html>
<head>
<metaname = "viewport" content = "initial-scale = 1. 0，user-scalable = noZ"/>
<metahttp-equiv = "Content-Type" content = "text/html；charset = utf-8"/>
```

```
<title>Hello，World</title>
<style type="text/css">
html｛height：100%｝ body｛height：100%；margin:0px；padding：0px｝
#container｛height：100%｝
</style>
```
MAP 组件的<script>标签
```
</script type="text/javascript" src="http://api.map.baidu.com/api？v=1.2">
</script>
</head>
</body>
<div id="container"></div>
```
MAP 的各种 API 函数调用
```
</script type="text/javascript">
var map=new BMap.Map("container")；
varpoint=new BMap.Point("116.404，39.915")；
map.centerAndZoom(point，15)；
</script>
</body>
<html>
```

3. 百度 MAP 的常见类及函数

MAP 开发的核心是掌握各种 API 使用，它们均以 BMap 作为命名空间，常见的功能包括创建地图、操作图层对象和监控事件等，涉及的类及函数有 BMap. Map、BMap. Control、BMap. Overlay 等。

（1）创建地图

Map 类表示地图，通过 new 操作符可以创建一个地图实例，如：var map=new BMap. Map（"container"），其参数可以是元素 id 也可以是元素对象。当一个地图实例创建后，利用 Point 类创建一个坐标点，如：var point = new BMap. Point（经度，纬度），调用函数 Map. centerAndZoom（point，显示半径）设置它的中心点坐标和地图级别，据此进行初始化。

当地图被实例化并完成初始化以后，可以通过编程的方式与地图交互，支持鼠标拖曳、滚轮缩放、双击放大等交互功能，Map 类提供了若干修改地图状态的方法。例如：BMap. setCenter（　）、BMap. panTo（　）、BMap. zoomTo（　）等。

下列程序代码表示：该创建地图示例主要完成一个地图，等待 2 s 后将它移动到新中心点。

```
var map=new BMap.Map("container")；
varpoint=new BMap.Point("116.404，39.915")；
map.centerAndZoom(point，15)；
```
创建地图并初始化
```
windows.seTimeout(function(（）｛
map.panTo(new BMap.Point(116.409，39.918))；
｝，2000)；
```
设置时钟函数，2s 后将地图移动至新中心

（2）添加地图覆盖物

当一个地图被创建后，可以将标注、矢量图形元素（包括折线、多边形和圆）、信息窗口等元素叠加或覆盖到地图上，这些元素统称为地图覆盖物。显然，覆盖物拥有自己的地理坐标，当您拖动或缩放地图时，它们会相应地移动。

MAP 提供 map. addOverlay（Overlay）和 map. removeOverlay（Overlay）方法向地图添加和移除覆盖物，其中 Overlay 是覆盖物的抽象基类，地图 API 提供了如下几种覆盖物，包括 Marker（标注的图标）、Label（文本标注）、Polyline（折线）、Polygon（多边形）、Circle（圆）等。程序代码示例如下：

```
var map = new BMap. Map( "container");
varpoint = new BMap. Point( "116. 404, 39. 915");
map. centerAndZoom( point, 15);
var marker = new BMap. Marker( point);
map. addoverlay( marker);
```
以坐标 point 为中心，创建一个图标，将它直接添加至地图上

（3）百度 MAP 的控件

百度地图上负责与地图交互的 UI 元素称为控件，可以使用 Map. addControl（）方法向地图添加控件。百度地图 API 中提供了丰富的控件，如：NavigationControl（平移缩放）、OverviewMapControl（缩放）、ScaleControl（比例尺）、MapTypeControl（地图类型）和 CopyrightControl（版权）等。程序代码示例如下：

```
var map = new BMap. Map( "container");
map. centerAndZoom( new BMap. Point(116. 404, 39. 915), 11);
map. addControl( new BMap. NavigationControl( ));
```

当控件初始化时，可提供一个可选参数，其中的 anchor 和 offset 属性共同控制控件在地图上的位置。anchor 表示控件停靠在地图的哪个角，允许的值为：BMAP_ANCHOR_TOP_LEFT、BMAP_ANCHOR_TOP_RIGHT、BMAP_ANCHOR_BOTTOM_LEFT、BMAP_ANCHOR_BOTTOM_RIGHT。offset 表示控件距离地图边界有多少像素。程序代码示例如下：

```
var opts = { offset: new BMap. Size( 150, 5) }
map. addControl( new BMap. ScaleControl( opts));
```

上述百度地图中常见的控件的基类是 Control，通过继承 Control 来创建自定义地图控件，在自定义控件的构造函数中，设置它的 prototype 属性为 Control 的实例以便继承控件基类，提供 defaultAnchor 和 defaultOffset 两个属性，以便 API 正确定位控件位置。程序代码示例如下：

```
//定义一个控件类，即 function
function ZoomControl( ){
 //设置默认停靠位置和偏移量
 this. defaultAnchor = BMAP_ANCHOR_TOP_LEFT;
 this. defaultOffset = new BMap. Size( 10, 10);
}
//通过 JavaScript 的 prototype 属性继承于 BMap. Control
ZoomControl. prototype = new BMap. Control( );
```

（4）事件监听

　　百度地图 API 拥有一个自己的事件模型，使用方法和 DOM 事件类似，都含有
addEventListener（两个输入参数为监听的事件名称和事件触发时调用的函数）和
removeEventListener 方法，可以通过它们来添加移除监听对象事件，常见的事件包括 BMap.
Map 包含 click、dblclick 等事件。当这些事件在特定环境下被触发时，在监听函数中 this 会指
向触发该事件的 DOM 元素，监听函数会得到相应的事件参数 e，在 e 中可以获取有关该事件
的信息，至少包含事件类型（type）和触发该事件的对象（target）。

　　在下面示例中，定义一个函数 function（），当触发事件"dragend"监听函数 function，显示
用户拖动地图后地图中心的经纬度信息等，当触发事件"click"将移除监听函数 function。程
序代码示例如下：

```
var map = new BMap. Map("container");
map. centerAndZoom(new BMap. Point(116. 404, 39. 915), 11);
map. addEventListener("dragend", function(e){
var center = map. getCenter();
alert("地图中心点变更为："+center. lng +", "+center. lat);
alert(e. point. lng+", "+e. point. lat);
alert("地图缩放至："+this. getZoom()+"级");
map. removeEventListener("click", function);
});
```

2.6.2　谷歌 MAP 应用开发示例

1. 谷歌 MAP 简介

　　与百度 MAP 类似，谷歌 MAP 是 Google 为开发者提供的地图 API 组件，均以 GMap2 作为
命名空间类，以一个 HTML 元素作为容器，它允许开发者利用各种 API 函数将谷歌 Map 服
务器中的地图数据直接嵌入到网页中，从而实现嵌入谷歌 Map 的地图服务应用。

2. 第一个"Hello, World"程序

　　当 HTML 页面可视化谷歌 MAP 前，利用 script 标签指向 http://ditu. google. cn/maps?
file=请求 API 的 JS 文件格式 &v=版本号 &key=注册密码，在页面中指定一个 DOM 节点（通
常是 div 元素）作为地图的容器，为确保我们的地图仅放置在完全加载后的页面上，我们仅在
HTML 页面的<body>元素收到 onload 事件后才执行构造 GMap2 对象的函数。程序代码示例
如下：

```
<! DOCTYPE html"-//W3C//DTD XHTML 1. 0 Strict//EN"
  "http://www. w3. org/TR/xhtml1/DTD/xhtml1-strict. dtd">
<html xmlns="http://www. w3. org/1999/xhtml">
<head>
<meta http-equiv="content-type" content="text/html; charset=utf-8"/>
<title>Google Maps JavaScript API Example</title>
<script.
src="http://ditu. google. cn/maps? file=api&amp; v=2&amp; key=abcdefg&sensor=true_or
_false"
```

```
type = "text/javascript"></script>
<script type = "text/javascript">

function initialize( ) {
   if( GBrowserIsCompatible( ) ) {
   var map = new GMap2( document. getElementById( "map_canvas") );
map. setCenter( new GLatLng( 39. 9493, 116. 3975), 13);
 }
   }


</script>
</head>
<bodyonload = "initialize( )" onunload = "GUnload( )">
   <div id = "map_canvas" style = "width: 500px; height: 300px"></div>
</body>
</html>
```

3. 谷歌 MAP 的常见类及函数

谷歌地图 API 均以 GMap2 作为命名空间，与百度 API 类似，常见的功能包括创建地图、操作图层对象和监控事件等，涉及的类及函数有标记、图层、事件、控件、窗体、接口等。

（1）创建地图

GMap2 类是谷歌地图的 JavaScript 类。当通过构建函数 new GMap2(container: DOM_Div, opts: Options)创建新的地图时，必须利用 GMap2 的 setCenter(坐标，缩放尺度) 方法完成初始化后，才可以在地图上执行其他任何操作，包括设置地图本身的其他任何属性。其中：container 是 Html 页面的一个 DOM 节点(通常是 div 元素)，作为地图的容器，通过 document. getElementById( ) 方法获取。opts 参数传递 GMap2Options 类型的可选参数。程序代码示例如下：

```
var map = new GMap2( document. getElementById( "map_canvas") );
var myGeographicCoordinates = new GLatLng( 39. 9493, 116. 3975);
map. setCenter( myGeographicCoordinates, 13);
```

在上述基础上，就可以与 GMap2 对象进行交互，GMap2 对象还提供了大量配置方法来改变地图对象本身的行为，包括利用 panTo 和 zoomIn( )方法通过编程来操作地图，其使用方法与百度 API 类似。程序代码示例如下：

```
var map = new GMap2( document. getElementById( "map_canvas") );
map. setCenter( new GLatLng( 39. 9493, 116. 3975), 13);
window. setTimeout( function( ) {
   map. panTo( new GLatLng( 39. 927, 116. 407) );
 }, 1000);
```

（2）添加地图覆盖物

谷歌地图同样有 GMarker、GIcon、GPolygon、GPolyline 等地图覆盖物，每个地图覆盖物都实现了 GOverlay 接口，可以调用 addOverlay( )和 removeOverlay( ) 方法向地图添加或删除覆盖物，甚至可以使用 GMapType 来创建您自己的地图类型。程序代码示例如下：

```
var map = new GMap2(document. getElementById("map_canvas"));
map. setCenter(new GLatLng(37, 107), 2);

//Create GPolylineOptions argumentas an object literal.
//Note that we don't use a constructor.

var polyOptions = {geodesic: true};
var polyline = new GPolyline([
new GLatLng(50, 120),
new GLatLng(30, 100)
], "#ff0000", 10, 1, polyOptions);
    map. addOverlay(polyline);
```

（3）谷歌 MAP 的控件

与百度 MAP 的控件一样，谷歌 MAP 的常见控件包括 GLargeMapControl、GSmallMapControl、GSmallZoomControl、GScaleControl、GOverviewMapControl 等，利用 GMap2 方法 addControl( ) 向地图可以添加多个控件，它们都继承于基类 GControl 类，也可以据此来构建自己的自定义控件。程序代码示例如下：

```
var map = new GMap2(document. getElementById("map"));
map. addControl(newGSmallMapControl());
map. addControl(new GMapTypeControl());
map. setCenter(new GLatLng(39. 9493, 116. 3975), 13);
```

若将控件放在地图上的指定位置，通过 addControl 方法的第二个可选参数 GControlPosition，包括地图某个角位置（G_ANCHOR_TOP_RIGHT、G_ANCHOR_TOP_LEFT、G_ANCHOR_BOTTOM_RIGHT、G_ANCHOR_BOTTOM_LEFT）和偏移量。

```
var map = new GMap2(document. getElementById"map_canvas"));
var mapTypeControl = new GMapTypeControl();
var topRight = new GControlPosition(G_ANCHOR_TOP_RIGHT, new GSize(10,10));
map. addControl(mapTypeControl, topRight);
```

（4）事件监听

每个谷歌地图 API 对象拥有很多命名的事件，涉及 click、dblclick 和 move 事件，根据监听对象、待监听事件以及触发函数，通过 GEvent. addListener( ) 来处理 Google 地图在指定的环境下发生的事件，并且可以传递标志环境的参数。程序代码示例如下：

```
var map = new GMap2(document. getElementById("map_canvas"));
map. setCenter(new GLatLng(39. 9493, 116. 3975), 13);

GEvent. addListener(map, "click", function(overlay, latlng) {
if(latlng) {
    var myHtml = "GPoint 为: "+map. fromLatLngToDivPixel(latlng)+",
```

缩放级别："+map. getZoom( );

map. openInfoWindow(latlng, myHtml);

　｝

｝);

map. addControl(new GSmallMapControl( ));//增加控制条

map. addControl(new GMapTypeControl( ));//增加卫星地图和普通地图的显示

2.6.3　其他在线地图的开发示例

1. Drawsee Earth 简介

与百度和谷歌 MAP 类似，Drawsee Earth 三维开发平台用 ActiveX 技术实现，由后端的数据准备工具和前台发布系统组成，将影像、地形、矢量数据等地理元素对象的浏览、查询、分析功能开发为 API 函数，用户通过网页的 JavaScript 调用这些 ActiveX 函数进行二次开发，可以在三维场景中实现各种特殊行业的应用。

2. 第一个"Hello，World"程序

若创建一个简单的 WebGIS，首先建立一个 html 文档，将<object>插件嵌入到 html 文档中的<body>标签中间，oEarthViewer 是地图实例，可以调用插件中 oEarthViewer 提供的函数完成对地图的各种操作，如：oEarthViewer 类的 openTerrain 方法打开背景地形和影像，将其写入到 JavaScript 函数，通过 html 的各种事件触发执行该功能，如 eventHappen 等。以下是打开地图的基本步骤，完整的代码如下：

```
<html>
  <head>
    <title>加载地图的简单例子</title>
      <script language = "javascript">
        function openEarth( )
          ｛
              oEarthViewer. openTerrain
("http://www. mapok. com/service20/TerrainService/TerrainService. asmx/", "China",
    "http://www. mapok. com/service20/TerrainImageService/TerrainImageService. asmx/",
"earthnew");
          ｝
  </script>
  <script language = "javascript" for = "oEarthViewer" event = "eventHappen( eventName )">
  if( eventName = = "initcomplete")
  ｛
  openEarth( );
  ｝
  </script>
  </head>
  <body>
```

```
<object id = "oEarthViewer" codeBase = "MeEarth20. CAB # version = 1，0，0，5" height = "
100%" width = "100%" cl
assid = "CLSID：C54A9308-CECF-42F4-85DD-96F8AD9A67C6" viewastext></object>
</body>
</html>
```

3. Drawsee Earth 的常见类及函数

Drawsee Earth 的 API 均以 oEarthViewer 作为命名空间，与百度和谷歌 API 类似，常见的功能包括创建地图、操作图层对象和监控事件等，还有镜头操作等特有功能。

（1）创建地图

当将 <object> 插件嵌入到 html 文档中后，直接使用 oEarthViewer 打开一个地图，其拥有一个镜头操作 meCamera 类，包括 lookAt（x，y，z，horiAngle，vertAngle）指定参数初始化观察视口的位置和 flyingTo（longtitude，height，latitude，vertAngle），视口从当前位置变换到新位置。

```
oEarthViewer. camera. lookAt( 116. 107000，1000，39. 931900，45，45)；
oEarthViewer. camera. flyingTo( 116. 310883，1000，39. 978115，45)；
```

（2）添加地图覆盖物

在 Drawsee Earth 中，覆盖物添加在图层中，涉及点、球体、长方体、多边形等基本形状，常见的方法有 addPointObject、addBallObject、addBoxObject、addLineObject、addPolyObject。在需要设置覆盖物之前一般设置放置位置的经纬度和海拔高度，这些数据都可以通过 camera 类的 getCenter（）、getEye（）和 getGroundHeight（）三个方法获得。

```
var ptCenter = oEarthViewer. camera. getCenter( )；
var height = oEarthViewer. camera. getGroundheight( ptCenter. x，ptCenter. z)；
var obj = dynLayer. addPointObject( ptCenter. x，height，ptCenter. z)；
```

（3）Drawsee Earth 的控件

在 Drawsee Earth 中，创建图层通过调用 classFactory 类的 createDynamiclayer3d 方法实现，设置该图层的相关属性，将它插入到动态图层集合中，通过索引或名称可以获取该图层的引用实例，从而进行相关图层的操作。程序代码示例如下：

```
var dynLayer = oEarthViewer. classFacotry. createDynamiclayer3d( )；//创建图层
dynLayer. name = "NewLayer"；//设置图层名称
oEarthViewer. dynamicLayers. addlayer( dynLayer)；
var layer = oEarthViewer. dynamicLayers. getLayer(0)；//获得索引为 0 的图层对象
```

（4）事件监听

在 Drawsee Earth 中，当地图插件初始化后可捕获动作事件操作，如键盘按下，鼠标双击等，通过 <script> 标记的 event 属性来调用这些函数，EarthViewerEvents 类中定义了可以捕获的所有事件有 eventHappen、keyPressed、mouseDblClick、mouseDown、mouseMove、mouseUp、mouseWheel、selObject，它们的用法涉及 void eventHappen（string）、void keyPressed（int）、void mouseDblClick（int，int，int）、void mouseDown（int，int，int）、void mouseMove（int，int）、void mouseUp（int，int，int）、void mouseWheel（int）、void selObject（string，int）等。程序代码示例如下所示：

```
<script language="javascript" for="oEarthViewer" event="keyPressed(keyCode)">
alert("按下的键值为："+keyCode);
</script>
<script language="javascript" for="oEarthViewer" event="mouseDblClick(button, x, y)">
alert("鼠标双击事件发生"+"鼠标键值为："+button+"屏幕x坐标："+x+"屏幕y坐标:"+y);
</script>
```

======== 重点与难点 ========

重点：(1)数字地图的结构与特征；(2)MapInfo的数据结构与空间数据库技术；(3)基于MapX的GIS系统应用开发。

难点：空间数据库的数据结构和应用。

======== 思考与练习 ========

2-1 简述数字地图的基本概念和应用前景。

2-2 当前的主流数字地图有哪些？各有什么特征与应用？

2-3 如何建立空间数据库？空间数据如何组织？

2-4 如何利用数字地图组件开发GIS应用？

2-5 论述交通数字地图与一般数字地图之间的区别和联系。

2-6 如何用交通数字地图中的点、线和面描述公交网络、轨道交通和物流配送网络？

2-7 创建一个百度(谷歌)MAP地图,包括放大、缩小、漫游、常见的控件(如工具栏等)、事件驱动等。

第 3 章

无线定位

3.1　无线定位技术

定位模块是车辆定位与导航系统的重要组成部分。为了使用户获知车辆位置或者向用户提供操纵指示,必须精确地确定车辆的位置,因此对任何性能良好的车辆定位与导航系统来说,精确可靠的车辆定位是必要的先决条件。

在传感器网络节点定位技术中,根据节点是否已知自身的位置,把传感器节点分为锚节点和未知节点。锚节点在网络节点中所占的比例很小,可以通过携带 GPS 定位设备等手段获得自身的精确位置。锚节点是未知节点定位的参考点。除了锚节点外,其他传感器节点就是未知节点,它们通过锚节点的位置信息来确定自身位置。

无线传感器网络的定位分为两类:一类是无线传感器网络对自身传感器节点的定位;另一类是无线传感器网络对外部目标的定位。本书主要讨论前者。节点准确地进行自身定位是无线传感器网络应用的重要条件。由于节点工作区域或者是人类不适合进入的区域,或者是敌对区域,传感器节点有时甚至需要通过飞行器抛撒于工作区域,因此节点的位置都是随机并且未知的。然而在许多应用中,节点所采集到的数据必须结合其在测量坐标系内的位置信息才有意义,否则,如果不知道数据所对应的地理位置,数据就会失去意义。除此之外,无线传感器网络节点自身的定位还可以在外部目标的定位和追踪以及提高路由效率等方面发挥作用。因此,实现节点的自身定位对无线传感器网络有重要的意义。

获得节点位置的一个直接办法是利用全球定位系统(GPS)来实现。但是,在无线传感器网络中使用 GPS 来获得所有节点的位置受到价格、体积、功耗以及可扩展性等因素限制,存在一些困难。因此目前主要的研究工作是利用传感器网络中少量已知位置的节点来获得其他未知位置节点的位置信息。已知位置的节点称作锚节点,它们可能是被预先放置好的,或者采用 GPS 或其他方法得知自己的位置。未知位置的节点称作未知节点,它们需要被定位。锚节点根据自身位置建立本地坐标系,未知节点根据锚节点计算出自己在本地坐标系里的相对位置。

1. 基于距离定位和与距离无关的定位算法

根据是否需要测量实际节点间的距离将定位算法分为基于距离定位和与距离无关的定位算法。前者需要测量相邻节点间的距离或方位,并利用实际测得的距离来计算未知节点的位置。后者是利用节点间的估计距离来计算节点的位置。

2. 递增式定位算法和并发式定位算法

根据节点定位先后次序不同，将定位算法分为递增式定位算法和并发式定位算法。前者通常是从信标节点开始，先对信标节点附近的节点开始定位，依次向外扩展延伸，对各个节点逐次进行定位。这类算法的一个缺陷就是造成定位过程中测量误差的累积，从而影响定位精度。后者是指所有节点同时进行位置的计算。

3. 基于信标节点定位和无信标节点辅助的定位算法

根据定位过程中是否使用信标节点将定位算法分为基于信标节点的定位算法和无信标节点辅助的定位算法。前者以信标节点作为定位中的参考点，各个节点定位后产生整体的绝对坐标系统。后者只需知道节点之间的相对位置，定位过程中无须信标节点的参与辅助，各个节点先以自身作为参考点，然后将邻居节点纳入自己的坐标系统，相邻的坐标系统依次合并转换，最后产生整体的相对坐标系统，从而完成定位任务。

随着无线传感器网络应用和定位技术研究的深入，一些新的定位技术和方法也应运而生，如基于相对部署位置的定位方法、基于绝对的地理信息定位方法以及基于 UWB 超宽带技术的定位方法等。由于无线传感器网络应用千差万别，目前还没有普遍适用的定位方法和技术。因此，必须根据不同的应用特点和环境状况，选择合适的定位算法和技术，才能满足用户特定的应用需求。

3.2　计算节点位置的基本方法

3.2.1　三边测量法

当一个节点到至少三个锚节点的估计距离已知，则可使用此方法。这个简单的方法是利用以三个锚节点为中心的圆交点作为未知节点的位置，如图 3-1 所示。

已知 A、B、C 三个节点的坐标分别为 (x_1, y_1)、(x_2, y_2)、(x_3, y_3) 以及它们到未知节点 D 的距离分别为 d_1、d_2、d_3，假设节点 D 的坐标为 (x, y)，那么存在下列公式：

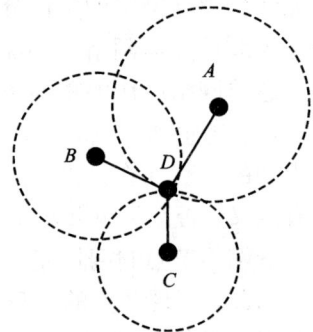

图 3-1　三边测量法

$$\begin{cases} \sqrt{(x-x_1)^2+(y-y_1)^2}=d_1 \\ \sqrt{(x-x_2)^2+(y-y_2)^2}=d_2 \\ \sqrt{(x-x_3)^2+(y-y_3)^2}=d_3 \end{cases} \quad (3-1)$$

由式(3-1)可求得节点 D 的坐标：

$$\begin{bmatrix} x \\ y \end{bmatrix} = \begin{bmatrix} 2(x_1-x_3) & 2(y_1-y_3) \\ 2(x_2-x_3) & 2(y_2-y_3) \end{bmatrix}^{-1} \begin{bmatrix} x_1^2-x_3^2+y_1^2-y_3^2+d_3^2-d_1^2 \\ x_2^2-x_3^2+y_2^2-y_3^2+d_3^2-d_2^2 \end{bmatrix} \quad (3-2)$$

虽然这种方法简单，但由于受无线传感器网络节点的硬件和能耗限制，通常节点间测距误差较大，因此经常出现三个圆无法交于一点的情况。如果这三个圆不能交于一点，该方法就不可行，这时就需要使用最大似然估计定位法来处理这个距离误差。

3.2.2　三角测量法

三角测量法原理如图 3-2 所示，已知 A、B、C 三个节点的坐标分别为 (x_a, y_a)、(x_b, y_b)、(x_c, y_c)，节点 D 相对于节点 A、B、C 的角度分别为 $\angle ADB$、$\angle ADC$、$\angle BDC$，假设节点 D 的坐标为 (x, y)。

对于节点 A、C 和角 $\angle ADC$，如果弧段 AC 在 ΔABC 内，那么能够唯一确定一个圆，设圆心为 $O_1(x_{o_1}, y_{o_1})$，半径为 r_1，那么 $\alpha = \angle AO_1C = (2\pi - 2\angle ADC)$，并存在下列公式：

$$\begin{cases} \sqrt{(x_{o1}-x_a)^2+(y_{o1}-y_a)^2}=r_1 \\ \sqrt{(x_{o1}-x_c)^2+(y_{o1}-y_c)^2}=r_1 \\ (x_a-x_c)^2+(y_a-y_c)^2=2r_1^2-2r_1^2\cos\alpha \end{cases} \quad (3-3)$$

由式(3-3)能够确定圆心 O_1 点的坐标和半径 r_1。同理对 A、B、$\angle ADB$ 和 B、C、$\angle BDC$，分别确定相应的圆心 $O_2(x_{o_2}, y_{o_2})$，半径 r_2，圆心 $O_3(x_{o_3}, y_{o_3})$ 和半径 r_3。

最后利用三边测量法，由点 $D(x, y)$、$O_1(x_{o_1}, y_{o_1})$、$O_2(x_{o_2}, y_{o_2})$、$O_3(x_{o_3}, y_{o_3})$ 确定 D 点坐标。

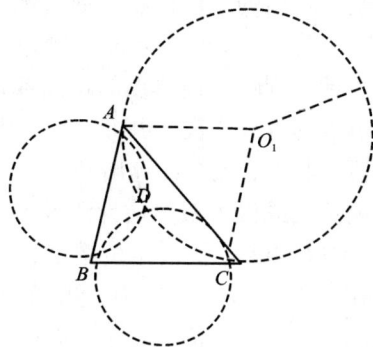

图 3-2　三角测量

3.2.3　极大似然估计法

极大似然估计法如图 3-3 所示，已知 A_1、A_2、A_3、A_4 等 N 个节点的坐标分别为 (x_1, y_1)、(x_2, y_2)、(x_3, y_3)、(x_4, y_4)，…，(x_N, y_N)，它们到节点 D 的距离分别为 d_1、d_2、d_3、d_4，…，d_N，假设节点 D 的坐标为 (x, y)。

那么，存在下列公式：

$$\begin{cases} (x_1-x)^2+(y_1-y)^2=d_1^2 \\ \vdots \\ (x_N-x)^2+(y_N-y)^2=d_N^2 \end{cases} \quad (3-4)$$

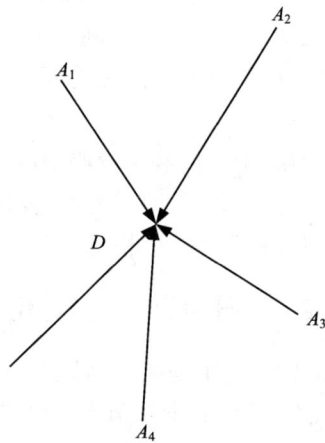

图 3-3　极大似然估计法

从第一个方程开始分别减去最后一个方程，得：

$$\begin{cases} x_1^2-x_N^2-2(x_1-x_N)x+y_1^2-y_N^2-2(y_1-y_N)y=d_1^2-d_N^2 \\ \vdots \\ x_{N-1}^2-x_N^2-2(x_{N-1}-x_N)x+y_{N-1}^2-y_N^2-2(y_{N-1}-y_N)y=d_{N-1}^2-d_N^2 \end{cases} \quad (3-5)$$

式(3-5)的线性方程表示方式为：$AX=b$，其中：

$$A=\begin{bmatrix} 2(x_1-x_N) & 2(y-y_N) \\ \vdots & \vdots \\ 2(x_{N-1}-x_N) & 2(y_{N-1}-y_N) \end{bmatrix}, \quad b=\begin{bmatrix} x_1^2-x_N^2+y_1^2-y_N^2+d_N^2-d_1^2 \\ \vdots \\ x_{N-1}^2-x_N^2+y_{N-1}^2-y_N^2+d_N^2-d_{N-1}^2 \end{bmatrix}, \quad X=\begin{bmatrix} x \\ y \end{bmatrix}$$

使用标准的最小均方差估计法可以得到节点 D 的坐标为：$\hat{X}=(A^{\mathrm{T}}A)^{-1}A^{\mathrm{T}}b$。

3.3　基于距离的定位

基于距离的定位机制是通过测量相邻节点间的实际距离或方位进行定位。具体过程通常分为三个阶段：第一个阶段是测距阶段，未知节点首先测量到邻居节点的距离或角度，然后进一步计算到临近锚节点的距离或角度，在计算到临近锚节点的距离时，可以计算未知节点到锚节点的直线距离，也可以用二者之间的跳段距离作为直线距离的近似；第二个阶段是定位阶段，未知节点在计算出到达三个或三个以上锚节点的距离或角度后，利用三边测量法、三角测量法或极大似然估计法计算位置节点的坐标；第三个阶段是修正阶段，对求得的节点的坐标进行求精，提高定位精度，减少误差。

在基于距离的定位中，测量节点间距离或方位时采用的方法有 TOA（time of arrival）、TDOA（time difference on arrival）、RSSI（received signal strength indicatior）和 AOA（angle of arrival）等，因此基于距离的定位进一步分为基于 TOA 的定位、基于 TDOA 的定位、基于 AOA 的定位和基于 RSSI 的定位等。

3.3.1　基于 TOA 的定位

到达时间（TOA）技术通过测量信号传播时间来测量距离。在 TOA 法中，若电波从锚节点到未知节点的传播时间为 t，电波传播速度为 c，则锚节点到未知节点的距离为 $t×c$。TOA 要求接收信号的锚节点或未知节点知道信号开始传输的时刻，并要求节点有非常精确的时钟。

使用 TOA 技术比较典型的定位系统是 GPS，GPS 系统需用昂贵高能耗的电子设备来精确同步卫星时钟。在无线传感器网络中，节点间的距离较小，采用 TOA 测距难度较大，同时受节点硬件尺寸、价格和功耗的限制也决定了 TOA 技术对无线传感器网络是不可行的。

3.3.2　基于 TDOA 的定位

TDOA 测距是通过计算两种不同无线信号到达未知节点的时间差，再根据两种信号传播速度来计算得到未知节点与锚节点之间的距离。TDOA 定位与 TOA 测距不同，TDOA 定位计算两个锚节点信号到达未知节点的时间差，将其转换成到两个锚节点的距离之差，未知节点通过到多组锚节点的距离之差得出自身的位置。

在二维平面上，双曲线的几何意义是到两个定点的距离之差为一个常数的所有点的集合，两个定点称作焦点。因此，得到 TDOA 定位在二维平面上的几何意义为未知节点与两个锚节点的距离之差，即可知未知节点定位于以两个锚节点为焦点的双曲线方程上，通过测量得到未知节点所属的两个以上双曲线方程时，这些双曲线唯一的交点即为未知节点的位置。由于这种方法不是采用到达的绝对时间来确定节点的位置，降低了对时间同步的要求，但是仍然需要较精确的计时功能，同时由于无线传感器网络具有分布密集和无线通信范围小的特点，这种方法实现起来难度也较大。

3.3.3　基于 AOA 的定位

到达角（AOA）定位法通过阵列天线或多个接收器结合来得到相邻节点发送信号的方向，

从而构成一根从接收机到发射机的方位线。两根方位线的交点即为未知节点的位置。

　　基本的 AOA 定位法，未知节点得到与锚节点 N_1 和 N_2 所构成的角度之后就可以确定自身位置。另外，AOA 信息还可以与 TOA、TDOA 信息一起使用成为混合定位法。采用混合定位法或者可以实现更高的精确度，减小误差，或者可以降低对某一种测量参数数量的需求。AOA 定位法的硬件系统设备复杂，并且需要两节点之间存在视距(LOS)传输，因此不适合用于无线传感器网络的定位。

3.3.4　基于 RSSI 的定位

　　电波在自由空间传播的距离、频率和信号衰减的关系如式(3-6)：

$$LOS = 32.44 + 20\lg d + 20\lg f \tag{3-6}$$

式中：LOS 是传播损耗，dB；d 是距离，km；f 是工作频率，MHz。

　　在不同的环境下信号的衰减不同，可以在相应的环境下进行测量得到经验值，并对上面的公式进行修正得到实际应用的公式。当电波的频率和发射功率固定不变的情况下，通信距离和接收器接收到的功率直接相关，TI 公司的 CC2431 芯片使用的公式为：

$$RSSI = -(10n\lg d + A) \tag{3-7}$$

式中：n 为信号传播常数，是经验值；d 为信号传播的距离，m；A 为距离发射点 1 m 的环形距离内，测得的信号的平均强度，dBm；RSSI 为接收到信号强度的偏移值，dBm。

　　在发射功率和频率不变的情况下，对接收的信号强度处理能得到发射点和接收点的距离。如果一个接收点能同时接收到 3 个已知位置节点(或更多)的信号，则能计算到 3 个节点的距离，假设待定位传感节点的坐标为 (x, y)，测得到三个参考节点 (x_1, y_1)、(x_2, y_2)、(x_3, y_3) 的距离分别为 d_1、d_2、d_3。则有方程组：

$$\begin{cases} \sqrt{(x-x_1)^2+(y-y_1)^2}=d_1 \\ \sqrt{(x-x_2)^2+(y-y_2)^2}=d_2 \\ \sqrt{(x-x_3)^2+(y-y_3)^2}=d_3 \end{cases} \tag{3-8}$$

　　解此方程组便可得到节点的近似坐标。如果能测到多个节点的距离，则组合得到多个上面的方程组，假设得到的解分别为 (x_1, y_1)、(x_2, y_2)、(x_3, y_3)、(x_4, y_4)、…、(x_n, y_n)，可以取坐标的平均值作为待定位传感节点 (x, y) 估计值，计算公式为：

$$x = \frac{1}{n}\sum_{i=1}^{n} x_i, \quad y = \frac{1}{n}\sum_{i=1}^{n} y_i \tag{3-9}$$

　　由于受到实际环境的影响，在距离不变的情况下收集到的信号衰减是变化的，因此计算出的距离有误差，可采用多次测量求和的办法来消减误差。但这些方法并不能消减由测量、环境造成的误差，也不适合移动的节点。

3.4　与距离无关的定位算法

　　虽然基于距离的定位法能够实现精确定位，但往往对无线传感器节点的硬件要求较高。出于对硬件成本、能耗等的考虑，人们提出了与距离无关的定位技术。与距离无关的定位技术无须测量节点间的绝对距离或方位，降低了对节点硬件的要求，但定位的误差也有所增加。

目前提出了两类主要的与距离无关的定位方法：一类方法是先对未知节点和信标节点之间的距离进行估计，然后利用三边测量法和极大似然估计法进行定位；另一类方法是通过邻居节点和信标节点确定包含未知节点的区域，然后把这个区域的质心作为未知节点的坐标。与距离无关的定位方法精度低，但能满足大多数用户的应用要求。

与距离无关的定位算法主要有质心算法、DV-Hop 算法、Amorphous 算法、APIT 算法等，下面分别介绍。

3.4.1　质心算法

质心算法是南加州大学 Nirupama Bulusu 等学者提出的一种仅基于网络连通性的室外定位算法。该算法的中心思想是：未知节点以所有在其通信范围内的锚节点的几何质心作为自己的估计位置。具体过程为：锚节点每隔一段时间向邻居节点广播一个信标信号，信号中包含有锚节点自身的 ID 和位置信息。当未知节点在一段侦听时间内接收到来自锚节点的信标信号数量超过某一个预设的门限后，该节点认为与此锚节点连通，并将自身位置确定为所有与之连通的锚节点所组成的多边形的质心。

多边形的几何中心称为质心，多边形顶点坐标的平均值就是质心节点的坐标。如图 3-4 所示，多边形 $ABCDE$ 的顶点坐标分别为 $A(x_1, y_1)$、$B(x_2, y_2)$、$C(x_3, y_3)$、$D(x_4, y_4)$、$E(x_5, y_5)$，其质心坐标 $\begin{bmatrix} x \\ y \end{bmatrix} = \begin{bmatrix} \dfrac{x_1+x_2+x_3+x_4+x_5}{5} \\ \dfrac{y_1+y_2+y_3+y_4+y_5}{5} \end{bmatrix}$。质心定位算法首先确定包含未知节点的区域，计算这个区域的质心，并将其作为

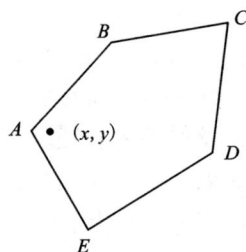

图 3-4　质心定位算法的图示

未知节点的位置。在质心定位算法中，信标节点周期性地向临近节点广播信标分组，信标分组中包含信标节点的标志号和位置信息。当未知节点接收到来自不同信标节点的信标分组数量超过某一门限 k 或接收一定时间后，就确定自身位置为这些信标节点所组成的多边形的质心：$\begin{bmatrix} x_{est} \\ y_{est} \end{bmatrix} = \begin{bmatrix} \dfrac{x_{i1}+x_{i2}+\cdots+x_{ik}}{k} \\ \dfrac{y_{i1}+y_{i2}+\cdots+y_{ik}}{k} \end{bmatrix}$，其中 (x_{i1}, y_{i1})，$\cdots$，(x_{ik}, y_{ik}) 为未知节点能够接收到其分组的信标节点坐标。

质心算法完全基于网络的连通性，无须信标节点和未知节点之间的协调，因此比较简单，容易实现。另外，用质心作为实际位置本身就是一种估计，这种估计的精确度与信标节点的密度以及分布有很大关系，密度越大，分布越均匀，定位精度越高。

3.4.2　DV-Hop 算法

距离向量-跳断（DV-Hop）算法定位机制非常类似于传统网络中的距离向量路由机制。在距离向量定位机制中，未知节点首先计算与信标节点的最小跳数，然后估算平均每跳的距离，利用最小跳数乘以平均每跳距离，得到未知节点与信标节点之间的估计距离，再利用三边测量法或极大似然估计法计算未知节点的坐标。

1. DV-Hop 算法的定位过程

DV-Hop 算法的定位过程分为以下三个阶段：

（1）计算未知节点与每个信标节点的最小跳数

信标节点向邻居节点广播自身位置信息的分组，其中包括跳数字段，初始化为 0。接收节点记录下到每个信标节点的最小跳数，忽略来自同一个信标节点的较大跳数的分组。然后将跳数增加 1，并转发给邻居节点。通过这个方法，网络中的所有节点能够记录下到每个信标节点的最小跳数。

（2）计算未知节点与信标节点的实际跳段距离

每个锚节点根据第一阶段中记录的其他信标节点的位置信息和相距跳数，利用式（3-10）估算平均每跳实际距离。

$$\text{Hopsize} = \frac{\sum\limits_{j \neq i} \sqrt{(x_i - x_j)^2 + (y_i - y_j)^2}}{\sum\limits_{j \neq i} Hops_i} \tag{3-10}$$

式中，(x_i, y_i)、(x_j, y_j) 为锚节点的坐标；$Hops_i$ 为锚节点 i 和 $j(i \neq j)$ 之间的跳数。

然后，信标节点将计算的每跳平均距离用带有生存期字段的分组广播至网络中，未知节点仅记录接收到的第一个平均每跳距离，并转发给邻居节点。这个策略确保了绝大多数节点从最近的信标节点接受到每跳平均距离值。未知节点接收到平均每跳距离后，根据记录的跳数，计算到每个信标节点的跳段距离。

（3）利用三边测量法或极大似然估计法计算自身位置

未知节点利用第二阶段中记录的到各个信标节点的跳段距离，利用三边测量法或极大似然估计法计算自身位置。

2. DV-Hop 定位举例

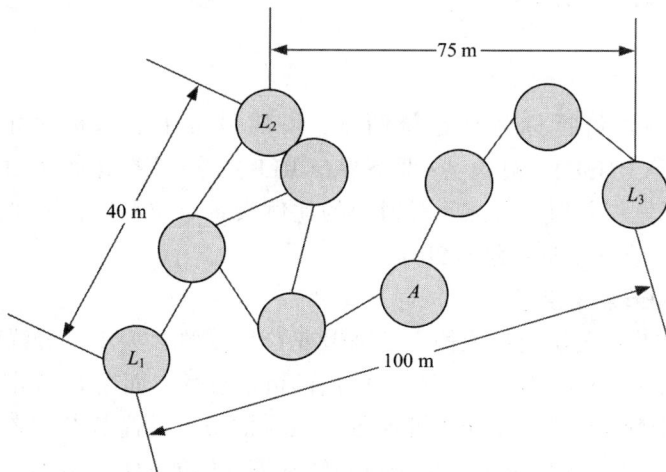

图 3-5　DV-Hop 算法

如图 3-5 所示，已知锚节点 L_1 与 L_2、L_3 之间的距离和跳数，L_2 计算得到校正值（即平均每跳距离）$(40+75)/(2+5) = 16.42$。在上例中，假设 A 从 L_2 获得校正值，则它与 3 个锚节点

之间的距离分别为 $L_1-3\times16.42$，$L_2-2\times16.42$，$L_3-3\times16.42$，然后使用三边测量法确定节点 A 的位置。

距离向量算法使用平均每跳距离计算实际距离，对节点的硬件要求低，实现简单。其缺点是利用跳断距离代替直线距离，存在一定的误差。

3.4.3　Amorphous 定位算法

Amorphous 定位算法也分为三个阶段：第一阶段，与 DV-Hop 定位算法相同，计算未知节点与每个信标节点之间的最小跳数；第二阶段，假设网络中的节点的通信半径相同，平均每跳距离为节点的通信半径，计算未知节点到每个信标节点的跳段距离；第三阶段，利用三边测量法或极大似然算法，计算未知节点的位置。

Amorphous 算法将节点的通信半径作为平均每跳段距离，定位误差较大。

3.4.4　APIT 算法

在 APIT 算法中，一个未知节点从它所有能够与之通信的锚节点中选择 3 个节点，测试它自身是在这 3 个锚节点所组成的三角形内部还是在其外部；再选择另外 3 个锚节点进行同样的测试，直到穷尽所有的组合或者达到所需的精度，如果未知节点在某三角形内部，称此三角形包含未知节点；最后，未知节点将包含自己的所有三角形的相交区域的质心作为自己的估计位置。

APIT 测试用来测试一个节点是在其他 3 个节点所组成的三角形内部还是在其外部。APIT 算法最关键的步骤是测试未知节点是在 3 个锚节点所组成的三角形内部还是外部，这一测试的理论基础是三角形内的点（APIT）测试。

3.5　定位性能评价指标

1. 定位精度

定位技术首要的评价指标就是定位精度，目前最常用的指标是定位解的均方误差（MSE）、均方根误差（RMSE）、克拉美-罗下界（CRLB）、圆误差概率（CEP）、几何精度因子（GDOP）等。也可以用误差值与节点无线射程的比例表示定位精度，例如，定位精度为 20% 表示定位误差相当于节点无线射程的 20%。

2. 锚节点密度和节点密度

锚节点密度：锚节点定位通常依赖人工部署或 GPS 实现。人工部署锚节点的方式不仅受网络部署环境的限制，还严重制约了网络和应用的可扩展性。而用 GPS 定位，锚节点的费用会比普通节点高两个数量级，这意味着即使仅有 10% 的节点是锚节点，整个网络的价格也将增加 10 倍。因此，锚节点密度也是评价定位系统和算法性能的重要指标之一。

节点密度：在 WSN 中，节点密度增大不仅意味着网络部署费用的增加，而且会因为节点间的通信冲突问题带来有限带宽的阻塞。节点密度通常以网络平均连通度来表示。许多定位算法的精度受节点密度的影响，如 DV-Hop 算法仅可在节点密集部署的情况下才能合理地估算节点位置。

3. 功耗与代价

功耗：功耗是对无线传感器网络（WSN，Wireless sensor network）的设计和实现影响最大的因素之一。由于传感器节点电池能量有限，因此在保证定位精度的前提下，与功耗密切相关的定位所需的计算量、通信开销、存储开销、时间复杂性是一组关键性指标。

代价：定位系统或算法的代价可从几个不同方面来评价。时间代价包括一个系统的安装时间、配置时间、定位所需时间。空间代价包括一个定位系统或算法所需的基础设施和网络节点的数量、硬件尺寸等。资金代价则包括实现一个定位系统或算法的基础设施、节点设备的总费用。

4. 容错性和自适应性

通常，定位系统和算法都需要比较理想的无线通信环境和可靠的网络节点设备。但在真实应用场合中常会有诸如以下的问题：外界环境中存在严重的多径传播、衰减、非视距（non-line-of-sight，NLOS）、通信盲点等问题；网络节点由于周围环境或自身原因（如电池耗尽、物理损伤等）而出现失效的问题；外界影响和节点硬件精度限制造成节点间点到点的距离或角度测量误差增大的问题。由于环境、能耗和其他原因，物理地维护或替换传感器节点或使用其他高精度的测量手段常常是十分困难或不可行的。因此，定位系统和算法的软、硬件必须具有很强的容错性和自适应性，能够通过自动调整或重构纠正错误、适应环境、减小各种误差的影响，以提高定位精度。

5. 其他相关评价指标

规模：不同的定位系统或算法也许可在园区内、建筑物内、一层建筑物或仅仅是一个房间内实现定位。另外，给定一定数量的基础设施或在一段时间内，一种技术可以定位多少目标也是一个重要的评价指标。例如，RADAR 系统仅可在建筑物的一层内实现目标定位，剑桥的 Active Office 定位系统每 200 m 定位一个节点。

上述性能指标不仅是评价 WSN 自身定位系统和算法的标准，也是其设计和实现的优化目标。为了实现这些目标的优化，有大量的研究工作需要完成。同时，这些性能指标是相互关联的，必须根据应用的具体需求作出权衡，以选择和设计合适的定位技术。

===== 重点与难点 =====

重点：(1)计算节点位置的基本方法；(2)与距离相关或无关的定位方法；(3)定位性能评价指标。

难点：求解未知节点位置的基本算法。

===== 思考与练习 =====

3-1　如何利用传感器网络中少量已知位置的节点来获得其他未知节点的位置信息？

3-2　基于距离的定位算法有哪些？各有什么特征与应用领域？

3-3　与距离无关的定位算法有哪些？各有什么特征与应用领域？

3-4　如何评价定位性能？

第 4 章

地图匹配

4.1　定位与地图匹配

　　GPS 导航数据与车辆电子地图相结合后，为了以无误差方式向司机提供准确的行驶指令或在地图上正确地显示车辆，必须精确地知道车辆位置。因此，准确的车辆定位是性能良好的导航系统的先决条件。定位和导航系统依赖传感器和 GPS 数据来确定车辆的位置。一般来说，车辆的取向和行驶的距离可用于确定车辆相对于起始点的位移增量。这些传感器系统具有误差。这些误差(尤其是累积误差)严重影响了推算定位的准确性。即使采取非常有效的传感器校准和传感器融合技术，误差也是在所难免的。由于这些误差，实际车辆位置和推算定位算出的车辆位置不符。随着行驶距离的增加，这些误差很可能增加或继续累积，由此进一步增加了推算定位误差，使得计算结果同实际车辆位置更不相符，且具有不确定性。

　　因此如何正确地标注出车辆的位置并让车辆校正到道路中心线上来显得相当重要。要做到这一点就必须使用地图匹配技术，有效的地图匹配算法能有效地提高路网定位的准确性。数字地图的质量对地图匹配算法的执行效率有较大影响，而定位数据对算法的影响较小。通过利用数字地图信息融合定位数据以产生最佳位置估计的技术就是地图匹配(map matching，MM)。它可以使推算定位算出的位置(或轨迹)与地图上的定位位置(或路径)相匹配。当推算定位指示车辆在地图上某一位置时(如在指定的路段上)，车辆位置可被调整到地图上的绝对位置，这样做会消除累积误差，直到下一次地图匹配步骤。在每一连续的系统周期中完成这个过程就能得到更加准确的位置。图 4-1 是两个连续系统周期的比较。

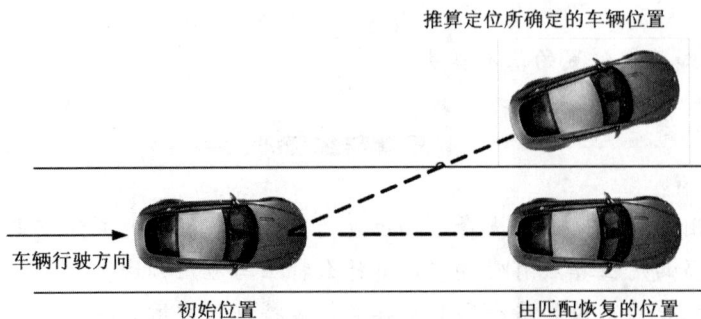

图 4-1　地图匹配和推算定位技术的比较

　　车辆定位与导航系统就是将 GPS 接收机和车辆传感器的数据相结合，再通过地图匹配最后得出车辆的位置并输出，利用 GPS 接收机进行地图匹配算法有多种方式，但基本原理相同，即利用电子地图滤掉车辆传感器误差并确定最佳位置。

4.2　地图匹配原理

　　地图匹配是一种基于软件技术的定位修正方法，其基本思想是将定位装置获得的车辆定位轨迹与电子地图数据库中的道路信息联系起来，并由此确定车辆相对于地图的位置，图 4-2 所示为地图匹配原理示意图。地图匹配技术的应用基于两个前提：①车辆总是行驶在道路上；②电子地图道路数据精度应高于定位装置的位置估计精度。

　　当上述两个条件满足时，将定位轨迹同电子地图中的道路信息相比较，通过适当的地图匹配算法确定出车辆最可能的行驶路段及车辆在此路段中最可能的位置。这样，一方面提供了车辆在电子地图上显示的手段；另一方面可以消除定位误差在车辆前进路线上的径向和横向分量，从而达到提高定位精度的目的。地图匹配算法的实施与电子地图有着密切的关系，电子地图必须具有正确的路网拓扑结构和足够高的精度才能完成地图匹配，否则会导致错误的匹配。

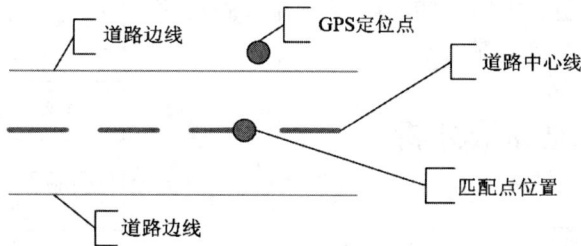

图 4-2　地图匹配原理示意图

　　地图匹配是通过软件的方法校正卫星定位（GPS）或航迹推算（DR）定位等定位方法定位误差的一种技术。该技术是以模式识别理论为基础，基于"车辆始终行驶在道路上"的假设和"用于匹配的数字地图包含高精度的道路位置坐标"为前提，以某个车辆位置点或段行车轨迹曲线作为待匹配样本，以该点或该轨迹曲线附近所有道路上的位置点或道路曲线作为模板，通过待匹配样本与模板间的匹配，选择相似度最高的模版作为匹配结果。最后根据匹配结果，将车辆位置点标注在道路上的相应点上，将车辆轨迹曲线标注到相应的道路线上来。地图匹配示意图如图 4-3 所示。

　　在图 4-3 中，点 A、B、C、D、E、F 都是 GPS 观测点，显然这些观测点都没有准确地定位在道路上，地图匹配的任务就是通过一定的方法将这些点校正到道路的中心线上。现在地图匹配的算法有很多，但基本的方法有三类：点到点的匹配；点到线的匹配；线到线的匹配。前两种可视为搜索问题，最后一种可视为统计估计问题。

　　地图匹配算法定位原理是：将其他定位方法得到的车辆位置或行驶轨迹与车载的电子地图道路数据相比较、匹配，从而找到车辆所在的道路，并显示出车辆的实时位置。地图匹配

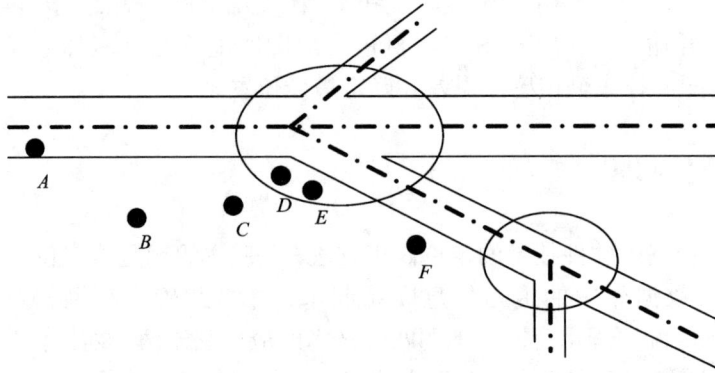

图 4-3 地图匹配示意图

过程可分为两个相对独立的过程：一是寻找车辆当前行驶的道路，二是将当前定位点投影到车辆行驶的道路上。地图匹配的一般过程如图 4-4 所示。

GPS 观测数据肯定存在误差，我们对这个误差进行估计，确定其误差区域，即我们认为车辆真实位置在误差区域范围内的某个路段上，根据一定算法确定误差区域内所有路段的匹配权值，找到最佳匹配路段并按一定方法将车辆投影显示在路段的某个点上。

4.3 典型地图匹配算法分析

4.3.1 点到点的匹配

点到点的匹配就是搜索地图数据库中的节点、形状点或自定义的点距离 GPS 观测点最近的点作为匹配点。该方法简单易行、快速，但是匹配结果与路段上待匹配的点集关系密切，待匹配的点越多，匹配效果越好。在图 4-5 显示的点到点的匹配中，A_1、A_2、A_3、A_4、A_5、B_1、B_2、B_3 都是 GPS 观测点 P 的待匹配点。

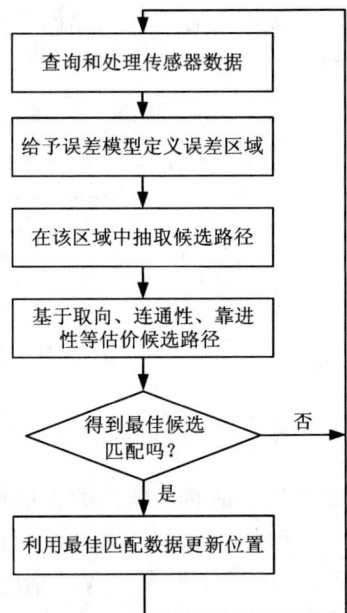

图 4-4 一个简单的常规地图匹配算法

从图 4-5 中可以看出，距离 P 最短的是 A_3，按照点到点匹配方法，应该将车辆匹配到 A_3 点，但从图中可直观地看出，P 点匹配到线段 B 上似乎更为合理些，因为 P 更靠近线段 B。点到线段的匹配就是根据点到线段距离的远近进行判断的。

点到点的匹配算法是将当前获得的定位点匹配到道路网上与其几何距离最近的节点或形状点上，这种算法的不足之处是受道路网上节点以及形状点的位置以及密度影响很大，极易造成误匹配。

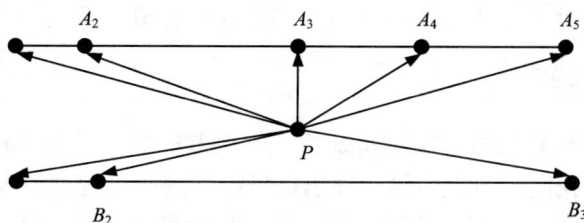

图 4-5　点到点的匹配

4.3.2　点到线段的匹配

点到线段的匹配就是搜索所有可能的线段，以 GPS 观测点到线段距离为判断依据，距离观测点最近的那条线段作为匹配路段，观测点到匹配路段的投影点即为匹配点。这种方法同样比较简单，也很直观，但该方法得到的结果不足之处在于匹配结果会出现来回摆动的情况，当 GPS 观测点距离多条路段的距离相等时就无法进行路段匹配，匹配形式如图 4-6 所示。

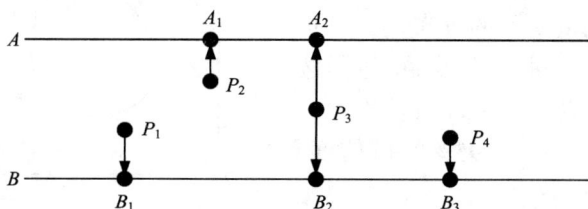

图 4-6　点到线段的匹配

在图 4-6 中，P_1、P_2、P_3、P_4 是连续的 GPS 观测点，它们的匹配结果是这样的：（P_1-B_1），（P_2-A_1），（P_3-A_2 或 P_3-B_2），（P_4-B_3）。可以看出，匹配结果出现了在线段 A、B 间摇摆的情况，还有观测点 P，无法确定匹配点。

点到线的匹配算法是将获得的定位点直接投影到与定位点几何距离最近的路段（定位点到路段的最小距离即定位点到路段的垂线段长度，如果垂点在路段的延长线上，则计算定位点到路段各节点的最小距离）上，而不是道路最近的节点或形状点上，这种匹配算法简单易行，相对于点到点的匹配算法在一定程度上提高了车辆的匹配精度。但这种匹配算法由于没有用到方向角信息，因此当定位点到两路段的距离相等时，很难确定匹配道路。而且点到点的匹配、点到线的匹配都是仅仅利用了当前观测点位置进行匹配，没有充分利用历史和未来的观测点位置，有很大的局限性。

4.3.3　线到线的匹配

线到线的匹配就是将一系列 GPS 观测点拟合到道路网中相应的路段中，拟合的标准就是观测点形成的折线到路段之间的距离，距离最短的为匹配路段。连线间的距离可以有很多种定义的方式，如定义两折线 X、Y 的距离为取它们间最近点的距离。

换句话说，线到线的匹配算法是通过分析连续的 GPS 定位点构成的曲线与邻近的道路折线之间的距离，通常取定位点连成的曲线与路段距离为最小值的路段作为 GPS 定位点的匹配路段。该算法的不足之处是会由于某一定位点的错误而造成一系列定位点的无匹配。

4.3.4　误差区域的确定

有许多方法可用于计算与特定定位系统相关的误差区域。其中一种方法是获得一个误差椭圆。根据估算理论，我们知道许多输入输出信号能以随机过程加以模型化。同真实值和测量值相关的变量可作为随机变量。方差、协方差信息通过适当的算法传播，派生出方差和协方差作为原始随机变量的函数或原始观察中估计出的参数的函数。这些方差和协方差常用于定义误差椭圆，假设系统的方差、协方差矩阵模型化为：

$$P = \begin{bmatrix} \delta_x^2 & \delta_{xy} \\ \delta_{yx} & \delta_y^2 \end{bmatrix} \tag{4-1}$$

式中：δ_x 和 δ_y 为传感器测量误差的标准差；δ_x^2 和 δ_y^2 是方差；δ_{xy} 和 δ_{yx} 是协方差。可推导出误差椭圆，如图 4-7 所示，其中 a 是椭圆半长轴，b 是椭圆的半短轴，φ 是椭圆半长轴取向与正北方向的夹角。假设测量误差的分布是标准正态分布，标准椭圆（$\sigma = 1$）对应于 39% 的置信区域，可调整椭圆的大小以表示不同可信度。在 2D 情况下 $\hat{\sigma}_0 = 2.15$ 时，可得 95% 的可信度，$\hat{\sigma}_0 = 3.03$ 可获得 99% 的可信度。

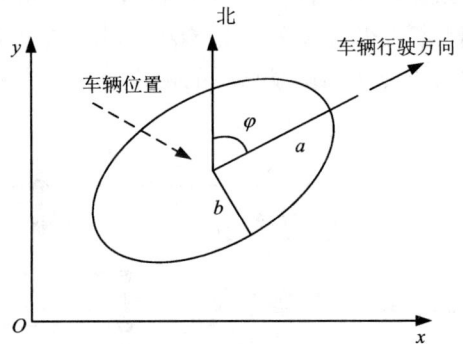

图 4-7　误差椭圆

如果从单独的 GPS 接收机接收到的数据用于地图匹配的误差椭圆，可以直接从 GPS 接收机的输出获得方差和协方差。

对于基于多传感器的地图匹配系统，已经研制了不同的统计方法定义误差区域，如等概率轮廓（CEP）和车辆定位概率区域（VLAP）。如果利用卡尔曼滤波器作为传感器集成和融合，定义误差区域变得较简单。由于从滤波器计算的副产品可得到方差、协方差信息，所以可以利用该信息推导出如前所述的误差区域（椭圆）。

注意推导出的误差区域通常乘上扩展（置信）因子。除传感器误差外，可能存在其他的不确定性。由于初始源误差、测量误差、处理误差等，地图数据库可能具有误差。初始引用的车辆位置和实际位置可能有轻微的出入，车辆可以在某一特定路段宽度内的任一位置；所有这些因素都会产生不确定性，因此，扩大误差区域是可取的。

为了节省计算时间，定义一个矩形试探误差区域而不是椭圆形误差区域。这种方法的缺点是误差区域与定位误差无关。统计意义上定义的误差区域在算法的每一个周期可以扩展和收缩，而试探误差区域总是具有相同的尺寸。作为一个例子，下面将说明概率统计算法是如何工作的。

这种概率统计算法大约每秒中断主系统程序一次以提供显示当前车辆位置。在每一周期，它首先更新旧的推算定位或地图匹配位置到当前的推算定位位置。在图 4-8 的第二步中，更新精度是按 CEP 来估算的，CEP 定义一个误差区域，这一区域包括了以某一概率将车辆的实际位置包含在内的区域。

利用三维概率密度函数(PDF)定义一系列概率轮廓等(如图 4-8 所示)，每一轮廓线由一个 xy 水平面生成，该平面以某一概率密度级穿过概率函数(PDF)并包括概率密度为 50%、60% 等区域。PDF 的峰值正好位于当前推算定位位置的上方。把这些轮廓线投影到 xy 平面上，得到一系列椭圆，每一椭圆以相等的概率包括车辆的实际位置。例如，90% 的 CEP 包围一个区域，该区域包含车辆的实际位置的概率为 0.9。在实际中，其中的一个椭圆作为误差区域并近似以矩形代替。基于磁通量闸门罗盘和差分计程仪的误差模型包含了用于定义矩形的四个角的一系列方程。CEP 区域通常比从上一周期获得的匹配点所确定的区域适当地大一点，以反映累积误差和当前推算定位位置的精度降低。

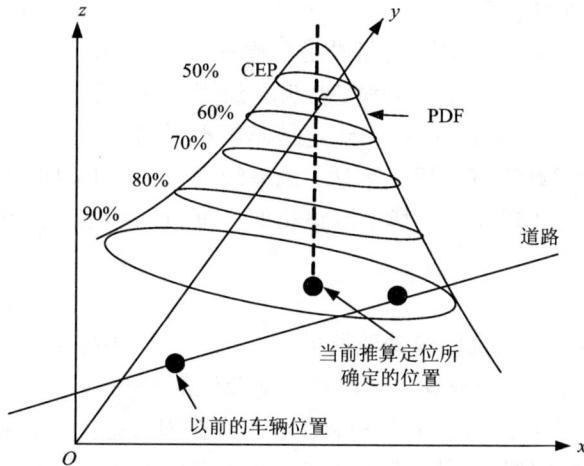

图 4-8　由概率密度函数定义的位置误差区域

一旦定义了误差区域，算法完成图 4-8 的其余各步，除最后更新步骤外，以便找到最佳匹配路段。该路段最可能成为车辆附近的候选路段。它包含的一点比由推算定位最近推出的车辆位置更可能成为当前的车辆位置。

4.3.5　确定最佳路径

1. 确定候选路径

为了确定候选路径，通常首先修改误差区域。由于椭圆对于定位候选路段不方便，所以通常使用矩形。为了确保误差区域足以包括所有可能的候选路段，在椭圆嵌入矩形区域之前利用扩展因子进一步扩大椭圆达到较高的可信度。Cyrus-Deck 剪裁算法可用于确定区域内的路段。该算法利用矩形边界内的铅垂线与从候选路段上一点到每一边界上一点的向量来确定路段是位于剪裁区域内还是剪裁区域外。

2. 选取最佳路径的原则

选取最佳路段要遵循以下四个基本原则：

①相似性：当前车辆行驶方向与路段方向最接近；

②靠近性：当前车辆的 GPS 观测点到所匹配路段的距离最近；

③连通性：根据道路网的拓扑关系，先后匹配的路段应该具有连通性；

④交通规则，如单行道、禁止转向等。

除了上述了四个基本原则外，操作中还需要有如下几个规则：

规则 1：如果候选路段集合为空，则放弃匹配，这有可能是车辆在停车场或公园等地方，直接在地图上按照 GPS 观测点显示，并读取下一个定位点，直到候选路段集合不为空。

规则 2：如果候选路段集合只有一个路段，则直接将该路段确定为最佳路段。

规则 3：如果候选路段集合中有多个路段，则根据上述的四个基本原则按照一定的方法确定最佳路段。

规则 4：如果通过判断标准，集合中最后还有两个路段具有相同的匹配权值，则暂不匹配，读入下一个定位点再确定最佳路段。

3. 确定最佳路径的搜索算法

最佳路段要以大概率确定所选取的路段是车辆真实行驶的路段，如果车辆选择了错误的道路，在以后的行驶过程中，车辆可能一直被匹配到错误的道路上去，这样就完全起不到车辆定位导航的作用，所以车辆初始位置的确定是非常重要的。

已有的最近路段搜索算法有最短距离法、概率统计法、基于网络拓扑关系法、半推导法、相关性法、基于卡尔曼滤波残差法、基于道路相似性度量函数的模式识别法等。下面简要介绍下前三种算法。

（1）最短距离法

最短距离法是一种基础的选取候选路段的算法。该方法根据道路属性，预先设置一个匹配阈值，在 GIS 中的所有或部分路段中，计算当前获取的 GPS 观测数据与各道路路段之间的距离以及 GPS 数据在该道路路段上的最短距离点，将在阈值范围内各路段的匹配距离进行比较，得到一条距离最短的路段，则该道路为 GPS 点的匹配路段，该最短距离垂足点为 GPS 点的匹配点。

为了提高匹配速度且保证最优匹配，通常采用判断 GPS 数据的直接定位点是否在各路段最小外接矩形并向外扩充一个阈值长度的矩形区域内的方法，使匹配速度与地图数据量的大小无关。最短距离法简单易行，能在很大程度上消除地图匹配中各种误差产生的影响，但它没有考虑 GPS 数据接收中的各种情况及道路的地形特征，通常作为一种基本方法，与其他匹配方法结合能得到较好的效果。

（2）概率统计法

概率统计法的基本原理是概率论与数理统计。该方法将接收到的 GPS 数据的误差和误差模型定义为真实车辆所在位置的某一置信区域内，根据已有匹配结果的概率统计，判断比较后确定 GPS 数据在这一置信区域内的匹配路段并计算出匹配点。概率统计法考虑了道路的地形特征，与其他方法结合能解决匹配时道路中的合点与并行路段的问题。

（3）基于网络拓扑关系法

基于网络拓扑关系的方法是在道路层数据建立了网络拓扑关系的基础上进行的。空间拓扑关系反映地理实体之间的相互关系，在 GIS 中一般表示为节点、弧段、面域三者之间的拓扑关系，网络拓扑关系则是节点和弧段之间的相互关系。

基于网络拓扑关系的方法通过对前一次匹配结果和车辆前进方向的分析，用道路层的空间网络拓扑关系，确定当前 GPS 数据待匹配路段的范围，并计算出当前 GPS 数据的匹配点。该方法与概率统计法结合能解决并行道路的匹配问题，同时能减小点匹配中的匹配范围，但其匹配效果有时会受到空间拓扑关系质量的影响。

4.3.6　概率统计算法确定最佳路径步骤及流程

上述比较了三种确定最佳路段的算法，基于概率统计的匹配算法兼顾了简单与实用，这里将重点介绍采用概率统计算法进行地图匹配。图 4-9 说明了概率统计匹配算法的基本流程。

步骤 1：确定候选路径

算法通过顺序地检查车辆附近的所有路段给出候选路段(在误差区域中的路段)。这些路段取自数字地图数据库。首先在指定的阈值内测试每一路段以确定其方向是否与车辆的取向相同。

如果该路段通过方向测试，那么检查它以确定其是否中断 CEP(误差区域)，该区域可能包含车辆位置。通过这些初始测试后，把该路段加入路段表中；否则，如果当前路段不是相邻区域内最后路段，算法返回到顶端对另一路段进行同样的测试。

算法对路段表中的每条路段测试其连通性和邻近测试。连通性测试检查路段是否与以前包含车辆位置的路段(上一周期)相连通；换言之，算法检查路段表中的每条路段是否与以前匹配的路段相连。邻近测试检查表中的每一路段看看它是否同车辆实际行驶的以前匹配的路段非常接近。把没有通过上述两种测试的路段从路段表中删除。连通性和邻近测试允许多条路段通过测试。

步骤 2：确定最佳路径

求一条最佳的匹配路径算法从通过测试路段中选择最真实的路段。如果仅有一条路段通过测试，情况很简单，该路段即为最真实的路段；如果有两条路段通过测试，必须进行更多的检查。这包括测试哪一条路段严格地与以前的匹配路段相连及哪一条路段与当前推算定位位置更接近。最真实的路段被选为竞胜者。如果两条路段几乎具有相同的特征或者太接近，则两条路都不能作为匹配路段，当前推算定位位置也不能更新。

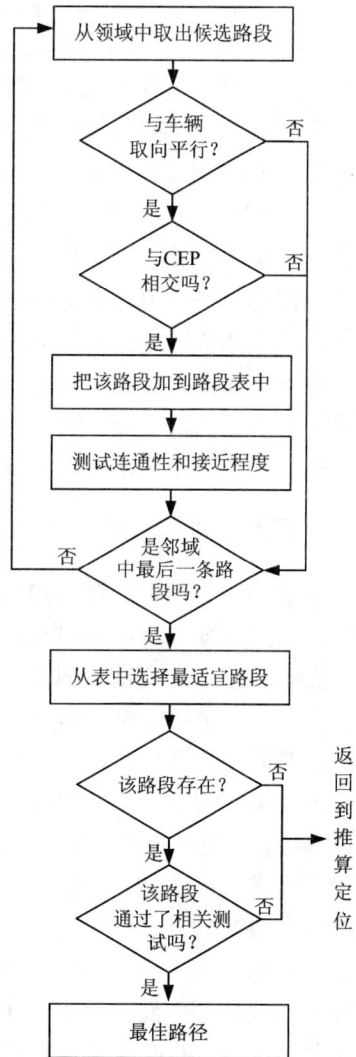

图 4-9　用概率统计计算在限定区域

唯一的最恰当的候选路段必须通过最后的相关检查才能成为符合选择条件的匹配路段。如果车辆没有拐弯，算法则进行简单的轨迹匹配；否则，计算相关函数。为了行驶轨迹的匹配，行驶距离的逐段和由传感器输出计算的取向的简短历史临时存储在存储器中。这些轨迹数据用来与同一时期的车辆路径的逐段长度和取向相比较。如果匹配，唯一的候选路段成为对当前推算定位位置进行更新的路段并存储为匹配路段。对于相关函数的计算，算法计算车辆轨迹和某些路段(包括最恰当的路段和与之相连的路段)间的函数值。如果结果通过了某一阈值,则计算期间导出的路段上最恰当(最相关)的点被存储起来用于更新当前推算定位位置。显然,包含该匹配点的路段成为匹配路段。如果该最恰当的候选路段没有通过相关测试,则当前推算定位位置不更新。

步骤3:以最佳路径更新车辆位置

最后,算法更新车辆的位置。如果车辆拐弯,则更新车辆的位置到相关函数计算所确定的匹配点;否则,它被更新到匹配路段上最可能的位置上。一旦当前位置被更新到地图匹配的位置,则CEP区域将相应地缩小以反映车辆位置精度的增加,用于计算矩形误差区域的新角点的方程,最后,重新校准传感器。如果车辆刚刚完成一个拐弯,则重新校准距离传感器;如果车辆没有拐弯,则重新校准取向传感器。利用

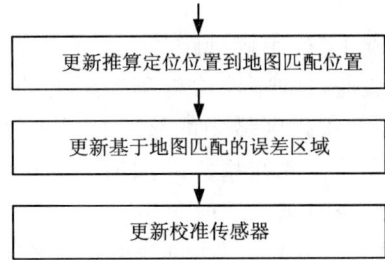

图4-10 概率统计算法最后详细的更新步骤

取向传感器或地图匹配过程很容易确定车辆拐弯的条件。算法的更新步骤如图4-10所示。

概率统计法没有假设车辆总是在道路网上。它可以处理偏离道路的情况,这一点比半确定算法好得多。然而,若车辆没有在已知的道路网上运行,则在车辆偏离道路时,地图匹配调整不能防止推算定位误差的累积。所以车辆位置可能会产生大量的不确定性。

4.3.7　其他匹配方法

1.改进的点到线、线到线的匹配算法

改进的点到线、线到线的匹配算法,充分利用了拓扑信息,即路网的连通性,增加了起点和终点的信息。如果前一时刻的匹配可信,那么就应用拓扑信息匹配后续定位点。如果不可信,就用一个序列定位点即定位点的几何信息来匹配。改进的点到线的匹配算法是在点到线匹配的基础上,已知起点的情况下,可根据连通性判断后续定位点的匹配路段范围,可大大减少可能的路段。不足之处是对开始点的阈值选择十分敏感,一个错误的匹配会导致一系列的误匹配。改进的线到线的匹配算法,充分运用了道路的拓扑信息,通过求出两条曲线之间的距离再选择匹配的路段,但一个错误的匹配会对后面匹配造成影响。

2.相关性算法

相关性算法用来确定一定时间内车辆所在的行驶道路,通过分析道路拐角和交叉口或路段的几何形状特征等路网信息对GPS定位数据进行校正。相关性算法在车辆行驶方向有较大改变的情况下,匹配效果相对较好。但其他情况下容易出现与几条待匹配道路相关性相差不大的情形,会造成GPS定位数据无法匹配。

3.基于模糊逻辑的地图匹配算法

由于地图匹配存在"车辆可能在某条道路上行驶"等与模糊度相关的定性决策过程,因此利用模糊逻辑方法通过隶属函数描述GPS定位点与待匹配路段之间的相似程度,以此来确定相似程度最高的匹配道路。缺点是算法往往很复杂,效率低下。

4.基于模式识别的匹配算法

模式识别匹配算法的基本思想是利用历史行驶轨迹对电子地图数据库中的道路信息进行

模式识别，将车行轨迹曲线作为待匹配样本，将与车行轨迹曲线邻近的所有道路的道路曲线作为状态模板，判断待匹配样本与模板间的匹配程度，选取形状相似度最高的模板作为匹配结果。该算法的缺点是定位误差较大且实现复杂，计算的开销较大。

5. 基于 D-S 证据理论的地图匹配算法

D-S 证据推理理论是由贝叶斯理论推广而来的一种不确定性推理理论。基于 D-S 证据理论的地图匹配算法是通过分析 GPS 定位点与道路之间的距离，对待匹配道路信息进行融合。然后比较融合后每条待匹配道路的证据支撑大小，从中选取置信度最高的道路作为 GPS 定位点的匹配道路。算法的缺点是其中的某些参数主要靠经验，而且算法实现复杂。

6. 基于代价函数的地图匹配算法

基于代价函数的地图匹配算法通过为所有可能的待匹配位置定义一个代价函数，用这个代价函数判断待匹配位置与 GPS 定位点的相似程度，然后对所有待匹配路段对应的匹配位置的代价函数值做累加计算，并据此判断待匹配路段与 GPS 定位轨迹之间的相似程度。当待匹配道路与定位轨迹不相吻合时，代价函数的累加值将迅速增长。

7. 非常规手段的地图匹配算法

这类匹配算法的特点是采用的技术手段不同于一般的地图匹配算法。周培德等提出的基于计算几何的地图匹配算法，就是采用不断计算 GPS 信号点是否构成凸壳，并判断道路是否穿越该凸壳来确定定位信号点的匹配道路。这类匹配算法在某种程度上有较好的匹配效率，但是此类匹配算法由于所使用的数学手段特殊，适用范围比较狭窄。

目前车辆在路段上的具体位置的识别的地图匹配算法较少，主要有以下几种：

（1）垂直投影法

将定位点垂直投影到当前行驶的路段上，投影点即为匹配点。这种方法逻辑简单、速度快、实时性好、所需内存空间少，通过投影使车辆定位数据仅残留定位误差在车辆前进路线上的径向分量，从而极大地改善了系统的定位精度；但在道路密集、道路形状复杂和交叉路口等情况下，匹配准确率较低。

（2）MAP 算法

利用极大验后估计（MAP）模型来匹配车辆在道路上的位置，当模型描述的运动简单（如直线运动）时，这种算法效果很好，但在多数情况下，车辆运动由路网决定，使建模困难，计算相当复杂。

（3）最优估计算法

通过航位推算和垂直投影两种算法的加权平均值来确定车辆在当前道路上的位置。与单独使用前两种算法相比，算法在道路方向的误差更小，但对定位信息的要求较高，需要较准确的速度、方向信息。

由此可见，地图匹配的原因就是 GPS 观测点与实际车辆位置存在误差，这种误差有 GPS 传感器本身的误差，有信号传输过程中产生的误差，有数字地图存在的误差等，这些误差存在很多的随机性，也很难明确地知道误差多大。地图匹配的目的就是用软件的方式消除这些误差的影响，正确显示车辆的位置。因此，一个实用的地图匹配算法应该要满足如下的一些要求：

①适应性。在一定条件下或一定道路范围内，算法往往具有很好的匹配效果，但在其他条件或道路范围内，算法也需要能够满足匹配的要求。

②实时性。算法需要对车辆的观测点位置作出实时校正,这要求算法不能太复杂,计算时间要短。

③在复杂道路情况下,特别是在交叉口处,算法能够做出快速而正确的匹配。

4.4　基于地图预处理的地图匹配算法

由于道路交通状态检测中地图匹配的目的、对象规模、速度和匹配率要求都与车辆导航地图匹配大不相同,这些技术不能够简单地移植到基于 GPS 浮动车的道路交通状态信息的处理过程中。

首先,基于浮动车的道路交通状态检测地图匹配的目的是将 GPS 浮动车位置信息转变为路段的行驶时间信息,在匹配率方面不如车辆导航地图匹配要求高;其次,道路交通状态检测中浮动车地图匹配的对象规模比较大,要在较短的时间内完成几千辆乃至上万辆浮动车的地图匹配工作,匹配速度方面的要求比较高。为此,本节提出新的地图匹配算法,在计算出道路边线节点的基础上,创建直线段区域,通过查看每个 GPS 定位点处的直线段区域即可得知该车辆此刻位于哪条路段及该路段上的哪条直线段上。此方法提高了检索效率,在保证准确率的同时,大大提高了匹配速度。

1. 问题的提出

在现有地图匹配算法比较分析中,发现在进行地图匹配时,都是以单个 GPS 定位点为圆心搜索距离最短的对象或者与路网拓扑关系相结合分别以多个 GPS 定位点为圆心搜索最可能匹配的对象,结果搜索到的最小单位为路段对象,而不能搜索到路段中的某个折线段,如何确定某一 GPS 定位点位于该路段的哪条折线段上需要经过大量的计算、比较,这将会降低系统的运行效率。

下面以最近点估计地图匹配算法为例来说明地图匹配算法的具体实现过程,从而找出现有地图匹配算法存在的不足以及不适合实际应用的原因。

最近点估计地图匹配算法是一种较为简单的地图匹配算法,其主要思想是在 GPS 定位点的周围以某一半径范围搜索路段,再把 GPS 定位点垂直投影到各条搜索获得的路段上,比较各个垂足的距离,取最小者作为匹配结果。距离最短的那个路段就是所匹配的路段,GPS 定位点在该路段上的垂足就是该点所匹配后的具体位置。

图 4-11 是最近点估计地图匹配算法的示意图(地图匹配所使用图层内对象为路段对象)。GPS 定位点 P 以最大误差为半径做圆搜索地图,可以搜索到三条路段 l_1、l_2 和 l_3。GPS 定位点 P 对这三条路段做垂直投影,分别获得三个垂足点 P_1、P_2 和 P_3。由于对 l_3 的垂足在 l_3 的反向延长线上,所以把 P_3 点定位于 l_3 的顶点处。比较三个垂足的距离,取最小的作为结果。

最近点估计地图匹配的数学推导如下所述。

图 4-12 中,P_1 和 P_2 代表路段节点或者形状点,其坐标分别为 (P_{1x}, P_{1y}) 和 (P_{2x}, P_{2y})。P_3 代表 GPS 信号点,其坐标为 (P_{3x}, P_{3y})。P_3' 代表 GPS 信号 P_3 在道路 P_1P_2 上的垂直投影位置点,其坐标为 (P_{3x}', P_{3y}')。由 GIS 中可获得 P_{1x}, P_{1y}, P_{2x}, P_{2y},而 GPS 信号自带了经纬度,也就是 P_{3x}, P_{3y}。现在的目标是求 P_{3x}', P_{3y}'。

其斜率 k 为:

$$k = \frac{P_{2y} - P_{1y}}{P_{2x} - P_{1x}} \tag{4-2}$$

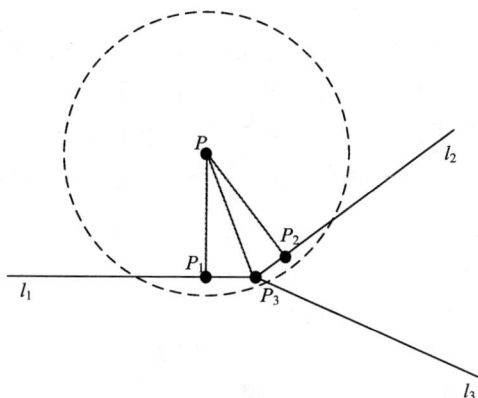

图 4-11　最近点估计地图匹配

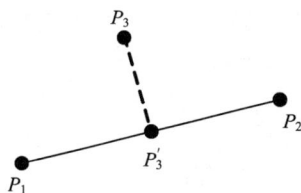

图 4-12　最近点估计地图匹配的例子

求出斜率 k 后，可由下述公式求得 P'_{3x}、P'_{3y}：

$$P'_{3x} = \frac{k(P_{3y} - P_{1y}) + (P_{3x} - P_{1x})}{k^2 + 1} + P_{1x} \tag{4-3}$$

$$P'_{3y} = k\frac{k(P_{3y} - P_{1y}) + (P_{3x} - P_{1x})}{k^2 + 1} + P_{1y} \tag{4-4}$$

求出 P'_{3x}、P'_{3y} 后，即可实现浮动车的定位，在电子地图上以 (P'_{3x}, P'_{3y}) 为坐标显示浮动车的位置。

最近点估计地图匹配算法实现比较简单，系统负载小。但其缺点是由于该算法仅利用了 GPS 数据的经纬度信息，算法的匹配准确率完全依赖于 GPS 设备的性能。

从上述算法的实现过程，我们可以得知：最近点估计地图匹配算法作为一种相对比较简单、系统负载小的算法，尚且需要三步计算完成最终匹配：选择路段、确定位于路段的哪条折线段上、计算匹配点。选择路段可以通过 MapX 搜索完成；确定位于每条路段的哪条折线段上需要计算 $n-1$ 次垂足并且比较 $n-1$ 次才能确定是哪个折线段（n 是该路段的节点和形状点个数，$n-1$ 是该路段的折线段个数），如果候选路段为 m 条，那么需要计算、比较 $m(n-1)$ 次。如果需提高匹配的准确率还需要更加复杂的算法。

现有算法基本分为以下几类：点到点的匹配方法，点到线的匹配方法，线到线的匹配方法，还有在这些基本方法的基础上，可以综合道路网络的连通性信息、车辆行驶方向和交通规则约束等信息，应用模式识别、决策规则和模糊逻辑等方法的匹配算法。这些算法的计算很复杂，由于在匹配率方面不如车辆导航地图匹配要求高且浮动车规模比较大，因此不能够简单地将现有匹配算法移植到实际应用中。

结合现有地图匹配算法及 MapInfo 的特性，本书设计了一种点到面（区域）的地图匹配算法。本算法不需要计算就可以得知该点位于哪条路段的哪个折线段上，在此算法基础上还可以判断车辆的行驶方向。但本算法没有计算 GPS 定位点在该匹配路段上的匹配点，通过分析现有 GPS 数据资源，得知采集到的 GPS 定位点已经位于道路上，不需要投影到道路中心线上

(现实中我们知道车辆正常情况下不会行驶在道路中心线上,两个方向上的车辆分别行驶在道路中心线的两边,如果投影到道路中心线上,对于某些车辆来说,不但没有减少定位点的误差反而人为地增加了定位点的误差)。

从 GPS 原始历史数据表中提取了车辆 ID 为 3996403167 的从 2006-03-16 8:30:00 至 2006-03-16 12:30:00 时间段总共有 461 条数据没有计算投影点直接匹配到地图上,统计只有 3 个定位点不在道路上,其余 458 个定位点都在道路上。图 4-13 所示是部分截图。图 4-13(a)中所有的定位点都在道路上,图 4-13(b)中 3 个五角星表示的定位点为不在道路上的定位点,其余定位点在道路上。

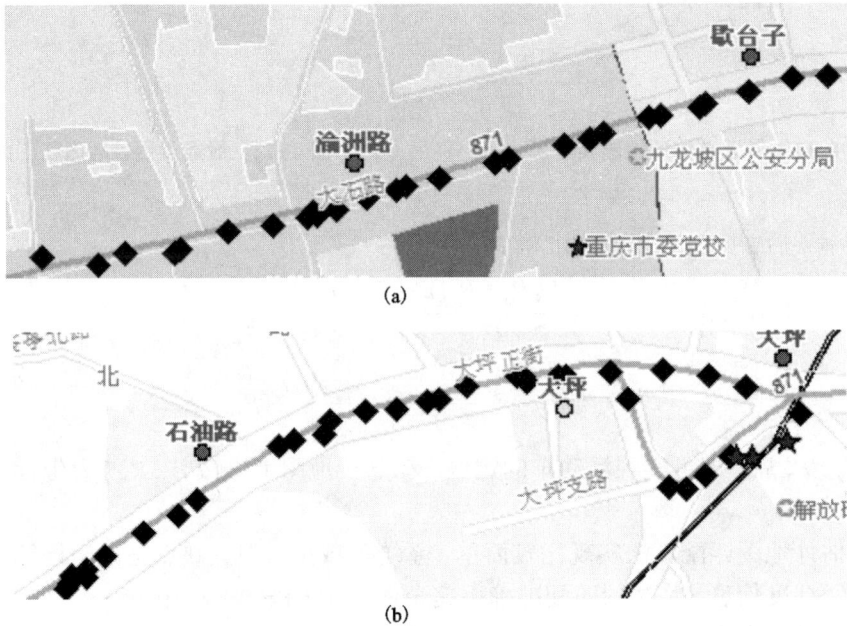

图 4-13　车辆原始定位数据不经匹配直接显示在地图上

2. 新算法的提出

为了解决上述问题,考虑创建直线段区域图层,在新建图层上添加对象前首先要以某阈值为宽度计算出直线段的边线节点,然后以该直线段对应的四个边线节点及其本身的两个节点为顶点在图层上创建直线段区域对象;地图匹配时,通过在直线段区域图层上搜索 GPS 定位点处的直线段区域对象,即可得知该定位点位于哪条路段的哪条折线段上。

这种方法能提高地图匹配的效率,但增大了预处理阶段的工作量,也加大了系统的存储空间。

3. 新算法的实现步骤

新算法的实现步骤流程图如图 4-14 所示。

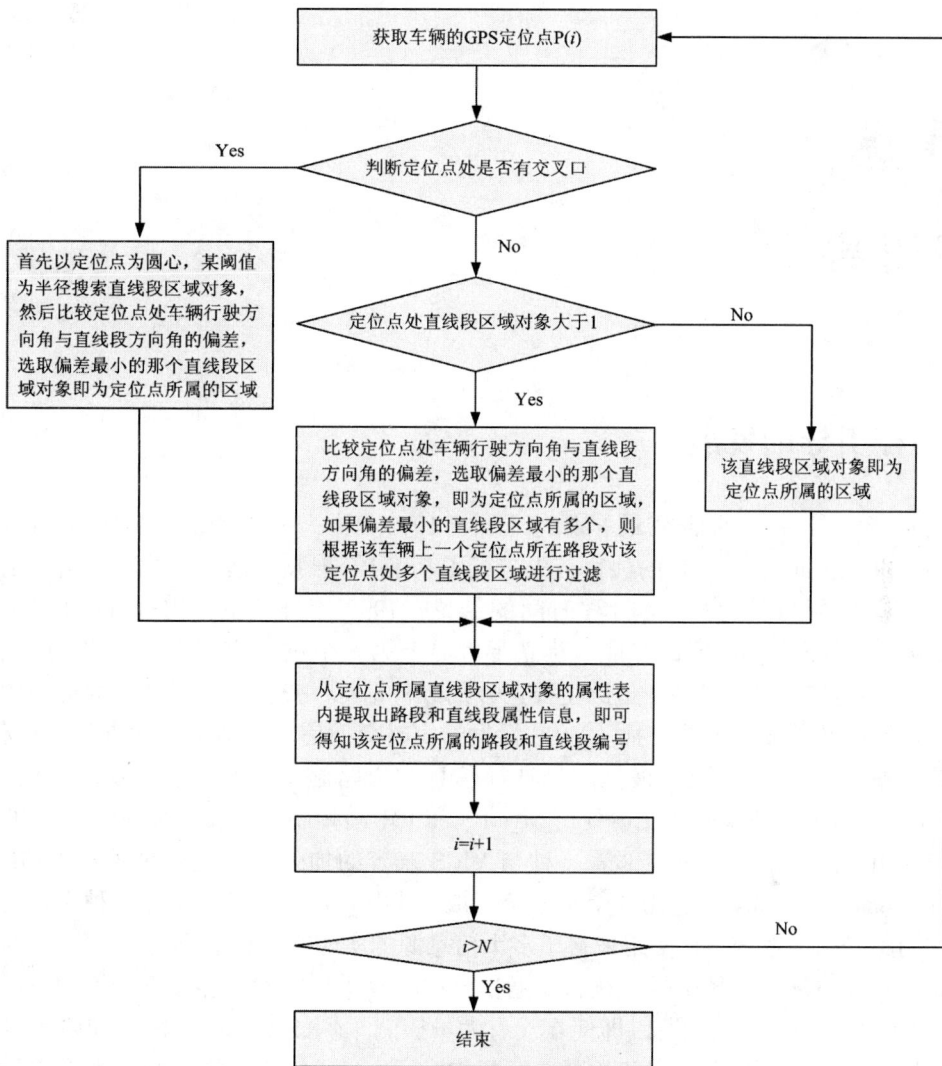

图4-14　车辆匹配新算法流程图

━━━━━ 重点与难点 ━━━━━

重点：（1）地图匹配的基本原理；（2）现有地图匹配方法的优劣；（3）地图预处理技术。
难点：地图匹配算法。

━━━━━ 思考与练习 ━━━━━

4-1　阐述地图匹配的基本流程与定位原理。

4-2　对比分析定性匹配算法的优劣。

4-3　如何确定最佳路径？

4-4　地图匹配前怎么进行数字地图预处理？

第 5 章

路径引导

5.1 路径引导的发展

车辆路径引导系统的研究最早始于日本（1973 年），一个称为 CACS（comprehensive automobile traffic control system）的项目首先进行了基于 RF 射频通信的车载路径引导系统的开发实验，并得到了可以减少 13% 行程时间的结论。1990 年开始的 VICS（vehicle information and communication systems）项目在日本建立了世界上第一个进行交通信息服务的通信系统。VICS 采用三种通信方式：安装于道路主要路段的红外信标、安装于乡村区域的道路和高速公路的短波信标以及调频副载波广播。VICS 播发的实时交通信息包括主要地点间的行程时间、交通拥挤、法规、事故、广域的最优路径选择信息和道路施工、天气情况及停车场信息等。目前，高档的 VICS 车载接收机结合了差分 GPS 和 FM 调频副载波接收功能，可以进行车辆导航和路径引导。日本目前正在部署一种与 VICS 兼容的加强的交通管理系统 UTMS（urban traffic management systems），它由 5 个子系统组成，其中的路径引导系统是一种交互类型的中心决定式的路径引导系统，它使用来自于多个信息源的实时交通信息和行程时间数据进行中心决定式的路径引导。路径引导系统将交通信息中心收集到的检测器数据转换为路段行程时间数据，以此决定最优路径，所以即使在没有大量探测车辆的系统运行的早期阶段也能够实现动态引导。该系统在日本东京和长野已经开始运行，但是目前只能在交通主干道上进行动态引导。日本的动态路径引导系统 DRGS 是世界上第一个投入使用的中心式路径引导系统。

动态路径引导就是要为行驶在道路网中的车辆提供从当前位置到目的地之间最方便和快捷的路径，即所谓的"最短路"。这里"最短路"有两种理解：一种是基于已有道路基础上的行驶路程距离最短路，这种"最短路"根据已有的路网结构和图论知识便可以找到，而且是静态不变的；另一种是考虑了实时道路交通流状况的行驶时间最短或路阻最小路径，计算这种"最短路"有以下两个前提：一是由前面提到的动态交通分配得到交通流的实时分布情况，另外则是要建立一定的行驶时间函数或路阻函数，将交通流的分布状况或其他因素加入到行驶时间或路阻的计算当中，从而根据计算结果来选择"最短路"并作为引导路径提供给驾驶员。理论上说，这种最短路是随交通流而动态连续变化的，但实际操作是只能作离散处理，将系统工作时间划分为若干个时间段，并在一个时间段里计算找出几条动态最短路提供给驾驶员选择。

动态路径引导系统（dynamic route guidance system，DRGS）的开发是研究智能交通系统的一个重要方面。路径引导系统根据变化的交通状况为出行者提供到达目的地的最优路线，对车辆进行在线引导，以防止交通阻塞与拥挤，减少延误，最终使交通流在路网上达到合理的分配，从而提高整个路网的通行能力。路径引导系统中确定起讫点之间最优或次优路线的算法称为路径引导算法。传统的路径引导算法有 Dijkstra 算法、Floyd 算法、启发式搜索算法、K-最短路径算法。

5.2　图的基本概念

自从 1736 年欧拉(L. Euler)利用图论思想解决了哥尼斯堡(Konigsberg)七桥问题以来，图论经历了漫长的发展过程。在很长一段时期内，图论被当成是数学家的智力游戏，解决一些著名的难题。如迷宫问题、匿门博弈问题、棋盘上马的路线问题、四色问题和哈密顿环球旅行问题等，曾经吸引了众多的学者。图论中许多的概念和定理的建立都与解决这些问题有关。

1847 年克希霍夫(Kirchhoff)第一次把图论用于电路网络的拓扑分析，开创了图论面向实际工程应用的成功先例。此后，随着实际需要和科学技术的发展，在近半个世纪内，图论得到了迅猛的发展，已经成了数学领域中最繁茂的分支学科之一。尤其是在电子计算机问世后，图论的应用范围更加广泛，在解决运筹学、信息论、控制论、网络理论、博弈论、化学、社会科学、经济学、建筑学、心理学、语言学和计算机科学中的问题时，扮演着越来越重要的角色，特别受到工程界和数学界的重视，成为了解决许多实际问题的基本工具之一。

图论研究的课题和包含的内容十分广泛，专门著作很多。作为离散数学中的一个重要内容，本书主要围绕与计算机科学有关的图论知识介绍一些基本的图论概论、定理和研究内容，同时也介绍一些与实际应用有关的基本图类和算法，为应用、研究和进一步学习提供基础。

定义 5-1　一个(无向)图 G 是一个二元组$(V(G)，E(G))$，其中 $V(G)$ 是一个有限的非空集合，其元素称为节点；$E(G)$ 是一个以不同节点的无序对为元素，并且不含重复元素的集合，其元素称为边。

我们称 $V(G)$ 和 $E(G)$ 分别是 G 的节点集和边集。在不致引起混淆的地方，常常把 $V(G)$ 和 $E(G)$ 分别简记为 V 和 E。我们约定，由节点 u 和节点 v 构成的无序对用 uv(或 vu)表示。

根据图的这种定义，很容易利用图形来表示图。图形的表示方法具有直观性，可以帮助我们了解图的性质。在图的图形表示中，每个节点用一个小圆点表示，每条边 uv 用一条分别以节点 v 和 u 为端点的连线表示。图 5-1(a)是图 $G=(\{v_1,v_2,v_3,v_4\}，\{v_1v_2，v_1v_3，v_1v_4，v_2v_3，v_2v_4，v_3v_4\})$ 的图形表示；图 5-1(b)是图 $H=(\{u_1，u_2，u_3，u_4，u_5，u_6\}，\{u_1u_2，u_1u_3，u_2u_3，u_5u_6\})$ 的图形表示。在某些情况下，图的图形表示中，可以不标记每个节点的名称。

须注意，一个图的图形表示法可能不是唯一的。表示节点的圆点和表示边的线，它们的相对位置是没有实际意义的。因此，对于同一个图，可能画出很多表面不一致的图形来。例如图 5-1(a)还可以用图 5-2 中的两种图形表示。

图 G 的节点数称为 G 的阶，用字母 n 表示，G 的边数用 m 表示，也可以表示成 $E(G)=m$。一个边数为 m 的 n 阶图可简称为$(n，m)$—图。如图 5-1(a)和图 5-1(b)分别表示一个$(4，6)$—图和一个$(6，4)$—图。

若 $e=uv$ 是图 G 的一条边，则称节点 u 和 v 是相互邻接的，并且说边 e 分别与 u 和 v 相互

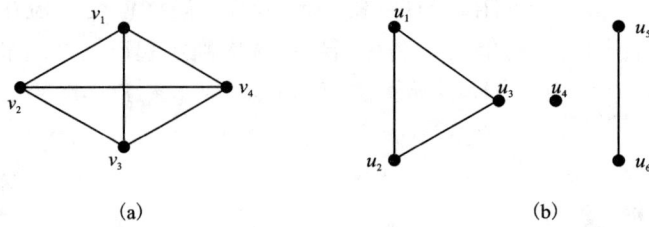

图 5-1　图形的表示

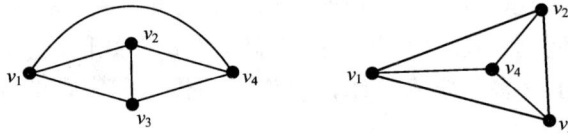

图 5-2　多边图形

关联。若 G 的两条边 e_1 和 e_2 都与同一个节点关联时，称 e_1 和 e_2 是相互邻接的。

1. 图的变体

若在定义 5-1 中去掉边集 E 中"不含重复元素"的限制条件，则得到多重图的定义。在多重图中，允许两条或两条以上的边与同一对节点关联，这些边称为平行边。由于可能有多条边与同一个节点对相关联，为区别起见，有时也对各边加以编号。图 5-3 是多重图的一个例子。

若在多重图的基础上，进一步去掉边是由不同节点的无序对表示的条件，即允许形如 $e=uu$ 的边（称为环）存在，则得到广义图或伪图的定义。图 5-4 是伪图的一个例子。

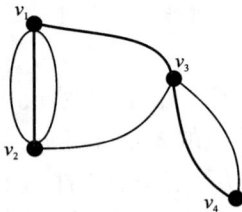

图 5-3　多重图

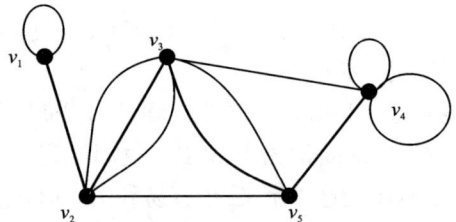

图 5-4　伪图

为了区别多重图和伪图，以后称满足定义 5-1 的图为简单图。很明显，将多重图和伪图中的平行边代之以一条边，去掉环，就可以得到一个简单图。这样得到的简单图称为原来图的基图。在研究某些图论问题，如连通、点着色、点独立集、哈密顿图和平面性问题时只要考虑对应的基图就行了。因此，简单图将是本课程的主要讨论对象。"图"将作为一个概括性的词加以使用。

另外，有向图也是极重要的研究对象，在计算机科学中尤其有用。只要在定义 5-1 中把"无序对"换成"有序对"就得到了有向图的定义。有向图的"边"用形如 $e=(u, v)$ 的序偶表示，其意义是 e 是一条由节点 u 指向节点 v 的有向边，并且称 e 是 u 的出边，是 v 的入边。自然，(u, v) 和 (v, u) 是不同的边。

　　类似于图定义的扩充，也可以定义出相应的多重有向图和有向伪图，并把上面定义的有向图相应地称为简单有向图。"有向图"将作为概括性的词加以使用。图 5-5(a)、图 5-5(b) 和图 5-5(c) 分别是简单有向图、多重有向图和有向伪图的例子。

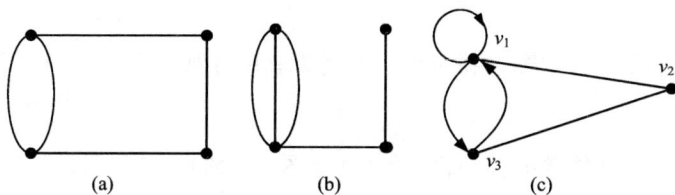

图 5-5　简单有向图、多重有向图和有向伪图

　　有时也要考虑有向图的基图。一个有向图的基图是当去掉边的方向后得到的无向图(可以含有平行边和环)。根据不同的应用，图的定义还有别的一些扩充形式，如权图、标号图、无限图、混合图、根图、超图等。

2. 图论基本定理

　　下面将从数量方面去建立图的元素的基本关系。

　　定义 5-2　图 G 中节点 v 的度(简称点度) $d_G(v)$ 是 G 中与 v 关联的边的数目。每个环在计度时算作两条边。

　　图 G 中最大的点度和最小的点度分别记为 Δ_G 和 δ_G。在不致引起混淆的地方，$d_G(v)$、Δ_G 和 δ_G 分别简写成 $d(v)$、Δ 和 δ。

　　下面介绍图论中最基本的定理，它是 1736 年欧拉在解决"Konigsberg 七桥问题"时建立的第一个图论结果，很多重要结论都与它有关。

　　定理 5-1　(图论基本定理——握手定理)对于任何 (n, m)—图 $G = (V, E)$，$\sum_{v \in V} d(v) = 2m$，即点度之和等于边数的两倍。

　　证明：根据点度的定义，在计算点度时每条边对于它所关联的节点被计算了两次。因此，G 中点度的总和恰为边数 m 的 2 倍。

　　推论 5-1　在任何图中，奇数度的节点数必是偶数。

　　证明：设 V_1 和 V_2 分别是图 G 的奇度节点集和偶度节点集。由定理 5 - 1 应有 $\sum_{v \in V_1} d(v) + \sum_{v \in V_2} d(v) = 2m$。

　　上式左端第二项是偶数之和，从而第一项必然也是偶数，即 $|V_1|$ 必须是偶数。

　　在有向图中，点度的概念稍有不同。

　　定义 5-3　有向图 G 中，节点 v 的入度 $d^-(v)$ 是与 v 关联的入边的数目，出度 $d^+(v)$ 是与 v 关联的出边的数目。

　　有向图的最大出度、最大入度、最小出度、最小入度分别记为 Δ^+、Δ^-、δ^+、δ^-。

　　定理 5-2　对于任何 (n, m)—有向图 $G = (V, E)$，$\sum_{v \in V} d^+(v) = \sum_{v \in V} d^-(v) = m$。

证明：任何一条有向边，在计算点度时提供一个出度和一个入度。因此，任意有向图出度之和等于入度之和等于边数。

3. 基本图例

图中度为零的节点称为孤立节点。

只由孤立节点构成的图 $G=(V, \Phi)$ 称为零图，特别地，只由一个孤立节点构成的图称为平凡图。

各点度相等的图称为正则图。特别地，点度为 k 的正则图又称为 k 度正则图。显然，零图是零度正则图。

任何两个节点都相互邻接的简单图称为完全图。n 阶的完全图是 $\left[n, \frac{1}{2}n(n-1)\right]$—图，特别记之为 K_n。图 5-6 是常用的几个完全图。显然，K_n 是 $(n-1)$ 度正则图。

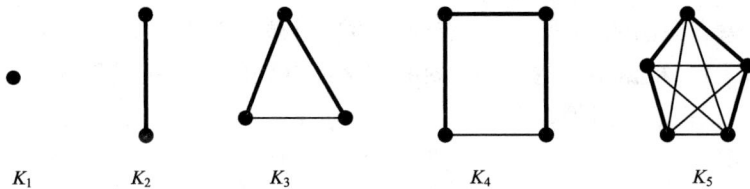

图 5-6 完全图

类似地，可以定义有向完全图。每对节点 u 和 v 之间皆有边 (u, v) 和 (v, u) 联结的简单有向图称为有向完全图。每对节点 u 和 v 之间恰有一条边 (u, v) [或 (v, u)] 联结的简单有向图称为竞赛图。图 5-7(a) 是三阶有向完全图，图 5-7(b) 是 4 阶的竞赛图。

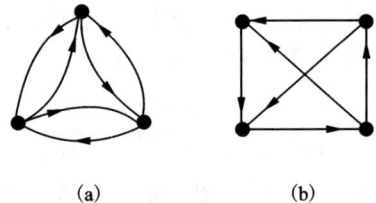

图 5-7 三阶有向完全图与竞赛图

图 $G=(V, E)$ 的节点集可以分划成两个子集 X 和 Y，使得它的每一条边的一个关联节点在 X 中，另一个关联节点在 Y 中，这类图称为二部图，又常说 G 是具有二部分划 (X, Y) 的图。设 G 是具有二部分划 (X, Y) 的图，$|X|=n_1$，$|Y|=n_2$，如果 X 中每个节点与 Y 中的全部节点都邻接，则称 G 为完全二部图，并记之为 K_{n_1, n_2}。

4. 图的同构

一个图的图形表示不一定是唯一的，但有很多表面上看来似乎不同的图却有着极为相似的图形表示，这些图之间的差别仅在于节点和边的名称的差异，而从邻接关系意义上看，它们本质上都是一样的，可以把它们看成是同一个图的不同表现形式。这就是图的同构概念。

定义 5-4 设 $G=(V, E)$ 和 $G'=(V', E')$ 是两个图，如果存在双射 $\varphi: V \to V'$，使得 $uv \in E \Leftrightarrow \varphi(u)\varphi(v) \in E'$，则称 G 和 G' 同构，并记之为 $G=G'$。

这个定义也适用于有向图，只需在边的表示法中作相应的代换就行了。

图 5-8 中两个图形代表的图是同构的。因为存在着双射 φ，使 $\varphi(v_i)=u_{i+3}(1 \leq i \leq 8, i \neq 5)$，这里下标是在 mod 8 的意义下确定的），$\varphi(v_5)=u_1$。

一般说来，要判定两个图是否同构是非常困难的，尚无一个简单的方法可以通用。但在

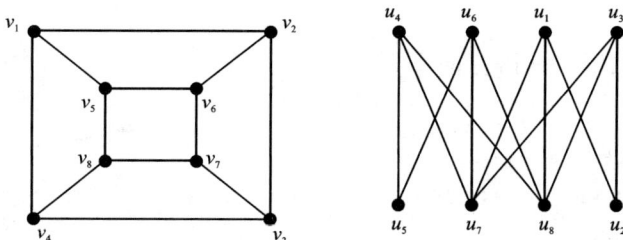

图 5-8　图的同构

某些情况下可根据同构的必要条件有效地排除不同构的情况。根据定义,同构的图除了有相同的节点数和边数外,对应的节点度数也必须相同,不满足这些条件的图不可能同构。例如图 5-9 中的两个图不是同构的。因为如果两图同构,两个无环的 4 度节点必须对应。但图 5-9(a)的 4 度节点的邻接节点,其节点度都不小于 3,而图 5-9(b)的 4 度节点却有一个 2 度的邻接节点,因此不可能建立起双射。

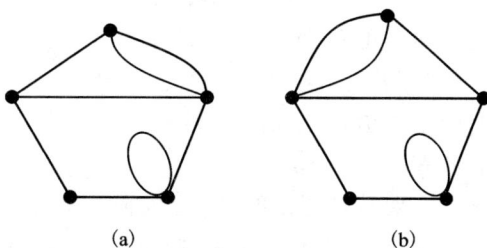

图 5-9　不同构图

容易知道,图的同构关系是图集上的等价关系。凡是同构的图将不予区别,只需考虑等价类中的代表元。由于我们感兴趣的主要是图的结构性质,在大多数情况下,不再标出图的全部节点名称和边的名称。

5.2.1　图的道路与连通性

1.道路

在图或有向图中,常常要考虑从确定的节点出发,沿节点和边连续地移动而到达另一确定的节点的问题。从这种由节点和边(或有向边)的序列的构成方式中可以抽象出图的道路概念。

定义 5-5　图(或有向图)$G(V, E)$ 中的非空序列 $p=v_0e_1v_1e_2, \cdots, e_kv_k$,称为 G 的一条由节点 v_0 到 v_k 的道路(或有向道路),其中 v_0,v_1,$\cdots$,v_k 是 G 的节点,e_1,$\cdots$,e_k 是 G 的边(或有向边),并且对所有的 $1 \leq i \leq k$,边 e_i 与节点 v_{i-1} 和 v_i 都关联(或 e_i 是由 v_{i-1} 指向 v_i 的有向边)。

v_0 称为道路 p 的起点,v_k 称为 p 的终点,其余节点称 p 为内部节点。p 中边的数目 k 称为该道路的长度。以 u 为起点、v 为终点的道路有时也简记为 $\langle u, v \rangle$—道路。

对于由单个节点构成的序列 $p=v_0$,看成是道路的特殊情形,称为零道路,其长度为 0。

注意:对有向图而言,这里定义的道路,其中各有向边的方向都是一致的。

根据序列的构成情况,可以对道路进一步分类。

若 $v_0 \neq v_k$,即起点与终点不同,则称 p 为开道路,否则称为闭道路。

若 p 中的边(有向边)互不相同,则称 p 为简单道路。闭的简单道路称为回路。

若 p 中的节点互不相同,则称 p 为基本道路。

若 p 中除了起点和终点相同外，别无相同的节点，则称 p 为圈。

图 5-10 分别给出了图和有向图的各种道路的例子：

道路：$v_1e_1v_1e_3v_4e_3v_1e_2v_2e_5v_4$；

简单道路：$v_1e_1v_1e_3v_4e_4v_2e_5v_4$；

回路：$v_1e_1v_1e_3v_4e_4v_2e_2v_1$；

基本道路：$v_1e_3v_4e_4v_2e_6v_3$；

圈：$v_1e_3v_4e_7v_3e_6v_2e_2v_1$；

有向道路：$v_1e_5v_3e_6v_4e_7v_1e_5v_3$；

有向简单道路：$v_1e_5v_3e_3v_2e_2v_2$；

有向回路：$v_3e_3v_2e_2v_2v_1e_1v_5e_3$；

有向基本道路：$v_3e_3v_2e_1v_1$；

有向圈：$v_3e_6v_4e_7v_1e_5v_3$。

图 5-10　图和有向图的各种道路

这里需要特别指出的是，在实际应用中，有向图的道路和回路有两种不同的表现形式，一种是有向道路和有向回路，即上面定义的情形；另一种是普通意义的道路和回路，即不考虑方向时对应基图的一种道路和回路。例如图 5-10（b）中 $v_1e_1v_2e_2v_2e_3v_3e_4v_1$ 不是有向回路，但却是回路。后面将会遇到这种情形。

说明：对于简单图或简单有向图，由于每条边用节点对就能唯一表示，因此一条道路 $p=v_0e_1v_1e_2\cdots e_kv_k$ 仅用节点列 $p=v_0v_1v_2\cdots v_k$ 表示就行了。即使对于非简单图，有时也用节点序列表示一条道路。

利用基本道路和圈可以定义两种特殊的图。若一个图能以一条基本道路表示出来，则称之为道路图。n 阶的道路图记为 P_n。同样可以定义圈图，n 阶的圈图记为 C_n。图 5-11 是 P_5 和 C_5 的例子。

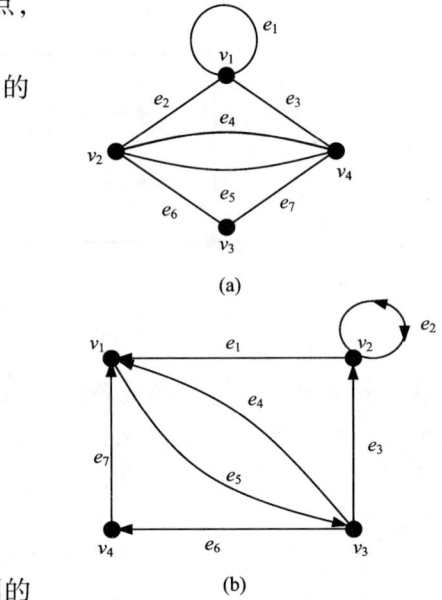

图 5-11　道路图

道路问题是图论中的重要内容，常常要涉及具有某种特征的道路存在性问题。

定理 5-3　如果在 n 阶图中，存在从节点 u 到 v 的道路，则必存在从 u 到 v 的长度不超过 $n-1$ 的道路。

证明：设 $p_0=v_0v_1\cdots v_k$ 是一条从 u 到 v 的道路，其中 $v_0=u$，$v_k=v$。若 $k>n-1$，则必有节点 v_i 在 p_0 中至少出现两次，即 p_0 中存在子序列 $v_iv_{i+1}\cdots v_{i+j}(=v_i)$。从 p_0 中去掉子序列 $v_{i+1}v_{i+2}\cdots v_{i+j}$，得到一个新的序列 $p_1=v_0v_1\cdots v_iv_{i+j+1}\cdots v_k$，则 p_1 长度 $k_1<k$。

若 $k_1\leqslant n-1$，p_1 便是所求道路；若 $k_1>n-1$，对 p_1 重复上述讨论，可构造出道路序列 p_0，p_1，$\cdots$，p_i，每个 p_i 的长度均小于 p_{i-1} 的长度 $(i\geqslant 1)$。由 p_0 的长度的有限性知道，必有 p_i 的长度小于 n。

定义 5-6　若图 G 中节点 u 和 v 之间存在一条 (u,v)—道路，则称 u 和 v 在 G 中是连通的。

在有向图中，若存在 (u,v)—有向道路，则称 u 到 v 是有向连通的，或称为 u 可达于 v。

就连通而言，图和有向图是有很大区别的。容易看出，连通是图的节点集上的一个等价关系。但是可达性却不是有向图的节点集上的等价关系，因为它一般不满足对称性。有向图的连通性问题要复杂一些。

对应于连通关系，存在着图 G 的节点集 V 的一个分划$\{V_1, V_2, \cdots, V_k\}$使得 G 中任何两个节点 u 和 v 连通当且仅当 u 和 v 属于同一个分块 $V_i(1\leqslant i\leqslant k)$。这样，点引导子图 $G(V_i)$ 中任何两个节点都是连通的，而当 $i\neq j$ 时，$G(V_i)$ 的节点与 $G(V_j)$ 的节点间绝不会连通，因此 $G(V_i)(1\leqslant i\leqslant k)$ 是 G 的极大连通子图，特别称为 G 的支。图 G 的支数记之为 $\omega(G)$。

2. 图的连通性

在实际问题中，除了考察一个图是否连通外，往往还要研究一个图连通的程度，作为某些系统的可靠性的一种度量。

定义 5-7　设 $G=(V, E)$ 是连通图，若存在 $S\subseteq V$，使 $\omega(G-S)>1$，则称 S 是 G 的一个点割集（简称割集）；若对任何 $S'\subset S$ 都有 $\omega(G-S')=1$，则称 S 为 G 的一个基本割集。特别地，当$\{v\}$ 是 G 的割集时，称 v 是 G 的割点。

显然，完全图 K_n 没有割集，它的连通性能是最好的。图 5-12 给出了割集的例子：

割点：v_2, v_5；

割集：$\{v_2, v_3, v_4\}$，$\{v_5\}$，$\{v_2, v_5\}$，$\cdots$；

基本割集：$\{v_2\}$，$\{v_5\}$，$\{v_3, v_4\}$。

定义 5-8　设 $G=(V, E)$ 是连通图，若存在 $E_1\subseteq E$，使 $\omega(G-E_1)>1$，则称 E_1 为 G 的一个边割集；若对任何 $E'\subset E_1$ 都有 $\omega(G-E')=1$，则称 E_1 为 G 的一个基本边割集。特别地，若$\{e\}$ 是 G 的边割集，则称 e 为 G 的割边。

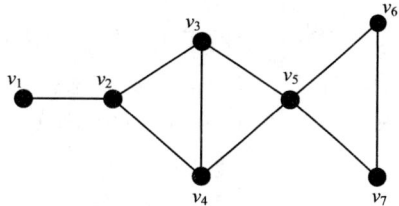

图 5-12　割集

图 5-12 中仅有一条割边 v_1v_2。$\{v_5v_3, v_5v_4, v_5v_6, v_5v_7\}$ 是边割集，而$\{v_5v_3, v_5v_4\}$ 是它包含的一个基本边割集，$\{v_5v_6, v_5v_7\}$ 也是一个基本边割集。

定理 5-4　在连通图 G 中，边 e 为割边的充要条件是 e 不包含于 G 的任何圈中。

证明： 必要性。设 e 为割边，若 e 包含某一圈中，删去 e 后，图仍连通，这与 e 为割边矛盾，所以 e 不包含在任一圈中。

充分性。若边 e 不包含在 G 的任意圈中，则删去 e 后，图不再连通，因此，e 是 G 的割边。

割集和边割集的定义也可以扩充到包括非连通图的情形。非连通图的割集和边割集都是空集。

下面从数量观点去描述图的连通性。

定义 5-9　图 G 的点连通度 $k(G)$ 是使由 G 产生一个非连通子图，或一个节点的子图所需要删去的最少的节点的数目。

显然，对一个不以完全图为其生成子图的图 G，定义中的"需要删去的最少的节点数目"，就是 G 的节点最少的基本割集的基数。图 5-12 的点连通度 $k(G)=1$。对于完全图有 $k(K_n)=n-1$。

5.2.2　图的矩阵表示

一个图可以按定义描述出来，也可以用图形表示出来，还可以同二元关系一样，用矩阵来表示。图用矩阵表示有很多优点，既便于利用代表知识研究图的性质，构造算法，也便于计算机处理。

图的矩阵表示常用的有两种形式：邻接矩阵和关联矩阵。邻接矩阵常用于研究图的各种道路的问题，关联矩阵常用于研究子图的问题。由于矩阵的行列有固定的顺序，因此在用矩阵表示图之前，须将图的节点和边加以编号(定序)，以确定与矩阵元素的对应关系。

1. 邻接矩阵

定义 5-10　设 $G=(V,E)$ 是一简单有向图，节点集为 $V=\{v_1,v_2,\cdots,v_n\}$。构造矩阵 $A=(a_{ij})_{n\times n}$，其中

$$a_{ij}=\begin{cases}1,\ \text{当}(v_i,v_j)\in E\\ 0,\ \text{当}\{v_i,v_j\}\notin E\end{cases}$$

则称 A 为有向图 G 的邻接矩阵。

这个定义也适用于无向图，只需把其中的有向表示换成无向表示就行了。这一节主要考虑有向图的矩阵表示问题。

例　图 5-13 中有向图的邻接矩阵是

$$A=\begin{array}{c}\\v_1\\v_2\\v_3\\v_4\\v_5\end{array}\begin{array}{c}\begin{array}{ccccc}v_1&v_2&v_3&v_4&v_5\end{array}\\\left[\begin{array}{ccccc}0&1&0&0&0\\0&0&1&0&0\\0&1&0&1&1\\1&0&0&0&0\\1&1&0&1&0\end{array}\right]\end{array}$$

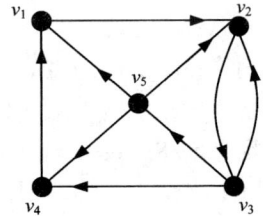

图 5-13　有向图

显然，当改变图的节点编号顺序时，可以得到图的不同的邻接矩阵，这相当于对一个矩阵进行相应行列的交换得到新的邻接矩阵。例如对图 5-13 的节点重新定序，使 v_1 与 v_5 对换，则得到新的邻接矩阵

$$A'=\begin{array}{c}\\v_5\\v_4\\v_3\\v_2\\v_1\end{array}\begin{array}{c}\begin{array}{ccccc}v_5&v_4&v_3&v_2&v_1\end{array}\\\left[\begin{array}{ccccc}0&1&0&1&1\\0&0&1&0&0\\1&1&0&1&0\\0&0&0&0&1\\0&1&0&0&0\end{array}\right]\end{array}$$

从线性代数的矩阵变换来看，A' 是通过对 A 分别左乘和右乘一个置换矩阵 $P=$

$$\left[\begin{array}{ccccc}0&0&0&0&1\\0&1&0&0&0\\0&0&1&0&0\\0&0&0&1&0\\1&0&0&0&0\end{array}\right]$$ 得到的。这时，我们称 A 和 A' 是置换等价的。一般，一个图的全体邻接矩

阵都是置换等价的。在这个意义上，我们只须选取 G 的任何一个邻接矩阵作为该图邻接矩阵的代表。

不难证明，若两个简单图或有向图 G_1 和 G_2 的邻接矩阵分别为 A_1 和 A_2，则 $G_1 = G_2$ 当且仅当 A_1 和 A_2 是置换等价的(证明留作练习)。

给出了一个图的邻接矩阵，就等于给出了图的全部信息，可以从中直接判定图的某些性质。

无向图的邻接矩阵是个对称阵，第 i 行元素之和恰为节点 v_i 的度。有向图的邻接矩阵一般不对称，第 i 行元素之和是节点 v_i 的出度，第 j 列元素之和是节点 v_i 的入度。

2. 可达性矩阵

简单有向图的邻接矩阵及其各次幂都记录着节点间的有向道路的信息：道路的数目和长度，甚至还可告诉每条道路的经由节点。令

$$B_k = A + A^2 + \cdots + A^k,\ k \geq 1$$

由 B_k 的元素 $b_{ij}^{(k)}$ 就可以确定从 v_i 到 v_j 的长度不超过 k 的有向道路的数目。如果我们只关心在 G 中是否 v_i 可达 v_j，而不关心究竟通过多少条有向道路可达，那么，只要看一看所有的 B_k 的元素 $b_{ij}^{(k)}$ 是否等于 0 就行了。从 v_i 到 v_j 不可达当且仅当 $a_{ij}^{(k)} = 0$，$(k = 1, 2, \cdots, n)$。因此，B_k 的元素 $b_{ij}^{(n)}$ 等于 0 与否就告诉了 v_i 不可达 v_j 或可达 v_j 的信息。

对于有向图中节点间的可达情况，可以用一个矩阵来描述。

定义 5-11　设 $G = (V, E)$ 是一个 n 阶的有向简单图，$V = \{v_1, v_2, \cdots, v_n\}$。定义矩阵 $P = (p_{ij})_{n \times n}$，其中

$$p_{ij} = \begin{cases} 1, & \text{从 } v_i \text{ 到 } v_j \text{ 存在非零的有向道路} \\ 0, & \text{其他} \end{cases}$$

称 P 是图 G 的可达性矩阵(或称道路矩阵)。

可达性矩阵表明了图中任何两个不同的节点之间是否存在至少一条道路，以及在任何节点处是否存在着回路。虽然它只记录了有关图的一部分信息，但是很有用处。

3. 关联矩阵

定义 5-12　设 $G = (V, E)$ 是一个无环的、至少有一条有向边的有向图，$V = \{v_1, v_2, \cdots, v_n\}$，$E = \{e_1, e_2, \cdots, e_m\}$。构造矩阵 $M = (m_{ij})_{n \times m}$，其中

$$m_{ij} = \begin{cases} 1, & \text{当 } e_j \text{ 是 } v_i \text{ 的出边} \\ -1, & \text{当 } e_j \text{ 是 } v_i \text{ 的入边} \\ 0, & \text{其他} \end{cases}$$

称 M 是 G 的关联矩阵。

例　图 5-14 的关联矩阵如下：

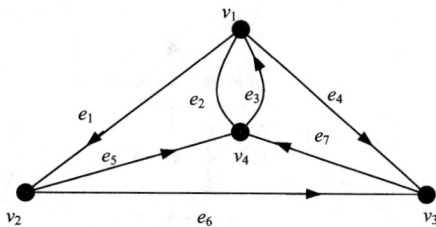

图 5-14　关联矩阵示例

$$M = \begin{array}{c} v_1 \\ v_2 \\ v_3 \\ v_4 \end{array} \begin{bmatrix} e_1 & e_2 & e_3 & e_4 & e_5 & e_6 & e_7 \\ 1 & 1 & -1 & 1 & 0 & 0 & 0 \\ -1 & 0 & 0 & 0 & 1 & 1 & 0 \\ 0 & 0 & 0 & -1 & 0 & -1 & 1 \\ 0 & -1 & 1 & 0 & -1 & 0 & -1 \end{bmatrix}_{4\times7}$$

同邻接矩阵一样，关联矩阵也给出了一个图的全部信息。从定义不难发现：

（1）第 i 行中（$1\le i\le n$），1 的个数是 v_i 的出度，-1 的个数是 v_i 的入度。

（2）矩阵中每列都有且仅有一个 1 和一个 -1。

（3）若矩阵中有全零元素行，则图有孤立点。

（4）若有向图 G 的节点和边在一种编号（定序）下的关联矩阵是 M_1，在另一种编号下的关联矩阵是 M_2，则必存在置换阵 P 和 Q，使 $M_1=PM_2Q$。

5.2.3　树与生成树

1.树的概念

树是在实际问题中，尤其是在计算机科学中广泛使用的一类图。树具有简单的形式和优良的性质，可以从各个不同角度去描述它。

定义 5-13　连通且不含圈的图称为树。

根据这个定义，平凡图 K_1 也是树。

树中度为 1 的节点称为叶，度大于 1 的节点称为枝点或内点。K_1 是一个既无叶又无内点的特殊树。

若在定义 5-13 中去掉连通的条件，所定义的图称为林。林的每个支都是树。

例　图 5-15(a)是碳氢化合物 C_4H_{10} 的分子结构图，它是一棵树；图 5-15(b)是表达式 $[(a\times b+(c+d)/f)-r]$ 的树形表示；图 5-15(c)是有 8 名选手参加的、采用淘汰制方式的羽毛球单打比赛图，它是一棵 2 正则树。

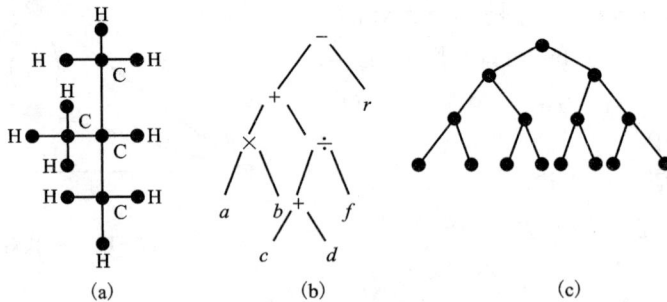

图 5-15　三种树型

定理 5-5　设 T 是非平凡的 (n,m)—图，则下述命题相互等价。

（1）T 连通，且无圈。

（2）T 无圈，且 $m=n-1$。

（3）T 连通，且 $m=n-1$。

(4) T 无圈但新增加任何一条边(端点属于 T)后有且仅有一个圈。

(5) T 连通，但是删去任何一边后便不再连通。

(6) T 的每一对节点之间有且仅有一条道路可通。

2. 生成树的应用

例　城市公交网

［问题描述］

有一张城市地图，图中的顶点为城市，无向边代表两个城市间的连通关系，边上的权为在这两个城市之间修建高速公路的造价，研究后发现，这个地图有一个特点，即任一对城市都是连通的。现在的问题是，要修建若干条高速公路把所有的城市联系起来，问如何设计可使得工程总造价最少。

［输入］

n(城市数，$1<=n<=100$)

e(边数)

以下 e 行，每行 3 个数 i、j、w_{ij}，表示在城市 i、j 之间修建高速公路的造价。

［输出］

$n-1$ 行，每行为两个城市的序号，表明这两个城市间建一条高速公路。

［举例］

图 5-16(a) 为一个 5 个城市的连通地图，图 5-16(b) 和图 5-16(c) 是对图 5-16(a) 分别进行深度优先遍历和广度优先遍历得到的一棵生成树，其权和分别为 20 和 33，前者比后者好一些，但并不是最小生成树，最小生成树的权和为 19。

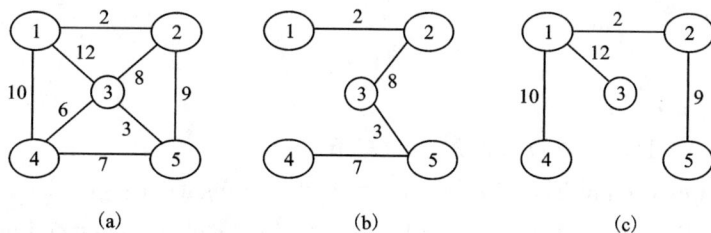

图 5-16　连通图

［问题分析］

出发点：具有 n 个顶点的带权连通图，其对应的生成树有 $n-1$ 条边。

设图 G 的度为 n，$G=(V,E)$，我们介绍两种基于贪心的算法，Prim 算法和 Kruskal 算法。

(1) 用 Prim 算法求最小生成树的思想如下：

① 设置一个顶点的集合 S 和一个边的集合 TE，S 和 TE 的初始状态均为空集。

② 选定图中的一个顶点 K，从 K 开始生成最小生成树，将 K 加入到集合 S。

③ 重复下列操作，直到选取了 $n-1$ 条边：

选取一条权值最小的边 (X,Y)，其中 $X\in S$，$not(Y\in S)$；将顶点 Y 加入集合 S，边 (X,Y) 加入集合 TE。

④ 得到最小生成树 $T=(S,TE)$。

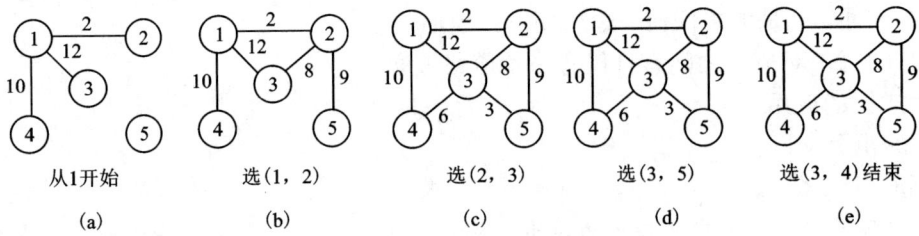

从1开始　　选(1, 2)　　选(2, 3)　　选(3, 5)　　选(3, 4)结束

　(a)　　　　(b)　　　　(c)　　　　(d)　　　　(e)

图 5-17　带权连通图

图 5-17 是按照 Prim 算法,给出了例题中的图 5-16(a)中最小生成树的生成过程(从顶点 1 开始)。其中图 5-17(e)中的 4 条粗线将 5 个顶点连通成了一棵最小生成树。Prim 算法的正确性可以通过反证法证明。

因为操作是沿着边进行的,所以数据结构采用边集数组表示法,下面给出 Prim 算法构造图的最小生成树的具体算法框架。

①从文件中读入图的邻接矩阵 g。

②边集数组 elist 初始化。

```
For i:=1 To n-1 Do
  Begin
    elist[i].fromv:=1; elist[i].endv:=i+1; elist[i].weight:=g[1, i+1];
  End;
```

③求出最小生成树的 n-1 条边。

```
  For k:=1 To n-1 Do
Begin
min:=maxint; m:=k;
For j:=k To n-1 Do   {查找权值最小的一条边}
  If elist[j].weight<min Then Begin min:=elist[j].weight; m:=j; End;
If m<>k Then Begin t:=elist[k]; elist[k]:=elist[m]; elist[m]:=t; End;
                                            {把权值最小的边调到第 k 个单元}
j:=elist[k].endv;   {j 为新加入的顶点}
  For i:=k+1 To n-1 Do   {修改未加入的边集}
  Begin s:=elist[i].endv; w:=g[j, s];
    If w<elist[i].weight Then
      Begin elist[i].weight:=w; Elist[i].fromv:=j;
    End;
  End;
  End;
```

④输出。

(2)用 Kruskal 算法求最小生成树的思想如下:

设最小生成树为 $T=(V, TE)$,设置边的集合 TE 的初始状态为空集。将图 G 中的边按权值从小到大排好序，然后从小的开始依次选取，若选取的边使生成树 *T* 不形成回路，则把它并入 *TE* 中，保留作为 *T* 的一条边；若选取的边使生成树形成回路，则将其舍弃；如此进行下去，直到 *TE* 中包含 *n*-1 条边为止。最后的 *T* 即为最小生成树。

图 5-18 是按照 Kruskal 算法给出了例题中图 5-16(a)最小生成树的生成过程。

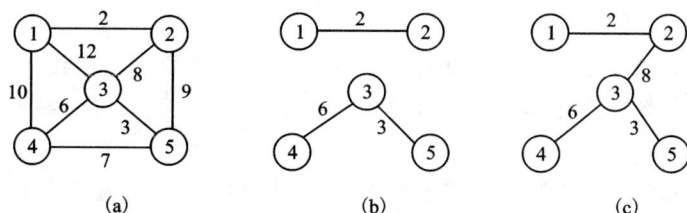

图 5-18　最小生成树的生成过程

Kruskal 算法在实现过程中的关键和难点在于：如何判断欲加入的一条边是否与生成树中已保留的边形成回路。我们可以将顶点划分到不同的集合中，每个集合中的顶点表示一个无回路的连通分量，很明显算法开始时，把所有 *n* 个顶点划分到 *n* 集合中，每个集合只有一个顶点，表明顶点之间互不相通。当选取一条边时，若它的两个顶点分属于不同的集合，则表明此边连通了两个不同的连通分量，因每个连通分量无回路，所以连通后得到的连通分量仍不会产生回路，因此这条边应该保留，且把它们作为一个连通分量，即把它的两个顶点所在集合合并成一个集合。如果选取的一条边的两个顶点属于同一个集合，则此边应该舍弃，因为同一个集合中的顶点是连通无回路的，若再加入一条边则必然产生回路。

下面给出利用 Kruskal 算法构造图的最小生成树的具体算法框架。

①将图的存储结构转换成边集数组表示的形式 elist，并按照权值从小到大排好序。

②设数组 *C*[1..*n*-1]用来存储最小生成树的所有边，*C*[*i*]是第 *i* 次选取的可行边在排好序的 elist 中的下标。

③设一个数组 *S*[1..*n*]，*S*[*i*]都是集合，初始时 *S*[*i*] = [*i*]。

i:=1;｛获取的第 i 条最小生成树的边｝

j:=1;｛边集数组的下标｝

While i<=n-1 Do

　Begin

For k:=1 To n Do Begin ｛取出第 j 条边，记下两个顶点分属的集合序号｝

　If elist[j].fromv in s[k]　Then m1:=k;

　If elist[j].endv in s[k] Then m2:=k;

End;

If m1< >m2 Then Begin　　｛找到的 elist 第 j 条边满足条件，作为第 i 条边保留｝

　C[i]:=j;

　i:=i+1;

　　s[m1]:=s[m1]+s[m2];｛合并两个集合｝

　　s[m2]:=[ ];　　｛另一集合置空｝

```
    End；
    j：=j+1；    {取下条边,继续判断}
    End；
```

④输出最小生成树的各边：elist[C[i]]。

例 最优布线问题(wire.pas,wire.exe)

[问题描述]

学校有 n 台计算机,为了方便数据传输,现要将它们用数据线连接起来。两台计算机被连接是指它们之间有数据线连接。由于计算机所处的位置不同,因此不同的两台计算机的连接费用往往是不同的。

当然,如果将任意两台计算机都用数据线连接,费用将是相当庞大的。为了节省费用,我们采用数据的间接传输手段,即一台计算机可以间接地通过若干台计算机(作为中转)来实现与另一台计算机的连接。

现在由你负责连接这些计算机,你的任务是使任意两台计算机都连通(不管是直接的或间接的)。

[输入格式]

输入文件 wire.in,第一行为整数 $n(2<=n<=100)$,表示计算机的数目。此后的 n 行,每行 n 个整数。第 $x+1$ 行 y 列的整数表示直接连接第 x 台计算机和第 y 台计算机的费用。

[输出格式]

输出文件 wire.out,一个整数,表示最小的连接费用。

[样例输入]

```
3
0 1 2
1 0 1
2 1 0
```

[样例输出]

  2(注：表示连接 1 和 2,2 和 3,费用为 2)

[问题分析]

本题是典型的求图的最小生成树问题,我们可以利用 Prim 算法或者 Kruskal 算法求出,下面的程序在数据结构上对 Kruskal 算法做了一点修改,具体细节请看程序及注解。

[参考程序]

```
Program wire(Input,Output)；
var g：Array [1..100,1..100] Of Integer；{邻接矩阵}
    l：Array [0..100] Of Integer；{l[i]存放顶点 i 到当前已建成的生成树中任意一顶点 j 的权值 g[i,j]的最小值}
    u：Array [0..100] Of Boolean；{u[i]=True,表示顶点 i 还未加入到生成树中；
    u[i]=False,表示顶点 i 已加入到生成树中 }
n,i,j,k,total：Integer；
    Begin
    Assign(Input,'wire.in')；
```

```
    Reset( Input) ;
Assign( Output , ' wire. out' ) ;
    Rewrite( Output) ;
    Readln( n ) ;
    For i: = 1 To n Do Begin
                        For j: = 1 To n Do Read( g[ i, j ]) ;
                        Readln ;
                    End ;
    Fillchar( l, sizeof( l) , $ 7F) ; {初始化为 maxint}
l[ 1 ]: = 0 ; {开始时生成树中只有第 1 个顶点}
    Fillchar( u, sizeof( u) , 1) ; {初始化为 True, 表示所有顶点均未加入}
    For i: = 1 To n Do
Begin
  k: = 0 ;
  For j: = 1 To n Do {找一个未加入到生成树中的顶点, 记为 k,
                    要求 k 到当前生成树中所有顶点的代价最小}
If u[ j ] And ( l[ j ] < l[ k ]) Then k: = j ;
  u[ k ]: = False ; {顶点 k 加入生成树}
  For j: = 1 To n Do {找到生成树中的顶点 j, 要求 g[ k, j ] 最小}
If u[ j ] And( g[ k, j ] < l[ j ]) Then l[ j ]: = g[ k, j ] ;
End ;
  total: = 0 ;
  For i: = 1 To n Do Inc( total, l[ i ]) ; {累加}
  Writeln( total) ;
  Close( Input) ;
  Close( Output) ;
```

5.3　路径规划

5.3.1　最短路径算法

最短路径是图论中的一个重要问题,具有很高的实用价值,这类问题紧密联系实际,考查学生的建模能力,反映学生的创造性思维。

有些看似跟最短路径毫无关系的问题也可以归结为最短路径问题来求解。本书简要分析此类问题的模型、特点和常用算法。

在带权图 $G = (V, E)$ 中,若顶点 V_i、V_j 是图 G 的两个顶点,从顶点 V_i 到 V_j 的路径长度定义为路径上各条边的权值之和。从顶点 V_i 到 V_j 可能有多条路径,其中路径长度最小的一条路径称为顶点 V_i 到 V_j 的最短路径。一般有两类最短路径问题:一类是求从某个顶点(源点)到其他顶点(终点)的最短路径;另一类是求图中每一对顶点间的最短路径。

对于不带权的图,只要人为地把每条边加上权值1,即可当作带权图一样处理了。

例　假设 A、B、C、D、E 各个城市之间旅费如图 5-19 所示。某人想从城市 A 出发游览各城市一遍,而所用旅费最少,试编程输出结果。

[问题分析]

解这类问题时,很多同学往往不得要领,采用穷举法把所有可能的情况全部列出,再找出其中旅费最少的那条路径;或者采用递归(深搜)找出所有路径,再找出旅费最少的那条。但这两种方法都是费时非常多的解法,如果城市数目多的话则很可能要超时了。

实际上我们知道,递归(深搜)之类的算法一般用于求所有解问题(例如求从 A 出发每个城市都要走一遍一共有哪几种走法?),所以这些算法对于求最短路径这类最优解问题显然是不合适的。

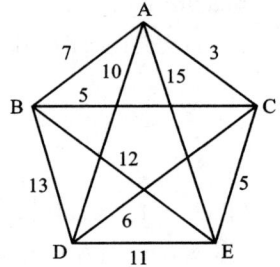

图 5-19　城市节点图

对于这类图,我们都应该先建立一个邻接矩阵,存放任意两点间的数据(距离、费用、时间等),以便在程序中方便调用,上图的邻接矩阵如下:

const dis:array[1..5,1..5] of integer=((0,7,3,10,15),(7,0,5,13,12),(3,5,0,6,5),(10,13,6,0,11),(15,12,5,11,0));

以下介绍几种常见的、更好的算法。

(1)宽度优先搜索

宽度优先搜索也并不是解决这类问题的优秀算法,在此只简单地介绍该算法思路,为后面的优秀算法做铺垫。具体如下:

①从 A 点开始依次展开得到 AB、AC、AD、AE 四个新节点(第二层节点),记录下每个节点的差旅费。

②再次由 AB 展开得到 ABC、ABD、ABE 三个新节点(第三层节点),而由 AC 节点可展开得到 ACB、ACD、ACE 三个新节点,自然由 AD 可以展开得到 ADB、ADC、ADE,由 AE 可以展开得到 AEB、AEC、AED 等新节点,记录下每个节点的差旅费。

③再把第三层节点全部展开,得到所有的第四层节点:ABCD、ABCE、ABDC、ABDE、ABEC、ABED、…、AEDB、AEDC,记录下每个节点的差旅费。

④再把第四层节点全部展开,得到所有的第五层节点:ABCDE、ABCED、…、AEDBC、AEDCB,记录下每个节点的差旅费。

⑤到此,所有可能的节点均已展开,而第五层节点中旅费最少的那个就是题目的解。

由上又可见,这种算法也是把所有的可能路径都列出来,再从中找出旅费最少的那条,显而易见这也是一种很费时的算法。

(2)A＊算法

A＊算法是在宽度优先搜索算法的基础上,每次并不是把所有可展开的节点展开,而是对所有没有展开的节点,利用一个自己确定的估价函数对所有没展开的节点进行估价,从而找出最应该被展开的节点(也就是说我们要找的答案最有可能是从该节点展开),而把该节点展开,直到找到目标节点为止。

这种算法最关键的问题就是如何确定估价函数,估价函数越准,则能越快找到答案。

A ＊ 算法实现起来并不难，只不过难得找准估价函数，大家可以自已找相关资料学习 A ＊ 算法。

（3）等代价搜索法

等代价搜索法也是在宽度优先搜索的基础上进行了部分优化的一种算法，它与 A ＊ 算法的相似之处都是每次只展开某一个节点（不是展开所有节点），不同之处在于：它不需要去另找专门的估价函数，而是以该节点到 A 点的距离作为估价值，也就是说，等代价搜索法是 A ＊ 算法的一种简化版本。它的大体思路是：

①从 A 点开始依次展开得到 AB(7)、AC(3)、AD(10)、AE(15)四个新节点，把第一层节点 A 标记为已展开，并且每个新节点要记录下其旅费（括号中的数字）。

②把未展开过的 AB、AC、AD、AE 四个节点中距离最小的一个展开，即展开 AC(3)节点，得到 ACB(8)、ACD(16)、ACE(13)三个节点，并把节点 AC 标记为已展开。

③再从未展开的所有节点中找出距离最小的一个展开，即展开 AB(7)节点，得到 ABC(12)、ABD(20)、ABE(19)三个节点，并把节点 AB 标记为已展开。

④再次从未展开的所有节点中找出距离最小的一个展开，即展开 ACB(8)节点。

⑤每次展开所有未展开的节点中距离最小的那个节点，直到展开的新节点中出现目标情况（节点含有 5 个字母）时，即得到了结果。

由上可见，A ＊ 算法和等代价搜索法并没有像宽度优先搜索一样展开所有节点，只是根据某一原则（或某一估价函数值）每次展开距离 A 点最近的那个节点（或是估价函数计算出的最可能的那个节点），反复下去即可得到最终答案。虽然中途有时也展开了一些并不是答案的节点，但这种展开并不是大规模的，不是全部展开，因而耗时要比宽度优先搜索小得多。

（4）宽度优先搜索+剪枝

搜索之所以低效，是因为在搜索过程中存在着大量的重复和不必要的搜索。因此，提高搜索效率的关键在于减少无意义的搜索。假如在搜索时已经搜出从起点 A 到点 B 的某一条路径的长度是 X，那么我们就可以知道，从 A 到 B 的最短路径长度必定小于等于 X，因此，其他从 A 到 B 的长度大于或等于 X 的路径可以一律剔除。具体实现时，可以开一个数组 $h[1, 2, \cdots, n]$，n 是节点总数，$h[i]$ 表示从起点到节点 i 的最短路径长度。算法流程如下：

①初始化：

将起点 start 入队，h[start]:=0,h[k]:=maxlongint(1<=k<=n,且 k≠start)。

②repeat

取出队头节点赋给 t;

while t 有相邻的节点没被扩展

　　begin

　　　t 扩展出新的节点 newp;

　　如果 h[t]+w[t, newp] <h[newp],

　　　　则将 newp 入队，把 h[newp]的值更新为 h[t]+w[t, newp];

　　end

　until 队列空;

以上算法实现的程序如下：

const maxn = 100;

```pascal
    maxint = maxlongint div 4;
    maxq = 10000;
var h:array[1..maxn] of longint;
   g:array[1..maxn, 1..maxn] of longint;
   n, i, j:longint;
procedure bfs;
var head, tail, i, t:longint;
q:array[1..maxq] of longint;
begin
   for i: = 1 to n do h[i]: = maxint;
   h[1]: = 0;
   q[1]: = 1;
   head: = 0; tail: = 1;
   repeat
      head: = head+1;
      t: = q[head];
      for i: = 1 to n do
      if( g[t, i]<>maxint)and(h[t]+g[t, i]<h[i]) then
   begin
      tail: = tail+1;
      q[tail]: = i;
      h[i]: = h[t]+g[t, i];
   end;
   until head = tail;
end;
begin
assign(input, 'data.in');
   reset(input);
   read(n);
   for i: = 1 to n do
   for j: = 1 to n do
   begin
     read(g[i, j]);
     if( g[i, j]<=0)and(i<>j) then g[i, j]: = maxint;
   end;
   bfs;
   for i: = 2 to n do
   writeln('From 1 To', i, 'Weigh', h[i]);
   close(input);
```

End.

（5）迭代法

该算法的中心思想是：任意两点 i、j 间的最短距离（记为 D_{ij}）会等于从 i 点出发到达 j 点的以任一点为中转点的所有可能的方案中，距离最短的一个，即

$D_{ij} = \min \{ D_{ij}, D_{ik}+D_{kj} \}$，$1 \leqslant k \leqslant n$。

这样，我们就找到了一个类似动态规划的表达式，只不过这里我们不把它当作动态规划去处理，而是做一个二维数组用以存放任意两点间的最短距离，利用上述公式不断地对数组中的数据进行处理，直到各数据不再变化为止，这时即可得到 A 到 E 的最短路径。

算法流程如下：

D[i]表示从起点到 i 的最短路的长度，g 是邻接矩阵，s 表示起点；

①D[i]:=g[s, i]（1<=i<=n）;

②Repeat

    c:=false;{用以判断某一步是否有某个 D_{ij} 值被修改过}

    for j:=1 to n do

      for k:=1 to n do

          if D[j]>D[k]+g[k, j] then

            begin D[j]:= D[k]+g[k, j]; c:=true; end;

  Until not c;

这种算法产生这样一个过程：不断地求一个数字最短距离矩阵中的数据的值，而当所有数据都已经不能再变化时，就已经达到了目标的平衡状态，这时最短距离矩阵中的值就是对应的两点间的最短距离。

这个算法实现的程序如下：

```
const maxn=100;
    maxint=maxlongint div 4;
varD:array[1..maxn] of longint;
    g:array[1..maxn, 1..maxn] of longint;
    n, i, j, k:longint;
    c:boolean;
begin
assign(input, 'data.in');
reset(input);
read(n);
for i:=1 to n do
for j:=1 to n do
begin
    read(g[i, j]);
    if(g[i, j]<=0)and(i<>j) then g[i, j]:=maxint;
end;
for i:=1 to n do D[i]:=g[1, i];
```

```
repeat
    c: = false;
    for j: = 1 to n do
    for k: = 1 to n do{k 是中转点}
    if D[j]>D[k]+g[k, j] then
begin
    D[j]: = D[k]+g[k, j];
    c: = true;
end;
    until not c;
    for i: = 2 to n do
    writeln('From 1 To', i, 'Weigh', D[i]);
    close(input);
End.
```

(6)动态规划法

动态规划算法已经成为许多难题的首选算法。某些最短路径问题也可以用动态规划来解决，通常这类最短路径问题所对应的图必须是有向无回路图。因为如果存在回路，动态规划的无后效性就无法满足。

我们知道，动态规划算法与递归算法的不同之处在于它们的算法表达式不同：

递归：类似 $f(n) = x_1 \times f(n-1) + x_2 \times f(n-2) + \cdots$，即可以找到一个确定的关系的表达式。

动态规划：类似 $f(n) = \min[f(n-1)+x_1, f(n-2)+x_2, \cdots]$，即我们无法找到确定关系的表达式，只能找到这样一个不确定关系的表达式，$f(n)$ 的值是动态的，随着 $f(n-1)$、$f(n-2)$ 等值的改变而确定跟谁相关。

为了给问题划分阶段，必须对图进行一次拓扑排序(见下一节内容)，然后按照拓扑排序的结果来动态规划。譬如，有如图 5-20 所示的两个有向图，图 5-20(b)因为存在回路而不能用动态规划。而图 5-20(a)是无回路的，所以可以用动态规划解决，对其拓扑排序，得到的序列是 A、B、D、C、E。

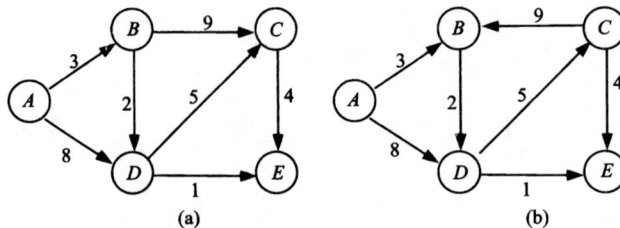

图 5-20 有向图

设 $F(E)$ 表示从 A 到 E 的最短路径长度，然后按照拓扑序列的先后顺序进行动态规划：

$F(A) = 0$

$F(B) = min\{F(A)\} + 3 = 3$

$F(D)=min\{F(A)+8,F(B)+2\}=5$

$F(C)=min\{F(B)+9,F(D)+5\}=10$

$F(E)=min\{F(D)+1,F(C)+4\}=6$

总的式子是：$F(i)=min\{F(k)+dis(i,k)\}$，$k$ 与 i 必须相连，且在拓扑序列中，k 在 i 之前。

这个算法的参考程序如下：

```
const maxn=100;
    maxint=maxlongint div 4;
varg:array[1..maxn,1..maxn] of longint;{有向图的邻接矩阵}
    pre:array[1..maxn] of longint;{pre[i]记录节点 i 的入度}
    tp:array[1..maxn] of longint;  {拓扑排序得到的序列}
    s:array[1..maxn] of longint;{记录最短路径长度}
    n,i,j,k:longint;
begin
 assign(input,'data.in');
 reset(input);
 read(n);
 fillchar(pre,sizeof(pre),0);
 for i:=1 to n do
 for j:=1 to n do
 begin
  read(g[i,j]);
  if g[i,j]>0 then
          pre[j]:=pre[j]+1;{如果存在一条有向边 i→j，就把 j 的入度加 1}
 end;
 for i:=1 to n do {拓扑排序}
begin
  j:=1;
  while(pre[j]<>0) do j:=j+1;{找入度为 0 的节点}
  pre[j]:=-1;
  tp[i]:=j;
  for k:=1 to n do
  if g[j,k]>0 then
pre[k]:=pre[k]-1;
 end;
 filldword(s,sizeof(s)div 4,maxint);{s 数组中的单元初始化为 maxint}
 s[1]:=0;{默认起点是 1 号节点}
 for i:=2 to n do {动态规划}
 for j:=1 to i do
```

```
if( g[ tp[ j] , tp[ i] ] >0) and
( s[ tp[ j] ] +g[ tp[ j] , tp[ i] ] <s[ tp[ i] ] ) then
 s[ tp[ i] ] : = s[ tp[ j] ] +g[ tp[ j] , tp[ i] ] ;
 for i: = 2 to n do
 writeln( ' From 1 To' , i,' Weigh' , s[ i] ) ;
 close( input) ;
End.
```

(7)标号法

标号法是一种非常直观的求最短路径的算法,单从分析过程来看,我们可以用一个数轴简单地表示这种算法。

①以 A 点为 0 点,展开与其相邻的点,并在数轴中标出。

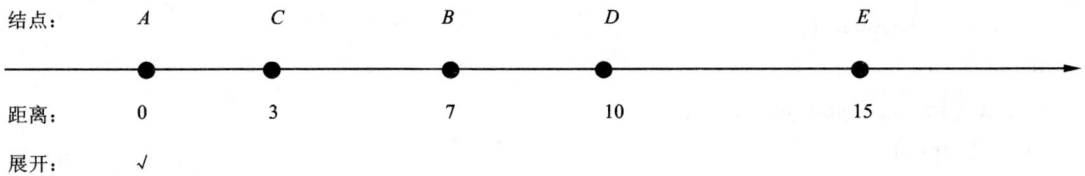

结点:	A	C	B	D	E
距离:	0	3	7	10	15
展开:	√				

②因为 C 点离起点 A 最近,因此可以断定由 A 直接到 C 点这条路径是最短的(因为 A、C 两点间没有其他的点)。因而就可以以已经确定的 C 点为当前展开点,展开与 C 点相连的所有点 A'、B'、D'、E'。

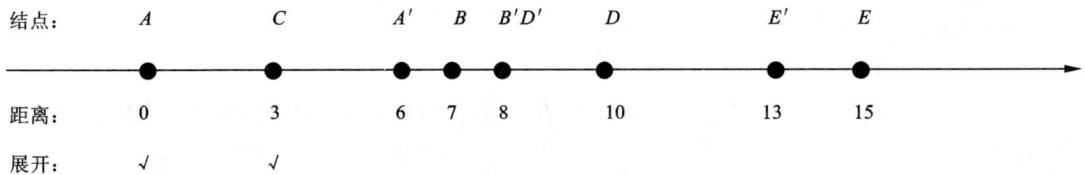

结点:	A	C	A'	B	$B'D'$	D	E'	E
距离:	0	3	6	7	8	10	13	15
展开:	√	√						

③由数轴可见,A 与 A' 点相比,A 点离原点近,因而保留 A 点,删除 A' 点,相应地,B、B' 点保留 B 点,D、D' 保留 D',E、E' 保留 E',得到如下数轴。

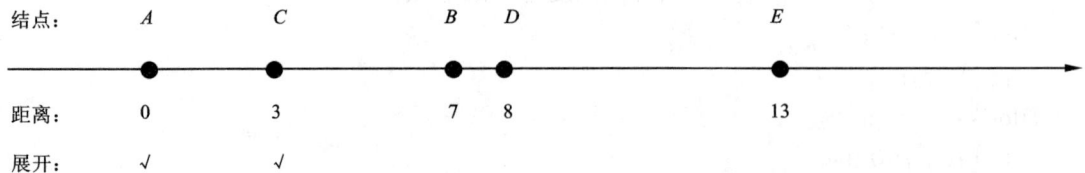

结点:	A	C	B	D	E
距离:	0	3	7	8	13
展开:	√	√			

④此时再以离原点最近的未展开的 B 点连接的所有点,处理后,再展开离原点最近未展开的 D 点,处理后得到如下所示的最终结果。

结点:	A	C	B	D	E
距离:	0	3	7	8	13
展开:	√	√	√	√	

⑤由第④步得到的结果可以得出结论：点 C、B、D、E 就是点 A 到它们的最短路径（注意：这些路径并不是经过了所有点，而是只经过了其中的若干个点，而且到每一个点的那条路径不一定相同）。因而 A 到 E 的最短距离就是 13。至于它经过了哪几个点，大家可在上述过程中加以记录即可。

标号法的参考程序如下：

```
const maxn = 100;
    maxint = maxlongint div 4;
var g:array[1..maxn, 1..maxn] of longint; {邻接矩阵}
    mark:array[1..maxn] of boolean;    {用来标志某个点是否已被扩展}
    s:array[1..maxn] of longint;   {存储最短路径长度}
    n, i, j, k:longint;
begin
 assign(input, 'data.in');
 reset(input);
 read(n);
 for i:=1 to n do
 for j:=1 to n do
 begin
   read(g[i, j]);
   if(i<>j)and(g[i, j]=0) then g[i, j]:=maxint;
end;
fillchar(mark, sizeof(mark), false); {mark 初始化为 false}
mark[1]:=true; {将起点标志为已扩展}
for i:=1 to n do s[i]:=g[1, i]; {s 数组初始化}
repeat
    k:=0;
    for j:=1 to n do {挑选离原点最近的点}
    if(not mark[j])and((k=0)or(s[k]>s[j])) then
k:=j;
    if k<>0 then
begin
    mark[k]:=true;
    for j:=1 to n do {扩展节点 k}
    if(not mark[j])and(s[k]+g[k, j]<s[j]) then
```

$s[j] := s[k]+g[k,j];$

end;

until $k=0;$

for $i:=2$ to n do

writeln('From 1 To', i, 'Weigh', $s[i]$);

close(input);

end.

5.3.2　Dijkstra 算法

Dijkstra 算法是典型的最短路径路由算法,用于计算一个节点到其他所有节点的最短路径。主要特点是以起始点为中心向外层层扩展,直到扩展到终点为止。Dijkstra 算法能得出最短路径的最优解,其采用的是贪心法的算法策略。但由于它遍历计算的节点很多,所以效率不高。

例　如图 5-21 所示,假设 C_1、C_2、C_3、C_4、C_5、C_6 是 6 座城市,它们之间的连线表示两城市间有道路相通,连线旁的数字表示路程。请编写程序,找出 C_1 到 C_i 的最短路径($2 \le i \le 6$),输出路径序列及最短路径的路程长度。

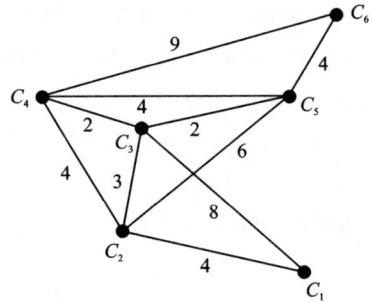

图 5-21　城市节点连接图

[**问题分析**]

对于一个含有 n 个顶点和 e 条边的图来说,从某一个顶点 V_i 到其余任一顶点 V_j 的最短路径,可能是它们之间的边(V_i, V_j),也可能是经过 k 个中间顶点和 $k+1$ 条边所形成的路径($1 \le k \le n-2$)。下面给出解决这个问题的 Dijkstra 算法思想。

设图 G 用邻接矩阵的方式存储在 GA 中,$GA[i,j]$ = maxint 表示 V_i、V_j 是不关联的,否则为权值(大于 0 的实数)。设集合 S 用来保存已求得最短路径的终点序号,初始时 $S=[V_i]$ 表示只有原点,以后每求出一个终点 V_j,就把它加入到集合中并作为新考虑的中间顶点。设数组 dist[1..n] 用来存储当前求得的最短路径,初始时 V_i、V_j 如果是关联的,则 dist[j] 等于权值,否则等于 maxint,以后随着新考虑的中间顶点越来越多,dist[j] 可能越来越小。再设一个与 dist 对应的数组 path[1..n] 用来存放当前最短路径的边,初始时为 V_i 到 V_j 的边,如果不存在边则为空。

执行时,先从 S 以外的顶点(即待求出最短路径的终点)所对应的 dist 数组元素中,找出其值最小的元素(假设为 dist[m]),该元素值就是从原点 V_i 到终点 V_m 的最短路径长度,对应的 path[m] 中的顶点或边的序列即为最短路径。接着把 V_m 并入集合 S 中,然后以 V_m 作为新考虑的中间顶点,对 S 以外的每个顶点 V_j,比较 dist[m]+GA[m,j] 的 dist[j] 的大小,若前者小,表明加入了新的中间顶点后可以得到更好的方案,即可求得更短的路径,则用它代替 dist[j],同时把 V_j 或边(V_m, V_j)并入到 path[j] 中。重复以上过程 $n-2$ 次,即可在 dist 数组中得到从原点到其余各终点的最短路径长度,对应的 path 数组中保存着相应的最短路径。

采用 Dijkstra 算法找出 C_1 到 C_i 之间的最短路径($2 \le i \le 6$)的过程如下。

初始时:

	1	2	3	4	5	6
Dist	0	4	8	maxint	maxint	maxint
Path	C_1	C_1, C_2	C_1, C_3			

第一次：选择 $m=2$，则 $S=[C_1, C_2]$，计算比较 $\mathrm{dist}[2]+GA[2,j]$ 与 $\mathrm{dist}[j]$ 的大小

	1	2	3	4	5	6
Dist	0	4	7	8	10	maxint
Path	C_1	C_1, C_2	C_1, C_2, C_3	C_1, C_2, C_4	C_1, C_2, C_5	

第二次：选择 $m=3$，则 $S=[C_1, C_2, C_3]$，计算比较 $\mathrm{dist}[3]+GA[3,j]$ 与 $\mathrm{dist}[j]$ 的大小

	1	2	3	4	5	6
Dist	0	4	7	8	9	maxint
Path	C_1	C_1, C_2	C_1, C_2, C_3	C_1, C_2, C_4	C_1, C_2, C_3, C_5	

第三次：选择 $m=4$，$S=[C_1, C_2, C_3, C_4]$，计算比较 $\mathrm{dist}[4]+GA[4,j]$ 与 $\mathrm{dist}[j]$ 的大小

	1	2	3	4	5	6
Dist	0	4	7	8	9	17
Path	C_1	C_1, C_2	C_1, C_2, C_3	C_1, C_2, C_4	C_1, C_2, C_3, C_5	C_1, C_2, C_4, C_6

第四次：选择 $m=5$，则 $S=[C_1, C_2, C_3, C_4, C_5]$，计算比较 $\mathrm{dist}[5]+GA[5,j]$ 与 $\mathrm{dist}[j]$ 的大小

	1	2	3	4	5	6
Dist	0	4	7	8	9	13
Path	C_1	C_1, C_2	C_1, C_2, C_3	C_1, C_2, C_4	C_1, C_2, C_3, C_5	C_1, C_2, C_3, C_5, C_6

因为该图的度 $n=6$，所以执行 $n-2=4$ 次后结束，此时通过 dist 和 path 数组可以看出：

C_1 到 C_2 的最短路径为：C_1—C_2，长度为 4；

C_1 到 C_3 的最短路径为：C_1—C_2—C_3，长度为 7；

C_1 到 C_4 的最短路径为：C_1—C_2—C_4，长度为 8；

C_1 到 C_5 的最短路径为：C_1—C_2—C_3—C_5，长度为 9；

C_1 到 C_6 的最短路径为：C_1—C_2—C_3—C_5—C_6，长度为 13。

下面给出具体的 Dijkstra 算法框架 (注：为了实现上的方便，我们用一个一维数组 $s[1..n]$ 代替集合 S，用来保存已求得最短路径的终点集合，即如果 $s[j]=0$ 表示顶点 V_j 不在集合中，反之，$s[j]=1$ 表示顶点 V_j 已在集合中)。

Procedure Dijkstra(GA, dist, path, i);｛表示求 V_i 到图 G 中其余顶点的最短路径, GA 为图 G 的邻接矩阵, dist 和 path 为变量型参数, 其中 path 的基类型为集合｝

```
Begin
For j: = 1 To n Do Begin ｛初始化｝
  If j<>i Then s[j]: = 0
  Else s[j]: = 1;
  dist[j]: = GA[i, j];
  If dist[j]<maxint ｛maxint 为假设的一个足够大的数｝
Then path[j]: = [i]+[j]
                        Else path[j]: = [ ];
End;
For k: = 1 To n−2 Do
  Begin
w: = maxint; m: = i;
For j: = 1 To n Do ｛求出第 k 个终点 Vm｝
  If(s[j] = 0) and(dist[j]<w) Then Begin m: = j; w: = dist[j]; End;
If m<>i Then s[m]: = 1 else exit; ｛若条件成立, 则把 Vm 加入到 S 中, 否则退出循环, 因
为剩余的终点, 其最短路径长度均为 maxint, 无须再计算下去｝
For j: = 1 To n Do｛对 s[j] = 0 的更优元素作必要修改｝
  If(s[j] = 0) and(dist[m]+GA[m, j]<dist[j])
Then Begin
  Dist[j]: = dist[m]+GA[m, j];
            path[j]: = path[m]+[j];
  End;
  End;
End;
```

5.3.3　最优路径

Floyed 算法是在给出节点之间的连通关系或连通图, 并已知连通边的权重的情况下, 计算任意节点间的最优路径(即路径的成本和最小)。相比 Dijkstra 算法, Floyed 算法的求解目标是求出任意一对顶点之间的最短路径。

[问题分析]

这个问题的解法有两种: 一是分别以图中的每个顶点为原点共调用 n 次 Dijkstra 算法, 这种算法的时间复杂度为 $O(n^3)$; 另外还有一种算法: Floyed 算法, 它的思路简单, 但时间复杂度仍然为 $O(n^3)$, 下面介绍 Floyed 算法。

设具有 n 个顶点的一个带权图 G 的邻接矩阵用 GA 表示, 再设一个与 GA 同类型的表示每对顶点之间最短路径长度的二维数组 A, A 的初值等于 GA。Floyed 算法需要在 A 上进行 n 次运算, 每次以 $V_k(1 \leqslant k \leqslant n)$ 作为新考虑的中间点, 求出每对顶点之间的当前最短路径长度, 最后依次运算后, A 中的每个元素 $A[i, j]$ 就是图 G 中从顶点 V_i 到顶点 V_j 的最短路径长度。

再设一个二维数组 $P[1..n, 1..n]$，记录最短路径，其元素类型为集合类型 set of $1..n$。

Floyed 算法的具体过程如下：

```
Procedure Floyed(GA, A, P);
  Begin
For i:=1 To n Do {最短路径长度数组和最短路径数组初始化}
  For j:=1 To n Do
Begin
  A[i, j]:=GA[i, j];
  If A[i, j]<maxint Then p[i, j]:=[i]+[j]
  Else p[i, j]:=[ ];
  End;
For k:=1 To n Do {n 次运算}
  For i:=1 To n Do
For j:=1 To n Do
  Begin
If(i=k)or(j=k)or(i=j) Then Continue;
  {无须计算，直接进入下一轮循环}
If A[i, k]+A[k, j]<A[i, j] Then Begin {找到更短路径、保存}
  A[i, j]:= A[i, k]+A[k, j];
  P[i, j]:= P[i, k]+P[k, j];
End;
End;
End;
```

5.4 航位推算(DR)定位技术

航位推算是一种非常原始的自主式车辆定位技术。18 世纪初到 19 世纪中期，各种海图十分缺乏，其价格非常昂贵，船员们常常通过船只的已知航向和速度，利用数学公式推算出船只的当前位置，这种推算船位的技术称为估计推算法(deduced reckoning)。它几经演化成为今天的航位推算(dead reckoning, DR)，国内亦有学者称为推测航法。

5.4.1 航位推算系统的组成

航位推算系统由测量航向角的传感器和测量距离的传感器构成。所选取的传感器的性能决定了整个系统的性能，在选取时一方面要考虑成本问题，另一方面要考虑传感器在车辆上使用的方便性。

常用的航向传感器有磁罗盘、差分里程计和角速率陀螺仪。磁罗盘主要通过感应地磁的变化直接测量得到车辆的方位角(与地磁北向的夹角)，但磁罗盘容易受车体磁化程度的变化及道路环境磁场的影响造成较大误差；差分里程计将两个里程计分别安装在汽车的两个平行相对的车轮上面，在汽车转弯时两个里程计感应的车辆行驶速率不同，由此计算得到汽车的相对转角，但通常差分里程计测得的航向误差也较大。陀螺仪按输出物理量的不同可分为角速率陀螺和角位移陀螺，按工作原理的不同可分为旋转型、光学型（光纤陀螺）和振动型，考虑到成本因素，国外用于车辆导航的陀螺有压电晶体振动式陀螺和光纤陀螺两类，这两类陀螺仪都属于低精度、低成本速率陀螺仪。但在我国，光纤陀螺仪的研究和开发才开始不久，与国外相比成本较高。为尽可能地降低 GPS/DR 车辆定位系统的成本，DR 系统由压电陀螺仪和里程计组成。

　　测量距离的传感器主要有加速度计、里程仪和多普勒雷达。加速度计是一种比较常见的车辆测速传感器，它通过测量车辆的加速度，对加速度积分得到速度，其好处在于可以避免里程仪工作时受到汽车自身和外界道路情况造成的误差与影响，但是积分过程会带来累积误差。里程仪是测量汽车速率的一个比较合适的仪器，因为里程仪的成本较低，而且汽车一般都安装了里程仪，可以直接使用。多普勒雷达在汽车定位导航系统中应用较少，主要原因是成本太高。

5.4.2　经典推算算法

　　航位推算是一种典型的独立定位方法，DR 系统推算的定位原理是以地球表面某点作为当地坐标系的原点，利用航向传感器和距离传感器（或速度传感器）测得车辆的行驶航向变化量和距离，然后推算出车辆的当前相对位置，基本原理如图 5-22 所示。

　　将车辆的运动看成平面二维运动，已知车辆起始点的位置和方向角，根据行驶的距离及角度变化可以推算出下一点的位置，设车辆的起始位置 (x_0, y_0) 和

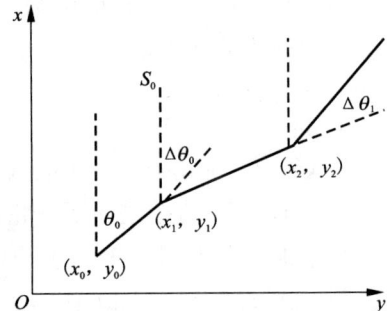

图 5-22　航迹推算原理图

初始方位角 θ_0 已知，再通过实时测量车辆行驶的距离 S 和方位角的变化量 $\Delta\theta_0$，就可以推算出车辆下一时刻的位置。具体算法如下：

$$x_1 = x_0 + S_0\sin\theta_0$$
$$x_2 = x_1 + S_1\sin\theta_1$$
$$y_1 = y_0 + S_0\cos\theta_0$$
$$y_2 = y_1 + S_1\cos\theta_1$$
$$\theta_1 = \theta_0 + \Delta\theta_0$$
$$\theta_2 = \theta_1 + \Delta\theta_1$$
$$x_k = x_0 + \sum_{i=0}^{k-1} S_i\sin\theta_i$$
$$y_k = y_0 + \sum_{i=0}^{k-1} S_i\cos\theta_i$$

　　由上面的算法可以看出：$\theta_k = \theta_{k-1} + \Delta\theta_{k-1}$，$k = 1, 2, \cdots$

　　①航位推算系统工作需要实时测得前后时间距离的变化量 S 和 $\Delta\theta_0$。

　　②航位推算系统本身不能确定车辆的初始时刻的位置 (x_0, y_0) 和航向角 θ_0，需要借助其他定位手段来得到航位推算系统的初始值，在 GPS/DR 组合定位系统中，可以通过 PS 定位来标定航位推算系统的初始值。

　　③航位推算实质上是一个信息累加的过程，不同时刻的测量误差和计算误差会累积起

来，随着时间的推移，航位推算系统的误差是一个发散的过程。所以单独的航位推算不能用于长时间的独立定位，需要借助其他的定位手段对累积误差进行补偿，在 GPS/DR 组合定位系统中，GPS 定位正是起到这样一个作用。

5.4.3　航位推算的系统误差分析

1. 里程计的误差模型

车轮每转动一周，里程计输出一个脉冲信号，在单位时间 T 内，可以计算出车辆行驶的距离为：

$$S = (K_S + \delta K_S) N + \omega_s$$

式中：K_S 为里程计的理想刻度因子，与车辆的轮胎周长有关；δK_S 为里程计的刻度因子误差，与车辆轮胎胎压、车速和摩擦等因素有关；ω_s 为高斯白噪声。

由此可见，里程计测量车辆行驶距离的主要误差源是里程计的刻度因子误差，由于此误差一般是缓慢变化的，因此刻度因子的误差模型可以简化为：

$$\delta K_S = \omega_s$$

式中：ω_s 为高斯白噪声。

2. 压电陀螺仪的误差模型

压电陀螺仪的输出是与载体角速率成正比的电压信号，可表示为：

$$V = (K_\omega + \delta K_\omega) \cdot \omega + V_0 + \delta V_0 + \delta V + v_\omega$$

式中：V 为压电陀螺的输出电压；K_ω 为压电陀螺的理想刻度因子；δK_ω 为压电陀螺的刻度因子误差；ω 为载体的角速率；V_0 为压电陀螺的零位标称输出电压；δV 为压电陀螺的零偏电压；v_ω 为压电陀螺的测量噪声，即高斯白噪声。

由此可见，压电陀螺仪的误差源主要有两个：刻度因子误差和陀螺零偏。通常这两项误差可用一阶马尔可夫过程描述：

$$\delta K_m = -\frac{1}{\tau_k} \delta K + u_K$$

$$\delta V = -\frac{1}{\tau_v} \delta V + u_v$$

式中：τ_k 和 τ_v 为各自马尔可夫过程的相关时间常数，u_k 和 u_v 分别为高斯白噪声。通常可以将刻度因子误差和零偏电压误差折算入陀螺的漂移，因而式 $V = (K_\omega + \delta K_\omega) \cdot \omega + V_0 + \delta V + v_\omega$ 可变为：

$$V = K_\omega \cdot \omega + V_0 + \varepsilon + v_\omega$$

式中：ε 为陀螺的漂移误差，包括刻度因子误差和零偏电压误差折算入陀螺的漂移，ε 一般可用一阶马尔可夫过程来描述：

$$\varepsilon = \frac{1}{\tau_\varepsilon} \varepsilon + w_\omega$$

式中：τ_ε 为马尔可夫过程的相关时间常数，w_ω 为高斯白噪声。

━━━━━━━━━━━━━━━━━━━ 重点与难点 ━━━━━━━━━━━━━━━━━━━

重点：(1) 图的基本概念；(2) 最短路径算法；(3) 航位推算 (DR) 方法。

难点：路径规划理论与算法。

━━━━━━━━━━━━━━━━━━ 思考与练习 ━━━━━━━━━━━━━━━━━━

5-1　请查阅资料，解释欧拉在 1736 年是如何解决"Konigsberg 七桥问题"的。

5-2　什么是最小生成树？

5-3　如何确定最佳路径？

5-4　什么是 Dijkstra 算法？

5-5　怎样构建最短路径与最优路径？两者有什么区别与联系？

第 6 章

卫星定位与导航技术

6.1　全球导航卫星系统

全球导航卫星系统(global navigation satellite system，GNSS)泛指所有的全球卫星导航系统以及区域和增强系统，目的是为用户提供精确可靠的导航和定位服务，并同时提供卫星的完备性检验信息(integrity checking)和足够的导航安全性告警信息。根据国际全球导航卫星系统服务组织的定义，当前的 GNSS 包括美国的 GPS、俄罗斯的 GLONASS、欧洲的GALILEO、中国的北斗卫星导航系统、美国的 WAAS(广域增强系统)、欧洲的 EGNOS(欧洲静地导航重叠系统)、日本的 MSAS(多功能运输卫星增强系统)以及印度的 IPNSS 等卫星定位导航系统中的一个或多个系统。

卫星导航定位系统是一种以卫星为基础的无线电导航系统。系统可发送高精度、全天时、全天候的导航、定位和授时信息，是一种可供海陆空领域的军民用户共享的信息资源。卫星导航定位是指利用卫星导航定位系统提供位置、速度及时间等信息来完成对各种目标的定位、导航、监测和管理工作。卫星导航系统的出现，解决了大范围、全球性以及高精度快速定位的问题，最早应用于军用定位和导航，为车、船、飞机等机动工具提供导航定位信息及精确制导；为野战或机动作战部队提供定位服务；为救援人员指引方向。随着技术的发展与完善，其应用范围逐步从军用扩展到民用，渗透到国民经济各部门。其中包括海上和沙漠中的石油开发、交通管理、个人移动电话定位、商业物流管理、渔业、土建工程和考古。卫星导航系统已成为数字地球、数字城市的空间信息基础设施。

由于 GNSS 综合了多个导航定位系统的卫星信号，增加了整个系统可视卫星的数目，改善了卫星几何图形配置，在任何地方都有较大高度角的多个卫星可供观测。因此，GNSS 具有很强的可用性和可靠性。与传统定位与导航系统相比，GNSS 有更高的定位精度和更好的完整性。GNSS 的用途非常广泛，应用 GNSS 信号可以进行海、空和陆地的导航、导弹的制导、大地测量和工程测量的精密定位、精确时间同步测量等。GNSS 技术已经用于建立高精度的全国性的大地测量控制网，测定全球性的地球动态参数；用于建立陆地海洋大地测量基准，进行高精度的海岛陆地联测以及海洋测绘；用于监测地球板块运动状态和地壳形变；用于工程测量，成为建立城市与工程控制网的主要手段。作为一种空基导航定位系统，GNSS表现出巨大的优越性，在一些突发事件，如减灾、救灾、反恐乃至战争中也发挥着巨大的作用。本章将介绍 GNSS 的各个子系统及其发展与展望，以期能较全面地展现 GNSS 系统的现状和未来。

6.1.1　GPS 卫星全球定位系统

GPS(global positioning system)是由美国国防部授权研制的卫星导航定位系统。它是一种可以定时和测距的导航系统,可向海军舰船、空中飞机和陆地车辆提供全球、全天候、连续、实时服务的高精度三维位置、三维速度和时间信息。其目的是为美国海、陆、空三军提供精密导航,还可用于情报搜集、核爆炸监测、应急通信和卫星定位等一些军事目的。

GPS 定位的基本原理是:位于地面的 GPS 接收机检测 GPS 卫星发送的扩频信号,通过运算获取到时间信息并由此计算出卫星的空间位置,完成定位计算。有 3 颗卫星时,若卫星与接收机钟差很小,即可视二维定位;4 颗可见时,卫星实现三维定位,获取更多的可见卫星可提高定位精度。GPS 接收机在全球任何地方、任一时刻均能接收到至少 4 颗卫星信号,GPS 终端可根据接收到多颗卫星的导航信息,计算出自己的三维位置(经纬度与海拔高度)、GPS 由空间部分(导航卫星星座)、控制部分(地面监控系统)和用户部分(GPS 接收终端)三大部分组成。

1. 空间部分

空间部分由一组 GPS 卫星组成。GPS 工作卫星及其星座由 21 颗工作卫星和 3 颗在轨备用卫星组成。24 颗卫星均匀分布在 6 个轨道平面上,轨道倾角为 55°,各个轨道平面之间相距 60°,即轨道的升交点赤经各相差 60°。每个轨道平面内各颗卫星之间的升交角距相差 90°。导航卫星设计寿命为 7.5 年,轨道距地面高度为 20128 km,运行周期为 12 恒星小时。

GPS 导航卫星重达 1500 kg,星上装备了无线收发信机、天线、铯原子钟、计算机、导航电文存储器、太阳能翼板以及其他设备。每颗卫星以两个 L 波段频率发射无线电载波信号:

L_1 = 1 575.42 MHz(波长约为 19 cm)

L_2 = 1227.60MHz(波长约为 24 cm)

在 L_1/L_2 载波上,载有测距用 P 码(precise 精搜索码,码长约 30 m)和 C/A 码(coarse/acquisition 粗搜索码,码长约 300 m)。其中,P 码只供美国军方与授权用户使用,C/A 码可供民用定位服务。此外,在载波上还调制了 50 bit/s 的数据导航电文,其内容包括卫星星历、电离层模型系数、状态信息、时间信息和星钟偏差/漂移等信息。

目前,美国采用两种限制性政策:选择性可用性(SA)政策,有意使频率飘移和降低轨道精度,使 C/A 码原有的定位精度从 20~40 m 降低到 100 m;反欺骗政策(AS),为防止 P 码被非授权用户使用,将 P 码改为 Y 码,使非授权用户无法解出 P 码。

2. 控制部分

控制部分主要是地面监控系统,它负责监控 GPS 的工作,是 GPS 系统的神经中枢,也是保证 GPS 协调运行的核心部分,由美国国防部监管。对于导航定位来说,GPS 卫星是一个动态已知点。卫星的位置是依据卫星发射的星历(描述卫星运动及其轨道的参数)算得的。每颗 GPS 卫星所播发的星历,是由地面监控系统提供的。卫星上的各种设备是否正常工作,以及卫星是否一直沿着预定轨道运行,都要由地面设备进行监测和控制。地面监控系统的另一重要作用是保持各颗卫星处于同一时间标准——GPS 时间系统。这就需要地面站监测各颗卫星的时间,求出钟差,然后由地面注入站发给卫星,卫星再由导航电文发给用户设备。GPS 工作卫星的地面监控系统包括一个主控站、3 个注入站和 5 个监测站。

（1）主控站

主控站即卫星操作控制中心（CSOC），位于加州 Falcon 空军基地，主要负责接收、处理来自各监控站跟踪数据，完成卫星星历和原子钟计算，卫星轨道和钟差参数计算，用以产生向空间卫星发送更新的导航数据。这些更新数据送到注入站，利用 S 频段（1750～1850 MHz）向卫星发射。由于卫星上的原子钟有足够精度，故导航更新数据约每天更新一次。主控站本身还是监控站，还可用于完成诊断卫星的工作状态，进行调度等工作。

（2）监控站

GPS 有 5 个监控站。除主控站上的监控站外，还在美国夏威夷、北太平洋上的 Kwajalein 岛、印度洋上的 Diogo Garcia 岛、大西洋上的 Ascension 岛上设有监控站。监控站对卫星进行跟踪与测轨，以 2200～2300 MHz 频率接收卫星的遥测数据，进行轨道预报，并收集当地气象及大气对流层对信号的时延数据，连同时钟修正、轨道预报参数一起传送给主控站。

（3）注入站

GPS 有 3 个注入站，与三大洋的 Kwajalein 岛、Diogo Garcia 岛、Ascension 岛上监控站并置。注入站主要功能为将主控站送来的卫星星历、钟差信息和轨道修正参数，每天一次注入到卫星上的导航电文存贮器中。

3. 用户部分

用户部分主要是 GPS 信号接收机。其任务是捕获按一定卫星高度截止角所选择的待测卫星的信号，并跟踪这些卫星的运行，对所接收到的 GPS 信号进行变换、放大和处理，以便测量出 GPS 信号从卫星到接收机天线的传播时间，解译出 GPS 卫星所发送的导航电文，实时计算出测站的三维位置，甚至三维速度和时间。在静态定位中，GPS 接收机在捕获和跟踪 GPS 卫星的过程中固定不变，接收机高精度地测量 GPS 信号的传播时间，利用 GPS 卫星在轨的已知位置，解算出接收机天线所在位置的三维坐标。而动态定位则是用 GPS 接收机测定一个运动物体的运行轨迹。

GPS 接收机硬件和软件以及 GPS 数据的后处理软件包，构成了完整的 GPS 用户设备。GPS 接收机的结构分为天线单元和接收单元两大部分。对于测地型接收机来说，两个单元一般被分成两个独立的部件，观测时将天线单元安置在测站上，接收单元置于测站附近的适当地方，用电缆线将两者连接成一个整机，也有的将天线单元和接收单元制作成一个整体，观测时将其安置在测站点上。

4. 差分技术

美国政府出于军事目的，把 GPS 系统设置为两种级别的服务，其中 C/A 码为全球用户免费使用，但对 C/A 码采取人为降低精度的措施——选择可用性（SA）政策，这样使得单机定位只能达到 100 m（平面，95% 置信度），这种精度为 GPS 系统精度，而与 GPS 接收机无关。因此无论何种 GPS 接收机，只要采用 C/A 码定位，精度就只能达到 100 m。这种精度无法满足日益增多的用户的要求，为了提高实时定位精度，人们提出了差分 GPS 技术，经差分校正的 GPS 接收机定位精度优于 30 m，测速精度优于 0.1 m/s，计时精度优于 10 ms。

目前，差分 GPS 系统已经在许多部门得到推广应用，这些差分 GPS 系统绝大多数为常规的差分 GPS——位于已知点上的基准站（或称参考站）把差分 GPS 修正信息通过数据通信链实时传送到周围的流动站用户，从而使流动站用户提高定位精度。我们称这种差分 GPS 为正向差分，它应用十分普遍，技术上也很成熟。但是在一些特殊应用场合，如特定目标或物体的高精度追踪监测中，常常希望基准站实时精确地知道流动站的位置，而流动站自身无须实时知道自己的位置，为此而提出了逆向差分 GPS(inverted differential GPS, IDGPS)。逆向差分 GPS 要求移动目标(流动站)把原始伪距观测信息通过数据链实时传送给基准站，由基准站采用逆向差分算法完成对流动站的精确求解，从而实时监测移动目标。

当前，美国正加紧部署研究 GPSⅢ计划。为了满足 2030 年的军用、民用要求，GPSⅢ将选择全新的优化设计方案，放弃现有的 24 颗中轨道卫星，采用全新的 33 颗高轨道加静止轨道卫星组网。与现有 GPS 相比，GPSⅢ(信号发射功率约可提高 100 倍，定位精度提高到 0.2～0.5 m，授时精度 1 ns，这样可以使 GPS 制导武器的精度达到 1 m 以内。

6.1.2　GLONASS 全球导航卫星系统

GLONASS 是 global navigation satellite system 首字母的缩写，由苏联国防部独立研制和控制的第二代军用卫星导航系统，该系统是全世界第二个全球导航卫星系统。该项目从 1976 年开始运作，1982 年第一颗 GLONASS 卫星升空，1995 年全部卫星部署到位标志系统建设完毕。但是，由于经济的崩溃，政府无力提供巨大的经费维持卫星的正常更换，到了 2001 年，在轨工作卫星仅剩 7 颗，同年，俄罗斯政府开始计划恢复并优化 GLONASS，到 2007 年年底，在轨工作卫星增加到 18 颗，其中包括 3 颗现代化卫星 GLONASS-M。到 2011 年年底达到系统全部可操作性能，包括 24 颗工作卫星，其中，包括现代化卫星 GLONASS-M 和下一代卫星 GLONASS-K。

与美国的 GPS 相似，GLONASS 也开设民用窗口。它可为全球海陆空以及近地空间的各种军民用户全天候连续地提供高精度的三维位置、三维速度和时间信息。GLONASS 在定位、测速及定时精度上则优于施加选择可用性之后的 GPS，由于俄罗斯向国际民航和海事组织承诺将向全球用户提供民用导航服务，并于 1990 年 5 月和 1991 年 4 月两次公布 GLONASS 信号的接口控制文件，为 GLONASS 的广泛应用提供了方便。GLONASS 的公开化，打破了美国对卫星导航独家经营的局面，既可为民间用户提供独立的导航服务，又可与 GPS 结合，提供更好的精度几何强度因子；同时也降低了美国政府利用 GPS 施以主权威慑给用户带来的后顾之忧，因此，引起了国际社会的广泛关注。

GLONASS 系统由 GLONASS 星座、地面支持系统和用户设备三部分组成。

1. GLONASS 星座

GLONASS 星座由 21 颗工作星和 3 颗备份星组成，所以 GLONASS 星座共由 24 颗卫星组成。24 颗星均匀地分布在 3 个近圆形的轨道平面上，这 3 个轨道平面两两相隔120°，每个轨道面有 8 颗卫星，同平面内的卫星之间相隔45°，轨道高度 1.91×10^4 km，运行周期 ll.25 h，轨道倾角66.8°。

GLONASS 的标准配置为 24 颗卫星，而 18 颗卫星就能保证该系统为俄罗斯境内用户提供全部服务。该系统卫星分为 GLONASS 和 GLONASS-M 两种类型，后者使用寿命更长，可达 7 年。下一代 GLONASS-K 卫星的在轨工作时间可长达 10～12 年。

卫星每颗质量为 1400 kg，约 3 m 高，太阳能帆板展出宽度为 17 m 以上，功率为 1600 W。每颗卫星上都有铯原子钟以产生卫星上的高稳定时标，并向所有星载设备提供高稳定的同步信号。星载计算机对从地面控制部分接收到的专用信息进行处理，并生成导航电文向用户广播。

2. 地面支持系统

地面支持系统由系统控制中心、中央同步器、遥测遥控站(含激光跟踪站)和外场导航控制设备组成。地面支持系统的功能由苏联境内的许多场地来完成。随着苏联的解体，GLONASS 系统由俄罗斯航天局管理，地面支持段已经减少到只有俄罗斯境内的场地了，系统控制中心和中央同步处理器位于莫斯科，遥测遥控站位于圣彼得堡、捷尔诺波尔、埃尼谢斯克和共青城。

3. 用户设备

GLONASS 用户设备(接收机)能接收卫星发射的导航信号，并测量其伪距和伪距变化率，同时从卫星信号中提取并处理导航电文。接收机处理器对上述数据进行处理并计算出用户所在的位置、速度和时间信息。GLONASS 系统提供军用和民用两种服务。GLONASS 系统绝对定位精度水平方向为 16 m，垂直方向为 25 m。目前，GLONASS 系统的主要用途是导航定位，当然与 GPS 一样，也可以广泛应用于各类的定位、导航和时频领域等。

(1)系统信号和频率

美国的 GPS 是码分多址(CDMA)，根据调制码来区分卫星，所有 GPS 卫星的载波频率是相同的，均为 $L_1 = 1575.42$ MHz 和 $L_2 = 1227.60$ MHz。而 GLONASS 系统采用频分多址(FDMA)方式，根据载波频率来区分不同卫星。每颗 GLONASS 卫星发播的两种载波的频率分别为 $L_1 = 1.602 + 0.5625K$(MHz) 和 $L_2 = 1.246 + 0.4375K$(MHz)，其中 $K = 1 \sim 24$，为每颗卫星的编号。

GLONASS 卫星信号中调制的导航电文在结构和参数方面与 GPS 存在较大的差异，其导航电文包含卫星钟时刻、卫星钟差(与 GLONASS 系统时间之差)、卫星信号载波频率实际值与设计值之差、卫星轨道参数以及卫星历书。一个完整的导航电文由一个超帧组成，5 个帧组成一个超帧，每帧又由 15 个串组成，串相当于 GPS 导航电文的子帧。发送一个超帧用时 150 s，每个超帧里含有全部卫星的所有星历内容。

(2)GLONASS 系统现代化计划

为了提高系统完全工作阶段的效率和精度性能、增强系统工作的完善性，已经开始了 GLONASS 系统的现代化计划。

首先，俄罗斯着手改善 GLONASS 与其他无线电系统的兼容性。GLONASS 采用频分制，其频段的高端频率与传统的射电天文频段(1610.6 ~ 1613.8 MHz)重叠。另外国际电信联盟(ITU)在 1992 年召开的世界无线电管理会议上又决定将 1016.0 ~ 1626.5 MHz 频段分配给低地球轨道(LEO)移动通信卫星使用，因此要求 GLONASS 改变频率，让出高端频率。1993 年 9 月俄罗斯作出响应，决定在同一轨道面上相隔 180°(即在地球相反两侧)的 2 颗卫星使用同一频道。于是，在仍保持频分多址的情况下，系统总频道数可减少一半，因而可让出高端频率。解决 GLONASS 信号与其他电子系统相互干扰的另外一种有效办法是使用码分多址(CDMA)，即所有卫星均采用相同的发射频率，该频率可以很接近 GPS 的或者就用 GPS 的频率。这样，两个系统的兼容问题可大大改善，并使某些干扰问题降到最小。据报道，美国洛克韦尔公司决定协助俄罗斯改进 GLONASS，将 GLONASS 的频率改为 GPS 的频率，便于世界民用。此项计划将耗资 470 万美元。

其次，计划发射下一代改进型卫星并形成未来的星座。从 1990 年起，俄罗斯就开始研制下一代改进型卫星，GLONASS-MI。这种新型卫星将进一步改进星上原子钟，提高频率稳定度和系统的精度, 更为重要的是它的工作寿命可以达到 5 年以上, 这对确保 GLONASS 空间星座维持 21~24 颗工作卫星发射信号至关重要。近期, 俄罗斯正准备研制一种工作寿命可达 7 年以上, 功能更强的 GLONASS-K 卫星。除了对星上子系统作重要改进外, 还将增加星间数据通信和监视能力。另外, GLONASS 现代化计划的管理者正在考虑把未来空间星座卫星总数增至 27 颗, 即在每个轨道面上均布 8 颗工作卫星外, 各轨道面上再增加 1 颗在轨备用卫星。

另外, 对地面控制部分也将进行改进, 包括改进控制中心、开发用于轨道监测和控制的现代化测量设备以及改进控制站和控制中心之间的通信设备。项目完成后, 可使星历精度提高 30%~40%, 使导航信号相位同步的精度提高 1~2 倍(15ns)。

6.1.3 GALILEO 卫星导航定位系统

1. 系统概述

GALILEO 系统是欧盟正在建设的新一代民用全球卫星导航系统, 目前全世界使用的导航定位系统主要是美国的 GPS, 欧盟认为这并不安全, 为了建立欧洲自己控制的民用全球导航定位系统, 由欧共体发起与欧洲空间局合作一起开发卫星导航系统。该计划将有助于新兴全球导航定位服务在交通、电信、农业或渔业等领域的发展。2003 年 9 月 18 日, 欧盟和我国初步签订我国参与"伽利略计划"的协议。目前, 欧盟以外的 6 个国家(包括中国、印度、以色列、乌克兰、沙特阿拉伯、摩洛哥)也相继参与了伽利略计划, 中国计划投入 2 亿欧元。中国与欧盟 2003 年 10 月 30 日在北京签署伽利略卫星导航合作第三个文件。2004 年 10 月 9 日, 双方又签署了此项目的技术合作协议, 因而引发美国媒体发出美国可能击毁 GALILEO 卫星的报道。可见, 此项目不但具有极高经济价值, 也具有政治和军事战略意义。参与该计划是迄今为止我国与欧盟最大的合作计划。全球导航定位系统的应用十分广泛, 从经济建设、国防建设等各方面来考虑, 我国都应该建立自己的全球导航定位系统。例如, 将来我们建立起全国的车辆定位系统后, 如果我们没有其他导航定位系统而只依靠 GPS, 那么一旦出现意外情况, 将使整个交通系统瘫痪。"伽利略计划"总值 36 亿欧元, 我国是正式加入该计划的第一个非欧盟国家, 这标志着我国航天事业在国际合作领域迈出了一大步。

GALILEO 计划的实施, 将结束美国 GPS 在世界上的垄断局面。欧洲空间局(ESA)已经最终确定了包括 30 颗 GALILEO 卫星的空间构形和相应地面控制站布设的最有效率方案。同时确定了 GALILEO 和外部系统的关系如和 ITRF 等坐标框架的关系和 GALILEO 服务中心的联系方式, 以及和 GALILEO 地区中心站和 GALILEO 中心站的关系等。系统建成后, 不仅会使欧洲具有独立的安防体系, 同时会为其带来巨大的经济利益, 据预测, 截至 2020 年年底, 该计划将为欧洲创造 800 亿欧元的利润, 同时还将为其带来 15 万个高科技就业新岗位。

GALILEO 系统星座由 30 颗卫星组成。卫星采用中等地球轨道, 均匀地分布在高度约为 $2.3×10^4$ km 的 3 个轨道面上, 星座包括 27 颗工作星, 另加 3 颗备用卫星。系统的典型功能是信号中继, 即向用户接收机的数据传输可以通过一种特殊的联系方式或其他系统的中继来实现, 如通过移动通信网来实现。GALILEO 接收机不仅可以接收本系统信号, 而且可以接收 GPS、GLONASS 这两大系统的信号, 并且具有导航功能与移动电话功能、其他导航系统相结合的优越性能。

按照设计标准, 该系统确定的空间位置要比 GPS 精确 10 倍。其水平定位精度优于 10 m, 时间信号精度达到 100ns。必要时, 免费使用的信号精确度可达 6 m, 如与 GPS 合作甚至能精确至 4 m。

2. 系统的结构和组成

GALILEO 星座由分布在 3 个轨道面上的 30 颗中等高度轨道卫星（ME0）构成，每个轨道面有 10 颗卫星，其中 1 颗为备用，轨道倾角为 56°。原来设计卫星轨道半长轴为 29994 km，卫星运行周期约 14 h 4 min，最近对 GALILEO 卫星的轨道高度重新进行了研究，经过各种测试，认为轨道高度以 29600 km 为佳。原有设计轨道则容易与地球重力场产生共振效应，引起对卫星轨道的扰动。最后欧洲空间局决定：一个 GALILEO 卫星在 10 个太阳日运行 17 圈（14 h 7 min），偏心率为 0.002，平均半长轴为 29600 km，这样在 GALILEO 卫星预期的 12 年工作寿命中，不会发生可以观测到的共振现象。因此，在最初的轨道优化之后，卫星的整个生命周期内就不需要保持位置的机动能力。这样设计的轨道高度和卫星个数，3 个轨道面的星座性能可以达到最佳，同时，限制轨道数目可以降低建设和维护成本，选择的轨道倾角也能让欧洲获得更好的覆盖率。

GALILEO 卫星承载两个有效荷载，导航荷载和搜救和救援（SAR）荷载。导航荷载上装有铷钟和氢钟。还发射若干个频率的观测信号，并通过专用的 CDMA C 波段上行链路到 GALILEO 卫星，可同时上传多路信号。SAR 荷载主要作用是转发遇难警报。GALILEO 卫星重量为 680 kg，还带有直径为 1.5 m 的信号发射天线，太阳能板展开宽带达 18.7 m，功率达到 1500 W，当前已经发射了两类测试卫星 GIOVE-A 和 GIOVE-B。

地面部分主要由 34 个监测站、5 个控制站、10 个上行站、2 个控制中心和高性能通信网络组成。其中，监测站组成的全球监测网络，用于卫星定轨、时间同步和完好性确认，并监督所提供的服务；控制站对卫星和星座进行必要的调整和控制；上行站用于向卫星上传有关导航、完好性和搜救救援任务的数据；控制站进行所有数据的集中处理、监测和控制，两个控制站互为备份。

地面段按功能分为两部分：地面控制段（GCS）和地面任务段（GMS）。地面控制段主要完成所有与卫星星座命令和控制有关的功能：①星座管理，调整卫星星座分布以及维护和补给；②卫星控制，主要监测和控制单个卫星的运行情况。地面任务段提供 GALILEO 服务，主要进行：①时钟和星历的预报；②系统完好性监测，以保证用户的完好性风险在允许值以内。

GALILEO 用户设备（接收机）对接收到的测距信息和卫星星历进行处理并计算出用户所在的位置、速度和时间信息。

未来的卫星定位用户，都希望能备有 GPS/GALILEO 卫星导航系统联合定位的接收机，这样用户可以接收到更多的卫星定位信号，增加用户定位成果的可靠性。但前提条件是这两种系统的信号和电文是兼容的。在设计 GALILEO 卫星导航系统的初期就考虑了这方面的问题，如卫星信号和电文设计、频率分配、信号处理等。但其中有一个重要的协同问题，就是 GPS 和 GALILEO 卫星导航系统在时间方面的协同问题。同现今的 GPS 卫星导航系统一样，GALILEO 卫星导航系统也要建立一个独立的时间尺度，即 GALILEO 系统时间（GST）。它将是 GALILEO 系统运行、卫星轨道计算和时钟参数确定的基础。GPS 时间和 GST 都受国际原子时（TAI）的制约，GST 和 TAI 的偏差在 GALILEO 的导航电文中被给出。但是由于 GALILEO 星钟差和 TAI 偏差有某种程度的不确定性，上述提到的制约关系也就有了不确定性，因此 GPS 时间和 GST 之间就必然存在时间差，其精度对于用户来说，可望在 10 ns 量级。而这一不确定性和 GALILEO 的联合导航或定位解算的成果中，出现一种缓慢变动的不符值或偏移。两者定位成果之间的这种偏移和 GPS 卫星与 GALILEO 卫星与用户之间的几何相对位置有关，也和 GPS 和 GALILEO 两者之间时间差的不确定性有关。

3. 系统信号

GALILEO 系统信号特别工作组在 2001 年的国际导航组织全球定位系统会议上公开了 GALILEO 频率和信号设计方案。2002 年 9 月，在此方案的基础上，又公布了新的频率和信号设计方案，进一步细化了频率结构和信号设计的各种参数。GALILEO 所使用的频率分布在 1164～1214 MHz(E5a 和 E5b)、1260～1300 MHz(E6) 和 1559～1591 MHz(E2-L1-E1) 频段上。这些频段都属于无线电导航卫星服务频率范围。

从图 6-1 可以看出，GALILEO 信号的 E2-L1-E1 波段覆盖了 GPS 的 L1 波段、E5a 波段和 GPS 的 L5 波段重合，E5b 波段和 GLONASS 的 L3 波段重合，这样可以保证 GALILEO 和其他两个系统的兼容性。GALILEO 系统与 GPS 一样，都使用码分多址技术区分不同的卫星。

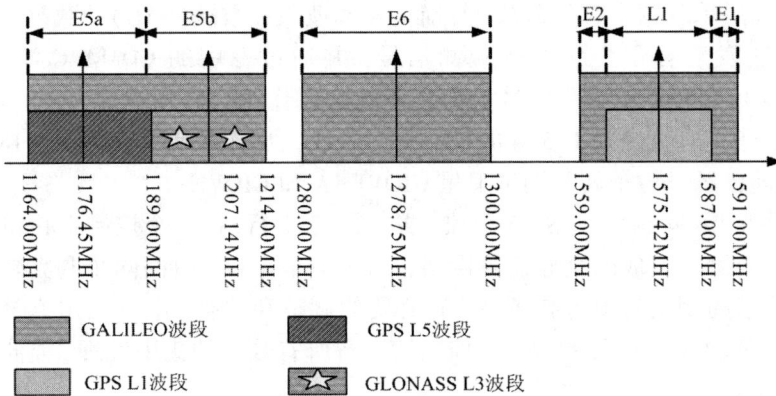

图 6-1　GALILEO 中心频率和频段分布图

2004 年进行系统设计时，依据 GALILEO 可能获得的定位精度，它的多路径效应和噪声等情况，对 GALILEO 与 GPS 今后的接口，以及可以使 GALILEO 卫星信号和电文结构具有最佳状态等方面进行了新的研究，并与 GPS 目前的相应状况作了比较，从而决定对 GALILEO 原来拟定的信号结构采用新思路进行了重要调整。新的 GALILEO 卫星信号在 L1 频道上对 GPS 会有较少干扰。此外，将 GALILEO 的 L1 和 E5 频道上的信号联合使用，可以大大减少电离层对 CALILEO 卫星导航系统定位的影响。同时采用自动或交叉相关技术，使得低功率的 GALILEO 信号(相对 GPS 来说)，即使在非理想的条件下，用户也能很好地接收。

4. 系统服务与预期性能

GALILEO 提供多种基准服务：开放式服务(OS)、生命安全服务(SOL)、商业服务(CS)、公共特许服务(PRS)以及搜救与救援服务(SAR)。提供这些服务可以满足各种不同用户的需求，这些服务只通过 GALILEO 系统所播发的信号而独立于其他卫星导航系统。

在表 6-1 中，完好性风险指，在任意一段连续运行期间，计算出的用户水平或垂直定位误差超过了相应的域值，而用户在指定的告警时间内并未告知的概率；连续性风险是指在可用时间段和覆盖区域内系统支持规定性能的概率；服务可用性是指在整个 20 年的设计寿命内，任意固定点上服务满足规定性能(精度、完好性和连续性)的时间平均百分比。

表 6-1　GALILEO 系统服务

全球服务类型	开放式服务	商业服务	生命安全服务	公共特许服务
覆盖范围	全球	全球	全球	全球
定位精度(水平 H 方向和垂直 V 方向 95%)/m	H 为 15~24,V 为 35(单频)	H 为 4,V 为 8(双频)	H 为 4,V 为 8(双频)	H 为 15~24,V 为 35(单频)　H 为 6.5,V 为 12(双频)
定时精度(95%)/ns	30	30	30	30
完好性报警/m	无	无	H 为 12,V 为 20	H 为 12,V 为 35
告警时间/s	无	—	6	10
完好性风险	无		3.5E-7/150s	3.5E-7/150s
连续性风险	无		1.0E-5/15s	1.0E-5/15s
服务可用性/%	99.5	99.5	99.5	99.5

注:"—"表示有待确定。

GALILEO 全球导航系统提供的服务范围可分为六个部分。

(1)公开服务(open service,OS)

本部分的服务免费提供使用者定位、导航及标准时间等信息,主要的对象是一般大众,例如,一般汽车的导航系统、用行动电话来定位或提供收讯者在特定地点的国际标准时间测定(UTC)。

(2)商业服务(commercial service,CS)

本部分主要是一般公开服务项目中所提供的额外服务,例如,在公开服务部分的信号中额外传输已锁码的资料、在 E6 以 PRS 信号替代公开服务信号来精确定位或用以支援伽利略全球导航系统与无线通信网路之整合的航空信号等。

(3)安全服务(safety-of-life service,SOL)

本部分只应用于交通运输、引导船只入港、铁路运输管制、进阶的交通管制及自动化等。

(4)规范的服务(public regulated service,PRS)

本部分指在欧盟会员国政府所规范之与国家安全、治安、警政、法律施行、紧急救助,迫切性的能源、运输及通信应用或与欧洲利益息息相关的经济或工业活动。

(5)救援服务(search and rescue service,SRS)

GALILEO 卫星将允许将遇难信标警报转发给 SAR 组织,同时还会实现与这些中心的接口,这样系统就可以将救援工作已经展开的确认信息反馈给用户。其救援功能基本上与目前国际通用的 COSPAS-SARSAT 系统的原则相同,但改善许多。COSPAS-SARSAT 系统由美国、加拿大、法国及俄罗斯联合创立,目前许多国家都有自己的资料处理站,这个系统包括 4 个以上低轨道卫星与 3 个以上的同步卫星,这些卫星会接收来自海上与空中发出的求救信号,予以定位之后,卫星会继续将信号传到资料处理中心,资料处理中心再将消息传达给与救难搜寻相关的联络中心。

5. 系统开发计划

GALILEO 系统开发分为整体开发验证阶段和全面部署运营阶段。

开发验证阶段包括设计、开发和在轨验证(在轨系统配置)。这种配置与卫星数目、关联的地面段及初始运行组成。该阶段完成后,将部署附加卫星和地面段组件以完成整个系统配置。

全面部署阶段包括对系统进行全面部署(持续 1 年)、长期运行和补给。在此阶段将会部署所有的剩余卫星以及所有要求的冗余配置,以在性能和服务区域等方面达到全面的任务要求。运营阶段包括日常运行、地面系统维护以及故障修复等任务,持续时间为整个系统的设计寿命。

6.1.4 BDS 卫星导航定位系统

1. 系统概述

"北斗"卫星导航试验系统(也称"双星定位导航系统")为我国"九五"列项,其工程代号取名为"北斗一号",其方案于 1983 年提出。北斗双星导航卫星系统(如图 6-2 所示)是我国第一代区域性卫星导航系统,可以为我国全境和周边部分邻国提供定位、导航、授时和简易通信服务。该系统于 1988—1989 年,利用 2 颗通信卫星成功地进行了定位原理的试验。1993 年,我国进一步进行了双星定位系统的试验,从而奠定了全面建设北斗卫星试验系统的基础。1994 年,"北斗导航试验卫星"经过国家批准立项,全面启动了

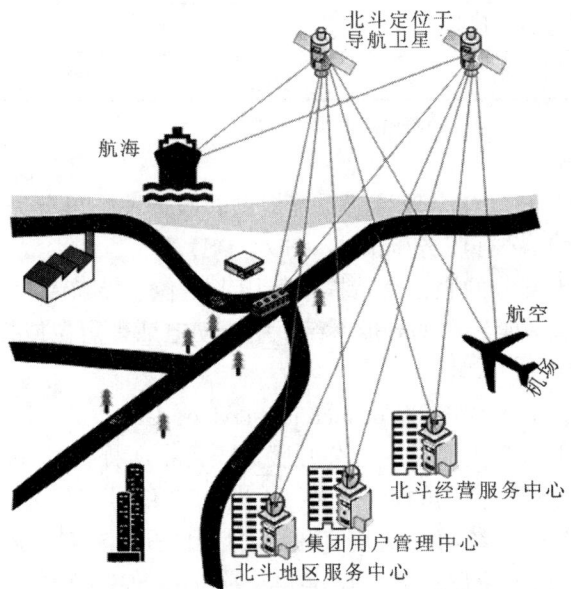

图 6-2 北斗双星导航卫星系统示意图

导航试验卫星系统建设工作。2000—2003 年,我国成功地发射了北斗双星导航卫星系统的 3 颗卫星(2 颗工作卫星,1 颗备用卫星),组成了一个完整的区域性卫星导航定位系统,如图 6-2 所示。

"北斗一号"系统与 GPS 和 GLONASS 不同,是一种有源导航(主动式)定位系统,即用户将接收到的信息发送给数据处理中心,由处理中心解算出用户的位置,再反馈给用户。早期,美国的 Geostar 系统和欧洲 Locstar 系统均属于有源导航系统。

根据国务院发布的《二零零六年中国的航天》白皮书,北斗卫星导航系统已作为我国未来 5 年的五大航天科技工程之一列入国家航天事业的发展计划。我国计划陆续发射系列北斗导航卫星,将满足我国及周边地区用户对卫星导航系统的需求,并进行系统组网和试验,逐步扩展为全球卫星导航系统,称之为北斗卫星导航系统(北斗二号),英文名称为 COMPASS。根据现有资料,新的北斗卫星导航系统的空间段由 5 颗静止轨道卫星和 30 颗非静止轨道卫星组成,提供开放服务和授权服务两种服务方式。开放服务定位精度为 10 m,授时精度为

50 ns,测速精度 0.2 m/s。授权服务向授权用户提供更安全的定位、测速、授时和通信服务。2013 年 9 月 11 日开幕的上海国际导航产业与科技发展论坛暨展览会上,率先在上海建成的北斗地基增强网宣布正式开通运行。这意味着中国北斗卫星导航系统的定位精准度,将从"米级"提升到"厘米级"。

2. 系统组成

北斗双星导航系统主要由空间部分、地面中心控制系统和用户终端 3 个部分组成,如图 6-3 所示。

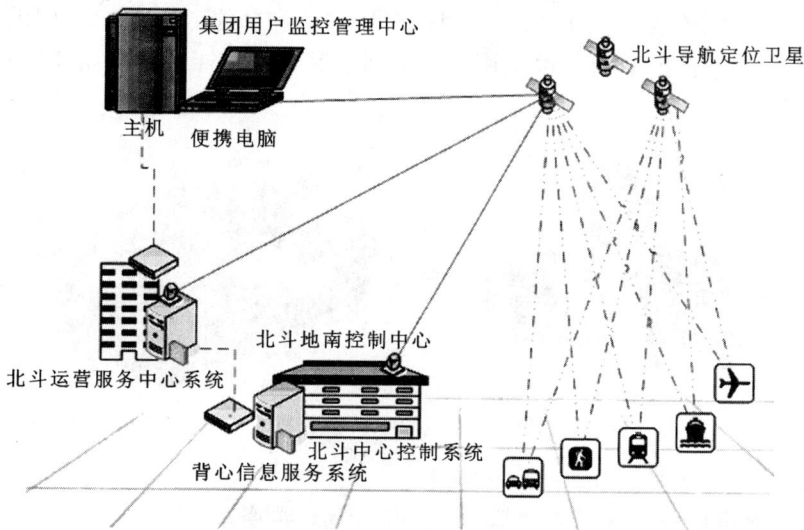

图 6-3　北斗双星导航系统卫星轨道

(1)空间部分

北斗卫星导航系统的空间部分由轨道高度为 36000 km 的 35 颗卫星组成,其中包括 5 颗静止轨道卫星、27 颗中地球轨道卫星、3 颗倾斜同步轨道卫星。5 颗静止轨道卫星定点位置为东经 58.75°、80°、110.5°、140°、160°,中地球轨道卫星运行在 3 个轨道面上,轨道面之间相隔 120°均匀分布。卫星不发射导航电文,也不配备高精度的原子钟,只是用于在地面中心站与用户之间进行双向信号中继。卫星电波能覆盖地球表面 42% 的面积,其覆盖的经度为 100°,纬度为 81° N~81° S。至 2012 年年底北斗亚太区域导航正式开通时,已为正式系统在西昌卫星发射中心发射了 16 颗卫星,其中 14 颗组网并提供服务,分别为 5 颗静止轨道卫星、5 颗倾斜地球同步轨道卫星(均在倾角 55°的轨道面上),4 颗中地球轨道卫星(均在倾角 55°的轨道面上)。未来的北斗卫星导航系统(COMPASS)将由分布在 3 个轨道面上的 30 颗中等高度轨道卫星(MEO)和均匀分布在一个轨道面的 5 颗地球同步卫星构成。非静止轨道上,每个轨道面 10 颗卫星,其中 1 颗为备用,轨道倾角为 56°。卫星轨道半长轴约为 2.7×10^4 km。

(2)地面中心控制系统

系统的地面段由主控站、注入站、监测站组成。

地面中心控制系统是北斗导航系统的中枢,包括 1 个配有电子高程图的地面中心站、地面网管中心、测轨站、测高站和数十个分布在全国各地的地面参考标校站,主要用于对卫星定位、测轨，调整卫星运行轨道、姿态，控制卫星的工作，测量和收集校正导航定位参量，以形成用户定位修正数据并对用户进行精确定位。其中，主控站用于系统运行管理与控制等。主控站从监测站接收数据并进行处理，生成卫星导航电文和差分完好性信息，而后交由注入站执行信息的发送。注入站用于向卫星发送信号，对卫星进行控制管理，在接受主控站的调度后，将卫星导航电文和差分完好性信息向卫星发送。监测站用于接收卫星的信号，并发送给主控站，可实现对卫星的监测，以确定卫星轨道，并为时间同步提供观测资料。

（3）用户终端

用户终端为带有定向天线的收发器，用于接收中心站通过卫星转发来的信号和向中心站发射通信请求，不含定位解算处理功能。根据应用环境和功能的不同，北斗用户机分为普通型、通信型、授时型、指挥型和多模型用户机 5 种，其中，指挥型用户机又可分为一级、二级、三级 3 个等级。

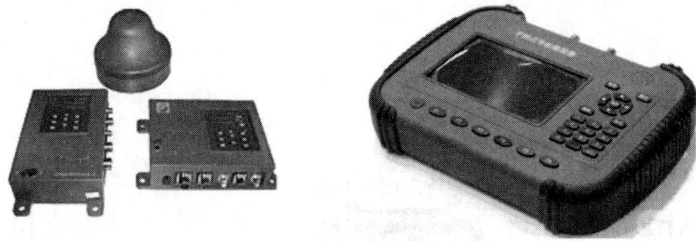

图 6-4　北斗系统接收机

3. 系统服务

北斗双星导航定位系统提供 4 种基本的定位和通信服务。

（1）为特许用户进行导航定位服务。在部署了校准点的区域，若向系统提供精确的大地高信息，系统水平定位精度能达到 20~100 m，服务区域为 70°E~145°E，5°N~55°N。涵盖了我国全境，西太平洋海域，日本、菲律宾、印度、蒙古、东南亚等周边国家和地区。

（2）转播 GPS 和 GLONASS 系统的精度改正信息和完好性信息。在这种工作模式下，用户仅需要无源接收系统信号、GPS 和 GLONASS 信号。

（3）双向报文信息服务。系统能够为民用用户提供报文服务。在文字模式下可收发 120 个汉字以内的短信息，在数据模式下可达到 480 个数字字符。

（4）授时服务。在无源模式下，系统可提供 100 ns 的时间精度，在有源模式下，时间同步精度可达到 20 ns，该服务可应用于通信网络、计算机网络和电力网络，一般作为 GPS 和 GLONASS 时间同步体系的一部分。

4. 北斗卫星导航系统的未来发展状况

北斗双星导航卫星系统是我国的第一个卫星导航系统，其中历经曲折，凝聚了众多航天工作者大量的心血，开拓了我国卫星导航系统，为后续将要研制北斗导航卫星全球定位系统提供了技术和人才储备。但这种定位技术本身也存在一定的问题：①仅采用地球同步卫星的方式进行定位，所有的工作卫星都位于赤道面上，几何构形不好，高度坐标还要采用其他方式获得并提交给处理中心，系统水平定位精度取决于用户高度信息，如果用户的高度信息精度低，误差则可以达到几百米。②由于设备必须包含信号发射装置和高度表，因此在体积、重量、价格和功耗方面都处于不利的地位。③时间延迟长，在采用双星系统进行定位时，电波需要在中心、卫星、用户间往返传播一周，中心解算出用户位置后再通过卫星传送至用户，电波信号需在地面和卫星间传递 6 次，加上中心的处理时间，每次定位需 0.6~1.5 s，这对于高动态用户而言这将难以满足其实时定位的要求。④系统安全性不好，由于所有的定位解算都是在地面中心系统完成而不是由用户设备完成，因此，对地面中心控制系统的依赖性很强，一旦中心控制系统受损或者受到干扰，整个系统就不能继续工作。⑤用户隐蔽性不好，由于是有源式主动定位，因此，用户在获取信息的同时也暴露了自己，容易受到恶意干扰，也容易遭到直接打击，这对军用用户来说非常危险。⑥用户容量有限，系统能容纳用户数为每小时 54 万户，平均用户容量只有 30 万户。

由于存在这些问题，我国设计并计划建设第二代北斗系统，作为该计划的一部分，我国已经以 CHINASAT 和 COMPASS 为名向国际电信联盟无线电委员会(ITU)申请了无线电频率分配。北斗导航系统在国际电信联盟登记的频段为卫星无线电定位业务频段，上行为 L 频段(频率 1610~1626.5 MHz)，下行为 S 频段(频率 2483.5~2500 MHz)；登记的卫星位置为赤道面东经 80°、140° 和 110.5°(最后一个为备份星星位)。新计划经历了 4 种设计方案，如表 6-2 所示。

表 6-2 北斗卫星导航系统设计方案

项目	设计方案 1	设计方案 2	设计方案 3	设计方案 4
名称	CHINASAT	COMPASS GEO	COMPASS-GEO&MEO	COMPASS-MG
申请日期	1997	2000, 2003 修订	2000, 2003 修订	2003
星座设计	2~3 GEO	4GEO+9 倾斜 GEO	4GEO+12MEO	5GEO+30MEO
轨道	赤道上空	50°倾角，6 个轨面	55°倾角，6 个轨面	56°倾角，3 个轨面
无线电通信	S 和 L 波段	S 和 L 波段	S 和 L 波段	S 和 L 波段
频率导航	2 个 L 波段	4 个 L 波段	4 个 L 波段	4 个 L 波段
服务范围	亚太地区	亚太地区	亚太地区	全球

最新的设计方案是 2003 年年底提出的 COMPASS-MG，共包括 35 颗卫星，设计提供类似 GPS 的全球导航支持，同时，还会继续提供传统的北斗双星导航服务，该系统将会完全修正北斗双星系统的缺陷。2007 年 4 月，新北斗导航卫星北斗 M1 顺利升空，根据计划，完整系统预计 2020 年全部建成，2008 年可覆盖中国及周边地区，并在民用信号上，与上述三大系统进行资源共享，构建联合导航体系，进一步增强我国导航能力，逐步扩展为全球卫星导航系统。该系统与 GALILEO 计划非常相似，我国可以从 GALILEO 计划的合作中受益。

6.2 GPS 导航定位原理概述

6.2.1 GPS 卫星导航定位原理

GPS 的基本定位原理是：卫星连续地发送自身的星历参数和时间信息，用户在接收到这些信息后，经过计算求解出 GPS 接收机的空间三维位置、三维方向以及运动速度和时间信息，从而得到用户所需要的各种信息，如图6-5所示，c为GPS信号的传播速度。通过卫星星历提供的卫星空间位置坐标及该卫星的钟差V_{ti}，可得到如图的定位方程中待测定位点的坐标x、y、z和接收机的钟差V_{t0}。

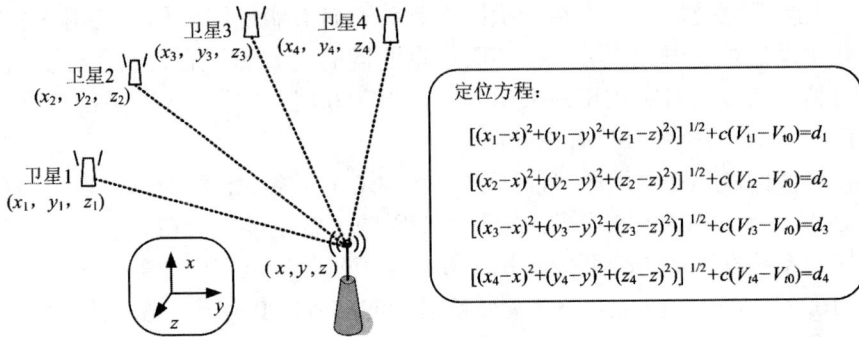

图6-5　GPS的基本定位原理

GPS定位包括绝对定位和相对定位两种。GPS绝对定位是以地球质心为参考点，确定接收机天线在WGS84坐标系中的绝对位置。由于定位作业仅需要一台接收机工作，因此又称为单点定位。其基本原理是：以GPS卫星和用户接收机天线之间的距离观测量为基准，根据已知的卫星瞬时坐标，来确定用户接收天线所对应的位置。

由于在GPS绝对定位中，定位精度将受到卫星轨道误差、钟差及信号传播误差等因素的影响，虽然其中一些系统性误差可以通过模型削弱，但是改正后的残差仍是不可忽略的。

GPS相对定位，也叫差分GPS定位，是目前GPS测量中定位精度最高的定位方法。它又分两种模式，静态相对定位和动态相对定位。

静态定位中，GPS接收机在捕获和跟踪GPS卫星的过程中固定不变，接收机高精度地测量GPS信号的传播时间，利用GPS卫星在轨的已知位置，解算出接收机天线所在位置的三维坐标。而动态定位则是用GPS接收机测定一个运动物体的运行轨迹。GPS信号接收机所位于的运动物体叫做载体。载体上的GPS接收机天线在跟踪GPS卫星的过程中相对地球而运动，接收机用GPS信号实时地测得运动载体的状态参数（瞬间三维位置和三维速度）。

大多数GPS接收器的水平位置定位精度在20~30 m，垂直定位精度在45~100 m。从统计的角度讲，这意味着GPS设备平面定位的位置距离与实际位置在30 m之内。GPS接收器工作时是依靠卫星信号到达GPS接收器的时间来定位的（时间×光速＝距离）。而对于高度读数，定位精度在45~100 m。

其定位方法主要有以三种。

1. 单点动态定位

单点动态定位的基本方程为：

$$r_j = \left[(X^j - X_u)^2 + (Y^j - Y_u)^2 + (Z^j - Z_u)^2 \right]^{1/2} + d \tag{6-1}$$

式中：X_u、Y_u、Z_u为动态用户在t_k时刻的瞬时位置；X^j、Y^j、Z^j为第j颗GPS卫星在其运行轨道上的瞬时位置，它可根据广播星历计算；ρ_j为码接收机所测得的GPS信号接收天线和第j颗GPS卫星之间的距离，即站星距离；d为由于接收机时钟误差因素所引起的站星距离偏差。

利用式(6-1)解算各个坐标分量的修正值，即给定用户三维坐标的初始值(X_{u0}，Y_{u0}，Z_{u0})，求解三维坐标的改正值(dX_u，dY_u，dZ_u)和距离偏差 d。

2. 伪距差分动态定位

所谓差分动态定位(DGPS)就是用两台接收机在两个测站上同时测量来自相同 GPS 卫星的导航定位信号，用以联合测得动态用户的精确位置。

由式(6-1)可知基准站测得至 GPS 卫星 j 的伪距为：

$$\rho_r^j = \rho_r^j + c(d\tau_r - d\tau_s^j) + d\rho_r^j + \delta\rho_{1r}^j + \delta\rho_{2r}^j \tag{6-2}$$

式中：ρ_r^j 为基准站和第 j 颗 GPS 卫星之间的真实距离；ρ_r^j 为 GPS 卫星星历误差所引起的距离偏差；$d\tau_r$ 为接收机时钟相对于 GPS 时间系统的偏差；$d\tau_s^j$ 为第 j 颗 GPS 卫星时钟相对 GPS 时间系统的偏差；$d\rho_r^j$ 为电离层时延所引去的距离偏差；$\delta\rho_{1r}^j$ 为对对流层时延所引去的距离偏差；$\delta\rho_{2r}^j$ 为电磁波的传播速度。

3. 动态载波相位差分测量

由载波相位观测方程得出动态差分方程：

$$\{[\Delta\varphi_i^j - \Delta\varphi_i^{j0} + (\rho_i^j - \rho_i^{j0})(f/c)T_i] - [\Delta\varphi_r^j - \Delta\varphi_r^{j0} + (\rho_r^j - \rho_r^{j0})(f/c)Tr]\}_t -$$

$$\{[\Delta\varphi_i^j - \Delta\varphi_i^{j0} + (\rho_i^j - \rho_i^{j0})(f/c)T_i] - [\Delta\varphi_r^j - \Delta\varphi_r^{j0} + (\rho_r^j - \rho_r^{j0})(f/c)Tr]\}_{t1}$$

$$= -(f/c)(\Delta\rho_i^j - \Delta\rho_i^{j0})_t + (f/c)(\Delta\rho_i^j - \Delta\rho_i^{j0})_{t1} \tag{6-3}$$

当动态用户和基准站都同时观测了 4 颗相同 GPS 卫星时，则可解算在 t 时刻动态用户位置估计值的改正数，从而实现动态载波相位测量的目的。

6.2.2　GPS 卫星测速原理

尽管载体的运行速度各不一样，且不是匀速运动，但是，只要在这些运动物体上安设 GPS 信号接收机，就可以在进行动态定位的同时，实时地测得它们的运行速度。依式(6-1)可知，用户天线和 GPS 卫星之间的距离：

$$\rho = [(X^j - X_u)^2 + (Y^j - Y_u)^2 + (Z^j - Z_u)^2]^{1/2} + c(d\tau_r - d\tau_r^j) + \delta\rho_{1r}^j - \delta\rho_{2r}^j \tag{6-4}$$

根据物理学关于线速度的定义，则对式(6-4)进行求导，得到动态用户的三维速度表达式：

$$\dot{\rho}_j' = [(X^j - X_u)(\dot{X}^j - \dot{X}_u) + (Y^j - Y_u)(\dot{Y}^j - \dot{Y}_u) + (Z^j - Z_u)(\dot{Z}^j - \dot{Z}_u)]/\rho_j c(d\dot{\tau}_r - d\dot{\tau}s) + \delta\rho_{1r}^j + \delta\rho_{2r}^j \tag{6-5}$$

式中，站星距离 $\rho_j = [(X^j - X_u)^2 + (Y^j - Y_u)^2 + (Y^j - Y_u)^2]^{1/2}$ $\tag{6-6}$

由于 $d\dot{\tau}_r$、$d\dot{\tau}s$、$\delta\rho_{1r}^j + \delta\rho_{2r}^j$ 三者的值很小，可忽略不计。则在进行测速之前，先使动态接收机处于静止状态，此时有：

$$\dot{X}_u = \dot{Y}_u = \dot{Z}_u = 0 \tag{6-7}$$

可按式(6-4)解算出卫星的三维速度，随即进行动态用户的速度测量。

6.2.3　GPS 卫星测时原理

GPS 卫星都安装有四台原子时钟，导航定位时受到美国海军天文台(USNO)经常性的监测。GPS 系统的地面主控站能够以优于 5 ns 的精度，使 GPS 时间和世界协调时 UTC 之差保持在 1 ms 以内。因此,GPS 卫星可以成为一种全球性的用户无限的时间信号源,用以进行精确的时间比对。

利用 GPS 信号进行时间传递,一般采用下列两种方法。

1. 一站单机定时法

一站单机定时法是在一个已知位置测站上,用一台 GPS 信号接收机观测一颗 GPS 卫星,从而测定用户时钟的偏差。可解算得到用户时钟偏差为:

$$\Delta T_a^U = t'_d - t_d + \Delta T_t^S - \tau \tag{6-8}$$

上式即为一站单机的定时方程式。

2. 共视比对定时法

共视比对定时法是在两个测站上各安设一台 GPS 信号接收机,在相同的时间内,观测同一颗 GPS 卫星,而测定用户时钟的偏差。依式(6-8)可知,A、B 两个测站所测的用户时钟偏差分别为:

$$\begin{cases} \Delta T_{a1}^U = t'_{d1} - t_{d1} + \Delta T_{t1}^S - \tau_1 \\ \Delta T_{a2}^U = t'_{d2} - t_{d2} + \Delta T_{t2}^S - \tau_2 \end{cases} \tag{6-9}$$

通过数据传输而将测站 A 的用户钟差送到 B,得到两个用户的时钟差

$$\delta T_{a2}^U = \Delta T_{a2}^U - \Delta T_{a1}^U = (t'_{d2} - t'_{d1}) - (t_{d2} - t_{d1}) - (\tau_2 - \tau_1) \tag{6-10}$$

式(6-10)中消除 GPS 卫星的时钟偏差 ΔT_t^S;实际传播时间 t_{d2}、t_{d1} 是依据测站位置和卫星位置而求得

$$\begin{cases} t_{d1} = T_{d1}^t + \Delta t_{ds} \\ t_{d2} = T_{d2}^t + \Delta t_{ds} \end{cases} \tag{6-11}$$

因此共视用户的钟差:

$$\delta T_a^U = (t'_{d2} - t'_{d1}) - (T_{d2}^t - T_{d1}^t) - (\tau_2 - \tau_1) \tag{6-12}$$

6.2.4　车辆 GPS 定位

GPS 对车辆定位的前提是在车辆上安装 GPS 接收机。专用的车载 GPS 接收机属于导航型 GPS 接收机,通常采用 C/A 码伪距测量。车载 GPS 接收机主要由天线、变频器、信号通道、微处理器、存贮器及显示器和电源部分组成。

微处理器是 GPS 接收机工作的灵魂,GPS 接收机工作都是在微机指令统一协同下进行的。GPS 接收机天线、变频器、信号通道实现对信号的跟踪、处理和伪距测量。存贮器存贮有卫星星历、卫星历书、接收机采集到的伪距观测值等,目前,都采用半导体存贮器(简称内存),以便进行数据处理和定位数据的保存。显示器提供了 GPS 接收机的工作信息。

车载 GPS 接收机对 GPS 卫星进行伪距测量,从而计算出接收机所在的空间位置。车载 GPS 最高可使用 1 s 的周期进行连续定位,单点定时定位误差小于±25 m,当采用差分 GPS 技术时,车载 GPS 接收器定位误差小于±10 m。通过车载 GPS 接收机,可对车辆进行准确的连续定位,定位数据存储在接收机的内置存储器中,通过 GSM 网络实现数据的传输和采集,数据可实时传输,也可存储在接收器的存储器中形成数据包定时传输。

基于移动通信技术和网络技术的车辆 GPS 数据采集和传输方式如图 6-6 所示。其主要过程是将车载 GPS 接收机获得的公交车的实时位置信息(经纬度、速度、航向以及车辆状态

等)通过 GPRS 传送到短消息服务器,再由专线将信息传送到监控中心服务器。监控中心对接收到的数据进行统一处理、控制和管理。由于 GPRS 具有资源共享、利用率高、数据传输速率高、接入速度快及方便接入网络等优点,因此可满足城市公交车辆 GPS 数据实时采集和传输的要求。

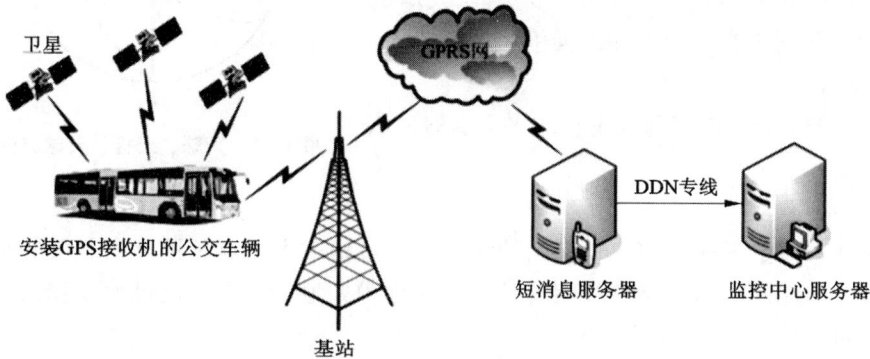

图 6-6　公交车辆 GPS 数据的采集和传输

6.3　时间以及坐标系统

坐标系统与时间系统是描述卫星运动、处理观测数据和表达观测站位置的数学与物理基础。所以,了解 GPS 定位中的一些常用坐标系统和时间系统,熟悉它们各自间的转换关系,对 GPS 用户来说,是极为重要的。本节将主要介绍天球坐标系与地球坐标系,不同坐标系统之间的转换模型以及有关时间系统的概念。

6.3.1　天球坐标系

天球(celestial sphere)是天文学领域中一个想象的旋转的球,理论上具有无限大的半径,与地球同心。天空中所有的物体都想象成是在天球上。与地球相对应,它有天赤道,天极,广袤无垠的天空,看起来像一个庞大的圆球,全部日月星辰好像都分布在这个球面上。天文学上就将以地球为中心、以无限大为半径、内表面分布着各种各样天体的球面称为天球。

在天文学或卫星轨道确定理论中,通常把天体投影到天球的球面上,并利用球面坐标系来表达或研究天体的位置以及天体之间的相互关系。根据所选取的天球中心不同,有站心天球、日心天球、地心天球等,各个天体同地球上的观测者的距离都不相同。天体和观察者间的距离与观测者随地球在空间移动的距离相比要大得多,人的肉眼分辨不出天体的远近,所以看上去天体似乎都离我们一样远,仿佛散布在以观测者为中心的一个圆球的球面上(站心天球)。实际上我们看到的是天体在这个巨大的圆球的球面上的投影位置,这个圆球就称为天球。观测者所能直接辨别的只是天体的方向。在球面上处理点和弧段的关系,比在空间处理视线方向间的角度要简便得多,在天文学的一些应用中,都用天体投影在天球上的点和点之间的大圆弧段来表示它们之间的位置关系。

1. 天文学基本概念

为建立天球坐标系(如图 6-7 所示),首先需要定义一些基本的点、线、面,并介绍一些基本的概念。

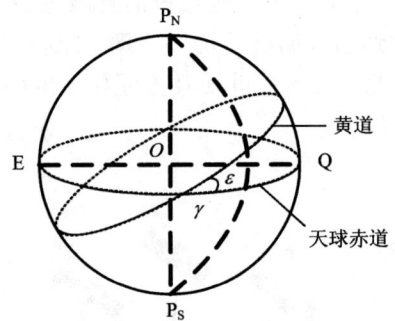

图 6-7　天球、天极、天球赤道与黄道

(1)天轴与天极

地球自转轴的延伸直线为天轴,天轴与天球的交点 P_N 与 P_S 分别称为北天极和南天极。

(2)地平面

过地面上的一点,作与垂线垂直的平面,称为该点的地平面。

(3)子午面

子午面是大地子午面和天文子午面的统称。通过地面上一点和地球南北极的平面称为子午面。过参考椭球面上的一点及其旋转轴的平面称为大地子午面。通过天顶和天极的平面称为天文子午面。

(4)天球赤道面与天球赤道

通过地心与天轴垂直的平面,称为天球赤道面。这时天球赤道面与地球赤道面重合。天球赤道面与天球相交的大圆,称为天球赤道。

(5)黄道

地球公转的轨道面与天球相交的大圆,称为黄道。即当地球绕太阳公转时地球上的观测者所见到的太阳在天球上运动的轨迹。

(6)黄赤交角 ε

黄道面与赤道面的夹角 ε,称为黄赤交角,约为 23.5°。

(7)春分点

当太阳在黄道上从南半天球向北半天球运行时,黄道与天球赤道的交点 γ,叫做春分点。在天文学和卫星轨道确定理论中,春分点和天球赤道面是建立参考系的重要基准点和基准面。

(8)岁差

早在公元前 2100 年之前,人们就发现春分点沿着黄道缓慢地向西移动,这样,就使得太阳通过春分点的时刻总比太阳回到恒星间的同一位置的时刻要早一些,也就是说回归年的长度比恒星年的长度短,这一现象被称为岁差。显然,如果取春分点的方向作为坐标系的 X 轴方向,则 X 轴的方向就是随时间而变化的。

岁差现象是由于月球、太阳和行星对地球的吸引造成的。月球和太阳对地球的引力就使地球自转轴产生进动力矩,使地球自转轴绕着黄极运动,进动角为 23.5°,进动方向和地球自转方向相反,周期约为 26000 年,这称为日月岁差,它使春分点每年沿黄道西退约 50.37 s。此外,行星对地球的引力会造成地球轨道面的旋转,这也会引起春分点的移动(但不引起地轴的进动),这称为行星岁差,它使春分点每年沿赤道移动 0.13 s。

(9)章动

由于月球和太阳的轨道面与赤道面不重合,它们有时在赤道面之上,有时在赤道面之下。另外,月—地、日—地距离也在不断变化。这些因素都使得地球自转轴的进动力矩不断变化，使得地球自转轴的进动变得极为复杂。进动轨迹可以看成是在平均位置附近作短周期的微小摆动，这种微小的摆动称为章动。章动的半振幅约为 9.2 s，周期约为 18.6 年。

（10）极移

1765 年瑞士数学家 Leonard Euler 曾指出，由于地球自转轴与地球短轴不重合，地球自转轴会在地球内部绕行，其周期为 305 天。直到 1888 年德国天文学家 Kuester 才发现了地极的这种运动，称为极移。极移与岁差、章动是完全不同的地球物理现象。岁差和章动是地球自转轴的方向在恒星空间中的变化，但在地球内部的相对位置并没有改变。因此，岁差和章动只引起天体坐标的变化，却不会引起地球表面经度和纬度的改变。与此相反，极移表现为地球自转轴在恒星空间的方向没有改变，但是在地球内部的相对位置却在改变。因此造成南北极在地球表面上的位置的改变。这样，就引起地球表面上各地经度与纬度的变化，但极移的量很小。

2. 天球坐标系

天球坐标系又称恒星坐标系，用以确定天体在天球上的位置。

如图 6-8 所示，任一天体 S 的位置，可用天球空间直角坐标系和天球球面坐标系两种形式来描述。

在天球空间直角坐标系中，天体 S 的坐标为 (x, y, z)。该坐标系的定义是：原点位于地球质心 M，z 轴指向天球北极 P_N；x 轴指向春分点 γ，y 轴垂直于 xMz 平面，与 x 轴和 z 轴构成右手坐标系。

在天球球面坐标系中，天体 S 的坐标为 (α, σ, γ)。该坐标系的定义是：原点位于地球质心 M；赤经 α 为含天轴和春分点的天球子午面与过天体 S 的天球子午面之间的夹角；赤纬 σ 为原点 M 至天体 S 的连线与天球赤道面之间的夹角；向径长度 γ 为原点 M 至天体 S 的距离。

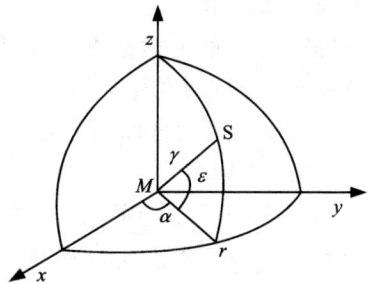

图 6-8　天球坐标系

由于在上述两种坐标系中，表达同一天体的位置是等价的，故有下列转换关系，即

$$\begin{bmatrix} x \\ y \\ z \end{bmatrix} = r \begin{bmatrix} \cos\alpha\cos\partial \\ \cos\alpha\sin\partial \\ \sin\alpha \end{bmatrix} \tag{6-13}$$

或

$$\left.\begin{array}{l} r = \sqrt{x^2 + y^2 + z^2} \\[2mm] \alpha = \arctan \dfrac{y}{x} \\[2mm] \delta = \arctan \dfrac{z}{\sqrt{x^2 + y^2}} \end{array}\right\} \tag{6-14}$$

在实践中，以上关于天体坐标系的两种表达形式应用都很普遍。由于它们和地球的自转无关，所以用于描述天体或人造地球卫星的位置和状态尤为方便。

6.3.2　地球坐标系

一个完整的坐标系是由坐标系和基准两方面要素构成的，坐标系指的是为描述空间位置而定义的特定点、线、面及其几何关系,而基准则不但包括有关的基本点、线、面,而且还包括特定的定向定位和地球一些重要的物理参数(如地球自转速度、重力场等)。大地测量为了描述点的位置及其几何关系,根据不同的测量环境和应用场合,采用许多不同定义的坐标系。由于考虑到许多大地测量观测都是在地球表面或其近地空间进行,因而大地坐标系在许多情况下又与数学上定义的空间直角坐标系有许多不同之处,它与参考椭球的联系更加密切。

1. 空间直角坐标系与大地坐标系

(1)空间直角坐标系

大地测量中使用的坐标系一般都与参考椭球发生一定的联系,如图6-9所示。空间直角坐标系原点位于参考椭球的中心,z轴指向参考椭球的北极,x轴指向首子午面与赤道的交点,y轴位于赤道面上,且按右手坐标系与x轴呈90°夹角。某点在空间中的坐标可用该点在此坐标系的各个坐标轴上的投影来表示。

根据空间直角坐标原点放在参考椭球中心还是地球中心,空间直角坐标系又有参心空间直角坐标系与地心空间直角坐标系之分。

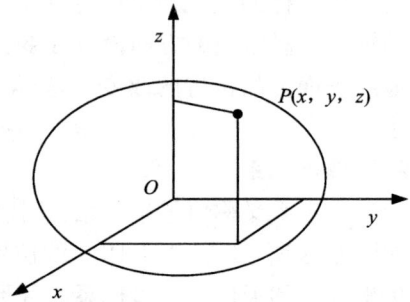

图6-9 空间直角坐标系

(2)大地坐标系

如图6-10所示,空间大地坐标系是采用大地经纬度和大地高来描述空间位置的。纬度是指P点的法线与赤道面的夹角,用B表示,向北为正称为北纬,向南为负称为南纬。经度是指P点的参考椭球子午面与起始子午面的二面角,用L表示,由起始子午面起算,向东为正称为东经,向西为负称为西经。大地高是空间点沿该点法线到椭球面的距离,用H表示,向上为正,向下为负。

(3)空间直角坐标系与大地坐标系的转换

在数据处理中,经常会碰到的一类坐标变换是大地坐标(B, L, H)与空间直角坐标(x, y, z)之间的转换,这类变换关系是在同一系统中两种不同描述方法之间的关系,则有

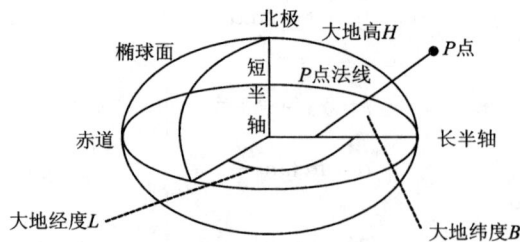

图6-10 空间大地坐标系示意图

$$\begin{bmatrix} x \\ y \\ z \end{bmatrix} = \begin{bmatrix} (N+H)\cos B\cos L \\ (N+H)\cos B\sin L \\ [N(1-e^2)+H]\sin B \end{bmatrix} \quad (6-15)$$

式中：N 为某点 P 的卯酉圈曲率半径；(B, L, H) 为 P 点的大地坐标。

将空间坐标 (x, y, z) 转换为大地坐标 (B, L, H)，一般采用迭代解法，其计算公式为

$$\left.\begin{array}{l} L = \arctan \dfrac{y}{x} \\[2mm] B = \arctan\left[\dfrac{Z}{\sqrt{x^2+y^2}} \left(1 - \dfrac{e^2 N}{N+H}\right)^{-1} \right] \\[4mm] H = \dfrac{\sqrt{x^2+y^2}}{\cos B} - N \end{array}\right\} \tag{6-16}$$

在迭代开始时，设

$$\left.\begin{array}{l} N_i = \dfrac{a}{\sqrt{1-e^2\sin^2 B_{i-1}}} \\[4mm] H_i = \dfrac{\sqrt{x^2+y^2}}{\cos B_{i-1}} - N_i \\[4mm] B_i = \arctan\left[\dfrac{Z}{\sqrt{x^2+y^2}} \left(1 - \dfrac{e^2 N_0}{N_0+H_0}\right)^{-1} \right] \end{array}\right\} \tag{6-17}$$

那么

$$\left.\begin{array}{l} N_i = \dfrac{a}{\sqrt{1-e^2\sin^2 B_{i-1}}} \\[4mm] H_i = \dfrac{\sqrt{x^2+y^2}}{\cos B_{i-1}} - N_i \\[4mm] B_i = \arctan\left[\dfrac{Z}{\sqrt{x^2+y^2}} \left(1 - \dfrac{e^2 N_i}{N_i+H_i}\right)^{-1} \right] \end{array}\right\} \tag{6-18}$$

式中：a、b 为长半径和短半径；e 为椭球偏心率，$e = \sqrt{\dfrac{a^2-b^2}{a^2}}$。

一般在保证 $\Delta H < 0.001$ m，B 的精度为 $0.00001''$ 的情况下，四次左右迭代即可。

2. 天文坐标系与垂线偏差

(1) 天文坐标系

如图 6-11 所示，设空间一点 P 沿垂线在大地水准面上的投影点为 P'，NS 为地球自转轴，NGS 是通过英国格林威治平均天文台的起始天文子午面，EOQ 是通过地心并与地球自转轴垂直的地球赤道面。P 点的天文纬度定义为过 P' 点垂线与地球赤道面的夹角，一般用 φ 表示。天文经度定义为包含 P' 点垂线且与地轴 NS 的平面与格林威治起始天文子午面的夹角，一般用 λ 表示。海拔高（正高）定

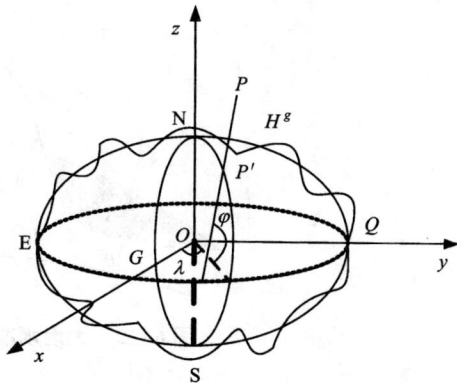

图 6-11　天文坐标系

义为 P 点到大地水准面上的投影点 P' 的垂线距离,一般用 H^g 表示。地球密度的不规则性,导致垂线变化的不规则性。

相应地,天文方位角定义为过 P 点沿垂线与照准点所作的垂直面,与过 P 点天文子午面的夹角,并规定从 P 点正北方向起始由 $0° \sim 360°$ 顺时针量取,一般用 α 表示。

大地坐标系和天文坐标系的简单比较见表 6-3。

表 6-3　大地坐标系和天文坐标系的对比

项目	大地坐标系	天文坐标系
基本面线	参考椭球面、法线	大地水准面、垂线
坐标面	起始大地子午面、椭球赤道面	起始天文子午面、地球赤道面
坐标	L 为大地子午线夹角 B 为法线与赤道面夹角 H 为沿法线至椭球面距离	λ 为天文子午面间夹角 φ 为垂线至大地水准面距离 H^g 为沿垂线至大地水准面距离
方位角	A(大地方位角)为子午面与包含照准点法界面间的夹角	a(天文方位角)为子午面与包含照准点垂直面间的夹角
确定方法	在推求面上推算求得 观测地面点或卫星获得	不能经过推算求得 观测恒星独立获得
特点	依附于椭球面法线 各点大地坐标相关 计算求得,定位精度高	依附于水准面垂线 各点天文坐标独立 观测求得,定位精度低

(2)垂线偏差和大地水准面差距

大地水准面起伏导致同一点的法线和垂线不一致,两者之间的微小夹角称为垂线偏差;大地高和海拔高(正高)不一致,两者之间的差距称为大地水准面差距,用 N 表示。

如图 6-12 所示,垂线偏差 θ 在子午面上的分量(南北分量)用 ξ 来表示,在卯酉面上的分量(即东西分量)用 η 来表示。

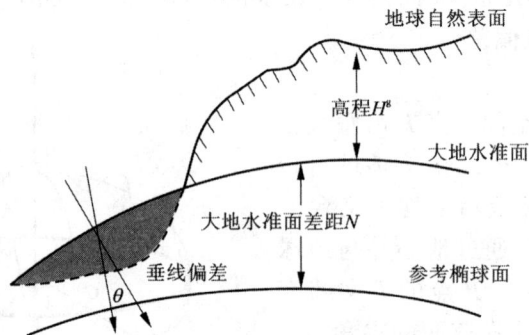

图 6-12　大地水准面差距 N 和垂线偏差分量

考虑垂线偏差和大地水准面差距,大地坐标和天文坐标的转换公式为

$$\begin{cases} \varepsilon = \varphi - B \\ \eta = (\lambda - L)\cos\varphi \\ A = \alpha - \eta\tan\varphi \\ N = H - H^g \end{cases} \tag{6-19}$$

我国高程系统使用正常高系统，与正高系统稍有不同，此时，大地水准面差距又称为高程异常。在一定精度范围内大地水准面差距与高程异常可以看作是一致的。大地水准面差距一般在十几米至几十米，个别较大的可达近百米。

法线与垂线的夹角，即垂线偏差，一般在10″级左右，个别较大的可达30″左右。

（3）站心坐标系

如图 6-13 所示，站心直角坐标系的定义为：原点位于观测站 T_0；U 轴与 T_0 点的椭球法线相重合；N 轴垂直于 U 轴，指向参考椭球的短半轴，而 E 轴垂直于 UT_0N 平面，构成左手坐标系；在站心直角坐标系下的点 U、E、N 坐标为该点在三个坐标轴上的投影长度。

点在站心极坐标系下的坐标用极距 R（原点到该点的距离）、观测目标的方位角 A、观测目标的垂直角 θ 表示。

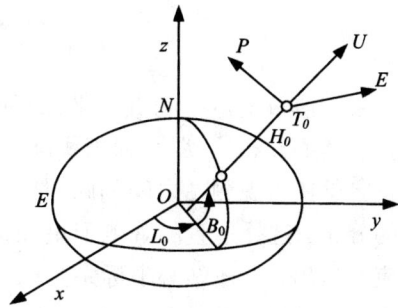

图 6-13　站心坐标系

站心坐标系与参心（或地心）空间直角坐标系之间的转换关系为

$$\begin{bmatrix} N \\ E \\ U \end{bmatrix} = H \begin{bmatrix} \Delta x \\ \Delta y \\ \Delta z \end{bmatrix} \tag{6-20}$$

若以 $(x, y, z)_{T_0}$ 表示测站点 T_0 的参心（或地心）空间直角坐标向量，则有

$$\begin{bmatrix} \Delta x \\ \Delta y \\ \Delta z \end{bmatrix}_T = \begin{bmatrix} x \\ y \\ z \end{bmatrix}_T - \begin{bmatrix} x_0 \\ y_0 \\ z_0 \end{bmatrix}_{T_0} \tag{6-21}$$

而

$$H = \begin{bmatrix} -\sin B_0\cos L_0 & -\sin B_0\sin L_0 & \cos B_0 \\ -\sin L_0 & \cos L_0 & 0 \\ \cos B_0\cos L_0 & \cos B_0\sin L_0 & \sin B_0 \end{bmatrix}_{T_0} \tag{6-22}$$

式中：B_0、L_0 分别为测站点 T_0 的大地纬度和大地经度。

站心极坐标系与站心空间直角坐标系之间的关系，由图 6-16 容易写出，即

$$\begin{bmatrix} N \\ E \\ U \end{bmatrix} = R \begin{bmatrix} \cos\theta\cos A \\ \cos\theta\sin A \\ \sin\theta \end{bmatrix} \tag{6-23}$$

其相反的转换关系，类似式（6-20）可得

$$
\left.
\begin{aligned}
R &= \sqrt{N^2 + E^2 + U^2} \\
A &= \arctan \frac{E}{N} \\
\theta &= \arcsin \frac{U}{R}
\end{aligned}
\right\}
\tag{6-24}
$$

或利用关系式(6-24)改写为地心空间直角坐标表示的形式，即

$$
\left.
\begin{aligned}
R &= \sqrt{\Delta x^2 + \Delta y^2 + \Delta z^2} \\
A &= \arctan \left[\frac{-\sin L_0 \Delta x + \cos L_0 \Delta y}{-\sin B_0 (\cos L_0 \Delta x + \sin L_0 \Delta y) + \sin B_0 \Delta z} \right] \\
\theta &= \frac{\pi}{2} - \arccos \left[\frac{\cos B_0 (\cos L_0 \Delta x + \sin L_0 \Delta y) + \sin B_0 \Delta z}{R} \right]
\end{aligned}
\right\}
\tag{6-25}
$$

如果在协议地球空间直角坐标系中，已知测站点的坐标和 GPS 卫星的瞬时坐标(由卫星的预报星历而获得)，那么利用式(6-20)和式(6-24)便可计算卫星在站心极坐标系中的瞬时位置，即其与观测站之间的瞬时距离、方位角和高度角。这些量对广大用户了解卫星在天空中的分布，选择适宜的观测卫星和拟定观测计划都是重要的。

应当指出，上述站心坐标系是以测站点椭球的法线为基准而建立的。如果希望得到以测站的垂线为基准的相应量，则尚需顾及测站点垂线偏差的影响。

假设以测站的垂线为基准，目标的方位角和垂直角分别记为 α 和 β，则有

$$
\left.
\begin{aligned}
\alpha &= A + \eta \tan B_0 + (\varepsilon \sin \alpha - \eta \cos \alpha) \tan \theta \\
\beta &= \theta + (\varepsilon \cos \alpha + \eta \sin \alpha)
\end{aligned}
\right\}
\tag{6-26}
$$

式中：ξ、η 为观测站的垂线偏差分量。

(4)高斯投影与 UTM 投影平面直角坐标系

为了建立各种比例尺地形图的测量控制和工程测量控制，通常需要将椭球面上各点的大地坐标，按照一定的数学规律投影到平面上，并以相应的平面直角坐标表示。

假设 (x, y) 为上述投影平面上的平面直角坐标，(B, L) 为椭球面上相应的大地坐标，(a, b) 为椭球体的长半轴和短半轴，则其间关系一般地可表示为

$$
\left.
\begin{aligned}
x &= F_1(B, L, a, b) \\
y &= F_2(B, L, a, b)
\end{aligned}
\right\}
\tag{6-27}
$$

式中：F_1、F_2 为投影函数。根据我们对该投影所提出的不同条件，投影函数具有不同的形式，从而构成不同的平面直角坐标系。

根据我国的地理情况，为建立地形图的测量控制和城市、矿山等区域性的测量控制，早在 1952 年我国便决定采用高斯-克吕格平面直角坐标系，简称为高斯平面坐标系。

由于地球椭球面是一个不可展的曲面，也就是说，不可能将其毫不变形地展为一个平面。所以，无论如何选择式(6-27)中的投影函数 F_1 和 F_2，椭球面上的元素投影到平面上，都会产生一定的变形。高斯投影对投影函数的选择条件是：

①椭球面上的任一角度，投影到平面上保持不变(正形、等角)；

②作为平面坐标轴的中央子午线，投影后仍为一条直线，并且是投影点的对称轴(习惯上用 x 表示纵轴)；

③中央子午线投影到平面上,其长度不变。

在上述条件下,椭球面投影到高斯平面的数学模型为

$$
\left.\begin{aligned}
x &= x_0 + \frac{1}{2}N \cdot t \cdot \cos^2 B \cdot l^2 + \frac{1}{24}N \cdot t(5 - t^2 + 9\eta^2 + 4\eta^4)\cos^4 B \cdot l^4 \\
&\quad + \frac{1}{720}N \cdot t(61 - 58t^2 + t^4 + 270\eta^2 - 330\eta^2 t^2)\cos^6 B \cdot l^4 \\
y &= N \cdot \cos B \cdot l + \frac{1}{6}N(1 - t^2 + \eta^2)\cos^3 B \cdot l^3 \\
&\quad + \frac{1}{120}N(5 - 18t^2 + t^4 + 14\eta^2 - 58\eta^2 t^2)\cos^5 B \cdot l^5
\end{aligned}\right\}
\tag{6-28}
$$

式中: B 为投影点的大地纬度; x_0 为由赤道到地面点 P 在参考椭球上的投影点 P_0 之间的子午线弧长; $l = L - L_0$, L 为投影点的大地经度, L_0 为中央子午线的大地经度; N 为投影点的卯酉圈曲率半径; $t = \tan B$, $\eta = e'\cos B$, e' 为椭球第二偏心率。

高斯投影的缺点是随着经差的增大,投影变形急剧增大,解决的办法是对高斯投影进行分带。我国是按经度差每隔 6° 或 3° 进行分带来限制投影的变形,详细内容可参见《椭球大地测量学》。

通用横轴墨卡托投影(universal transverse meeartor projection)是 1938 年由美国军事测绘局提出的, 1945 年开始被采用,简称为 UTM 投影。UTM 投影与高斯投影的平面直角坐标系有简单的比例关系,即

$$
\left.\begin{aligned}
x^{\mu} &= 0.9996x \\
y^{\mu} &= 0.9996y
\end{aligned}\right\}
\tag{6-29}
$$

因此,有些文献将 UTM 投影归属于高斯投影轴,UTM 投影的条件是:

①正形投影,即等角投影;

②中央子午线投影为纵轴;

③中央子午线投影长度比等于 0.9996,而不等于 1。

其中前两个条件与高斯投影相同,仅第三个条件不同于高斯投影。UTM 投影的中央子午线长度比取为 0.9996。

6.3.3　WGS84 坐标系

GPS 单点定位的坐标以及相对定位中解算的基线向量属于 WGS84 大地坐标系,因为 GPS 卫星星历是以 WGS84 大地坐标系为根据建立的。而实用的测量成果往往属于某一国家坐标系或地方坐标系,应用中需进行坐标转换。

WGS84,即 world geodetic system of 1984 的简称。大地坐标系是由初始的大地坐标系 WGS60 一直发展,并在随后的 WGS66、WGS72 基础上不断改进形成的。通过使用 GPS, WGS84 大地坐标系已获得重大进展,它是通过精确计算全球跟踪站来实现的。这些跟踪站的坐标绝对精度为 ±5em。WGS84 大地坐标系是现有应用于大地测量和导航的最好的全球大地参考系。

WGS84 大地坐标系的几何定义:原点位于地球质心, z 轴指向国际时间局(BIH)1984 年 BIH1984.0 定义的协议地球极(conventional terrestrial pole, CTP)方向, x 轴指向 BIH1984.0

的零子午面和 CTP 赤道的交点，y 轴与 z，x 轴构成右手坐标系。对应 WGS84 大地坐标系的参考椭球为 WGS84 椭球。

WGS84 椭球及有关参数采用国际大地测量(international association of geodesy，IAG)和地球物理联合会(international union of geodesy and geophysics，IUGG)第十七届大会大地测量常数的推荐值，4 个基本参数为：

①长半轴：$a = 6378137 \pm 2$ m；

②地心引力常数(含大气层)：$GM = (3986005 \pm 0.6) \times 10^8 (\mathrm{m}^3/\mathrm{s}^2)$；

③地球重力场正常化二阶带球谐系数：

$$\overline{C}_{2.0} = -484.16685 \times 10^{-6} \pm 1.3 \times 10^{-9}$$

$\overline{C}_{2.0} = J_2/\sqrt{5}$，$J_2$ 为地球重力场二阶带球谐系数)

④地球自转角速度：$\omega = 7292115 \times 10^{-11} \pm 0.1500 \times 10^{-11} (\mathrm{rad/s})$

利用以上 4 个基本参数，可以计算出其他的椭球常数，即

第一偏心率

$$e = \sqrt{\frac{(a-b)^2}{a^2}} = 8.1819190842622 \times 10^{-2}$$

第二偏心率

$$e' = \sqrt{\frac{(a-b)^2}{b^2}} = 8.20944337949696 \times 10^{-2}$$

扁率

$$f = \frac{a-b}{a} = 1/298.257223563$$

6.3.4　时间系统

在现代大地测量学中，为了研究诸如地壳升降和地球板块运动等地球动力学现象，时间也和描述观测点的空间坐标一样，成为研究点位运动过程和规律的一个重要分量，从而形成空间与时间参考系中的四维大地测量学。

在天文学和空间科学技术中，时间系统是精确描述天体和人造卫星运行位置，及其相互关系的重要基准，因而也是人们利用卫星进行定位的重要基准。空间和时间是物质存在的基本形式，空间表示物质运动的广泛性，时间表示物质运动的连续性。因此，描述卫星的运动时，除了空间坐标系的概念，还需要引入时间的概念和精确定义。在卫星导航定位中，时间系统的重要意义主要表现在以下几个方面：

(1)导航卫星作为一个高空观测目标和为地面定位提供基准，其位置是不断变化的。因此在给出卫星运行位置的同时，必须给出相应的瞬时时刻。例如，当要求卫星的位置误差小于 1 cm 时，则相应的时刻误差应小于 2.6×10^{-6} s。

(2)卫星导航定位系统是通过接收和处理导航卫星发射的无线电信号，以处理用户接收机至卫星间的距离或距离差，进而确定用户的位置。因此，准确地测定用户至卫星的距离，必须精确地测定信号的传播时间。无线电信号以光速进行传播，对传播时间的测定有极高的要求，如果要求距离误差小于 1 cm，则信号传播时间的测定误差应不超过 3×10^{-11} s。

（3）由于地球的自转，在地心惯性坐标系中，即使卫星不动，地面点的位置及其与卫星的相互位置关系也是变化的。若要求赤道上一点的位置误差不超过 1 cm，则时间的测定误差需小于 $2×10^{-5}$ s。

时间包含有"时刻"和"时间间隔"两个概念。所谓时刻，即发生某一现象的瞬间。在天文学和卫星定位中，与所获数据对应的时刻也称为历元。而时间间隔，系指发生某一现象所经历的过程，是这一过程始末的时刻之差。所以，时间间隔测量，也称为相对时间测量，而时刻测量相应地称为绝对时间测量。

测量时间，同样必须建立一个测量的基准，即时间的单位（尺度）和原点（起始历元）。其中时间的尺度是关键，而原点可以根据实际应用加以选定。一般来说，任何一个可观察的周期运动现象，只要符合以下要求，都可以用作确定时间的基准。时间系统与坐标系统一样，应有其尺度（时间单位）与原点（历元）。理论上，任何一个周期运动，只要它的运动是连续的，周期是恒定的，并且是可观测和用实验复现的，都可以作为时间尺度（单位）。实践中，由于所选用的周期运动现象不同，便产生了不同的时间系统。

1. 恒星时

以春分点为参考点，由春分点的周日视运动所决定的时间系统，称为恒星时（sidereal time，ST）。春分点连续两次经过本地子午圈的时间间隔为一恒星日，为 24 个恒星小时。所以，恒星时在数值上等于春分点相对于本地子午圈的时角。因为恒星时是以春分点相对于本地子午圈时为原点计算的。同一瞬间对不同测站的恒星时各异，所以恒星时具有地方性，有时也称为地方恒星时。

恒星时是以地球自转为基础，并与地球的自转角度相对应的时间系统，它在天文学中有广泛的应用。

2. 平太阳时

利用太阳的视运动来确定时间基准，得到的时间称为太阳时（mean solar time，MST）。地球相对于太阳自转一周的时间称为真太阳日。不过，地球围绕太阳公转的轨道为椭圆，使得太阳日不是很均匀，一年中最长最短的太阳日相差 51 s，这样按照真太阳日来计时就很不准确。于是天文学家假想了一个太阳，其视运动速度是均匀的，为真太阳视运动的全年平均值，假想的太阳称为平太阳。地球相对平太阳自转一周的时间称为平太阳日，一个平太阳日可以等分为 24 个平太阳时，这就是我们日常生活中采用的计时单位——小时。

天文学上的测量表明地球绕太阳公转一周需要 365.2422 个平太阳日。地球绕太阳公转一周，地球相对恒星转动的圈数比相对太阳转动的圈数正好多一圈。于是有

$$365.2422 \text{ 平太阳日} = 366.2422 \text{ 恒星日}$$

因此有

1 恒星日 = 0.9972696 太阳日——23 小时 56 分 4.1 秒；

1 平太阳日 = 1.0027379 恒星日；

1 平太阳时 = 1.0027379 恒星时。

有了平太阳日与恒星日的定义，就可以确切地给出地球的自转角速度。地球在一个恒星日中相对于恒星准确地转动 360°，故其自转角速度为

$$\omega = 360°/\text{恒星日} - 15°/\text{恒星时} = 15.041069°/\text{平太阳时} = 7.2921158×10^{-5} \text{ rad/s}$$

显然，上述地球自转角速度就是相对于惯性空间的自转角速度，即绝对运动角速度。

格林威治平太阳时，再加上12平太阳时(转化为以子夜起算)，就是一般所称的世界时。

3.原子时

随着空间科学技术和现代天文学与大地测量学新技术的发展和应用，对时间系统的准确度和稳定度的要求不断提高，以地球自转为基础的世界时系统，已难以满足要求。为此，20世纪50年代建立了精度和稳定性更高的以物质内部原子运动特征为基础的原子时(atomic time，AT)系统。

因为物质内部的原子跃迁，它所辐射和吸收的电磁波频率具有很高的稳定性和重现性，所以，由此而建立的原子时，便成为当代最理想的时间系统。

原子时秒长的定义为：位于海平面上的铯原子基态两个超精细能级，在零磁场中跃迁辐射震荡9192631770周所持续的时间，为1原子时秒。该原子时秒作为国际制秒(SI)的时间单位。

原子时出现后，得到迅速的发展和广泛的应用，许多国家都建立了各自的地方原子时系统。但不同的地方原子时之间存在差异。国际上大约有100座原子钟，通过相互比对，并经数据处理推算出统一的原子时系统，称为国际原子时(international atomic time，ATI)。

原子时是通过原子钟来守时和授时的，因此，原子钟振荡器频率的准确度和稳定度决定了原子时的精度。在卫星测量学中，原子时作为高精度的时间基准，普遍用于精密测定卫星信号的传播时间。

4.协调世界时

在许多应用部门，如天文大地测量、天文导航和空间飞行器的跟踪定位等部门，当前仍需要以地球自转为基础的世界时。但是，由于地球自转速度长期变慢的趋势，近20年来，世界时每年比原子时约慢1s，两者之差逐年累积。为了避免发播的原子时与世界时之间产生过大的偏差，从1972起年便采用以原子时秒长为基础，在时刻上尽量接近于世界时的一种折中的时间系统，这种时间系统称为协调世界时(coordinate universal time，UTC)。

协调世界时的秒长，严格地等于原子时的秒长，采用闰秒(或跳秒)的办法，使协调时与世界时的时刻相接近。当协调时与世界时的时刻差超过±0.9 s时，便在协调时中引入1闰秒(正或负)。闰秒一般在12月31日或6月30日加入。具体日期由国际地球自转服务确定并通告。

协调时与国际原子时之间的关系，由式(6-30)确定，即

$$ATI = UTC + 1s \times n \tag{6-30}$$

式中：n为调整参数，其值由IERS发布。目前，几乎所有国家时号的发播，均以UTC为基准。时号发播的同步精度为±0.2 ms，考虑到电离层折射的影响，在一个台站上接收世界各国的时号，其互差将不会超过±1 ms。

5.GPS时间系统

为了精确导航和测量的需要，全球定位系统建立了专用的时间系统。该系统简写为GPST，由GPS主控站，即美国海军天文台的原子钟控制。

GPS时间系统采用原子时ATI秒长作为时间基准，但时间起算的原点定义在1980年1月6日UTC 0时。启动后不跳秒，保持时间的连续。以后随着时间的积累，GPS时与UTC时的整秒差以及秒以下的差异通过时间服务部门定期公布。卫星播发的卫星钟差也是相对GPS时间系统的钟差，在利用GPS直接进行时间校对时应注意这一问题。

GPS 时属原子时系统，其秒长与原子时相同，但与国际原子时具有不同的原点。所以，GPST 与 ATI 在任一瞬间均有一常量偏差，其关系为

$$ATI-GPST=19\ s \tag{6-31}$$

GPS 时与协调世界时的时刻，规定与 1980 年 1 月 6 日 0 时相一致。其后随着时间的积累，两者之间的差别将表现为秒的整倍数。考虑到关系式（6-30）和式（6-31），GPS 时与协调世界时之间的关系为

$$GPST=UTC+1s\times72-19\ s \tag{6-32}$$

式中：n 为调整参数，仍由 IERS 发布，不同的年份会有不同的值。GPS 时间系统与各种时间系统的关系如图 6-14 所示。

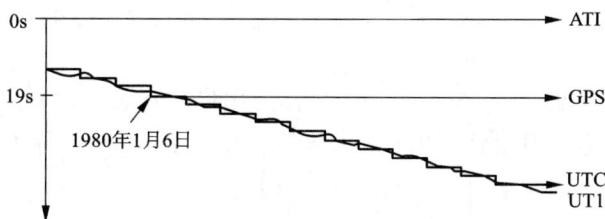

图 6-14 GPS 时间系统与各种时间系统的关系

6.4 卫星定位解算及误差分析

6.4.1 卫星定位解算

常用的 GPS 定位算法有：典型的 GPS 定位算法；线性化求解的导航算法；基于卡尔曼滤波的导航算法。

1. 典型的 GPS 定位算法

在地球坐标系 (x_e, y_e, z_e) 中确定用户位置的原理如图 6-15 所示。图 6-18 中无表示用户的位置矢量；$\vec{r}_{si}$ 为第 i 颗卫星的位置矢量：$\vec{r}_{si}$ 为用户到第 i 颗卫星的距离矢量，其单位矢量用 $\vec{e}_i$ 表示，e_i 的方向余弦为 e_{i1}、e_{i2}、e_{i3}，由图 6-15 可知

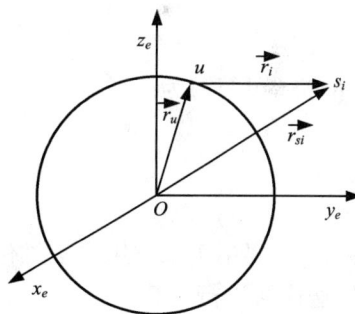

图 6-15 位置矢量图

$$\vec{r}_u=\vec{r}_{si}-\vec{r}_i \tag{6-33}$$

$$r_i=\rho_i-\Delta t_u c-\Delta t_s c=\rho_i-l_u-l_{si} \tag{6-34}$$

式中：l_u、l_{si} 为与用户和卫星的时钟误差相应的距离；r_i 为用户和卫星的距离。

在式（6-33）两边各乘以 e_i，则有：

$$\vec{e}_i\cdot\vec{r}_u=\vec{e}_i\cdot\vec{r}_{si}-\vec{e}_i\cdot\vec{r}_i=\vec{e}_i\cdot\vec{r}_{si}-r_i \tag{6-35}$$

代入式（6-34）得

$$\vec{e}_i\cdot\vec{r}_u-l_u=\vec{e}_i\cdot\vec{r}_{si}-\rho_i+l_{si} \tag{6-36}$$

令

$$\begin{cases} \vec{r}_u = x\vec{i} + y\vec{j} + z\vec{k} \\ \vec{r}_{si} = x_{si}\vec{i} + y_{si}\vec{j} + z_{si}\vec{k} \qquad i=1,2,3,4; \\ \vec{e}_i = e_{i1}\vec{i} + e_{i2}\vec{j} + e_{i3}\vec{k} \end{cases} \tag{6-37}$$

代入式(6-36)整理后写成矩阵形式为：

$$\begin{bmatrix} e_{11} & e_{12} & e_{13} & 1 \\ e_{21} & e_{22} & e_{23} & 1 \\ e_{31} & e_{32} & e_{33} & 1 \\ e_{41} & e_{42} & e_{43} & 1 \end{bmatrix} \begin{bmatrix} x \\ y \\ z \\ -l_u \end{bmatrix} = \begin{bmatrix} E_1 & 0 & 0 & 0 \\ 0 & E_2 & 0 & 0 \\ 0 & 0 & E_3 & 0 \\ 0 & 0 & 0 & E_4 \end{bmatrix} \begin{bmatrix} s_1 \\ s_2 \\ s_3 \\ s_4 \end{bmatrix} - \begin{bmatrix} \rho_1 \\ \rho_2 \\ \rho_3 \\ \rho_4 \end{bmatrix} \tag{6-38}$$

式中，$E_i = [e_{i1} \quad e_{i2} \quad e_{i3} \quad -1]$，$s_i = [x_{si} \quad y_{si} \quad z_{si} \quad l_{si}]$，$i=1,2,3,4$；

令

$$X_u = [x \quad y \quad z \quad -l_u]^{\mathrm{T}}（称为用户的状态矢量） \tag{6-39}$$

$S = [s_1 \quad s_2 \quad s_3 \quad s_4]^{\mathrm{T}}（称为卫星状态矢量），$R = [\rho_1 \quad \rho_2 \quad \rho_3 \quad \rho_4]^{\mathrm{T}}（称为量测矢量）

$$G_u = \begin{bmatrix} e_{11} & e_{12} & e_{13} & 1 \\ e_{21} & e_{22} & e_{23} & 1 \\ e_{31} & e_{32} & e_{33} & 1 \\ e_{41} & e_{42} & e_{43} & 1 \end{bmatrix}（为几何矩阵） \tag{6-40}$$

$$A_u = \begin{bmatrix} E_1 & 0 & 0 & 0 \\ 0 & E_2 & 0 & 0 \\ 0 & 0 & E_3 & 0 \\ 0 & 0 & 0 & E_4 \end{bmatrix}（为4×16几何矩阵） \tag{6-41}$$

则式(6-38)可简写为

$$G_u X_u = A_u S - R \tag{6-42}$$

得

$$X_u = [G_u^{\mathrm{T}} G_u]^{-1} G_u^{\mathrm{T}} [A_u S - R] \tag{6-43}$$

式(6-43)主要用于求解用户三维位置坐标和钟差，由于等式右端与用户的位置有关，所以只能采用迭代法进行计算。

2. 线性化求解的导航算法

将伪距 ρ_i 在位置估值 $x'_u = [x'y'z']^{\mathrm{T}}$ 处进行一阶泰勒展开为：

$$\rho_i = \rho'_i + \frac{\partial \rho_i}{\partial x_u}\bigg|_{x'_u} \times \delta x_u \tag{6-44}$$

式中：ρ_i 为真实伪距；ρ'_i 为估计伪距；δx_u 为位置误差。

$$\delta \rho_i = \frac{\partial \rho_i}{\partial x_u}\bigg|_{x'_u} \times \delta x_u = h_i^{\mathrm{T}} \times \delta x_u \tag{6-45}$$

$$H_i^T = \begin{bmatrix} \frac{\partial \rho_i}{\partial x} & \frac{\partial \rho_i}{\partial y} & \frac{\partial \rho_i}{\partial z} & \frac{\partial \rho_i}{\partial l_u} \end{bmatrix} = \begin{bmatrix} \frac{x'-x_{st}}{\rho'_i-l'_i} & \frac{y'-y_{st}}{\rho'_i-l'_u} & \frac{z'-z_u}{\rho'_i-l'_u} & 1 \end{bmatrix} = [e'_{i1} \quad e'_{i2} \quad e'_{i3} \quad 1]$$

$$\tag{6-46}$$

其中对应于 4 颗导航星，则有

$$\delta\rho = H\delta X_u \tag{6-47}$$

$$H = \begin{bmatrix} e'_{11} & e'_{12} & e'_{13} & 1 \\ e'_{21} & e'_{22} & e'_{23} & 1 \\ e'_{31} & e'_{32} & e'_{33} & 1 \\ e'_{41} & e'_{42} & e'_{43} & 1 \end{bmatrix} \tag{6-48}$$

由式(6-47)可得

$$\delta x_u = H^{-1}\delta\rho(i) \tag{6-49}$$

则用户的真实位置为：

$$x_u = x'_u + \delta x_u = x'_u + H^{-1}\delta\rho(j) \tag{6-50}$$

3. 基于卡尔曼滤波的导航算法

基于卡尔曼滤波的 GPS 导航算法在实际系统中应用得比较广泛。采用该算法的 GPS 接收机允许用户根据不同应用情况定义动态水平，并建立相应的静态、低动态和高动态模型，从而获得高精度的定位结果。

6.4.2　卫星定位误差分析

影响 GPS 定位精度的主要误差来源有三个方面：①空间卫星误差，主要包括卫星星历误差和卫星时钟偏差。②信号传播误差，包括电波信号的电离层传播延迟、对流层传播延迟和多路径效应误差等。③接收机误差，主要包括测量误差、计算误差等。

下面就对这些主要误差源进行逐一讨论，分析其影响规律和消除的方法。

1. 卫星星历误差

由卫星星历所给出的卫星在空间中的位置与卫星的实际位置之差称为卫星星历误差。卫星星历误差主要由地面监控部分监测站的分布及其站址误差、监测站所取得的观测量精度、卫星所受摄动力模型的精确程度、计算精度和卫星钟的稳定度等因素所决定。在实施了 SA 技术的情况下，星历误差还包括技术的影响。目前通过导航电文所得到的卫星星历误差为 20~50 m，但随着摄动力模型和定轨技术的不断完善，预计上述卫星的位置精度将可提高到 5~10 m。

卫星坐标误差所引起的距离测量误差约等于卫星各坐标误差的平均值。星历误差是一种系统误差，无法通过多次重复观测来消除，目前只能用建立精密的卫星定轨网的方法来进行补偿。

2. 卫星钟误差

GPS 实质上是一个测时测距定位系统，其定位精度与时钟精度密切相关。所有 GPS 测量均以 GPS 系统时间为统一标准，该时间由地面监控系统确定和保持。为保证卫星时钟的精度，各 GPS 卫星均装有高精度的原子钟，但它们与 GPS 标准时之间仍存在有不可忽视的偏差。卫星钟本身以及广义相对论和狭义相对论引起的频率漂移均将影响卫星钟的准确性。相对论效应导致的卫星钟频的增长可以通过人为地减小卫星钟频进行校正，其他误差可以利用主控站测定的参数进行模型改正。卫星钟差或经改正后的残差，可以利用差分的方法消除。

3. 电离层传播延迟

电离层是高度位于 50~1000 km 之间的大气层，由于受太阳强辐射影响，其中的部分气体分子发生电离而形成大量的自由带电离子。当电磁波信号穿过电离层时，将会同其中的带电离子发生相互作用，从而造成信号传播速度、幅度和相位的改变。由于 GPS 测距的依据是电磁波信号的平均到达时间，因此电离层对信号传播速度的影响将会引起测距误差，称为电离层传播延迟。电离层延迟误差的大小取决于信号传播路径上的电子总含量和信号频率，在最恶劣的情况下可达 300 ns 左右，相当于 100 m 的测距误差。电离层的影响可以通过双频观测、电离层模型修正或者用差分的方法加以减弱。

4. 对流层传播延迟

对流层传播延迟是电磁波信号通过对流层时其传播速度不同于真空中的光速所引起的延迟。对流层是指高度在 40 km 以下的大气层，由于其离地面近，因此大气密度较电离层大，且大气状态随地面气候变化而变化。电磁波通过对流层时的传播速度也将发生改变而不等于真空光速，从而引起延迟误差。其中干分量主要与大气的温度和压力有关，湿分量主要与大气湿度和高度有关。与电离层延迟相比，对流层延迟比较容易预测，估计方法也较成熟。利用差分方法消除对流层影响时，同步观测站之间的距离不能太大，根据经验，距离大于 50~100 km 时，对流层传播延迟将成为影响 GPS 定位精度的决定性因素之一。

5. 多路径效应

所谓多路径效应，就是接收机天线除接收直接来自卫星方向的信号外，还会接收到由附近其他物体反射回来的信号。这些反射波与直接波的传播路径不同，相互之间会产生干涉效应，从而使信号发生变形，造成测量误差。多路径效应误差与接收机附近的自然反射面性质/天线结构和卫星仰角有关，相对其他误差因素而言对定位精度的影响比较小，但更难于纠正，也不能用相对接收技术消除。目前对多路径效应还没有一种能够适应各种环境的改正方法，只能在实际测量中注意采取适当的措施来削弱其影响。通常的做法是在设立观测站时尽量选择植被较好的地方，并避开大面积的水面或高大建筑物等反射作用较强的物体，此外也可以在接收机天线的下面设置金属挡板或涂有射频吸收材料的底座以起到抑制反射波的作用。

6. 用户接收机误差

用户接收机测量误差主要是由相关接收机对测距码的分辨率和接收机噪声造成的。一般通过提高接收机硬件的灵敏度和稳定度来降低接收机本身对定位精度产生的影响。

（1）接收机钟差

GPS 接收机一般采用高精度的石英钟，接收机的钟面时与 GPS 标准时之间的差异称为接收机钟差。把每个观测时刻的接收机钟差当作一个独立的未知数，并认为各观测时刻的接收机钟差间是相关的，在数据处理中与观测站的位置参数一并求解，可减弱接收机钟差的影响。

（2）接收机的位置误差

接收机天线相位中心相对测站标石中心位置的误差，称为接收机位置误差。其中包括天线置平和对中误差、量取天线高误差。在精密定位时，要仔细操作，尽量减少这种误差影响。在变形监测中，应采用有强制对中装置的观测墩。相位中心随着信号输入的强度和方向不同而有所变化，这种差别叫天线相位中心的位置偏差。这种偏差的影响可达数毫米至厘米。而如何减小相位中心的偏移是天线设计中的一个重要问题。在实际工作中若使用同一类天线，在相距不远的两个或多个测站同步观测同一组卫星，可通过观测值求差来减弱相位偏移的影响。但这时各测站的天线均应按天线附有的方位标进行定向，使之根据罗盘指向磁北极。

（3）接收天线相位中心偏差

接收机天线相位中心偏差在 GPS 测量时，观测值都是以接收机天线的相位中心位置为准的，而天线的相位中心与其几何中心，在理论上应保持一致。但是观测时天线的相位中心随着信号输入的强度和方向不同而有所变化，这种差别称为天线相位中心的位置偏差。这种偏差的影响可达数毫米至厘米。而如何减小相位中心的偏移是天线设计中的一个重要问题。

重点与难点

重点：（1）全球导航卫星系统的现状；（2）卫星定位的基本原理；（3）时间与坐标的转换。
难点：卫星定位的基本原理。

思考与练习

6-1　对比分析全球导航卫星系统的各自特征。
6-2　如何利用 GPS 进行定位？为什么要四颗以上卫星才能计算位置？
6-3　卫星定位与导航的主要用途有哪些方面？如何利用卫星进行测速与测时？
6-4　卫星所采用的坐标系有哪些？
6-5　天球坐标系与地球坐标系如何转换？
6-6　如何进行卫星误差解算？在定位误差分析中应该注意哪些方面？

第 7 章
移动通信定位与导航技术

7.1　CDMA 无线定位

移动通信是当今发展最快、应用最广和最前沿的通信领域之一。移动通信的最终目标是实现任何人可以在任何地点、任何时间与其他任何人进行任何方式的通信。移动通信技术现在已经发展到了以 WCDMA 为代表的第三代, 而相互兼容各种移动通信技术的第四代标准目前已经悄然来临。

自 1996 年 10 月联邦通信委员会 FCC 制定了扩充无线 911 业务条款以来, 如何利用现有移动通信系统提供定位服务的研究, 即基于移动通信网络的无线定位技术在全球迅速发展起来。FCC 规定要求在 2001 年 10 月 1 日前, 各种无线蜂窝网络必须能对发出 E-911 紧急呼叫的移动台提供精度在 125 m 内的定位服务, 而且满足此定位精度的时间概率应不低于 67%; 在 2001 年之后, 系统必须提供更高的定位精度及三维位置信息。1999 年 12 月, FCC 对 E-911 需求进一步细化。在定位精度要求方面规定: 基于蜂窝网络的定位方案(不改变终端), 要求在 67% 的概率下定位精度不低于 150 m, 95% 的概率下定位精度不低于 300 m; 基于移动台的定位方案(可以改动移动台), 要求在 67% 的概率下定位精度不低于 50 m, 95% 的概率下定位精度不低于 150 m。美国 FCC 的这一规定明确了提供 E-911 定位服务将是今后各种蜂窝网络, 特别是 3G 网络必备的基本功能。而其未来精度要求是 9096 的概率定位在 13 m 之内。用户的无线定位信息有很多应用, 例如营救、报警、与位置相关的计费、跟踪、车队监视管理、丢失车辆定位以及导航等, 可以给运营商开辟新的收入来源。

目前, 基于 GSM 和 CDMA 技术的蜂窝网络定位系统和蜂窝/GPS 混合定位系统已经进入商用, 虽然其定位精度有待提高, 手机成本也有待降低, 但用户数仍然在迅速增长, 尤其在日本和韩国。这充分说明蜂窝无线定位市场潜力巨大。

无线蜂窝系统 GSM 或 CDMA 在设计上优先保证系统的通信性能。因此具有下面两个显著特点:

(1)为了能够扩大小区的系统容量, 采用了频率复用方法。例如, 使相邻小区所使用的频率不同, 相同频率的小区由另一小区分隔开, 从而使同一频率在另一小区得以复用。因此, 基站或移动台的发射功率必然要被控制, 以避免其信号对远处的同频小区造成干扰。

(2)在 CDMA 系统中, 由于小区间的扩频码组之间并非正交, 存在相关副峰。为了在切换区使移动台可以正确接收相邻基站, 则要求在该区域内各相邻基站的信号间应该均衡, 处于相同的功率级别上。当移动台靠近某一基站时, 相邻的另一基站的信号功率必然相对减弱。此时将导致移动台无法与相邻基站之间进行正常通信。

目前无线定位系统实现定位的前提是多个基站和移动台之间的测量，包括对时延或信号角度的测定。功率控制的运用使靠近一个基站的移动台信号的发射功率小于小区边界移动台的信号功率；同样，基站也要控制自身的功率以实现对覆盖范围的调整。因此，无论上行或下行，在小区内部的移动台将可能因可测量基站的数目不足而难以实现无线定位。

在 CDMA 蜂窝系统中，多个用户使用不同的扩频码共享同一个频带。若扩频码之间缺乏正交性，多址干扰将随用户的增加而增加。在定位中通常所用的时延估计跟踪技术，例如延迟锁定环（delay lock loop，DLL），其测量误差会随着多址干扰的增加而增加。

若定位在基站端实现，则需要多个基站测量到移动台信号的时延。对该移动台的功率控制仅仅减轻了移动台所在小区的远近效应（near-far effect），但移动台的信号会在其他基站形成干扰，并导致定位精度降低。同样，若移动台进行自身的定位，也需要测量到多个基站信号的时延等参数，而各个基站的信号之间，在移动台处也存在远近效应。

总之，在无线定位的可实现性与系统的通信性能之间存在着一对矛盾。信号功率高将扩展定位的可实现区域，却给系统带来了更多的干扰。移动台实现定位一般需要对三个以上基站的测量，而靠近某一基站的区域，移动台可

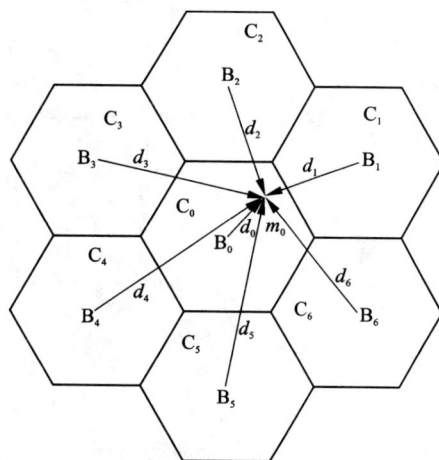

图 7-1　蜂窝系统中的小区

正确测量的基站数目会减少，导致普通的定位方法难以实现。

如图 7-1 所示，小区 C_0 周围有 C_1 至 C_6 六个相邻小区，各个基站 B_i 到移动台 mh 的距离为 d_i，其中 $i=0, 1, 2, \cdots, 6$。在自由空间中，距离发射机 d 处的天线的接收功率为：

$$P_r(d) = \frac{P_t G_t G_r \lambda^2}{(4\pi)^2 d^2 L} \tag{7-1}$$

式中：下标 t 和 r 分别代表发射和接收；P_t 为发射功率；$P_r(d)$ 为接收功率，它是 d 的函数；G_t 为发射天线增益；G_r 为接收天线增益；d 的单位为 m；λ 为波长，单位是 m；L 为与传播无关的系统损耗因子。

若移动台 mh 接收基站 B_i 的信号，则其他基站的信号都为干扰，此时信噪比为

$$SIR_i = \frac{P_{r_i}}{\sum_{j \neq i} P_{r_j}} \tag{7-2}$$

若各个基站的天线增益和发射频率相同，则式（7-2）可变为

$$SIR_i = \frac{P_{t_i}}{d_i^2 \sum_{j \neq i} \frac{P_{r_j}}{d_j^2}} \tag{7-3}$$

再若各个基站的发射功率相同，则式（7-2）又可简化为

$$SIR_i = \frac{1}{\sum_{j \neq i} \dfrac{d_i^2}{d_j^2}} \qquad\qquad (7-4)$$

图 7-2 依据式(7-4)绘出了小区内各区域可测基站的数目,其小区半径为 2000 m,基站间距为 3000 m,基站分布与图 7-1 一致;当 $SIR_i < 0.1$ 时,认为基站 B_i 的信号不可测量。表 7-1 给出了小区内各种可测基站数目相应区域所占比例,可见,小区内有接近 1/4 的区域无法测量到 3 个以上的基站,从而无法实现定位。

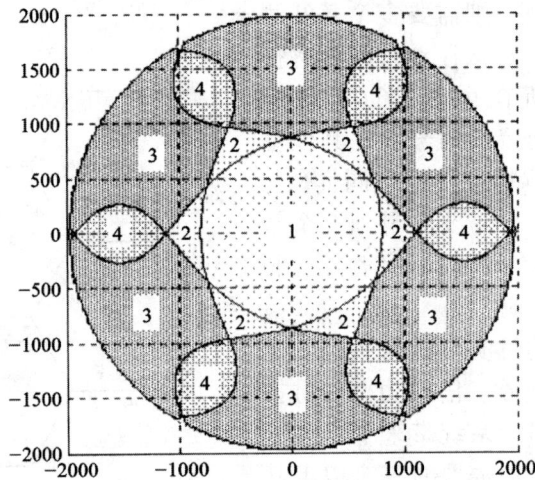

图 7-2　小区中各区域可测量基站的数目

表 7-1　小区内各种可测基站数目相应区域所占比例

可测基站数目	1	2	3	4
相应区域比例	17.16%	6.33%	62.32%	14.19%

当用户处于图 7-2 中可测基站数目为 1 或 2 的区域时,移动台将只能将自身定位到一定区域中。这种方法在现有系统中已有所应用。例如 GSM 系统就利用了小区标志(cell-identifier,Cell ID)和时间提前量(timing advance,TA)进行定位。在 GSM 中,仅使用 Cell ID 时定位精度取决于小区半径,目标定位于一圆面;使用 Cell ID+TA 时,精度为 ±550 m,目标定位于一环面;若再考虑到小区内划分了扇区,方位的精度为 ±120°,目标定位于一带状弧形中。与 GSM 相比,CDMA 在定位上有显而易见的技术优势,其信号的测量精度高于 GSM。同样使用 Cell ID+TA 方式在扇区中定位,目标所定位到的带状弧形的带宽会更窄。直射时,这一宽度不会大于 150 m。

7.2　现代移动定位技术

随着数据业务和多媒体业务的快速增加,人们对定位与导航的需求日益增大,但是受定位时间、定位精度以及复杂的不断移动变化环境等条件的限制,比较完善的定位技术目前还无法很好地利用。因此,专家学者提出了许多定位技术解决方案,如 A-GPS 定位技术、超声波定位技术、蓝牙技术、红外线技术、射频识别技术、超宽带技术、无线局域网络、光跟踪定位技术,以及图像分析、信标定位、计算机视觉定位技术等。这些定位技术从总体上可归纳为几类,即 GNSS 技术(如伪卫星等),无线定位技术(无线通信信号、射频无线标签、超声波、光跟踪、无线传感器定位技术等),其他定位技术(计算机视觉、航位推算等),以及 GNSS 和无线定位组合的定位技术(A-GPS 或 A-GNSS)。

7.2.1　GPS 与 A-GPS 定位

常见的 GPS 定位的原理可以简单这样理解:由 24 颗工作卫星组成,使得在全球任何地方、任何时间都可观测到 4 颗以上的卫星,测量出已知位置的卫星到用户接收机之间的距离,然后综合多颗卫星的数据就可知道接收机的具体位置。在整个天空范围内寻找卫星是很低效的,因此通过 GPS 进行定位时,第一次启动可能需要数分钟的时间。这也是我们在使用地图的时候经常会出现一个大的圈,之后才会精确到某一个点的原因。不过,如果在进行定位之前能够事先知道粗略位置,查找卫星的速度就可以大大缩短。

GPS 系统使用的伪码一共有两种,分别是民用的 C/A 码和军用的 P 码。民用精度约为 10 m,军用精度约为 1 m。GPS 的优点在于无辐射,但是穿透力很弱,无法穿透钢筋水泥。通常要在室外看得到天的状态下才行。信号被遮挡或者削减时,GPS 定位会出现漂移,在隧道或者较为封闭的空间无法使用。正是由于 GPS 的这种缺点,所以经常需要辅助定位系统帮助完成定位,就是我们说的 A-GPS。例如智能手机导航中所使用的 A-GPS,即基站或 Wifi AP 初步定位后,根据机器内存储的 GPS 卫星表来快速寻星,然后进行 GPS 定位。例如在民用的车载导航设备领域,目前比较成熟的是 GPS+加速度传感器补正算法定位。

7.2.2　基站定位(Cell ID 定位)

小区识别码(Cell ID)通过识别网络中哪一个小区传输用户呼叫并将该信息翻译成纬度和经度来确定用户位置。Cell ID 实现定位的基本原理是无线网络上报终端所处的小区号(根据服务的基站来估计),位置业务平台把小区号翻译成经纬度坐标。基本定位流程:设备先从基站获得当前位置(Cell ID)。即第一次定位后,设备通过网络将位置传送给 A-GPS 位置服务器,A-GPS 服务器根据位置查询区域内当前可用的卫星信息,返回设备。设备中的 GPS 接收器根据可用卫星,快速查找可用的 GPS 卫星,并返回 GPS 定位信息。

7.2.3　Wifi 定位

无线局域网络(WLAN)是一种全新的信息获取平台,可以在广泛的应用领域内实现复杂的大范围定位、监测和追踪任务,而网络节点自身定位是大多数应用的基础和前提。当前比较流行的 Wifi 定位是无线局域网络系列标准之 IEEE802.11 的一种定位解决方案。该系统采用经验测试和信号传播模型相结合的方式,易于安装,需要基站很少,能采用相同的底层无线网络结构,系统总精度高。

设备只要侦听一下附近都有哪些热点,检测一下每个热点的信号强弱,然后把这些信息发送给网络上的服务端。服务器根据这些信息,查询每个热点在数据库里记录的坐标,然后进行运算,就能知道客户端的具体位置了。一次成功的定位需要两个先决条件:第一,客户端能上网；第二，侦听到的热点的坐标在数据库里有相关记录。

　　芬兰的 Ekahau 公司开发了能够利用 Wifi 进行移动定位的软件。Wifi 绘图的精确度在 1~20 m 的范围内，总体而言，它比蜂窝网络三角测量定位方法更精确。但是，如果定位的测算仅仅依赖于哪个 Wifi 的接入点最近，而不是依赖于合成的信号强度图，那么在楼层定位上很容易出错。目前，它应用于小范围的移动定位，成本较低。但无论是用于室内还是室外定位，Wifi 收发器都只能覆盖半径 90 m 以内的区域，而且很容易受到其他信号的干扰，从而影响其精度，定位器的能耗也较高。

7.2.4　FRID、二维码定位

　　射频识别技术利用射频方式进行非接触式双向通信交换数据以达到识别和定位的目的。通过设置一定数量的读卡器和架设天线，根据读卡器接收信号的强弱、到达时间、角度来定位。这种技术作用距离短，一般最长为几十米。但它可以在几毫秒内得到厘米级定位精度的信息，且传输范围很大，成本较低。同时由于其非接触和非视距等优点，可望成为优选的移动定位技术。目前，射频识别研究的热点和难点在于理论传播模型的建立、用户的安全隐私和国际标准化等问题。优点是标志的体积比较小，造价比较低，但是作用距离近，不具有通信能力，而且不便于整合到其他系统之中，无法做到精准定位，布设读卡器和天线需要有大量的工程实践经验，难度大。

7.2.5　红外线定位技术

　　红外线定位技术定位的原理是：红外线 IR 标志发射调制的红外射线，通过安光学传感器接收进行定位。虽然红外线具有相对较高的定位精度，但是由于光线不能穿过障碍物，使得红外射线仅能视距传播，直线视距和传输距离较短，这两大主要缺点使其移动定位的效果很差。当标志放在口袋里或者有墙壁及其他遮挡时就不能正常工作，需要在每个空间安装接收天线，造价较高。因此，红外线只适合短距离传播，而且容易被荧光灯或者房间内的灯光干扰，在精确定位上有局限性。

7.2.6　超声波定位技术

　　超声波测距主要采用反射式测距法，通过三角定位等算法确定物体的位置，即发射超声波并接收由被测物产生的回波，根据回波与发射波的时间差计算出待测距离，有的则采用单向测距法。超声波定位系统可由若干个应答器和一个主测距器组成，主测距器放置在被测物体上，在微机指令信号的作用下向位置固定的应答器发射同频率的无线电信号，应答器在收到无线电信号后同时向主测距器发射超声波信号，得到主测距器与各个应答器之间的距离。当同时有 3 个或 3 个以上不在同一直线上的应答器作出回应时，可以根据相关计算确定出被测物体所在的二维坐标系下的位置。超声波定位整体定位精度较高，结构简单，但超声波受多径效应和非视距传播影响很大，同时需要大量的底层硬件设施投资，成本太高。

7.2.7　蓝牙技术

　　蓝牙技术通过测量信号强度进行定位。这是一种短距离低功耗的无线传输技术，通过安装适当的蓝牙局域网接入点，把网络配置成基于多用户的基础网络连接模式，并保证蓝牙局

域网接入点始终是这个微微网(piconet)的主设备,就可以获得用户的位置信息。蓝牙技术主要应用于小范围定位。蓝牙定位技术最大的优点是设备体积小、易于集成在 PDA、PC 以及手机中,因此很容易推广普及。理论上,对于持有集成了蓝牙功能移动终端设备的用户,只要设备的蓝牙功能开启,蓝牙定位系统就能够对其进行位置判断。采用该技术作室内短距离定位时容易发现设备且信号传输不受视距的影响。其不足在于蓝牙器件和设备的价格比较昂贵,而且对于复杂的移动环境,蓝牙系统的稳定性稍差,受噪声信号干扰大。

7.2.8　超宽带技术

超宽带技术是一种全新的、与传统通信技术有极大差异的通信新技术。它不需要使用传统通信体制中的载波,而是通过发送和接收具有纳秒或纳秒级以下的极窄脉冲来传输数据,从而具有 GHz 量级的带宽。超宽带可用于精确定位,例如战场士兵的位置发现、机器人运动跟踪等。超宽带系统与传统的窄带系统相比,具有穿透力强、功耗低、抗多径效果好、安全性高、系统复杂度低、能提供精确定位精度等优点。因此,超宽带技术可以应用于静止或者移动物体以及人的定位跟踪与导航,且能提供十分精确的定位精度。

7.2.9　ZigBee 技术

ZigBee 是一种新兴的短距离、低速率无线网络技术,它介于射频识别和蓝牙之间,也可以用于移动目标定位。它有自己的无线电标准,在数千个微小的传感器之间相互协调通信以实现定位。这些传感器只需要很少的能量,以接力的方式通过无线电波将数据从一个传感器传到另一个传感器,所以它们的通信效率非常高。ZigBee 最显著的技术特点是它的低功耗和低成本。

除了以上提及的定位技术,还有基于计算机视觉、光跟踪定位、基于图像分析、磁场以及信标定位等。此外,还有基于图像分析的定位技术、信标定位、三角定位等。目前很多技术还处于研究试验阶段,如基于磁场压力感应进行定位的技术。

7.3　车辆定位系统的多址接入方式

多址接入技术(multiple access techniques)是在无线电广播信道中,多个不同地址的用户间建立通信链路的方法。例如:在移动通信中,许多移动台要同时通过一个基站和其他移动台进行通信,必须区分出是哪一个移动台发出来的信号;在卫星通信中,各个地球站间必须相互区分来自不同站的通信信号。因此在无线通信中必须采用某种多址接入技术。

多址接入技术是利用信号特征上的差异(例如利用信号的工作频率、信号的出现时间以及信号具有的特定波形等)来区分这些信号的,它要求各信号的特征彼此独立或正交,即任意两个信号波形之间的相关函数等于 0。依据信号在频域、时域波形以及空域的特征,多址接入技术基本可分为频分多址(FDMA)、时分多址(TDMA)、码分多址(CDMA)和空分多址(SDMA)。实际中也常用到其他一些多址方式,及包括这 4 种基本方式的混合多址方式,例如时分多址/频分多址(TDMA/FDMA),码分多址/频分多址(CDMA/FDMA)等。频分多址是以不同的频率信道实现通信;时分多址是以不同的时隙实现通信;码分多址是以不同的代码序列来实现通信的。TACS 模拟通信采用的是频分复用技术,GSM 数字通信采用的是频分复用和时分复用相结合的多址技术，CDMA 采用码分多址技术。3G 系统中的多址技术包括 CDMA 系统中地址码和各种多址协议两方面的研究。

目前的数字移动通信网的主要多址方式是 TDMA，TDMA 系统(GSM，DAMPS)在频谱效率上约是模拟系统的 3 倍，容量有限；在话音质量上，13 kbit/s 编码也很难达到有线电话水平；TDMA 系统的业务综合能力较高，能进行数据和话音的综合，但终端接入速率有限(最高 9.6 kbit/s)；TDMA 系统无软切换功能，因而容易掉话，影响服务质量；TDMA 系统的国际漫游协议还有待进一步的完善和开发。因而 TDMA 并不是现代蜂窝移动通信的最佳无线接入，而 CDMA 多址技术完全适合现代移动通信网所要求的大容量、高质量、综合业务、软切换、国际漫游等。

1. 频分多址(FDMA)

频分多址(FDMA)是采用调频的多址技术，把通信系统的总频段划分成若干个等间隔的频道(或称信道)分配给不同的用户使用。这些频道互不交叠，其宽度应能传输一路数字话音信息，而在相邻频道之间无明显的串扰。频分多址的频道被划分成高低两个频段，在高低两个频段之间留有一段保护频带，其作用是防止同一部电台的发射机对接收机产生干扰。如果基站的发射在高频段的某一频道中工作时，其接收机必须在低频段的某一频道中工作；与此对应，移动台的接收机要在高频段相应的频道中接收来自基站的信号，而其发射机要在低频段相应的频道中发射送往基站的信号。这种通信系统的基站必须同时发射和接收多个不同频率的信号；任意两个移动用户之间进行通信都必须经过基站的中转，因而必须同时占用 4 个频道才能实现双工通信。不过，移动台在通信时所占用的频道并不是固定指配的，它通常是在通信建立阶段由系统控制中心临时分配的，通信结束后，移动台将退出它占用的频道，这些频道又可以重新给别的用户使用。

在数字蜂窝通信系统中，采用 FDMA 制式的优点是技术比较成熟和易于与现有模拟系统兼容，缺点是系统中同时存在多个频率的信号容易形成互调干扰，尤其是在基站集中发送多个频率的信号时，这种互调干扰更容易产生。

2. 时分多址(TDMA)

时分多址(TDMA)采用了时分的多址技术，将业务信道在不同的时间段分配给不同的用户。时分多址是把时间分割成周期性的帧，每一帧再分割成若干个时隙(无论帧或时隙都是互不重叠的)，然后根据一定的时隙分配原则，使各个移动台在每帧内只能按指定的时隙向基站发送信号，在满足定时和同步的条件下，基站可以分别在各时隙中接收到各移动台的信号而不混扰。同时，基站发向多个移动台的信号都按顺序安排在预定的时隙中传输，各移动台只要在指定的时隙内接收，就能在合路的信号中把发给它的信号区分出来。

TDMA 通信系统的信号传输分正向和反向传输，其中基站向移动台传输，常称正向传输或下行传输，移动台向基站传输，常称反向传输或上行传输。TDMA 的优点是频谱利用率高，适合支持多个突发性或低速率数据用户的接入。时分多址是通信技术中基本多址技术之一，是一种数字传输技术，它将无线电频率分成不同的时间间隙来分配给若干个通话。

TDMA 较之 FDMA 具有通信口号质量高，保密较好，系统容量较大等优点，但它必须有精确的定时和同步以保证移动终端和基站间正常通信，技术上比较复杂。

3. 码分多址(CDMA)

码分多址(CDMA)是采用数字技术的分支——扩频通信技术发展起来的一种崭新而成熟

的无线通信技术,它是在 FDMA 和 TDMA 的基础上发展起来的。FDMA 的特点是信道不独占,而时间资源共享,每一子信道使用的频带互不重叠;TDMA 的特点是独占时隙,而信道资源共享,每一个子信道使用的时隙不重叠;CDMA 的特点是所有子信道在同一时间可以使用整个信道进行数据传输,它在信道与时间资源上均为共享,因此,信道的效率高,系统的容量大。CDMA 的技术原理是基于扩频技术,即将需传送的具有一定信号带宽的信息数据,用一个带宽远大于信号带宽的高速伪随机码(PN)进行调制,使原数据信号的带宽被扩展,再经载波调制并发送出去;接收端使用完全相同的伪随机码,与接收的带宽信号作相关处理,把宽带信号换成原信息数据的窄带信号即解扩,以实现信息通信。CDMA 码分多址技术完全适合现代移动通信网所要求的大容量、高质量、综合业务、软切换等,正受到越来越多的运营商和用户的青睐。

码分多址通信系统中,不同用户传输信息所用的信号不是靠频率不同或时隙不同来区分,而是用各自不同的编码序列来区分,或者说,靠信号的不同波形来区分。如果从频域或时域来观察,多个 CDMA 信号是互相重叠的。接收机用相关器可以在多个 CDMA 信号中选出其中使用预定码型的信号。其他使用不同码型的信号因为和接收机本地产生的码型不同而不能被解调。它们的存在类似于在信道中引入了噪声和干扰,通常称之为多址干扰。

在 CDMA 蜂窝通信系统中,用户之间的信息传输是由基站进行转发和控制的。为了实现双工通信,正向传输和反向传输各使用一个频率,即通常所谓的频分双工。无论正向传输或反向传输,除去传输业务信息外,还必须传送相应的控制信息。为了传送不同的信息,需要设置相应的信道。但是,CDMA 通信系统既不分频道又不分时隙,无论传送何种信息的信道都靠采用不同的码型来区分。类似的信道属于逻辑信道,这些逻辑信道无论从频域或者时域来看都是相互重叠的,或者说它们均占用相同的频段和时间。

(1)CDMA 蜂窝移动通信网的特点

与 FDMA 和 TDMA 相比,CDMA 具有许多独特的优点,其中一部分是扩频通信系统所固有的,另一部分则是由软切换和功率控制等技术所带来的。CDMA 移动通信网是由扩频、多址接入、蜂窝组网和频率再用等几种技术结合而成,含有频域、时域和码域三维信号处理的一种协作,因此它具有抗干扰性好,抗多径衰落,保密安全性高,同频率可在多个小区内重复使用,所要求的载干比(C/I)小于 1,容量和质量之间可做权衡取舍等属性。这些属性使 CDMA 比其他系统有非常重要的优势:

①系统容量大。CDMA 蜂窝移动通信系统与 FDMA 模拟蜂窝通信系统或 TDMA 数字蜂窝通信系统相比具有更大的通信量。另外 CDMA 蜂窝通信系统可以充分利用人类对话的不连续特性,实现话音激活技术以提高系统的通信容量。

②系统容量的灵活配置。在 CDMA 系统中,用户数的增加相当于背景噪声的增加,造成话音质量的下降。但对用户数并无限制,操作者可在容量和话音质量之间折衷考虑。另外,多小区之间可根据话务量和干扰情况自动均衡。

③CDMA 蜂窝通信系统具有软切换能力,系统性能质量更佳。

④频率规划简单。CDMA 蜂窝通信系统的全部用户共享无线信道,用户信号的区分只是所用码型的不同,所以不相同 CDMA 载波可在相邻的小区内使用,网络规划灵活,扩展简单。另外,CDMA 蜂窝通信系统具有软容量,或者说软过载特性。

⑤CDMA 蜂窝通信系统以扩频技术为基础,因而它有抗干扰、抗多径衰落和具有保密性

等优点。

（2）CDMA 移动通信网的关键技术

1）功率控制技术

功率控制技术是 CDMA 系统的核心技术。CDMA 系统是一个自扰系统，所有移动用户都占用相同带宽和频率，"远近效用"问题特别突出。CDMA 功率控制的目的就是克服"远近效用"，使系统既能维护高质量通信，又不对其他用户产生干扰。功率控制分为前向功率控制和反向功率控制，反向功率控制又可分为仅由移动台参与的开环功率控制和移动台、基站同时参与的闭环功率控制。

①反向开环功率控制。它是移动台根据在小区中接受功率的变化，调节移动台发射功率以达到所有移动台发出的信号在基站时都有相同的功率。它主要是为了补偿阴影、拐弯等效应，所以它有一个很大的动态范围，根据 IS-95 标准，它至少应该达到正负 32 dB 的动态范围。

②反向闭环功率控制。闭环功率控制的设计目标是使基站对移动台的开环功率估计迅速做出纠正，以使移动台保持最理想的发射功率。

③前向功率控制。在前向功率控制中，基站根据测量结果调整每个移动台的发射功率，其目的是对路径衰落小的移动台分派较小的前向链路功率，而对那些远离基站的和误码率高的移动台分派较大的前向链路功率。

2）PN 码技术

PN 码的选择直接影响到 CDMA 系统的容量、抗干扰能力、接入和切换速度等性能。CDMA 信道的区分是靠 PN 码来进行的，因而要求 PN 码自相关性要好，互相关性要弱，实现和编码方案简单等。目前的 CDMA 系统就是采用一种基本的 PN 序列——m 序列作为地址码，利用它的不同相位来区分不同用户。

3）RAKE 接收技术

移动通信信道是一种多径衰落信道，RAKE 接收技术就是分别接收每一路的信号进行解调，然后叠加输出达到增强接收效果的目的。这里多径信号不仅不是一个不利因素，而且在 CDMA 系统变成一个可供利用的有利因素。

4）软切换技术

先连接，再断开称之为软切换。CDMA 系统工作在相同的频率和带宽上，因而软切换技术实现起来比 TDMA 系统要方便容易得多。

5）话音编码技术

目前 CDMA 系统的话音编码主要有两种，即码激励线性预测编码（CELP）8 kbit/s 和 13 bit/s。8 kbit/s 的话音编码达到 GSM 系统的 13 bit/s 的话音水平甚至更好。13 bit/s 的话音编码已达到有线长途话音水平。CELP 采用与脉冲激励线性预测编码相同的原理，只是将脉冲位置和幅度用一个矢量码表代替。

4. 同步码分多址技术（SCDMA）

同步码分多址（SCDMA）指伪随机码之间是同步正交的，既可以无线接入也可以有线接入，应用较广泛。广电 HFC 网中的 CM 与 CMTS 的通信中就用到该项技术，例如美国泰立洋公司（Terayon）和北京凯视通电缆电视宽带接入，结合 ATDM（高级时分多址）和 SCDMA 上行信道通信（基于 DOCSIS 2.0 或 Eruo DOCSIS 2.0）。

中国第三代移动通信系统也采用同步码分多址技术，它意味着代表所有用户的伪随机码在到达基站时是同步的，由于伪随机码之间的同步正交性，可以有效地消除码间干扰，系统容量方面将得到极大的改善，它的系统容量是其他第 3 代移动通信标准的 4~5 倍。

7.4　基于 GSM/GPRS 的车辆定位与导航

7.4.1　基于 GSM 的车辆定位与导航

GSM(global system for mobil communication)数字移动通信系统是个庞大而复杂的第二代数字移动通信系统，是中国移动选型为当前的主要建网体制。

GSM 系统的总体结构如图 7-3 所示，一套完整的蜂窝移动通信系统主要是由交换网络子系统(SS)、无线基站子系统(BSS)、移动台(MS)及操作维护子系统(OMC)四大子系统设备组成。

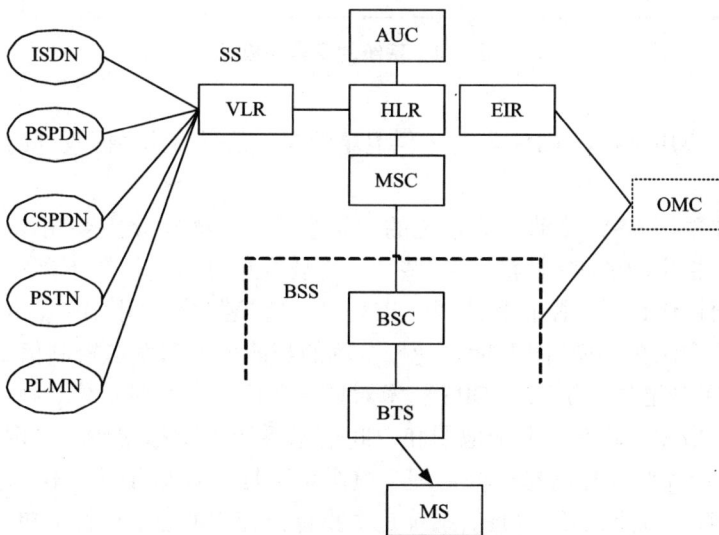

图 7-3　GSM 系统结构

在 GSM 网络中，移动台开机正常入网后，选择了某个小区为当前的服务小区，这个小区的基站成为主基站，在各种条件变化不大的情况下，移动台将驻留在所选的小区中，并继续检测由服务小区的 BCCH 系统消息所指示的小区重选邻小区频点配置表中的所有 BCCH 载波。移动台在对这些 BCCH 载波进行检测时，对它们接收电平信号强度的测量至少需要 5 个测量样点来进行平均，并对所有的 BCCH 载波取同样的测量样点数目，而且分配给每个载波的样点在每个测量周期内应该尽量平均，至少在每分钟内更新最强的 6 个 BCCH 载波。这样因为移动台即时的更新着这些载波，这些载波是经过建筑物和其他障碍物的反射和折射，产生与周围环境密切相关的特定模式多径信号，所有移动台检测到的一组载波的参数与一个地方的特点密切相关，这组参数称为网络测试报告(NMR)。然后根据这种关系，即可估算出移动台与已知位置基站的距离，进而可得到初步的移动台位置信息。

基于 GSM 的车辆定位系统主要包括车载设备、无线通信设备、监控中心三大部分，其基本工作原理是：通过车载设备的 GPS 接收天线接收卫星发出的导航信号，经 GPS 接收机解调处理，从中提取卫星星历、距离和距离变化率、时钟校正、大气校正参量等参数解算出载体所处的经纬度坐标，再将经纬度坐标通过手机短消息传送给监控中心。监控中心的总控程序将经纬度坐标换算成地方平面直角坐标，并在具有相同坐标系的电子地图上显示其当前位置。用这种方法连续的接收、显示就真实地再现了车辆的动态轨迹。整个运行过程是在一定协议的管理下完成的。

GSM 模块在本系统中负责为车载设备提供一个短信息通信平台，用于主控单元和数据处理中心进行信息交互。GSM 模块的控制端口和控制模块 MCU 通过串口通信，控制它向监控中心发送用户的位置和状态信息或者接收来自监控中心的设置信息等。在系统中，GSM 通信模块使用 GSM 网络的 SMS，即短消息业务传送数据信息。它使用的是信令信道，不受话音的影响。

基于 GSM 短消息的 GPS 车辆定位监控系统在逻辑上由三大部分组成，如图 7-4 所示。

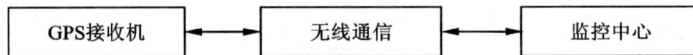

图 7-4　系统的逻辑组成

GPS 接收机主要用来接收 GPS 导航定位卫星的定位信号，并根据收到的信号解算出当前的地理位置。

无线通信主要采用 GSM 移动通信系统的短消息功能，该部分主要用来发送车辆的位置数据和接收来自监控中心的控制信令。这些功能都要在单片机的控制下来完成。

监控中心主要用来调度、控制和监视受控车辆。监控部分采用 GIS 技术，主要用来显示省、市、地区的电子地图，并在图上标出受控车辆的当前位置和发送控制信令。

基于 GSM 的车辆定位系统采用 GPS 技术对移动目标进行实时定位，利用 GSM 数字移动通信网络进行实时数据传输，以电子地图和空间信息系统为支撑平台，实现定位跟踪、监控报警、反劫防盗、指挥调度和信息查询管理。整个系统是由 GPS 卫星定位系统和地面移动通信系统两大部分组成，而地面移动通信系统是由指挥监控中心、车载移动单元和 GSM 通信网络三部分组成。车载移动单元设备可以为指挥监控中心实时提供每一个移动目标的最新定位数据、运行状况和报警信息等，并自动记录这些信息以便事后查询分析，是用户终端。指挥监控中心结合 GIS 电子地图，实时显示出当前监控、指挥的车辆的地理位置。GSM 通信网络则进行数据、语音、图像的传输。因此，系统的总体结构如图 7-5 所示。

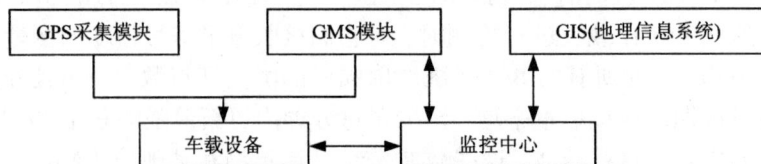

图 7-5　基于 GSM 的车辆定位系统总体结构

7.4.2　基于 GPRS 的车辆定位与导航

GPRS(通用分组元线业务)是移动通信从第二代(GSM 数字移动电话系统)向第三代(宽带 CDMA)过渡的产品,属于 2.5 代移动通信业务,作为第三代个人多媒体业务的重要里程碑,GPRS 的应用将使移动通信与数据网络合二为一,使 IP 业务得以引入广阔的移动通信市场。GPRS 业务是在现有的 GSM 数字移动通信网路上增加一些硬件设备和软件升级,形成一个新的网络逻辑实体。它以分组交换技术为基础,采用 IP 数据网络协议,使现有的 GSM 移动通信网的数据业务突破了传统业务的速度。相对原来 GSM 的拨号方式的电路交换数据传送方式,GPRS 是分组交换技术,具有"高速"和"永远在线"的优点。

GPRS 与 GSM 的区别在于 GSM 采用的是电路交换方式,GPRS 采用的是 IP 分组交换方式,好处体现在计费方面,GSM 主要按时长来计费,打多长时间电话,就按多长时间计费;GPRS 的计费是以数据流量、时间、服务质量三者的结合为基础,对于相同的数据流量,根据用户数据传输质量的不同产生不同的费用。从这种意义上讲,GPRS 能为用户节省上网费用,计费方式更加合理。

1. GPRS 系统组成

GPRS 网络是基于现有的 GSM 网络来实现的。在现有的 GSM 网络中需要增加一些节点,如网点 GPRS 支持节点(gateway GPRS supporting node, GGSN)和服务 GPRS 支持节点(serving GSN, SGSN)。GSN 是 GPRS 网络中最重要的网络节点。GSN 具有移动路由管理功能,它可以连接各种类型的数据网络,并可以连到 GPRS 寄存器。GSN 可以完成移动台和各种数据网络之间的数据传送和格式转换。GSN 可以是一种类似于路由器的独立设备,也可以与 GSM 中的 MSc 集成在一起,网络结构如图 7-6 所示。

GSN 有两种类型:一种为服务 GSN(serving GSN, SGSN),另一种为网关 GSN(gateway GSN, GGSN)。SGSN 的主要作用是记录移动台的当前位置信息,并且在移动台和 GGSN 之间完成移动分组数据的发送和接收。GGSN 主要是起网关作用,它可以和多种不同的数据网络连接,如 ISDDN、PSPDN 和 LAN 等。GGSN 可以把 GSM 网中的 GPRS 分组数据包进行协议转换,从而可以把这些分组数据包传送到远端的 TCP/IP 或 X. 25 网络。

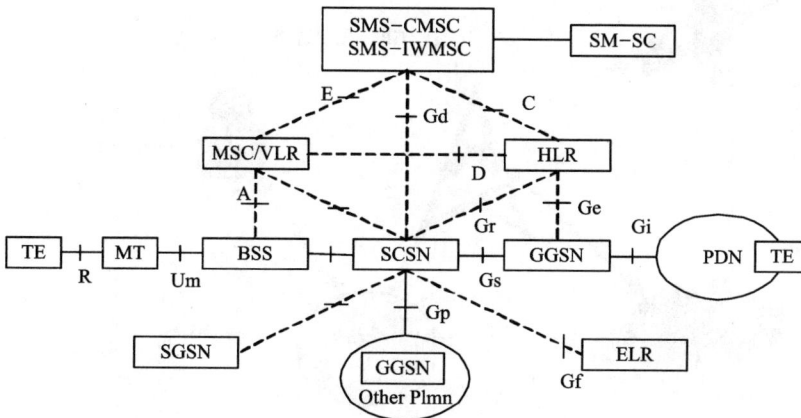

图 7-6　GPRS 网络结构

2. GPRS 的主要特点

GPRS 的主要特点如下：

①GPRS 采用分组交换技术，高效传输高速或低速的数据和信令，优化了对网络资源和无线资源的利用。

②定义了新的 GPRS 无线信道，而且分配方式十分灵活：每个 TDMA 帧可分配到 1~8 个无线接口时隙。时隙能为活动用户所共享，且向上链路和向下链路的分配是独立的。

③支持中、高速率数据传输，可提供 9.05~171.2 kbit/s 的数据传输速率。

④GPRS 网络接入速度快，提供了与现有数据网的无缝连接。

⑤GPRS 支持基于标准数据通信协议的应用，可以和 IP 网、X.25 网互联互通。

⑥GPRS 的安全功能同现有的 GSM 安全功能一样，身份认证和加密功能由 SGSN 来执行。

⑦用户数据在 MS(mobile station)和外部数据网络之间透明地传输，它使用的方法是封装和隧道技术：数据包用特定的 GPRS 协议信息打包并在 MS 和 GGSN 之间传输。这种透明的传输方法缩减了 GPRSP LMN 对外部数据协议解释的需求，而且易于在将来引入新的互通协议。

⑧GPRS 可以实现基于数据流量、业务类型及服务质量等级(QDS)的计费功能，计费方式更加合理。

⑨GPRS 的核心网络层采用 IP 技术，底层可使用多种传输技术，很方便地实现与高速发展的 IP 网无缝连接。

3. 基于 GPRS 的车辆定位系统

GPRS 车载卫星定位系统由 GPRS 车载系统，GPRS 无线网络和监控中心等三部分组成，如图 7-7 所示。GPRS 车载系统包括 ARM 嵌入式系统、GPS 卫星接收模块、GPRS 无线通信模块以及各种扩展子卡。GPRS 无线链路基于移动公司的 GPRS 移动通信公众网，包括 MSC 基站控制器、SGSN 业务支撑节点、GCSN 网关支撑节点。监控中心包括网关和信息服务器。

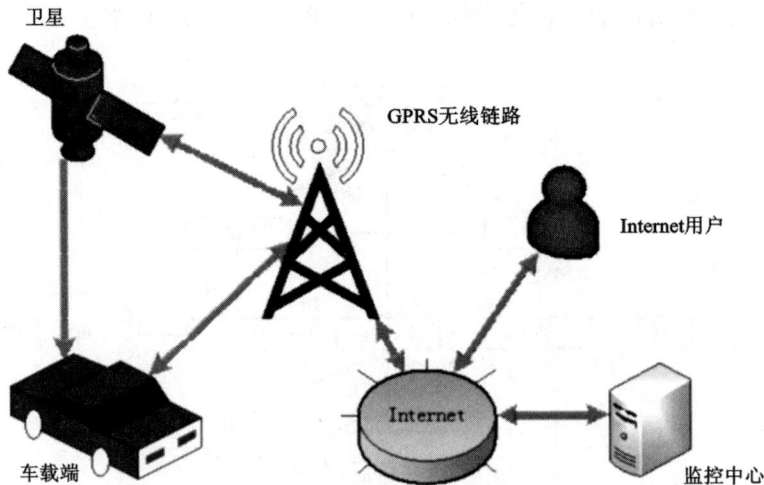

图 7-7　基于 GPRS 的车载定位导航系统整体结构

车载系统设备上的 GPS 接收器采集 GPS 卫星数据,经过数据处理得到车辆的地理坐标信息,该信息通过车载系统的处理之后,由 GPRS 无线通信模块发送到 GPRS 无线通信网上。GPRS 网络根据相应的协议在车载系统和接入 Internet 的监控中心之间建立一条支持 TCP/IP 的数据通道。监控中心把通过这条数据通道传送来的车辆位置数据通过数据库和 WebGIS 技术显示在电子地图上。监控中心还可以通过该通道向下发送控制命令和服务信息。因此,除了车辆定位之外,系统还可以提供诸如防盗防抢、医疗求助、移动电话等多种服务。

(1)基于 GPRS 和 GPS 的车载终端结构和功能

车载终端包括 GPS 定位模块、GPRS 通信模块、黑匣子、其他传感与控制模块。

GPS 定位模块用于实时获得汽车的时空坐标;黑匣子用于记录音视频数据、定位数据和各种其他车况传感数据;GPRS 通信模块将坐标信息和其他目标传感信息发给监控中心;其他传感与控制模块用于实时获得目标(如车况)信息并实施报警控制(如锁车、熄火、断电)。

车载终端通常工作在 GPRS 模式下,在 GPRS 覆盖不到的地域,将自动切换到 SMS 短信方式,继续进行数据传输;一旦回到 GPRS 覆盖地域,又会自动切换回 GPRS 模式。

(2)基于 GPRS 和 GPS 的车载终端的总体设计方案

车载 GPS/GPRS 系统的设计必须满足基本数据需求和增值业务需求。基本数据需求就是通过 GPRS 无线链路把卫星定位信息传送到监控中心,对于这个流程的实现,首先要能够采集 GPS 卫星定位数据并对该数据进行一定的运算处理和封装处理,其次要能够通过 GPRS 无线数据链路连接到 EP 数据网,访问位于监控中心的服务器。除此之外可以提供显示面板,按键操作面板,满足基本数据需求之后,可以扩展增值业务,提供诸如汽车防盗防抢劫报警,车载免提电话和短消息语音播放等功能。

对于基本数据需求来说,卫星数据采集可以通过 GPS 模块实现,但是需要有一个可以控制的接口和具有较强计算能力的处理器来处理采集的数据。无线数据链路的物理层可以由 GPRS 模块承载,但是需要由可以支持链路层和网络层协议栈的

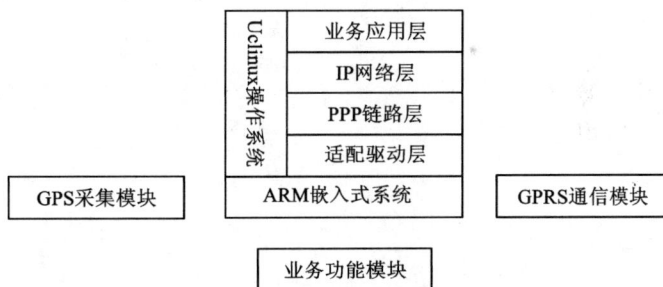

图 7-8　基于 GPRS 的车载系统的总体设计方案

软硬件平台。显示面板可用液晶显示模块,操作面板可以通过简单的数字逻辑实现。对于增值业务、汽车防盗抢劫,可以设计专门的油路、电路控制单元。车载免提电话可以通过控制 GPRS 模块实现,短消息语音播放也可以通过专用模块实现。图 7-8 描述了车载系统的总体设计方案。

根据上述分析,主体需求是需要一个具有较强的运算能力和 I/O 控制能力,同时可以支持链路层和网络层协议的平台。如果系统的硬件设计方案采用 ARM 嵌入式硬件平台,既可以解决运算能力和 I/O 控制能力的问题,又可以通过运行在嵌入式系统上的操作系统实现对软件层协议栈的支持。因此,车载系统的硬件系统设计方案采用 Philips 公司的 LPC2210 处理器加 Uclinux 操作系统的方式。

基于 GPRS 的车辆定位系统综合了 GPS、GIS 和 GPRS 技术,具有如下特色:功能多、精

度高、覆盖面广，在全球任何位置均可进行车辆的位置监控工作，充分保障网络上 GPS 所有用户的要求都能得到满足；定位速度快，有力地保障了企业在业务运作上提高反应速度，降低车辆空驶率，降低运作成本，满足客户需要；信息传输采用 GPRS。具有保密性高、漫游性能好、移动业务数据可靠等优点；构筑在国际互联网这一最大的网上公众平台上，具有开放度高、资源共享程度高等优点。因此，这种监控平台一方面降低了投资费用，另一方面实现了信息的无地域限制的发布与共享，同时又可以通过设置不同的权限以保证信息的安全访问。

重点与难点

重点：(1)无线定位的基本原理；(2)如何提高定位精度；(3)基于手机通信的车辆定位与导航技术。

难点：无线移动定位的基本原理。

思考与练习

7-1　简述 CDMA 系统的定位过程。

7-2　TOA 与 TDOA 定位方法有什么区别与联系？

7-3　简述 GSM/GPRS 在车辆定位与导航系统中的使用方法。

7-4　影响无线定位准确性的因素有哪些？

第 8 章

组合导航系统

单一定位系统在性能上都有各自的优缺点，难以满足定位的可靠性要求。解决这一问题的途径有两个，一是提高定位系统本身的精度，主要依靠采用新材料、新工艺、新技术，提高系统的精度。实践已经证明，这需要花费很大的人力和财力，且系统精度的提高是有限的。另一个途径是采用组合导航技术，主要是使用定位系统外部的某些附加其他信息源，用以改善原定位系统的精度，通过软件技术来提高导航精度。

在实际应用中一般不单独用一种定位方式，而是组合起来使用，充分发挥各自的优势，取长补短，能够获得比较满意的定位精度。组合定位是指把两种或两种以上不同定位系统以适当的方式线性在一起，使其性能互补、取长补短，以获得比单独使用单一定位系统更高的定位性能。随着卡尔曼滤波（kalman filter）和扩展卡尔曼滤波（extended kalman filter, EKF）等最优估计理论的发展，为组合定位提供了强有力的技术支持，从而大大提高了组合定位系统的可靠性、容错性、鲁棒性和定位精度。

从 20 世纪 90 年代开始，国外已经在车载定位中进行组合定位技术的应用研究。车载定位技术最发达的地方是美国、欧洲和日本等国家和地区，其定位技术的现状代表了本领域研究和应用的发展方向。目前，成熟的车载组合定位系统有法国的 CARMIIVAT 车载组合定位及信息系统，美国 GENERAL MOTOR 公司的"TRAVTEK"车载定位及信息系统，美国 FORD MOTOR 公司和 CHRYSLERMOTOR 公司等提出的 IVHS 智能车路系统，日本 SUMITOMO 电子公司研制的 SUMITOMO 车载电子定位系统等。它们的共同特点是定位精度比单一定位系统有了很大提高，都是利用 GPS 组合定位技术来提高定位精度及定位系统的可靠性。就目前的发展情况看，组合定位系统具有良好的系统精度、多功能、实时性强、对子系统要求低等特点，此外，组合定位系统还可大大提高系统的可靠性和容错性能，是定位技术的发展方向。

目前，全球定位系统的应用越来越广泛，GPS 能够迅速、准确、全天候地提供定位信息，连续实时地提供高精度的三维位置和速度信息。采用由 GPS 和其他定位系统组成的车载组合定位系统很多，技术也很成熟。常见的组合方式有：GPS/MM，GPS/DR，GPS/DR/MM。其中，GPS/DR 以低成本、高精度广泛应用于车载定位领域，DR 系统器件选择主要有陀螺、电子罗盘、加速度计和里程计等。

8.1　卡尔曼滤波技术

卡尔曼滤波是 R. E. Kalman 于 1960 年首次提出的，是一种线性最小方差估计，Kalman 滤波理论一经提出，立即受到了工程应用的重视，在阿波罗登月飞行和 C-SA 飞机导航系统的设计是早期应用中的最成功者。算法采用递推形式，使用状态空间法在时域内设计滤波器，能处理多维和非平稳的随机过程。卡尔曼滤波具有连续型和离散型两类算法，离散型算法可直接在计算机上实现。目前，随着计算机技术的发展，Kalman 滤波作为一种重要的估计理论，已经广泛应用于各个领域，在组合导航系统中的应用是其成功应用中的一个方面。

8.1.1　线性卡尔曼滤波器

根据系统方程的不同，卡尔曼滤波基本方程包括连续型卡尔曼滤波方程与离散卡尔曼滤波方程，在工程上常用的是离散卡尔曼滤波方程。卡尔曼滤波是从与被提取的信号有关的含有噪声的观测量中通过某算法估计出所需信号的一种滤波算法。把状态空间的概念引入到随机估计理论中，把信号过程视为白噪声作用下的一个线性系统输出，用状态方程来描述这种输出关系，估计过程中利用系统状态方程、观测方程和白噪声激励(系统噪声和观测噪声)的统计特性形成滤波算法。

设有随机动态系统，它的数学模型和有关随机向量的统计性质如下：

$$\begin{cases} X(k)=\Phi(k,k-1)X(k-1)+\Gamma(k,k-1)W(k-1) \\ Z(k)=H(k)X(k)+V(k) \end{cases} \tag{8-1}$$

式中：$X\in R^{m_x}$ 为系统状态向量；$Z\in R^{m_z}$ 为系统观测向量；$W\in R^{m_w}$ 为系统噪声向量；$V\in R^m$ 为观测噪声向量；$\Phi\in R^{m_x\times m_x}$ 为系统状态转移矩阵；$\Gamma\in R^{m_x\times m_w}$ 为系统噪声阵；$H\in R^{m_z\times m_x}$ 为系统观测阵。

关于系统的随机性，我们假定，系统噪声 $w(k)$ 和观测噪声 $v(k)$ 是不相关的零均值高斯白噪声，初始状态向量 $X(0)$ 是 m_x 维高斯随机向量。且：

$$E[w(k)w^T(j)]=Q(k)\delta(k,j) \quad Q(k)\geq 0$$
$$E[v(k+1)v^T(j+1)]=R(k+1)\delta(k,j) \quad R(k+1)>0$$
$$E[w(k)v^T(j)]=0$$
$$E[X(0)]=\overline{X}(0), \quad \text{var}X(0)=P(0)$$
$$E[X(0)w^T(k)]=0, \quad E[X(0)v^T(k+1)]=0$$

式中：$\delta(k,j)$ 是 Kronecker 函数，即

$$\delta(k,j)=\begin{cases} 1 & k=j \\ 0 & k\neq j \end{cases} \tag{8-2}$$

$Q(k)$ 和 $R(k)$ 分别为系统噪声和量测噪声的方差矩阵，在卡尔曼滤波中要求它们分别是已知的非负定阵和正定阵。卡尔曼滤波要求系统噪声和量测噪声统计特性是已知值，而且还需要知道系统的初始状态 $X(0)$ 和初始状态协方差阵 $P(0)$。

随机系统的状态估计问题，就是根据选定的估计准则和获得的量测信息，对系统状态进行估计。其中状态方程确定了被估计的随机状态的转移过程。估计准则确定了状态估计最优性的含义。

卡尔曼滤波的估计准则是：估计量 $\hat{X}(k)$ 是 $X(k)$ 的无偏估计，即
$$E[\hat{X}(k)]=E[X(k)]$$
同时 $\hat{X}(k)$ 也是 $X(k)$ 的最小方差估计，即
$$J[\widetilde{X}(k)]=J[X(k)-\hat{X}(k)]=E[\widetilde{X}(k)\widetilde{X}^T(k)] \tag{8-3}$$
取最小值。

根据这两个准则推导出对系统的完整的滤波算法。下面我们给出最终的结果。状态的修正：

$$\hat{X}(k+1) = \hat{X}(k+1,\ k) + K(k+1)\left[Z(k+1) - \hat{Z}(k+1,\ k)\right] \qquad (8-4)$$

其中，状态方程：

$$\hat{X}(k+1,\ k) = \Phi(k+1,\ k)\hat{X}(k) \qquad (8-5)$$

量测方程：

$$\hat{Z}(k+1,\ k) = H(K+1)\hat{X}(K+1,\ k) \qquad (8-6)$$

增益矩阵：

$$K(k+1) = P(k+1,\ k)H^T(k+1)\left[H(k+1)P(k+1,\ k)H^T(k+1) + R(k+1)\right]^{-1} \qquad (8-7)$$

预测误差协方差阵：

$$P(k+1,\ k) = \Phi(k+1,\ k)p(k)\Phi^T(k+1,\ k) + \Gamma(k+1,\ k)Q(k)\Gamma^T(k+1,\ k) \qquad (8-8)$$

滤波误差协方差阵：

$$P(k+1) = \left[I_{mx} - K(k+1)H(k+1)\right]P(k+1,\ k) \qquad (8-9)$$

算法初值：

$$\hat{X}(0) = E\left[X(0)\right],\ P\left[(0)\right] = \mathrm{var}(X(0)) \qquad (8-10)$$

卡尔曼滤波算法是一组递推算法。计算最优滤波值，只需要即时的观测值，无须存储以前的观测数据。利用上一时刻的最优估值 $\hat{X}(k)$，由量测方程求得下一时刻的一步预测值 $\hat{X}(k+1,\ k)$，$\hat{Z}(k+1,\ k)$；当前测量值 $Z(k+1)$ 和 $\hat{Z}(k+1,\ k)$ 之差，与 $K(k+1)$ 相乘对 $\hat{X}(k+1,\ k)$ 进行修正，得出 $k+1$ 时刻的最优估值 $\hat{X}(k+1)$。而 $K(k+1)$ 由 $P(k+1,\ k)$ 来确定，$P(k+1,\ k)$ 由 $P(k)$ 来确定，$P(k)$ 由 $K(k)$ 和 $P(k,\ k-1)$ 来确定，如此反复递推运算。

但这个计算顺序不是唯一的，以下是另外的计算顺序：

$$p^{-1}(k+1) = p^{-1}(k+1,\ k) + H^T(k+1)R^{-1}(k+1)H(K+1) \qquad (8-11)$$
$$K(k+1) = P(k+1)H^T(k+1)R^{-1}(k+1)$$

即先计算 $P(k+1,\ K)$，然后确定 $K(k+1)$。

在以上算法中，我们将预测下一时刻的 $X(k+1,\ k)$ 和 $P(k+1,\ k)$ 的过程称为滤波的时间更新，将得到 $X(k+1)$ 和 $P(k+1)$ 的过程称为滤波的测量更新。卡尔曼滤波的两个计算回路和两个更新过程如图 8-1 所示。从图 8-1 中可看出卡尔曼滤波具有两个计算回路：增益计算回路和滤波计算回路，其中增益计算回路是独立的计算回路，而滤波计算回路依赖于增益计算回路。在一个滤波周期内，从卡尔曼滤波在使用系统信息和观测信息的先后次序来看，卡尔曼滤波具有两个明显的信息更新过程：时间更新过程和观测更新过程。只要给定初值 $\hat{X}$，$P(0)$，并根据 k 时刻的 $Z(k)$，就可以递推出 k 时刻的状态估计 $\hat{X}(k)$。卡尔曼滤波技术发展到现在已经比较成熟，形成了多种滤波模式。将卡尔曼滤波技术用于多传感器组合导航也存在多种方案。按照滤波的算法来分，又可以分为常规卡尔曼滤波和自适应的卡尔曼滤波；按照滤波组合结构来分，可以分为集中卡尔曼滤波和分布式卡尔曼滤波。由前面的分析可知常规卡尔曼滤波具有以下特点：

(1) 算法是递推的，用状态空间法在时域内设计滤波器，它适用于对多维随机过程的估计。

(2) 采用动力学方程及状态方程描述被估计量的动态变化规律，被估计量的动态统计信息由激励白噪声的统计信息和动力学方程确定。由于激励白噪声是平稳过程，动力学方程已

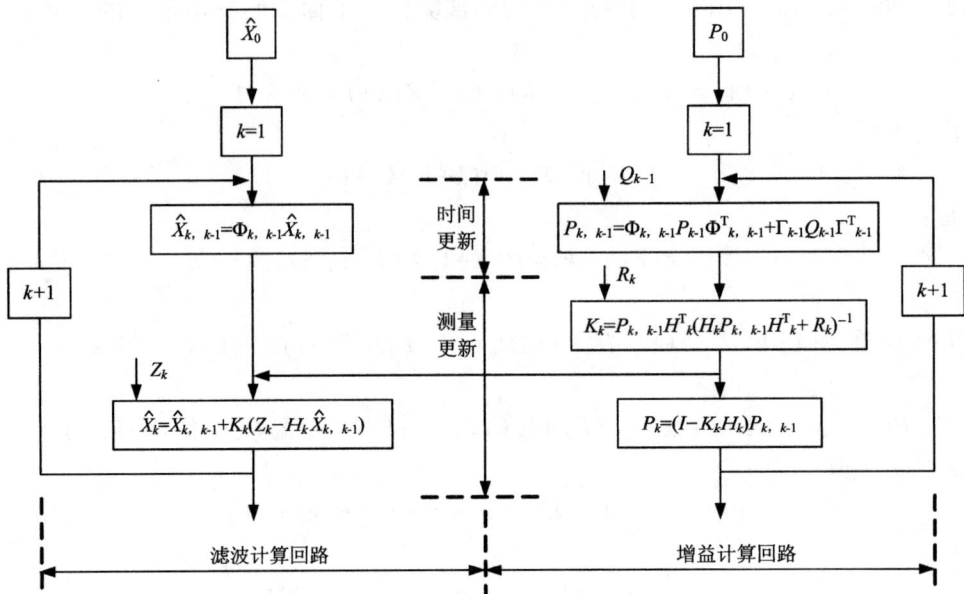

图 8-1　线性 Kalman 滤波方程的算法程序

知，所以被估计量既可以是平稳的，也可以是非平稳的，即卡尔曼滤波也适用于非平稳过程。

（3）卡尔曼滤波具有连续型和离散型两类算法，离散型算法可直接使用于非平稳过程。

8.1.2　自适应扩展卡尔曼滤波器

在卡尔曼滤波中，经常会出现这样一种现象：当 k 不断增大时，按滤波方程计算的估计均方误差阵趋于零或者趋于某一稳态值，但是估计值相对于实际的被估计值的偏差越来越大，使滤波器的估计性能逐渐下降，这种现象称为滤波器的发散。一旦滤波发散现象发生，滤波就失去了意义。一般引起滤波发散的原因概括起来有以下几条：

（1）描述系统的动力学特性的数学模型（状态方程）和噪声的统计模型不准确，特别是过程噪声、系统的初始状态和初始协方差的假设值偏差过大。

（2）卡尔曼滤波是递推过程，随着滤波步数的增加，舍入误差逐渐积累。如果计算机字长不够长，这种累积误差有可能使估计的均方误差阵失去非负定性甚至失去对称性，使增益矩阵的计算值逐渐失去合适的加权作用而导致发散。这一类滤波发散称为计算发散。

一般克服模型滤波发散的方法主要有衰减记忆法滤波、限定记忆法滤波和自适应滤波等。这些方法都是以牺牲滤波最优性为代价而换取滤波收敛性的，即多数是次优滤波算法。

自适应滤波器是指利用前一时刻的结果，自动调节当前时刻的滤波器参数，以适应信号和噪声未知或随机变化的特性，得到有效的输出，主要由参数可调的数字滤波器和自适应算法两部分组成，如图 8-2 所示。

$x(n)$ 称为输入信号，$y(n)$ 称为输出信号，$d(n)$ 称为期望信号或者训练信号，$e(n)$ 为误差信号，其中，$e(n)=d(n)-y(n)$。自适应滤波器的系数（权值）根据误差信号 $e(n)$，通过一定的自适应算法不断地进行改变，以达到使输出信号 $y(n)$ 最接近期望信号。

图 8-2 为参数可调的数字滤波器和自适应算法组成的自适应滤波器。自适应滤波算法

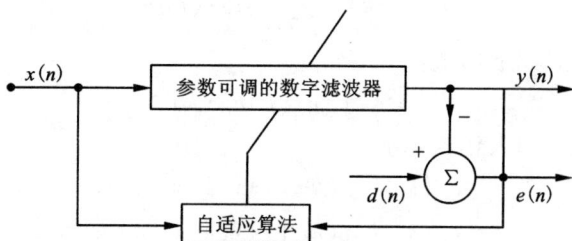

图 8-2　自适应滤波器原理图

是滤波器系数权值更新的控制算法，根据输入信号与期望信号以及它们之间的误差信号，自适应滤波算法依据算法准则对滤波器的系数权值进行更新，使其能够使滤波器的输出趋向于期望信号。

记数字滤波器脉冲响应为：

$$h(k) = \begin{bmatrix} h_0(k) & h_1(k) & \cdots & h_{n-1}(k) \end{bmatrix}^{\mathrm{T}} \tag{8-12}$$

输入采样信号为：

$$x(k) = \begin{bmatrix} x(k) & x(k-1) & \cdots & x(k-n-1) \end{bmatrix} \tag{8-13}$$

误差信号为：

$$e(k) = y(k) - \hat{y}(k)$$
$$e(k) = y(k) - h^T(k)x(k) \tag{8-14}$$

优化过程就是最小化性能指标 $J(k)$，它是误差的平方和：

$$J(k) = \sum_{i=1}^{k} \left[y(i) - h^T(k)x(i) \right]^2 \tag{8-15}$$

求使 $J(k)$ 最小的系数向量 $h(k)$，即使 $J(k)$ 对 $h(k)$ 的导数为零，也就是 $\dfrac{\mathrm{d}J(k)}{\mathrm{d}h(k)} = 0$。把 $J(k)$ 的表达式代入，得：

$$2\sum_{i=1}^{k} \left[y(i) - h^T(k)x(i) \right] x(i) = 0 \tag{8-16}$$

和

$$\sum_{i=1}^{k} x^T(i)y(i) = h^T(k)\sum_{i=1}^{k} x(i)x^T(i) \tag{8-17}$$

由此得出滤波器系数的最优向量：

$$h^{\mathrm{T}}(k) = \frac{\sum\limits_{i=1}^{k} x^{\mathrm{T}}(i)y(i)}{\sum\limits_{i=1}^{k} x(i)x^{\mathrm{T}}(i)} \tag{8-18}$$

这个表达式由输入信号自相关矩阵 $c_{xx}(x)$ 和输入信号与参考信号的相关矩阵 $c_{yx}(k)$ 组成，如下所示，维数都为 (n, n)：

$$c_{xx}(k) = \sum_{i=1}^{k} x^{\mathrm{T}}(i)x(i) \tag{8-19}$$

$$c_{yx}(k) = \sum_{i=1}^{k} x^{\mathrm{T}}(i) y(i) \qquad (8-20)$$

系数最优向量也可以写成如下形式:

$$h^{\mathrm{T}}(k)_{opt} c_{yx}(k) c_{xx}^{-1}(k) \qquad (8-21)$$

自相关和互相关矩阵的递归表达式如下:

$$c_{xx}(k) = c_{xx}(k-1) + x(k) x^{\mathrm{T}}(k) \qquad (8-22)$$

$$c_{yx}(k) = c_{yx}(k-1) + y(k) x^{\mathrm{T}}(k) \qquad (8-23)$$

把 $c_{yx}(k)$ 的递归表达式代入系数向量表达式, 得:

$$h^{\mathrm{T}}(k) = c_{yx}(k) c_{xx}^{-1}(k) \qquad (8-24)$$

即

$$h^{\mathrm{T}}(k) = \left[c_{yx}(k-1) + x^{\mathrm{T}}(k) y(k) \right] c_{xx}^{-1}(k) \qquad (8-25)$$

考虑到

$$c_{yx}(k-1) = h^{\mathrm{T}}(k-1) c_{xx}(k-1) \qquad (8-26)$$

可以记

$$h(k) = c_{xx}^{-1}(x) \left[c_{xx}(k-1) h(k-1) + y(k) x(k) \right] \qquad (8-27)$$

用前面得到的表达式求出 $c_{xx}(k-1)$, 并代入式(8-27):

$$h(k) = c_{xx}^{-1}(x) \left\{ \left[c_{xx}(k) - x(k) x^{\mathrm{T}}(k) \right] h(k-1) + y(k) x(k) \right\} \qquad (8-28)$$

或

$$h(k) = h(k-1) + c_{xx}^{-1}(x) \left[y(k) x(k) - x(k) x^{\mathrm{T}}(k) h(k-1) \right] \qquad (8-29)$$

则滤波器系数的递归关系式可以记作

$$h(k) = h(k-1) + c_{xx}^{-1}(x) \left[y(k) x(k) - x(k) x^{\mathrm{T}}(k) h(k-1) \right] \qquad (8-30)$$

其中

$$e(k) = y(k) - x^{\mathrm{T}}(k) h(k-1)$$

$e(k)$ 表示先验误差。只因为它是由前一个采样时刻的系数算出的, 在实际中, 很多时候由于 $h(k)$ 计算的复杂度而不能应用于实时控制。用 δ、I 代换 $C_{xx}(k)$, 其中, δ 为自适应梯度, I 为辨识矩阵 (n, n), 这时

$$h(k) = h(k-1) + \delta_x(k) e(k)$$

这时就是一个最小均方准则问题。

8.2 GPS/DR 组合定位

在车辆定位系统中, 广泛应用的定位方式有 GPS 和 DR 两种。GPS 具有全球性、全天候、高精度、实时地提供定位和授时信息, 但它要求对卫星有直接的可见性才能发挥其正常功能, 当遇到高楼、立交桥、隧道、林荫道以及深山峡谷时, 就会出现定位卫星的信号质量明显下降, 甚至出现定位信息中断的情况, 难以提供可靠、连续、实时的定位信息。DR 是一种完全自主式的定位方式, 具有短时间内定位精度高、自主性强等特点, 但是其定位误差随时间的积累不断加大, 不利于长时间工作。因此, 需选用高精度的定位传感器来提高测量精度, 这必然会提升定位系统的成本, 影响车载定位系统的广泛使用。由于单一定位方式在性能上存在着缺陷, 难以满足连续、实时、高精度的定位要求。GPS/DR 组合方式是利用 GPS

具有长时间绝对定位的稳定性，而 DR 具有短时间相对定位的稳定性的特点。一方面可以利用 GPS 精确的定位结果辅助 DR 的初始化并且可以对 DR 的定位误差进行校正；另一方面，在 GPS 无法定位时系统又可以自动地切换到 DR 定位方式，还可以补偿 GPS 定位中的随机误差，直至 GPS 恢复正常状态。这种组合方式可以大大提高定位的精度和系统的可靠性，且具有较高的性价比。GPS/DR 组合方式在车辆定位上有很强的实用性且应用广泛。

实现 GPS/DR 组合的核心问题是数据融合方案的设计，也就是采用何种方法来融合两种定位系统的信息以获得最优的组合定位结果。目前，GPS/DR 组合定位系统的数据融合方案主要有两种：切换式和最优估计法（卡尔曼滤波）。

切换式组合方案有两种工作状态：GPS 模式和 DR 模式。系统工作于何种模式取决于 GPS 信号的有效性，如果 GPS 观测卫星数较多，卫星几何分布结构较好则工作于 GPS 模式，同时能利用 GPS 的定位输出刷新 DR 系统的初始推算位置，如果 GPS 定位数据失效，则切换到 DR 模式。该方法简单易行，系统承担的计算量小，可以解决在卫星信号失效时短时间内的定位问题。但是该方法并没有将 GPS 和 DR 两种系统的信息融合在一起，不能充分发挥两者的优点。另外，DR 所需要的初始信息是由前一时刻的有效 GPS 数据提供，这使得 GPS 数据中的误差被直接传播到了 DR 推算的结果中，造成了 DR 系统的定位精度下降，而且该方法只能解决 GPS 卫星被遮挡的问题，而对于其他原因如多路径效应等造成的 GPS 定位误差则无能为力。

GPS/DR 组合的数据融合方法有很多，卡尔曼滤波方法是其中应用最多、也是最为常见的一种。卡尔曼滤波方法应用于 GPS/DR 组合定位中，就是将 GPS 和 DR 的信息同时用于定位解的求解过程，使得 DR 系统的状态在滤波过程中不断得到更新修正，同时组合定位的输出又可以为 DR 系统提供较为准确的初始位置和方向信息，从而即使在 GPS 失效、单独使用 DR 定位时也能长时间保持较高的定位精度。根据利用 GPS 信息的不同，基于卡尔曼滤波的 GPS/DR 组合方案又分为两种：线性卡尔曼滤波和自适应扩展线性卡尔曼滤波。

8.2.1　线性卡尔曼滤波的 GPS/DR 组合定位

线性卡尔曼滤波的 GPS/DR 组合定位系统的框图如图 8-3 所示。其工作原理是：航迹推算系统利用磁罗盘、速率陀螺和里程仪测量的航向和速度信息确定车辆的位置、速度和航向。当 GPS 信号质量较好时，航迹推算系统和 GPS 的定位导航信息都输入线性卡尔曼滤波器中，以航迹推算系统的误差作为组合系统的状态，通过卡尔曼滤波估计出航迹推算系统的误差，然后用估计出的误差修正航迹推算系统。当 GPS 信号质量不好时，转入航迹推算系统单独工作；由于经组合滤波后，测量元件的误差已被校正，因此单独使用航迹推算系统可以在一段较长的时间内保持一定精度，并且系统整体精度比较高。

线性卡尔曼滤波器是 GPS/DR 滤波组合的关键。该滤波器设计的好坏直接影响组合的精度和工程上实现的难易程度，一般线性卡尔曼滤波器的设计原则是在保证一定精度的情况下，使得计算量最小。在该方案中，采用补偿滤波方法进行磁罗盘和速率陀螺测量值融合，采用补偿滤波方法进行磁罗盘和速率陀螺测量值融合，因此，由航迹推算系统确定的载体航向为：

$$\dot{\psi} = -\frac{1}{\tau}\Psi + \frac{1}{\tau}\theta + \omega_g \tag{8-31}$$

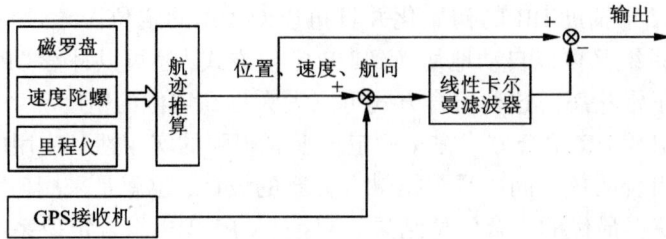

图 8-3　线性卡尔曼滤波的 GPS/DR 组合定位系统的框图

式中：θ 为磁罗盘测量的载体航向，ω_g 为速率陀螺测量的载体航向角速率。

　　由于测量元件存在误差，从而导致航迹推算系统确定的载体位置、航向存在误差。航迹推算系统误差方程为：

$$\Delta\dot{\varphi} = \Delta v\,\frac{\cos\psi}{R} - \frac{v\sin\psi}{R}\Delta\psi$$

$$\Delta\dot{\lambda} = \Delta\lambda\,\frac{\sin\psi}{R\cos\varphi} + \frac{v\cos\psi}{R\cos\varphi} + \frac{v\sin\psi\sin\varphi}{R\cos^2\varphi} \tag{8-32}$$

$$\Delta\dot{\Psi} = -\frac{1}{\tau}\Delta\Psi + \frac{1}{\tau}\Delta\theta + \varepsilon_g$$

式中：$\Delta\varphi$ 为纬度误差；$\Delta\lambda$ 为经度误差；$\Delta\psi$ 为航向误差；$\Delta\theta$ 为磁罗盘的测量误差；Δv 为速度误差。当每秒进行一次推算时，速度误差与里程仪刻度系数误差的关系为：

$$\Delta v = N\Delta s \tag{8-33}$$

式中：N 为每秒车轮转过的周数。ε_g 是速率陀螺的零偏，在不考虑速率陀螺刻度系数情况下，它与陀螺输出电压之间的关系为

$$\varepsilon_g = \frac{\Delta v + \zeta_g}{K} \tag{8-34}$$

式中：K 为速率陀螺的标称刻度因子，可由实验数据获得；Δv 为速率也螺零偏电压；ζ_g 为量测噪声。将式(8-33)、式(8-34)代入式(8-32)，并取 DR 系统误差、磁罗盘的量测误差、里程仪刻度系数误差和速率陀螺的零偏为综合卡尔曼滤波器的状态。并假设磁罗盘的测量误差和里程仪刻度系数误差的变化为白噪声，速率陀螺零偏误差的变化为一阶马尔可夫过程，则滤波器的状态方程为

$$\dot{X}(t) = \Phi(t)X(t) + G(t)W(t) \tag{8-35}$$

式中 $X = [\Delta\varphi \quad \Delta\lambda \quad \Delta\psi \quad \Delta\theta \quad \Delta s \quad \varepsilon_g]^T$，$W = [\zeta_g, w_\psi, w_s, w_{\Delta v}]$，$G = \begin{bmatrix} 0 & 0 & 0 & 0 \\ 0 & 0 & 0 & 0 \\ \dfrac{1}{k}\cdot\dfrac{\pi}{180} & 0 & 0 & 0 \\ 0 & 1 & 0 & 0 \\ 0 & 0 & 1 & 0 \\ 0 & 0 & 0 & 1 \end{bmatrix}$，

$$\Phi = \begin{bmatrix} 0 & 0 & \dfrac{-v\sin\psi}{R} & 0 & \dfrac{N\cos\psi}{R} & 0 \\[2mm] \dfrac{v\sin\psi\sin\varphi}{R\cos\varphi} & 0 & \dfrac{v\cos\psi}{R\cos\varphi} & 0 & \dfrac{N\sin\psi}{R\cos\varphi} & 0 \\[2mm] 0 & 0 & -\dfrac{1}{\tau} & \dfrac{1}{\tau} & 0 & \dfrac{1}{k}\cdot\dfrac{\pi}{180} \\[2mm] 0 & 0 & 0 & 0 & 0 & 0 \\[1mm] 0 & 0 & 0 & 0 & 0 & 0 \\[1mm] 0 & 0 & 0 & 0 & 0 & -\beta_{\Delta v} \end{bmatrix}$$

W 中的元素互不相关的零均值高斯白噪声,其协方差阵为:

$$E[W(t)W^t(t)] = \Theta(\tau)\delta(t-\tau)$$

式中:w_ψ、w_s 分别表示测量误差和里程仪刻度系数误差变化的高斯白噪声;$\beta_{\Delta v}$、$w_{\Delta v}$ 分别表示速率陀螺零偏误差的变化为一阶马尔可夫系数和高斯白噪声。

取 DR 系统的经纬度、航向与 GPS 接收机的相应信息的差值作为卡尔曼滤波器的测量值为:

$$Z = HX + V \tag{8-36}$$

$$\text{其中} \quad Z = \begin{bmatrix} (\varphi_G - \varphi_R)R \\ (\lambda_G - \lambda_R)R\cos\varphi \\ \psi_G - \psi_R \end{bmatrix}, \quad H = \begin{bmatrix} R & 0 & 0 & 0 & 0 & 0 \\ 0 & R\cos\varphi & 0 & 0 & 0 & 0 \\ 0 & 0 & 1 & 0 & 0 & 0 \end{bmatrix}$$

量测噪声 V 是零均值的高斯白噪声序列,$E[V(t)V^T(t)] = R(\tau)\delta(t-\tau)$。

φ_G、λ_G、ψ_G 分别为 GPS 接收机输出的纬度、经度和航向;φ_R、λ_R、ψ_R 分别为航迹推算系统给出的纬度、经度和航向。选择 GPS 的航向与 DR 系统的航向差值作为综合卡尔曼滤波器的量测值是为了增强对航向误差的可观测性。一般的 GPS 接收机是不能测量航向的,这个航向是 GPS 接收机根据测得的载体的位置确定的,假设 k 时刻 GPS 测得的载体位置为 (x_k, y_k),在 $k+l$ 时刻 GPS 测得的载体位置为 (x_{k+1}, y_{k+1}),则 GPS 接收机的航向为:

$$\psi_G = \tan^{-1}\left(\frac{y_{k+1}-y_k}{x_{k+1}-x_k}\right) \tag{8-37}$$

从式(8-37)可以看出,如果在单位时间里位置的变化越大,定位精度越高,那么 GPS 接收机给出的航向精度才越高。即当载体的行驶速度较快并且 GPS 接收机的定位精度较高时,GPS 接收机给出的航向才较准确。研究表明,当载体的行驶速度大于 15 km/h 时,GPS 接收机的GDOP(几何误差系数)小于 3 时,GPS 接收机给出的航向可保证较高的精度。因此,只有满足行驶速度和 GDOP 的条件,以上线性卡尔曼滤波器才可以适用。

8.2.2　自适应扩展的卡尔曼滤波 GPS/DR 组合定位

线性卡尔曼滤波是目前工程中运用最为广泛的一种卡尔曼滤波,但是只有在系统模型较为准确,噪声统计特性较明确时,才具有良好的滤波精度。然而在系统模型建立方面,实际上很多系统往往不能用简单的线性系统来描述,须用非线性系统来描述,以减少由于系统模型不准确带来的滤波性能下降问题。扩展卡尔曼滤波理论上是近似无偏估计,然而,当模型参数与过程多数存在较大差异时,EKF 的估计精度会大大下降,甚至发散。由于工作环境和使用条件的变化,系统噪声统计特性的不确定性也会导致滤波器性能的下降,甚至发散。自适应滤波是一种具有抑制滤波器发散作用的方法，在利用量测数据进行预测值修正的同时，可以不断地对未知或不确定的系统模型参数和噪声统计特性进行估计或修正。因此，将自适应滤波和扩展卡尔曼滤波相结合可以充分发挥扩展卡尔曼滤波的优点并抑制它的不足。

1. 状态方程的建立

系统的状态变量取为 $X = [e, v_e, a_e, n, v_n, a_n, \varepsilon, \rho]^T$，其中 e、n 分别为车辆东向和北向的位置分量，v_e、v_n 分别为车辆东向和北向的速度分量，a_e、a_n 分别为车辆东向和北向的加速度分量，ε 为速率陀螺的漂移误差，ρ 为车辆里程表的标定系数。采用机动载体的"当前"统计模型，则有状态方程为：

$$\dot{X}(t) = \Phi(t)X(t) + G(t)W(t) \tag{8-38}$$

其中：

$$\Phi(t) = \begin{bmatrix} 0 & 1 & 0 & 0 & 0 & 0 & 0 & 0 \\ 0 & 0 & 1 & 0 & 0 & 0 & 0 & 0 \\ 0 & 0 & -1/\tau_{a_e} & 0 & 0 & 0 & 0 & 0 \\ 0 & 0 & 0 & 0 & 1 & 0 & 0 & 0 \\ 0 & 0 & 0 & 0 & 0 & 1 & 0 & 0 \\ 0 & 0 & 0 & 0 & 0 & -1/\tau_{a_n} & 0 & 0 \\ 0 & 0 & 0 & 0 & 0 & 0 & -1/t_\varepsilon & 0 \\ 0 & 0 & 0 & 0 & 1 & 0 & 0 & 0 \end{bmatrix}, \quad W(t) = \begin{bmatrix} 0 \\ 0 \\ w_{a_e} \\ 0 \\ 0 \\ w_{a_R} \\ w_\varepsilon \\ w_\rho \end{bmatrix}$$

式中：w_{a_e}、w_{a_n}、w_ε、w_ρ 为零均值的高斯白噪声。τ_{a_e}、τ_{a_n} 分别为车辆运动加速度变化率（机动加速度）的相关时间常数，G 为标准对角阵，τ_ε 为速率陀螺漂移中的一阶马氏过程的相关时间常数。

2. 量测方程的建立

车载 GPS/DR 组合导航系统的测量传感器包括：GPS 接收机，其输出量为车辆的位置，λ 为经度，ψ 为纬度，单位均化成 m；陀螺输出量为车辆航向变化率，即角速率 ω，s 为里程仪在一个采样周期内输出的距离。因此，系统的量测矢量取为：

$$Z = [\lambda \quad \Psi \quad \omega \quad s] \tag{8-39}$$

$$Z = \begin{bmatrix} \lambda \\ \Psi \\ \omega \\ s \end{bmatrix} = h[t, X(t)] + V(t) = \begin{bmatrix} \lambda \\ \Psi \\ \dfrac{v_n a_e - v_e a_n}{v_e^2 + v_n^2} + \varepsilon \\ \rho T \sqrt{v_e^2 + v_n^2} \end{bmatrix} + \begin{bmatrix} v_1 \\ v_2 \\ \varepsilon_\omega \\ \varepsilon_s \end{bmatrix} \tag{8-40}$$

在式（8-40）中，v_1、v_2 分别为 GPS 接收机输出位置的测量噪声，为零均值的高斯白噪声。ε 为速率陀螺漂移误差中的一阶马尔柯夫过程分量。ε_ω 和 ε_s 分别为速率陀螺漂移误差中的零均值高斯白噪声分量和里程表输出量的零均值观测噪声。可以看出，量测方程是一个非线性方程，用最优估计方法对系统状态变量进行估计时，首先要进行线性化处理。由于进行模型的线性化时，做了一些近似处理，因此，这时的状态估计也就不再是最优估计了，而成为状态的次优估计。

根据上述的状态方程及线性化的观测方程，可建立离散的扩展自适应卡尔曼滤波方程如下：

$$\hat{X}(k/k-1) = \Phi_1(k/k-1)\hat{X}(k-1),$$

$$\hat{X}(k) = \hat{X}(k/k-1) + K(k)\left[Z(k) - h\left[h, \ \hat{X}(k/k-1)\right]\right],$$

$$P(k/k-1) = \Phi(k/k-1)P(k-1)\Phi^T(k/k-1) + Q(k-1)],$$

$$K(k) = P(k/k-1)H^T(k)\left[H(k)P(k/k-1)H^T(k) + R(k)\right]^{-1},$$

$$P(k) = \left[I - K(k)H(k)\right]P(k/k-1), \tag{8-41}$$

式中：Φ 为状态转移矩阵 F 的离散化矩阵；$Q(k)$ 为系统噪声协方差阵的离散化矩阵，$H(k)$ 可以采用机动载体加速度的均值自适应算法获得

$$H(k) = \frac{\partial h\left[k, \ \hat{X}(k/k-1)\right]}{\partial \hat{X}^T(k/k-1)} \tag{8-42}$$

$$\Phi_1(k/k-1) = \mathrm{diag}\left[\Phi_{1e}(T), \ \Phi_{1n}(T), \ e^{-T/\tau_\varepsilon}, \ I_{1\times1}\right], \ \mathrm{diag} \ 表示对角矩阵。$$

$$\Phi_{1e}(T) = \Phi_{1n}(T) = \begin{bmatrix} 1 & T & T^2/2 \\ 0 & 1 & T \\ 0 & 0 & 1 \end{bmatrix}, \ 为牛顿矩阵。$$

$$\Phi(k/k-1) = \mathrm{diag}\left[\Phi_e(k/k-1), \ \Phi_n(k/k-1), \ \Phi_\varepsilon(k/k-1), \ \Phi_\psi(k/k-1)\right]$$

$$\Phi_e(k/k-1) = \begin{bmatrix} 1 & T & (T/\tau_{a_e} - 1 + e^{-T/\tau_{a_e}})\tau_{a_e}^2 \\ 0 & 1 & (1 - e^{-T/a_e})\tau_{a_e} \\ 0 & 0 & e^{-T/a_e} \end{bmatrix}$$

$$\Phi_n(k/k-1) = \begin{bmatrix} 1 & T & (T/\tau_{a_n} - 1 + e^{-T/\tau_{a_n}})\tau_{a_n}^2 \\ 0 & 1 & (1 - e^{-T/a_n})\tau_{a_n} \\ 0 & 0 & e^{-T/a_n} \end{bmatrix}$$

$$\Phi_\varepsilon(k/k-1) = \left[e^{-T/\tau_\varepsilon}\right],$$

$$\Phi_\psi(k/k-1) = 1;$$

$$Q(k) = \mathrm{diag}\left\{\frac{2\sigma_{a_e}^2}{\tau_{a_e}}Q_e(k), \ \frac{2\sigma_{a_n}^2}{\tau_{a_n}}Q_n(k), \ Q_\varepsilon(k), \ Q_\psi(k)\right\},$$

其中，$Q_e(k) = Q_n(k) \approx \begin{bmatrix} T^5/20 & T^4/8 & T^3/6 \\ T^4/8 & T^3/3 & T^2/2 \\ T^3/6 & T^2/2 & T \end{bmatrix}$，$Q_\varepsilon(k) = \left[2\sigma_\varepsilon^2\frac{1}{\tau_\varepsilon}\right]$，$Q_\psi(k) = \left[\sigma_\psi^2\right]$，

$R = \mathrm{diag}\left\{k_1^2\sigma_1^2, \ k_2^2\sigma_2^2, \ \sigma_\omega^2, \ \sigma_s^2\right\}$，$R$ 为观测噪声的协方差矩阵。

3. $Q(k)$ 及 $R(k)$ 的自适应确定

在 GPS/DR 非线性卡尔曼滤波模型中，$Q(k)$ 和 $R(k)$ 的取值在一定条件下将影响滤波器性能。当 $Q(k)$ 取值变小时，状态滤波估计值依赖外推预测值的比重加大；$Q(k)$ 的取值变大，状态滤波估计值依赖外推预测值比重减小。而当 $R(k)$ 取值变小时，状态滤波估计值依赖观测值的比重加大，即滤波器在性能上主要跟随观测方程；当 $R(k)$ 取值变大时，状态滤波估计

值依赖观测值的比重减小，即滤波器在性能上跟随观测方程的权重将减小。在滤波递推公式中，不难看出 $Q(k)$、$R(k)$ 对 $K(k)$ 的影响。

对于 GPS/DR 扩展的卡尔曼滤波模型，希望它能够根据需要自适应地调整其性能，即当 GPS 信号丢失，GPS 接收机不能正常定位，或由于遮挡等原因造成 GPS 定位误差较大时，GPS/DR 组合系统的扩展卡尔曼滤波模型中 DR 系统起主要作用；当 DR 系统工作时间较长，误差积累较大，而 GPS 恢复正常，且定位精度较高时，使得 GPS 定位起主要作用，同时可利用 GPS 定位的结果对 DR 系统进行校正。当 GPS 接收机能正常工作，DR 系统也正常工作时，使得 GPS/DR 组合定位系统综合 GPS 和 DR 的性能，获得优于单纯一种系统的定位精度。要实现上述要求，需要根据具体情况自适应地调整 $Q(k)$ 和 $R(k)$ 的取值，从而自适应地调整 GPS/DR 非线性卡尔曼滤波模型的性能。因此自主地判断 GPS 定位系统的工作情况（即定位精度）是关键，GPS 接收机的输出参数 PDOP（位置误差系数）是较理想的判据，PDOP 的大小能够直接反映 GPS 接收机的定位精度状况。PDOP 的定义如下：

$$PDOP = \sqrt{\sigma_x^2 + \sigma_y^2 + \sigma_z^2} / \sigma \tag{8-43}$$

其中，σ^2 为距离测量误差的方差，σ^x、σ_y^2、σ_z^2 分别为地球坐标系中在 x、y、z 轴方向定位误差的方差。$Q(k)$ 中东向和北向机动加速度方差 $\sigma_{a_e}^2$，$\sigma_{a_n}^2$ 的自适应确定方法如下，以东向机动加速度方差 au 的自适应算法为例：

当东向"当前"加速度分量 $\hat{a}_e(k)$ 为正时，有：

$$\sigma_{a_e}^2 = K_{a_e}^2 \frac{4-\pi}{\pi} [a_{max} - \hat{a}_e(k)]^2 \tag{8-44}$$

当东向"当前"加速度分量 $\hat{a}_e(k)$ 为负时，有

$$\sigma_{a_e}^2 = K_{a_e}^2 \frac{4-\pi}{\pi} [a_{max} + \hat{a}_e(k)]^2 \tag{8-45}$$

这里为了进一步提高模型的灵活性和适应性，引入两个自适应因子 $K_{a_e}^2$ 和 $K_{a_n}^2$，也称为性能系数。

由前述可知，$R = \text{diag}\{k_1^2\sigma_1^2, k_2^2\sigma_2^2, \sigma_\omega^2, \sigma_s^2\}$，其中 σ_1^2 和 σ_2^2 分别为 GPS 接收机在地面东向和北向定位误差的方差，而 σ_ω^2 和 σ_s^2 分别为 DR 系统中压电陀螺输出角速率及里程表输出量的观测误差的方差。在 GPS/DR 组合定位系统中，当 PDOP 较大，GPS 定位误差较大时，根据 PDOP 调整 k_1^2，k_1^2 取较大的值使 k 增大，$K_{a_e}^2$ 和 $K_{a_n}^2$，取较小值从而使 Q 取值减小，使得 GPS 定位系统的作用减小，而使 DR 系统起主要作用；而当 PDOP 较小，GPS 定位精度较高时，根据 PDOP 的大小，适当选取 R、Q 阵的值，使得 GPS 和 DR 系统同时起作用，从而获得较好的定位精度。这样，对于 GPS/DR 组合导航系统的扩展卡尔曼滤波模型，在车辆运行的过程中，能够根据具体情况进行自我调整，从而具有不同的性能，因此具有一定的"智能"。

8.3 GPS/MM 组合定位

无论采用 GPS 单点定位、还是差分 GPS，得到的实时定位数据仍有一定的误差。矢量化电子地图道路数据是相对精确的，地图匹配（MM）是一种软件定位修正技术，在假设"车辆始终行驶在道路上"的前提下，通过其他定位方法（如 GPS、DR 等）测得的车辆位置或行驶轨

迹，与车载的电子地图道路数据相比较、匹配，找到车辆所在的道路，计算出车辆在道路上的位置，修正定位数据，获得准确的车辆位置。MM 通常与其他定位方法组合使用，能够较好地提高车辆定位精度，减小定位误差。目前广泛采用的 MM 组合定位机制多与 GPS 或和 DR 的综合定位方法。

8.3.1　地图匹配的定位原理

　　MM 的定位原理如图 8-4 所示：将其他定位方法得到的车辆位置或行驶轨迹与车载的电子地图道路数据相比较、匹配，从而找到车辆所在的道路，并且显示出车辆的实时位置。

　　MM 的应用基于两个基本假设：①车载导航系统内配备的电子地图的坐标误差小于 15 m；②被定位车辆正在道路网中行驶。只要满足这两个条件，就可以进行匹配过程。

　　地图匹配可分为两个相对独立的过程：①匹配道路的选择，即寻找车辆当前行驶的道路；②是将当前定位点投影到车辆行驶的道路上。第一个过程是关键的过程，只要确定了匹配道路，

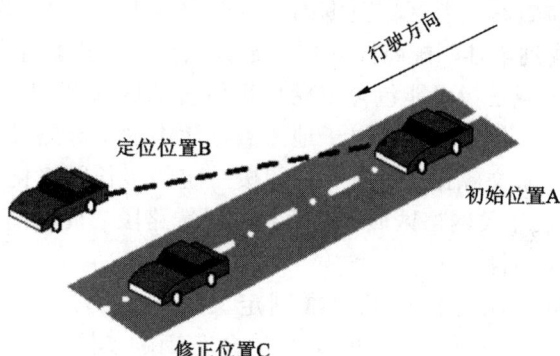

图 8-4　地图匹配的原理

就能够将车辆的定位点向道路作投影，是第二个过程的基础。一个完整的地图匹配算法包括三个主要的处理过程，即选取匹配路段、确定误差区域和计算修正结果。

8.3.2　常见的匹配道路选择方法

　　主要的匹配道路选择方法有最短距离法、半确定性算法、概率统计算法、位置点匹配算法、相关性算法、模糊逻辑算法等。

1. 最短距离法

　　最短距离法是一种基础的匹配方法。该算法的原理是，结合道路特征，预先设置一个匹配阈值，并给定一个判断域数值，对判断域内路段，计算当前获取的 GPS 点与各路段之间的距离以及该点在相应路段上的投影点，比较阈值范围内的投影距离，距离最短的路段为匹配路段，最短距离对应的点为 GPS 的匹配点。最短距离法原理简单，过程明了，计算量小，能在很大程度上消除地图匹配中各种误差产生的影响，但在道路情况比较复杂时，该方法的不足也是显而易见的。最短距离法通常作为一种基本方法，与其他匹配方法结合来得到好的效果。

2. 半确定性算法

　　基于车辆沿着预定道路行驶的假设，根据车辆的初始位置和运动方向，计算出道路上所有可能的拐弯点，进行周期性的条件测试以确定车辆是否在已知的道路网上行驶，不是直行即是拐弯。这种方法从原理上来说很简单，车辆不是直行就是拐弯，但是实际操作有很大的不确定性，而且计算量较大。

3. 概率统计算法

概率统计法的基本原理是概率论与数理统计,在车辆所在位置的某一置信区域内,对已有匹配结果进行统计,计算此时在这一置信区域内车辆可能出现的概率,并计算出匹配点。概率统计法考虑了道路的地形特征,与其他方法结合能解决匹配时道路中的合点与并行路段的问题。但是该方法的不足是,当路况比较复杂时的计算量较大,做不到实时性的要求。

以上方法都具有各自的优缺点,尚无成型通用的算法。

8.3.3　误差区域确定和候选路段的选择

GPS 观测数据肯定存在误差,我们对这个误差进行估计,确定其误差区域,即我们认为车辆真实位置在误差区域范围内的某个路段上,根据一定算法确定误差区域内所有路段的匹配权值,找到最佳匹配路段并按一定方法将车辆投影显示在路段的某个点上。

误差区域是指可能包含车辆真实位置的区域范围,在误差区域内的道路称为候选路段。因为没有必要每次都扫描电子地图数据库中的全部路段,所以合适的误差区域的选择显得非常重要。已有文献提出,先对地图按一定的步长网格化,然后由算法找到定位点所在的网格 $Grid(i,j)$ 及相关网格区域,进而寻找候选路段。此法简单可行,但所选区域大小固定,缺乏精确性和灵活性。

通常的方法是根据概率准则定义误差椭圆,即该误差椭圆必须以一定的概率包含车辆的实际位置。按照统计理论,假设定位系统的方差、协方差矩阵模型化为:

$$\Sigma = \begin{bmatrix} \sigma_x^2 & \sigma_{xy} \\ \sigma_{yx} & \sigma_y^2 \end{bmatrix} \qquad (8-46)$$

式中: σ_x^2 和 σ_y^2 为 GPS 数据的方差; σ_{xy} 和 σ_{yx} 为协方差。GPS 接收机一般都提供定位解的方差和

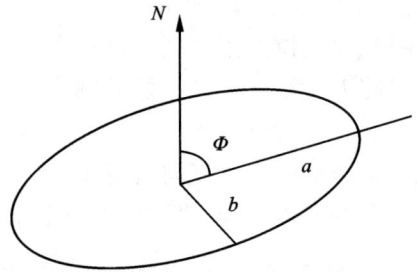

图 8-5　误差椭圆

协方差参数输出,这些参数可以方便地从接收机输出电文中获得。可由此定义误差椭圆如图 8-5 所示。

$$a = \hat{\sigma}_0^2 \sqrt{\frac{1}{2}\left(\sigma_x^2 + \sigma_y^2 + \sqrt{(\sigma_x^2 - \sigma_y^2) + 4\sigma_{xy}^2}\right)}$$

$$b = \hat{\sigma}_0^2 \sqrt{\frac{1}{2}\left[\sigma_x^2 + \sigma_y^2 + \sqrt{(\sigma_x^2 - \sigma_y^2) + 4\sigma_{xy}^2}\right]} \qquad (8-47)$$

$$\varphi = \frac{\pi}{2} - \frac{1}{2}\arctan\left(\frac{2\sigma_{xy}}{\sigma_x^2 - \sigma_y^2}\right)$$

式中: $\hat{\sigma}_0$ 为单位权值的后验方差,改变它的值可以调整误差椭圆的大小以获得不同的置信度。

8.3.4　利用道路空间网络拓扑性质辅助修正

在道路空间关系中,拓扑关系指的是候选路段与前一匹配路段的几何拓扑关系,主要包括连通性、包含性和邻接性等关系。通过对前一次匹配结果和车辆前进方向的分析,利用道路空间网络拓扑性质可以解决以下几方面的问题。

（1）预测下一时刻待匹配路段的范围，能够加快候选路段的搜索速度。地图匹配能够正确工作，其前提是定位系统电子地图具有完整的网络拓扑结构。如图 8-6 所示，假设当前时刻车辆行驶在路段 A，由于受车辆速度等因素影响，在一定的时间内，车辆只能行驶有限的距离，因此，下一时刻，车辆仅可能行驶在路段 B、C、D 上，即与 A 直接连通的路段上，不能跳跃到路段 E、F、G 路段上。

（2）便于路段筛选，解决并行道路的误匹配问题。对于道路空间中两条平行且距离很近的道路，如果车辆在其中某一条道路上行驶，由于 GPS 定位系统的误差，可能会出现定位点在两条路段上来回跳动的现象，采用基于距离要素的地图匹配方法，即使考虑到了车辆行驶的方向，也不能很好地消除误匹配现象的发生，利用道路拓扑关系可轻松地进行道路筛选，同时消除误匹配。如图 8-7 所示，车辆行驶在路段 A，下一时刻，车辆将行驶在两条并行且间隔距离很近的道路，根据连通性原理，车辆只能行驶在与 A 直接连通的路段 B 上，不可能出现在路段 C 上。

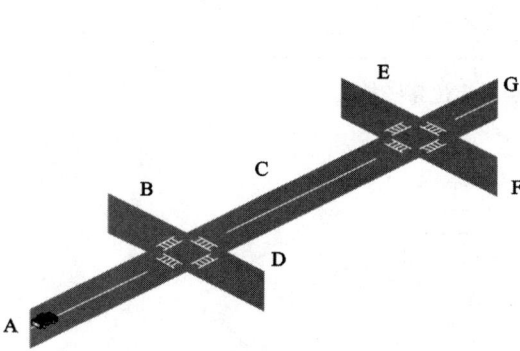

图 8-6　网络拓扑结构　　　　　　　　　　图 8-7　并行道路

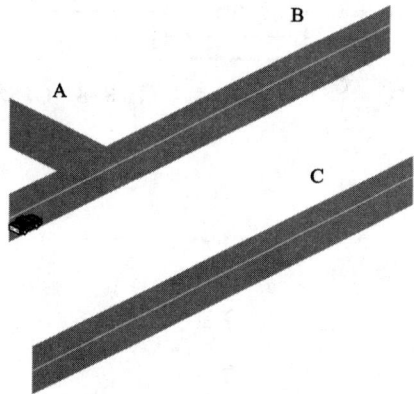

（3）利用交通规则中的禁止与限制策略。利用拓扑关系可解决道路网中的连通性问题，但是在实际地图匹配应用中，只有连通性是不够的，车辆行驶在一个真实的道路网络环境中，这就势必要求车辆必须按照交通规则行驶，例如禁止通行，禁止左右转弯，单行道等。交通规则不是道路网中的要素具有的自然属性，而是人为增加的交通控制措施，通常以交通标志的形式出现，利用道路的拓扑关系，可以成功地解决利用数学方法无法解决的问题。

综上所述，GPS/MM 组合定位方式的优点是只需要 GPS 接收机和车载导航电子地图，成本较低，但存在当 GPS 信号丢失时系统无法工作的致命弱点，因此系统的可靠性不高。

8.4　GPS/DR/MM 组合定位

GPS/DR/MM 组合定位方式是利用地图匹配技术对 GPS 和 DR 组合定位系统的定位信息做进一步校正，融合三者的数据信息，提高了系统的可靠性和定位精度，修正了 GPS/DR 系统的定位误差。这种组合定位方式较为充分地利用了 GPS、DR 和地图匹配的优势，当 GPS 信号正常时，其定位信息修正了 DR 系统随时间积累的误差；当 GPS 信号"失效"时，DR 系统可在短时间内持续车辆的定位过程，并进一步得到地图匹配技术的误差校正，从而解决了车辆行驶过程中的持续定位问题和误差校正问题。因此这种组合定位方式在提高定位精度、系统容错性和可靠性等方面比单独的定位方式有优势，是在车载定位系统中采用的主要技术。该组合定位过程处理的数据量较大，因此在硬件上对处理器处理功能要求较高，成本比之前的提到组合定位方式高。GPS/DR/MM 组合定位系统的框图如图 8-8 所示，地图匹配算法的流程图如图 8-9 所示。

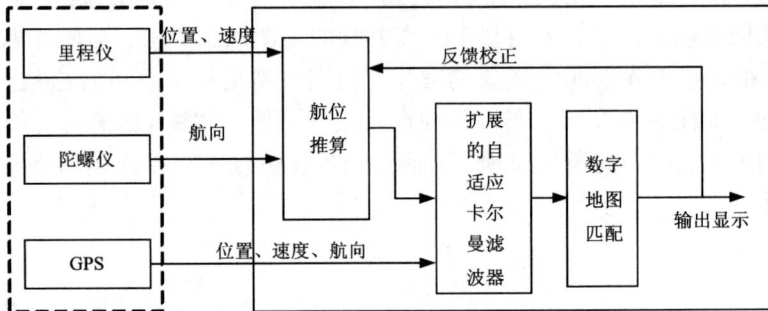

图 8-8　GPS/DR/MM 组合定位系统框图

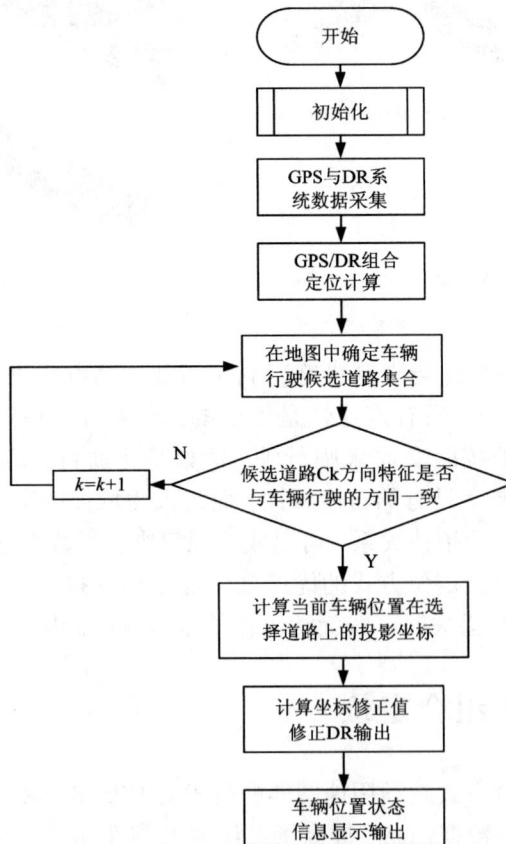

图 8-9　地图匹配的程序流程图

8.5　TOA/MM 组合定位

在智能交通管理系统中，交通信息的动态、准确和及时采集是实现交通信息化的前提和关键，近年来蜂窝无线定位技术因其投资少、全天候和覆盖广的特点取得了广泛的应用，它充分利用已有的移动通信设施和网络资源，以驾驶员和乘客随身携带的处于开机状态的移动台作为采集设备，通过跟踪路网内随车运动的移动台在一定的时间间隔内的位置信息来分析路网的运行状况。然而只有将随机动车运动的移动台匹配到正确的路段上，移动台的信息才能本质上成为道路交通数据的信息源，而在无线定位中误差不可避免，如何将定位结果与数字地图相结合来决定车辆在路网中位置是一个非常关键的问题。

针对蜂窝无线定位的特点，又需要考虑以下因素：①搜索的最大距离可在无线定位最大的定位误差允许范围内。②移动台位置与匹配点应在同一个蜂窝小区内。

在一定的时间间隔内，从网络运营商获取网络中车载的移动台信息，包括每个移动台信号接收的时间、位置坐标和蜂窝识别码 CID，记 t 时刻移动台的位置 $p_{0t} = (x_{0t}, y_{0t})$。在进行地图匹配时，选择一搜索圆，圆半径为蜂窝定位允许的最大误差，搜索出所有距离 P_{0t} 点的垂直距离小于搜索半径的道路链的直线段，垂直距离记为 PP_{it}，$i = 1, 2, \cdots, N$。N 为候选路段的条数，如果没有找到任何路段，则放弃这次匹配，如果仅包含一条路径，则直接认为这条路径就是匹配的路径，如果包含有多条路径，先利用无线蜂窝小区信息，判断所选的道路与移动台是否在同一蜂窝小区，如果不满足，则删除这条路段，如图 8-10 所示，虽然路段 L_1 和 L_2 都在搜索范围内，但 L_1 与移动台位置点 A 不在同一蜂窝小区，故不作为匹配候选路段。

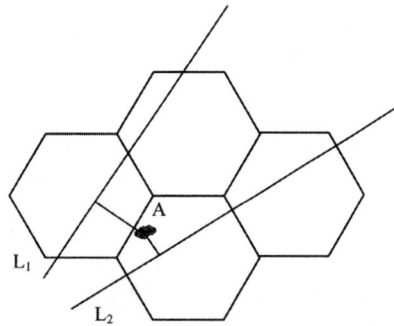

图 8-10　位置点和搜索点不在同一个蜂窝小区

另外考虑连通性因素，在下一步的搜索过程中，只搜索那些与先前路段相连通的路段上的点作为匹配候选。

为了充分利用前向信息并尽量减少对系统性能的影响，经验上可利用前向几个位置值，并选择 7~6 个历史位置和一个当前值构成一个子时间序列数据，并提取特征数据：在搜索圆内的每一路段上得到点 $p_{0t} = (x_{0t}, y_{0t})$ 的投影点 P_{it}，两相邻时刻 $[t-1, t]$ 的运动距离分别为：$\Delta x_{it} = |x_{it} - x_{i(t-1)}|$；匹配候选路段方向角 θ_{it} 和移动台的方向角分别为 θ_{0t}：

$$\theta_{it} = \arctan \frac{y_{i_{t+1}} - y_{i_t}}{x_{i_{t+1}} - x_{i_t}}, \quad \theta_{0t} = \arctan \frac{y_{0_{t+1}} - y_{0_t}}{x_{0_{t+1}} - x_{0_t}} \tag{8-48}$$

接下来，根据这些序列数据的特征进行评估将与车行轨迹最相似的路段作为匹配的路段，在匹配的过程中可以利用路网的拓扑结构提高匹配的准确性。

重点与难点

　　重点：(1)卡尔曼滤波算法；(2)自适应 GPS/DR 组合导航方法；(3)GPS 与 MM 配合定位。

　　难点：如何使用 GPS、DR、TOA 等与 MM 组合定位。

思考与练习

　　8-1　推演线性卡尔曼滤波算法。

　　8-2　为了发挥扩展卡尔曼滤波的优点并抑制它的不足，如何将自适应滤波和扩展卡尔曼滤波相结合？

　　8-3　常见的匹配道路选择方法有哪些？

　　8-4　如何使用 GPS/DR/MM 进行组合定位？

第9章

智能车辆导航系统

9.1　智能车辆导航系统的历史发展

车辆定位导航系统的概念最初起始于 20 世纪 70 年代末，当时采用航迹推算地图匹配技术实现车辆的定位与导航。航迹推算系统由里程仪、磁罗盘、速率陀螺及微处理器组成。由于这种推算系统容易产生误差积累，定位精度低，故需要地图匹配进行校正。尽管如此，由于受到当时的地图精度、微处理器的运算效率和成本的影响，这种导航系统误差较大，动态定位精度较低，实用性受到限制。这类系统有 20 世纪 80 年代欧洲"CITY PILOT"车载航位推算系统，美国的 Etack 导航器，荷兰的"CARIN"车辆定位系统，德国的"AKI-SCOUT"车辆路线制导系统，英国的"Autoguide"车辆导航系统，这些系统称为第一代车辆定位导航系统。该类系统虽然实用性差，但其研究工作为今后的车辆定位导航系统打下了基础。

进入 20 世纪 90 年代，随着计算机和通信技术的飞速发展，车辆定位导航系统开始进入真正的实用阶段。特别是美国全球定位系统(GPS)的建立，为全球范围内的用户提供了一种廉价、实用的定位手段，使得车辆定位导航系统的发展进入了高潮。1995 年，美国 Oldsmobile 公司推出了第一种装有 GPS 接收机的车辆导航系统 Guidestar。Guidestar 是利用电子地图与卫星定位来进行导航，是一种 GPS+MM 组合导航系统。装有 GPS 接收机的车载定位导航系统的定位精度比早期的航迹推算系统的精度提高了一大步，实用性得到了提高。这类系统还有法国的 CARMINAT 车辆组合导航和信息系统，美国的 TRAVTEK 车辆导航及信息系统，日本的 SUMTOMO 汽车电子导航系统，这些系统称为第二代车辆导航系统。它们的共同特点是车辆的定位精度比第一代系统有很大提高，都是利用 GPS 组合导航技术来提高定位精度及导航系统的可靠性。

由于 GPS 具有成本低、精度高、便携式、低功耗、易于和其他传感器、通信设备以及数据库进行融合等特点，以 GPS 为主构成的车辆定位导航系统目前几乎占据了全部的市场。

从 GPS 价格的发展情况来看，其他定位导航技术很难和 GPS 竞争。但是 GPS 也存在着许多问题，如其定位信号会由于隧道、桥梁、树木、高大建筑群构成的"城市峡谷"等障碍物的遮挡而中断；由于墙体或山体的侧面所造成的多路径效应，导致 GPS 定位存在相当大的偏差；GPS 在某些场合比如在楼房里、地下或水下等是无法应用的。随着其他定位导航技术成本的降低，组合定位导航系统因具有高精度、高可靠、连续性、多功能等特点将逐渐成为市场的主流。

9.2　自主式车辆定位和导航

　　自主式定位与导航系统的设计具有不同程度的复杂性。系统的复杂性通常取决于结构和设计的权衡。这些权衡涉及各种结构上的限制，如系统层次上的定位精度需求、系统的单位成本、支持导航功能的复杂性、是否需要无线通信接收机来支持定位功能和其他应用方面的特殊考虑。

　　自主式系统可设计成像手持设备那样简单或高级的车载导航系统那样复杂，这取决于用户的需求。例如，让我们来考虑开发一个面向徒步旅行或野营者使用的低成本、手持式、自主式定位装置的权衡方案。假设这样的手持设备的材料和生产成本受到市场需求的制约，一个简单的实现可采用单一廉价的定位技术，如 GPS，而不附加校正或消除定位误差的子系统（即 DGPS）。因此，尽管某些不精确性是在选择可用性政策下人为加入的，我们以定位精度的大幅度降低（接近 100 m 而非 15 m）为代价来换取较低的单元成本。另外，根据成本限制，采用地图显示过于昂贵。因此，所用的显示单元只提供简单的、仅限于文本的、单色 LED 显示设备显示经度和纬度。我们基于显示器的选择进行了另一重要的权衡，由于不包括图形显示，降低了系统功能。注意本例中使用的导航方法假定为"手动"，即用户需要在纸制地图（随身携带）上标出经纬度来进一步确定位置。这一具有最小复杂性的系统适用于娱乐场合，如徒步旅行，以运动为目的，如登山、骑自行车或其他低技术的交通运输。另外，越高级的实现所需求的结构复杂性就越高。

　　较为复杂的系统实现需采用多种集成定位技术。车载定位系统可采用同 GPS 相结合的推算定位、复杂的地图匹配功能和 CD-ROM、硬驱动器或基于内存卡的地图数据库。用户界面可采用能同时显示文本和地图的平面显示器（head up display）或触摸屏控制的彩色监视器并具有语音识别和语音合成功能，还可包括用于旅行导航的路径规划和依次转向引导。一些导航部件可与车内已有的娱乐设备集成在一起。

9.2.1　车辆定位

　　在本节中，主要讨论移动应用中的定位技术。最简单的定位系统结构包括两个主要模块（构造模块）：定位模块和用户接口模块。正如图 9-1 所示，各种技术均可采用。根据用户需求，可以从每一模块选择一种或集成几种不同技术来构造可运行的车载定位系统。

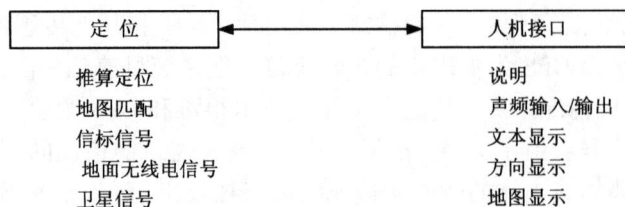

定　位	人机接口
推算定位	说明
地图匹配	声频输入/输出
信标信号	文本显示
地面无线电信号	方向显示
卫星信号	地图显示

图 9-1　简单的车载定位系统

　　尽管这一简单的定位系统的结构似乎很简单，但定位系统是任何高级定位与导航系统的基本构成单元。没有可靠的定位组成单元，任何建立在这之上的复杂系统的性能将注定不可能满足要求。

1. 独立定位技术

第一类定位技术，即独立定位技术，与第二、三种不同之处在于不需要通信接收机来确定车辆位置。前面讲到的推算定位，一种独立定位技术，使用传感器的数据融合来确定车辆位置。这一技术取决于系统生成的初始位置、接收的位置或修正位置(可由用户输入或在车辆停止时存储的)。然后使用车载传感器提供的距离和方位信息来计算两维平面上的相对坐标。相对距离测量通常从车辆里程计来推算；方位信息一般由磁罗经、差分里程计或陀螺仪提供。

由于传感器噪声引入的误差或初始确定的车辆位置的不精确而造成的误差，使得精度成为这类系统的问题。误差随时间而积累，从而使远距离定位精度变差。总之，高定位精度的系统不可用推算定位技术作为唯一的定位源。这类系统的优点在于不需要用于定位测量的通信接收机，这将会减少整个系统实现的成本。当然成本的减少会使得精度变差。从长远来看，需要更高定位精度的系统最终将会终止这种技术与其他定位技术相结合。

地图匹配算法可用于解决推算方法所造成的不精确性。各种融合技术也有助于补偿推算定位的不精确性。还有一些需外部协助的替代方法。例如，短距离信标可安装在路边标牌或一些杆子上来向车辆发送其已知位置，这些数据可用来校正车载定位系统。虽然短距离信标可单独用于定位，但其局限性在于不能确定在信标间的车辆位置；若设置多个信标，会增加系统成本。GPS、LOR-AN-C 和其他技术也可用来改善独立定位系统的性能。然而，一旦采用外部协助，定位技术就会变成混合的而不称其为独立的定位技术。

另一种不需要通信接收机进行定位的独立定位技术是采用计算机视觉系统。这一技术的基本原理是在实际出发前存储沿途采集的图像，然后在行程中将摄像机捕获的图像与之相匹配来识别车辆位置。类似的方法(及这一方法的变种)已用于其他领域，如机器人工。最新研制的系统是将计算机视觉技术与推算技术集成。这一系统将推算模块与一个在 CD-ROM 图像、数据库中编码的道路路标的神经网络结合起来，其位置确定是实时进行的，由数据压缩和高速图像捕捉技术辅助实现。这一系统称其定位精度小于 5 m。系统框图如图 9-2 所示。

作为独立定位技术，基于计算机视觉方法有其优缺点。缺点是经过的区域图像必须记录和存储于数据库中，这意味着该技术不能用于数据库中没有包含的区域。优点是该系统不需要通信接收机进行位置确定；另外，模式识别和最后位置确定实际上是相互独立的，而且可补偿与单独地推算相关联的定位误差和传感器误差的损失。尽管讨论的方法是使用自然路标来定位，但这一原理也适用于人工路标。换句话说，为了定位目的可将特殊设计的物体或标志放于路边，假如并不关心额外的设备和维护费用，这将会使车载系统更加简单。这一技术和其他独立定位技术以混合方式实现，会很好地补偿基于无线定位技术常见的缺陷：许多无线定位系统受到高大目标，如建筑物和山丘的干扰(多路径反射/衰落)。相反，基于计算机视觉的技术依赖于这些大目标并在无线定位系统损失精度之处精确地提供关键的位置数据。除自动车辆定位外，计算机视觉已用于其他车辆应用，如自动驾驶、自动车辆识别、避免碰撞和自动事故检测。

2. 地面无线电定位技术

在介绍基于地面无线信号的实际定位系统之前，首先介绍基于地面无线定位系统的常用

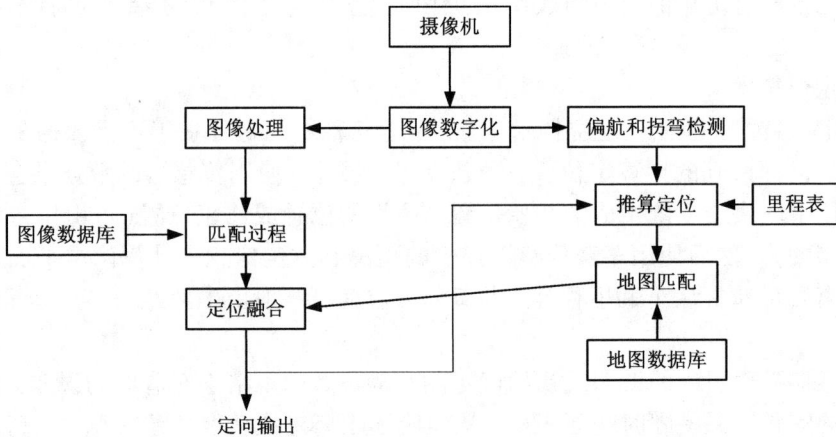

图 9-2　基于计算机视觉的自动车辆定位(AVL)技术

技术。注意,下面讨论的方法既可用于移动端也可用于固定设施中的中心主机端。移动设备可为独立手持设备。尽管我们讨论的大部分是以车辆为中心,但其也可推广到手持设备上。如果移动端利用这种方法确定车辆位置,相应系统称为自主式系统。如果固定设施端的中心主计算机利用这种方法来确定车辆位置,则称为中心式系统。

　　三类常用的地面定位测量技术是到达时间(TOA)、到达角度(AOA)和到达时间差(TDOA)。所有这些方法均利用 RF 信号以恒定速度传播以及传播信号的路径是可预测性的原理。第一种技术:TOA,通过测量从多个已知位置的发射机的广播信号到达接收端的传播时间来确定移动设备或车辆的位置。该技术与 GPS 定位采用的技术是一样的,不同的是地面定位的发射源不在空间,而在地球表面。通常发射源位于基站或发射塔。

　　AOA 技术利用 RF 三角测量来计算车辆位置。在基于固定设施的实现中,信号由车载的RF 发射机发射。在这种方法中,利用位于同一单元区点的两个或更多的相位阵列天线接收传播波。

　　采用 AOA 方式确定车辆位置既有优点也有缺点。优点是无须在单元小区(或基站)间保持时间同步以完成车辆定位,仅需两点就可确定车辆位置;由于 AOA 不使用多站点时间同步系统(如 TDOA),其定位技术的整体性能受 RF 频道带宽的影响较小。这是在单一系统里处理各种 RF 技术时(如从低端 30 kHz 的 AMPS 和 10 kHz 的 NAMPS 到高端 1. 25 MHz 的CDMA)需牢记的重要特征。AOA 的主要缺陷在于对于信号阻挡和多径反射的敏感性,这会使估计的车辆位置具有较大的误差范围,市区内尤为如此,误差可达几百米。由于信号的发散,基于 AOA 计算出的相对基站的车辆的位置可能在其实际方向的相反位置上。AOA 的另一问题是每一单元小区或移动设备(取决于基于固定设施或基于移动台的方案)需要至少两个天线(这会增加系统的附加成本)。然而,对一些已建成的,已具有一个相阵天线的站点可能不成问题。

　　第三种地面无线定位技术是 TDOA。TDOA 技术利用 RF 三边测量法来计算车辆位置。RF 三边测量法与三角测量法的不同之处在于它计算车辆和具有时间同步的固定设置参考站点之间的距离。这一距离的计算可通过两种方法之一实现:测量无线信号(脉冲群)从车辆到参考点的传播时间;或无线信号从车辆到参考点的总的相位变化。利用脉冲调制的无线信号与相位调制相比较,前者受多径传播的影响较小,这意味着脉冲调制更为精确;另一方面,脉冲调制需要的带宽比相位调制的带宽要高。无线信号也可先由基站传至车辆,然后由车辆返回到基站。在这种情况下,计算的距离应当除以 2。

采用 TDOA 技术进行实时定位计算仅需少量的天线,而且与 AOA 相比对于信号阻挡与多径反射不敏感。TDOA 的主要缺点在于需要维持所有基站间的时间同步。为保证测量 RF 信号传播所要求的精度,实现和维持多站点的时间同步是十分困难的。注意这一困难对于基于 CDMA 网络的系统可能根本不成问题,因为其站点已经过同步。无线电波的传播速度大约为 300 m/μs(989 ft/μs),因此,在单一站点 1 μs(百万分之一秒)的时间误差会导致车辆偏离其实际位置 300 m。多数定位系统所需的定位精度小于 300 m。TFDOA 的另一问题在于频道宽度可能影响这一技术的性能。TDOA 中的时间差测量会受到窄频道带宽的影响,因为高分辨时间差测量需要窄脉冲(或等价量);而脉冲越窄,需要的频带越宽。相反,窄的频带宽度对于 AOA 技术不成问题。这使得 TDOA 在窄带模拟系统中的精度小于在宽带系统中的精度。为了改善定位精度,可采用两种技术相结合的实现方法(TOA/AOA,AOA/TDOA 等)。

许多地面无线电导航系统采用基于三角测量的技术来定位。如我们所知,这一技术依赖于从三个或更多的固定参考站点检测无线信号。著名的无线导航系统有 DECCA、OMEGA、LORAN-C,但它们在车辆应用上不如 GPS 普遍。前两个系统不同于 LORAN-C,它们采用相位差来定位。

DECCA 导航系统工作在 30~300 kHz 频段,采用一系列的 3 或 4 个发射机。这些发射机发射低频锁相信号,按接收机在得出的双曲线网格的位置来定位。该位置可转换为经纬度坐标或参考网格。这一导航系统主要用于欧洲并且由各自的政府管理。

OMEGA 是主要用于航海和航空的全球导航系统,工作于甚低频率(10.2~13.6 kHz),最早用于美国海军的潜艇服务。系统的控制不久扩展为多国协作。这一系统已在英国以差分方式用于车辆定位。

LORAN-C 为美国海岸警备队的"C"结构的远距离导航系统(LORAN)。1942 年以前,该系统的"A"结构最初用于试验。LORAN-C 系统使用 3 个或 3 个以上的岸基发射台,其信号可由接收机用来完成双曲线位置确定。发射机使用的频率在 90~110 kHz 之间。1979 年 LORAN 发射机"三个为一组"完成覆盖所有北美海岸、北欧、地中海和亚太海岸。现在,LORAN-C 为北半球大部分地区提供服务。对于陆用,LORAN-C 定位误差大于 500 m。人们已经研制出差分 LORAN-C 以改进定位精度。同时,LORAN-C 在近几年里进行了其他一些改进。LORAN-C 和 GPS 的不同特性和互补性表明,将其集成用于车辆导航是有用的。

总之,这些基于地面的无线系统对于海运和航空应用十分有效,其部分原因是在这些环境中缺少大的障碍物。然而,在陆上这些系统的使用由于环境和人造障碍物(如山和高楼)的原因而导致精度下降。这些障碍物会造成信号衰减,产生多路反射效应,因此限制了陆用接收机定位的有效性。例如,LORAN-C 和 OMEGA 的定位误差分别高达 500 m 和 2000 m。对于单独的接收系统来说补偿这些信号畸变的能力是非常有限的。另一方面,基于地面的无线电导航系统可将语音和数据通信纳入同一系统。与基于卫星的系统不同,这些系统中有些可工作于建筑物内。

Pinterra 研制开发了另一种形式的基于地面无线电定位技术。这一系统使用与参考站相关的商业 FM 无线电台信号来计算位置。这一技术使用 FM 无线电台的引导音调(通常在

19 kHz 范围)来计算位置。位置通过三角测量获得。移动台根据从至少 3 个无线台接收的信号把相位测量转换为距离测量。这一技术需要在每个城区的已知位置设立一个基准台(观察站),这一站点具有类似 DGPS 基准台的作用。参考站计算每一个 FM 无线电台的相位和频率漂移校正,这些校正数据通过 FM 负载频或其他广播媒介发送至移动接收机以同步发射和稳定频率。在许多国家,由于 FM 台高度集中,这一技术具有覆盖范围广的优点。FM 台通常可覆盖 20711 km^2。另外,由于 FM 广播使用的频率(87~108 MHz)低于 GPS 或蜂窝网络,因此信号受建筑与山等阻碍物的影响较小;由于 FM 信号可穿透建筑物,这一技术可嵌在经常在户内使用的便携设备中。该系统的宣布精度在 10~20 m 之间。

大多数地面无线定位系统的最小误差至少为 150 m,最坏的系统误差高达 2000 m。如前所述,在接近城市高楼区时,这类系统性能常常恶化,因此进一步研究或采用混合方法(所讨论的三种方法的各种组合或其他方法)来改进这些技术。例如,一种减少定位误差的方法为在移动设备中利用载波多普勒相位测量和距离估计变化间的关系实现滤波技术。

3. 卫星定位技术

由于固定设施投资巨大,基于卫星的无线定位系统的数量还很有限。在这里,将简单讨论两个已得到应用的系统。第一个系统是全球定位系统(GPS);第二个系统是由 Eutelsat 管理的 Eutel Tracs 系统。这些系统利用视信号接收和 TOA 的基本原理计算接收机位置。其他类似的系统有 GLONASS 和 STAR-FTY 等。

GPS 是一种全天候、基于无线的卫星导航系统,可为用户提供三维位置、三维速度和时间。系统由三部分组成:空间部分由 24 颗卫星组成;用户部分包括所有 GPS 接收机和支持设备;地面部分由主控中心和许多分布广泛的监测站组成。由地面控制跟踪卫星、确定其轨道、周期性地向卫星发送校正信息和其他数据以更新给用户部分的发射内容。

一个极简单的定位系统可将 GPS 接收机单独作为定位传感器。但是 GPS 接收机精度因 SA 影响而下降;而采用差分技术可提高精度(但需附加成本)。

另一方法是使用双 GPS/GLONESS 接收机,可利用空间中的 48 颗卫星(而非仅使用 GPS 的 24 颗)在大多数时间内提供定位。因 GLONASS 不受 SA 影响,即使是在城区高楼林立的街区,也可提供定位。根据美国总统的年度报告,美国政府已决定准备在 4~10 年间有条件地分阶段逐步取消 SA 限制。对民用用户来说,这将在很大程度上改进 GPS 的精度。然而,SA 可在任何时候加上限制(国内紧急状态,战争等),而且这一危险在整个系统设计中应加以考虑。在 GPS 中,用户只能接收数据(单向发送);与 GPS 相反,欧洲卫星定位服务,Eutel Tracs,允许用户双向通信。系统采用车载终端实现这一双向功能。车辆与两颗卫星通信,一颗用于控制通信,另一颗用于距离计算。使用的卫星位于距离地球表面 36000 km 的地球同步轨道上,该系统的报告精度为几百米。

4. 接口技术

在简单的定位系统中采用的显示器在功能方面有所不同。设计所考虑的问题主要是成本、用途和工作环境。简单的基于文本的 LED 和 LCD 的显示器是向车辆驾驶员提供低带宽信息的低成本设备。这类显示器适用于显示位置信息、交通信息和有限的路径引导信息。

可以用于简单定位应用的其他显示子系统包括以点像标显示车辆位置的地图显示。这类显示可能会也可能不会允许用户通过触摸屏或其他输入设备输入信息。为了用户输入,较复杂的系统要求更多的性能。

9.2.2　车辆导航

车辆导航系统由图 9-3 中所示的几个集成系统构造模块组成。

图 9-3 中控制器、存储器、可视显示、声音设备和接收机 5 个模块所代表的设备，既可作为独立应用的导航部件，又可与其他一些娱乐设备或非导航设备相结合构成多功能部件。系统使用的天线或者单独实现或者集成到灵活的设备中。

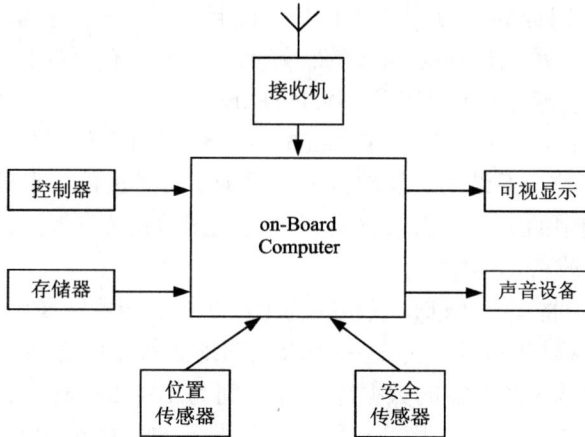

图 9-3　复杂的车载导航系统

通常，由复杂的导航构造模块构成的系统往往是由特殊的需求引起的，如较高的定位精度、复杂的人机界面、较强的引导功能或集成的无线定位接收机。因此，这些复杂的导航系统往往比简单的定位系统更昂贵。

1. 解决复杂的技术要求

选择和集成适当的导航模块时，我们必须对用户的需求有深入的了解。系统的需求越复杂，最终得出的集成系统也越复杂。例如，即便对于简单的视觉显示单元，也会有多种选择，从简单的仅显示几个字符的黑白 LED 显示到高档的显示文本和图形的主动阵列彩色 LCD 显示。我们按照假定产品的功能需求来讨论系统的设计问题。

我们以自主式导航系统的方式来考虑出租车辆的设计。在这一设计中，假定系统包含一个无线定位接收机。由于这是一个自主式系统，我们进一步假定车辆没有任何集成的无线通信能力，可由中心设备寻址。在没有通信链的情况下，显然所有的车辆导航功能都应由车载系统完成。对于不同的应用，功能需求也各不相同。一些系统可能需要高精度定位，而其他系统考虑到单元成本将降低精度要求。一个子系统的复杂程度的增加可补偿其他子系统的不足。例如利用传统的或模糊逻辑地图匹配算法在地图上确定最吻合的位置，从而克服累积位置误差。以出租车辆为例，系统高层次的功能需求有以下七个方面。

（1）系统必须有能力在 90% 的行程时间里确定车辆当前位置，与实际位置偏差小于20 m。

根据这一需求，实际上在系统结构上存在两个限制：第一个限制是位置精度在 20 m 以内，这一限制使系统可以区分出相近的路段，两个相近的路段的例子如高速公路和对应的低速公路, 要求 20 m 的分辨率是为了使相近的平行路段的道路匹配误差达到最小; 第二个限制通过规定在 90% 的运行时间里必须在 20 m 的限制下来补充第一个需求。

若假定 GPS 接收机可工作在小于 20 m 的误差的范围内(在无 SA 时), 上面 90% 的要求会得到满足。再假设, 卫星信号被遮挡的时间不超过 10% 的运行时间, 这在郊区或无山峰遮挡的市区是可行的。另一方面, 若行程的大多数时间在城区, 则可能不满足这一需求。高楼、立体交叉路及隧道会在行程中的重要时段遮挡 GPS 信号, 使信号被遮挡的时间超过 10%。这一限制表明, 必须采用辅助的定位子系统来补偿 GPS 在城区环境的缺陷。因为这一辅助子系统对 GPS 系统同样的弱点应当不敏感, 而且, 不能采用类似无线定位技术的子系统。这意味着推算定位子系统是补偿 GPS 的较好选择(假定有一种可行的机制或为了用 GPS 周期性地校正推算定位传感器的误差而设计的一种校正机制)。

利用两个子系统进行定位自然增加了系统的复杂性。由于传感器数据融合的方式不同, 当 GPS 子系统和推算定位子系统的位置输入不一致时, 需通过仲裁来确定优先采用哪一个位置输入。由于上面实例中的下一个需求已表明需要地图数据库, 因此, 在仲裁方案中可利用地图匹配方法来进一步改善定位精度。

(2) 系统必须有能力将车辆当前位置转换为地图坐标, 接着转换到最吻合的路段位置。

由于没有无线通信链与中心相连, 这一需求表明地图数据库必须存于车载的海量存储设备中。一个大小适当的城区图所需的数据库存储空间为 10～200 M(无压缩), 其中已包含系统覆盖范围可能进一步扩展所需的附加容量。存储设备的选择包括 CD-ROM 驱动器、硬盘或 PCMCIA 存储卡。每一种存储技术各有优缺点。前两种的优点是存储量大, 其容量远远高于上面的需求。这两种设备的共同的显著缺点是使用移动读写头, 这一缺点是因为车辆应用所固有的极端操作环境。从极端的温度范围到经常的机械抖动, 对于采用移动机械部分的任何存储设备来说, 如 CD-ROM 驱动器、硬盘, 这一环境是非常不理想的。因为 PCMCIA 内存卡没有快速移动的机械部分, 所以它不存在这一问题。然而, 如果不能开发出快速的压缩和解压缩技术, 则相对于其他存储技术来说 PCMCIA 卡的容量小也是个缺点。由于各种海量存储设备的飞速发展, 这里讨论的这些缺点可能在未来的几年里不成问题, 但目前这仍是设计工程师所面临的挑战。除了这些问题之外, 昂贵的存储和外围设备会大大增加整个系统的成本。而且, 存储设备的快慢将会显著影响各种嵌入的实时软件算法的性能。

假定已选定一种存储设备, 系统从第一种需求所选择的传感器中读出数据后进行数据融合, 进而给出位置报告, 然后将该位置转换成地图数据库使用的格式。这一地图数据库必须是可导航的, 即可提供用来规划路径和引导车辆的信息。另外, 地图的位置精度必须小于 15 m, 这样才能用来改善由传感器提供的不精确位置。增强的 GPS 定位子系统可以返回车辆坐标(经度和纬度)。若选择的地图数据库不使用像 GPS 一样的 WGS84 作为其椭球基准, 则需将 GPS 坐标转换为地图数据库使用的坐标, 反之亦然; 否则, 会出现 100 m 的误差。若车辆正沿着路段行驶, 系统应该能够用地图匹配算法确定最恰当的路段。若不存在精度匹配, 则算法应能够找到最接近的路段并将车辆拉到该路段上; 否则, 可简单地使用传感器的测量结果来确定位置。

除了存储设备的选择, 系统还面临另一重要缺陷, 即系统使用的数据库实际上是静态的。我们必须考虑数据库不能因修筑道路、关闭道路、开拓新路及影响数据库的其他修正而进行动态更新问题。这对出租车的驾驶员来说更是如此。驾驶员可能对一些当地道路不很熟悉，这会造成规划出的路径因关闭道路或修路绕行而中断或耽误。利用无线通信功能，这一问题可通过动态交通信息更新来解决。没有无线通信能力，道路网络的更新必须依赖于少量的动态机制，如周期性地更新地图数据库，即使这样，也不可能使新发行的数据库包含当前道路的事故和应急信息。除非增加项目预算并为系统增加辅助的组成部分，否则必须通知用户这一系统的缺点。当然，即使很好的动态更新的数据库也存在一些误差，因此在任何设计中误差补偿仍是一个问题。如果可能，应将系统尽量设计为模块结构，使之便于将来的扩展和后续产品的版本。

（3）系统能将车辆当前位置显示在地图上并能让驾驶员看到。

给定这一需求，可假定导航系统需要包含图形显示；而且，需考虑到一系列重要的人的因素。尤其是显示是否应该背光，白天显示受日光影响如何，在阳光直射下是否清晰可读，显示器应放在哪里，是否会阻挡驾驶者的视线或在一些关键时候导致驾驶者分神，显示器会不会遮挡了驾驶者或前排乘客的安全气囊装置，在安装一个图形显示器之前必须全部解决这些问题。正如前面所讨论的，多种显示设备可以利用，它们基于不同的技术且各自有其优缺点。由于车内恶劣的操作环境，满意的显示设备通常价格很高。可以通过权衡显示质量、用户使用方便及价格等进行决策，因为它是在整个导航系统中相当昂贵的部件。

（4）系统能够接受旅行目的地请求并给出到达目的地最佳路线。

这一需求实际上是多层次的。首先，需考虑的是如何组织操作者输入目的地方法。是否需要文字表达？如果不需要，是否可用开关设置或触摸屏模拟键盘输入街道地址、商店名称或道路交叉口作为目的地？如果允许用户输入地址作为目的地，并且数据库不含每一个可能地址相应坐标的话，需保证系统能够将街道地址与数字地图坐标相关联。这要求地图数据库存储街道名和每一路段地址范围的属性。一种方法是基于路段地址范围利用线性插值方法沿路匹配希望的地址。这一方法的缺限在于地址不总是沿道路分布，因此，很精确的地址匹配是不可行的。

一旦解决了输入目的地信息的方法，则需评估这一需求的第二层次。第二阶段表明需实现复杂的路线规划功能。根据如何规划路径，可为用户提供怎样的选择，可考虑在下列规划标准中向用户提供一种选择：①最快行程（时间）；②最短距离（距离）；③最多或最少的高速公路（复杂）。

不同的规划标准需要地图数据库中的不同属性及在算法中定义不同的评价函数，需确定是否允许用户自己来选择标准或只用一种标准而不给用户提供灵活的选择。注意，由于系统不含动态交通信息，系统得出的最快时间选择可能是不精确的。

（5）系统能根据整个规划路线的相关方向的行驶指令输出语音和视觉指示。

如同确定如何输入请求目的地一样，需要考虑如何将与规划路径相关的行驶指令显示给驾驶者。所遇到的问题是确定是否需要加入语音子系统为驾驶者提供指示如"下一个交通灯左转"，或"在斜坡256东出口"等。如果需要，语音子系统是否要有音量控制以便其声音盖过交通或同时播放的无线娱乐节目。视觉上，如何告诉车辆驾驶者进行"大幅度"或"小幅度"的转弯。例如，这样的交叉口可能包含45°和135°的右转弯或复杂的环形路。

另外，还需考虑是否将行驶指令单独显示在独立的视觉指示屏幕上（转向箭头），还是作为地图上路段高亮显示部分。显示应当采用一致的格式，还是采用对路线引导前后关系敏感的显示网，也可以要求使用语音提示，如音调来表明何时完成调度等。所有这些考虑都将影响设备的外观及不同用户的认可,因为显示单元将给任何用户留下第一印象,也可能成为最重要的印象。

(6)系统能确定车辆是否"偏离路线",即偏离规划路段。

在路径引导处理中,需确定实际是否偏离了路线,即刚刚经过了与定位子系统相关的错误位置。如果由定位子系统提供的位置报告表明车辆已不在路段上,需用启发式算法来确定是车辆的定位测量产生误差,还是车辆有目的地离开道路,停在路边,如停车场、车道等,或是数据库误差。我们希望系统可以自动检测到问题并完成适当的动作(如报警或重新规划)。我们还需确定是否要人工干预或重新启动机制来帮助系统脱离不正常状态。

由于数据库的静态性质,系统可能把车辆行驶在修建的便道上看作偏离了道路。因此,需要向用户提供可构造机制以允许忽略这种偏离道路情况。当车辆行驶在因道路关闭或施工而修建的临时便道上时,不至于使系统不断地向驾驶者发出警告或试图重新规划路径。

(7)系统能从当前错误位置开始重新规划路线来纠正"偏离路线"状态。

假定已遇到一个有效的偏离路线条件,系统应当发现并基于车辆当前位置重新规划一条新路线。系统应如何向驾驶者报警?重新规划的路线是以时间形式,即是否需要延长时间?在重新规划操作发生期间,提供何种行驶指令?

同时,我们需确定系统应如何及以何种形式将成功地重新规划的结果提供给驾驶员。任何不满足这一准则的路线将不提供给驾驶员;也可使用其他准则,如比原来路线的估计时间短30%。为了确定适宜这一特殊规则的最佳准则,需进行一些试验。

2. 导航和娱乐共用部件

在过去10年里,汽车电子设备发展迅速。它们现在已被集成到车辆结构中,作为复杂电路的组成部分,自然许多导航部件可与娱乐设备集成为一体。

图9-3中的控制、存储器、可视显示、声音设备和接收机5个模块,可同时支持导航和娱乐。集成收发机可设计成由AM/FM收音机、GPS、蜂窝电话和寻呼信号共用。为降低控制设备的复杂和不方便,可开发声音激发控制、可变结构方向盘控制及可变结构反馈显示器等。我们知道CD-ROM、硬盘或内存卡可用来作为外部存储器。例如,CD-ROM播放器可用来存储数字地图库和导航软件,也可用来播放音乐。除作为导航系统的存储设备外,内存卡读出器还可用于其他的移动办公设备。显示监视器可用于导航地图显示和商业TV台。类似的,扬声器可用于听依次引导行驶指令、普通AM/FM广播或免提蜂窝电话。

许多可用的产品已将导航和娱乐组合在一个平台上。例如,Telepath100收音机能够引导用户到达目的地,同时仍支持普通收音机的所有功能。在这一系统中,采用GPS与推算定位相结合的方法来确定车辆位置,PC. MCTA内存卡存储区域地图。用方向箭头向驾驶员显示行驶路线。Audio Nav使用声频CD播放器存储导航数据和播放音乐。许多日本的车载显示设备可用于数字地图和商业TV。

9.3　中心式定位和导航

中心式定位和导航系统是利用第一部分讨论的构造模块的组合或部分模块来实现的。这些构造模块可集成到固定设施,也可集成到车辆中来实现动态多车辆定位和导航处理的能力。在这一节里,我们将讨论与系统各种结构相关的问题。从系统结构的观点来看,实现中心式定位和导航需三个高层次功能模块，如图 9-4 所示。

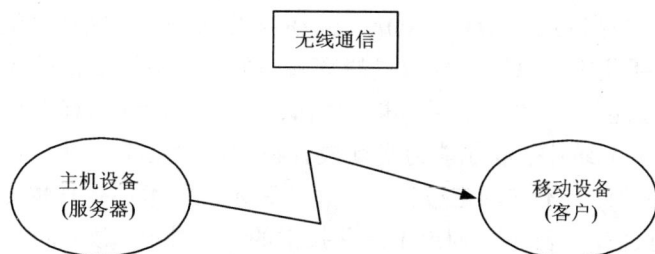

图 9-4　中心式定位和导航系统结构

　　中心主机由一个或多个设备组成，这些设备具有确定车辆位置或向一个或多个车辆提供引导、咨询信息的能力。简言之，最简单的单向(由车辆至中心主机)定位功能，其构成包括一个定位模块，一个人机交互模块和与无线通信模块的接口。对于复杂的构成，中心主机可提供全双工(车辆与中心主机之间双向)导航支持，并基于实时交通信息完成交通数据融合以提供动态路线引导，由通信网络来提供中心主机与移动设备间的传输通道；这种构成具有支持主动式或被动式的定位功能的能力。

　　移动设备也可具有各种层次的定位和复杂导航功能。在简单的结构中，移动蜂窝电话天线发射的信号用于由中心设备使用多个天线通过三角数据解算来确定移动设备的位置；这一定位系统的运行，对移动手机用户来说是透明的。在这一简单的结构中，移动设备的定位主要由中心主机负责。在复杂结构中，移动设备可利用一种或多种定位能力，如推算定位与GPS 定位相结合以及利用地图匹配来实现定位功能。各种定位信息综合起来，通过通信网络发送给中心主机，然后中心主机向移动设备发送交通信息或动态路线引导信息。中心式定位和导航系统支持的应用有很多。由这一系统支持的一种重要的应用为无线增强 911(E911)定位。无线 E911 系统是能够用无线电话呼叫紧急救援的定位系统。理想情况下，这一应用可提供与基于陆上通信线实现的同样功能。这一定位能力的实现多半是依赖于中央主机设备和通信设施支持的定位技术。网络固定设施改建的范围需要支持这种定位能力，并考虑定位精度以及根据成本和持续保留原有客户来统筹考虑。有关中心式定位和导航技术的其他应用有：①应急专用无线 911；②应急车辆调度和跟踪；③警用；④消防；⑤救护车；⑥公共交通；⑦公共汽车车队；⑧专用车队管理；⑨卡车(货物和财产跟踪)；⑩出租车服务；⑪火车；⑫保安押运车队；⑬装甲车和巡逻车；⑭专用车辆服务；⑮紧急路边援助；⑯行程信息(路径引导、交通、天气、加油站、餐饮、旅馆等)；⑰防盗。

　　上面列出的中心式定位和导航系统各种潜在的应用表明了各种商业和工程的需求。对每一种特殊的应用，其经济和固定设施的限制各不相同。与这些限制有关的 3 个主要的系统设计问题是：①定位和导航能力放置何处；②定位精度和定位更新频度；③无线通信技术的选择。

　　首先要考虑的问题是定位和导航能力放置何处。例如，考虑到移动蜂窝系统制造商已希望与无线服务提供者联合实现无线 E911 的性能，其设计为将移动呼叫者的位置提供给紧急救援中心的调度人员(或操作人员)，制造商可以考虑重新设计和翻新改进移动手机以加入定位所需的智能化性能,例如,可以把 GPS 接收机加入手机中。那么,与制造商合作的无线服务提供者,必须考虑恢复现有的用户基数的时间和费用;另一方面,系统制造商可能会决定翻新改进其蜂窝电话基站以加入 TOA、AOA 或 TDOA 定位技术;这是将位置确定的智能化放在基站上,而不是在手机上。这种翻新改进蜂窝基站的方法除了重新设计基站的费用和努力外,还需要附加的"智能化"天线。有关导航的相似考虑为:设计具有中心式还是分布式导航能力的系统,在分布式系统中,导航能力必须放置在移动设备上。就定位精度而论,我们可以采用在前面章节中的许多不同的定位技术。每一种定位技术都有其精度范围,必须根据系统需求和应用来进行选择。表 9-1 列出了这些技术的典型性能,读者可以对各种技术潜在能力有一个大致的了解。

表 9-1   各种定位技术的性能比较

技术	性能
DR(推算定位)	差(远距离定位差,但近距离定位良好)
地面无线电定位	中等(150~2000 m,会改进)
GPS	中等(100~300 m,SA 限制但无遮挡情况下)
DR+MM(地图匹配)	中等(20~50 m,没有衰减情况下)
DGPS	良好(10~20 m,没有遮挡情况下)
GPS+DR+MM	较好(15~50 m,连续定位精度)
DGPS+DR+MM	最好(10~15 m,连续定位精度)

在实际应用中,性能可能取决于各种其他因素。实际上,这些技术中的许多都在随时间而改进,因此其性能也会发生变化。定位技术的选择和实现必须满足于系统需求。类似地,对于采用远程定位更新的应用,必须仔细地选择无线数据更新率以满足系统需求。特定的无线通信技术(及其性能)的选择会显著地影响整个系统的成本、可靠性和精度。

1. 自动车辆定位(AVL)

自动车辆定位(AVL)系统在特定区域内跟踪车队的位置并将此信息通过通信设施报告给中心主机。该中心主机有不同形式,如调度中心、交通信息中心或交通管理中心。用于 AVL 系统车辆必须有无线通信模块以便与中心设备相联系并定期报告车辆位置,而且还需有相应的固定设施来支持系统需要的无线通信。

各辆车的位置确定通常用到由车辆自己启动的 RF 发射机。在一种类型的系统中,这一通信系统的唯一目的是发送车辆的实际位置。在这种情况下,移动设备在定位方面处于主动地位。例如,发射内容可包括"位置报告"数据包,包括由车载 GPS 接收机产生的车辆经纬度。另一方面,移动设备也可在位置确定方面处于被动地位。在这种类型的系统中,车辆位置的实际信息的计算作为无线 E911 或安装于车上的可由固定设施寻址的设备的副产品。

(1)中心控制方式

中心式定位系统是一个利用中心主机的计算设备和通信设施在特定区域内来远程定位或跟踪车队的系统;简而言之,系统使用固定的中心主机设备和设施来确定车辆位置。中心主机可位于城市交通信息中心或应急车辆调度中心。这类系统一般包括的构造模块如图 9-5 所示。一个简单的 AVL 系统可能根本不需要复杂的地图匹配模块,这取决于设计。另外,在移动端至少需要简单的通信部分和简单的人机接口。注意，尽管我们的讨论仅限于以车辆为中心，但是这一系统中的车队可能是一组手持的移动设备。

中心式定位系统的中心主机通常提供监测和调度特定车队所有成员的能力，而车队中的每一辆车都具有周期性地通过 RF 发射机向中心主机发送信号的能力。对于行驶在由中心主机监测和控制的特定区域内的车队中的一员，将定期发送或接收无线通信信号，这一信号由通信网络进行处理然后送至中心主机设备。

该中心式定位功能通常将通信网络作为定位处理的主动部分。例如，由于已有大量安装蜂窝手机的车辆以及在无线 E911 系统中实现定位能力的强制性要求，所以，应该避免翻新

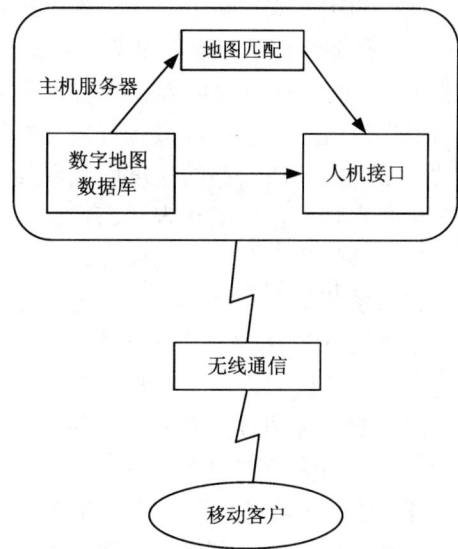

图 9-5　一般的中心式 AVL 系统

改进或更换所有手机，而寻找基于每一蜂窝站点完成定位功能的解决方案。当前，有三种主要技术用于实现基于固定设施的位置确定。TOA、AOA 及 TDOA 技术既可在中心系统又可在移动设备中实现。在中心式定位系统中，所有定位功能将由中心主机固定设施来完成。

假定我们已经完成了某一个蜂窝站点内车辆位置的计算，下一步就是让中心主机处理车辆位置数据并将其输出在地图上。对于简单的 AVL 系统，可简单地用点图标代表车辆在地图上的位置，假如地图已经在大地测量学意义上被核对位置。可采用光栅编码的地图也可采用矢量编码的地图。用户必须注意点图标可能不精确地标在路上。对更为精确的定位，必须使用地图匹配模块及与之相连的矢量编码地图库。为了充分利用中心主机的地图数据库，系统可使用已知的地图信息滤除由于计算位置而带来的误差。系统再将计算的车辆位置转换为监视区域内的地图坐标。这种转换利用地图库系统提供的坐标信息来完成。

对于复杂的地图数据库系统，报告的车辆位置数据可与地图显示中的一个位置相关联。然而，如前所述，粗略的位置数据仍需转换为地图上的点来显示。这一功能可由改进的地图匹配模块或其他增强模块实现。在确定地图上的位置时，需估计与车辆定位不确定性相关的误差，而最好的估计车辆位置的方法是采用统计算法。

中心主机一般使用高性能计算系统的扩展网络。如果具有这一能力，则可将附加的调度和交通管理功能加入中心主机。除道路路段、形状点、连通性、道路代号、街道地址图和分层信息外，中心主机数据库还可包括其他各种属性如下：①特定车辆信息；②车辆制造年份和车型；③车辆识别代码（VIN）；④车辆登记——车主信息；⑤车辆路线规划（例如，对于公共交通和邮递服务的车队）；⑥最近一次报告位置（位置和方向）；⑦最近一次位置报告时间；⑧特定位置信息；⑨业务名称和地址（包括电话号码和工作时间）；⑩住宅区名称和地址；⑪感兴趣位置点（POI）。

这些和其他的附加属性可由中心主机用来与移动设备间的通信，既可由口头（利用操作员）也可以自动方式（使用数据频道）进行。典型的服务包括提供路线引导和为监视车队的任一车辆提供信息服务，假定系统的移动和通信模块可处理这些数据服务。

　　大规模的中心式主机能够存储或维护整个车队车辆的位置和方向信息,以帮助完成在显示屏幕上的位置标绘。例如,如果一系列的位置报告表明有一辆车在省际高速公路上高速行驶,最近一次的车辆位置报告表明它在普通公路上,那么负责跟踪车辆的中心主机应能确定在当前报告位置点与上一次报告位置点之间是否会遇到任何到普通公路的驶出坡道。如果不存在驶出坡道或普通公路的速度限制明显低于省际高速公路,系统就可以以相对高的肯定性假定车辆的实际位置仍旧在省际高速公路上且遇到了位置报告误差。这些功能需要导航数字地图带有足够的与道路相关的属性。

　　考虑到系统范围的结构缺陷,其他的"正确性检查"也应加入到中心主机。这一方面的较好例子是使用 AOA 技术来进行车辆定位。回顾由于 RF 信号的阻挡、多路径反射而使车辆位置确定在与其相反的方向上,如果这一发散的问题确定在较小的地理区域内,则位于中心主机的地图匹配或地图数据库模块可使用 RF 的包络信息来确定和纠正这一畸变的信号路径,将车辆位置转换为地图位置。这一模块的复杂性和精度取决于中心主机的资源、车队的容量、覆盖的地理区域及地图本身的质量。

　　每一车辆位置报告都经过地图数据库、地图匹配或人机接口模块(依据于系统设计),地图数据库的信息再将位置转换为地图坐标。一旦完成这种转换,代表车辆及其当前位置的图标将输出在中心主机的地图显示工作站上。显示所有车辆位置信息由增强的人机界面(而非前述的车载人机界面模块)控制。这一显示可采用多种形式。例如,车辆和位置以街区地址列表形式显示也可以图标显示在道路地图上。道路地图上显示车辆信息与空中交通控制工作站显示飞机(把文本和空间飞机位置表示结合起来)相似。

　　中心式定位系统的显示功能不同于车载地图显示功能。车载地图显示一般只关心图上的单一车辆在地图上的位置;而中心主机显示功能需显示所有车队的车辆信息且可能是同时显示,还可采用各种放大或"变焦"等级来显示局部地理区域细节或大范围粗略的地理区域,并允许对多车辆进行跟踪,但需牺牲个别邻区道路的细节以跟踪位于覆盖区内的大量车辆。变焦功能应可由操作人员控制设置,且在需要时在车辆驶出覆盖区外时可自动进行。中心主机还应具有跟踪感兴趣的单一车辆详细路线的功能,这一功能在特殊应急车辆(如救护车)响应事故时尤为重要。

　　除 TOA、AOA 和 TMA 外,其他技术也可用于在中心主机进行定位。例如,由中心主机设备控制的安装于公交车辆固定沿线的短距离信标或磁场环形探测传感器可为公共交通管理中心提供足够的更新位置信息。某些文献把这种技术(及信标技术)称之为路标,而把利用这种技术的车辆定位控制系统称之为同 AVL 系统类似的系统。另一类可行技术是 TIDGET 系统。与传统基于 GPS 定位的系统不同,车内的 TIDGET 接收机并不是从卫星信号计算经纬度,而是由车载接收机将原始卫星测量值通过通信网络传送到中心主机处理。由中心主机计算移动台位置,辅助以地图和参考 GPS 接收机。由于移动设备无位置计算,车载设备的成本可以减少。

　　(2)分布式控制方式

　　分布式定位系统是基于移动端上的设备向中心主机设备报告的信息在特定区域内跟踪车队位置的系统。简言之,在这一系统中,各车辆或移动设备是由自己来定位的。与前面一样,中心主机可为各种形式但无定位能力。

　　对于 AVL 系统来说,最重要的两个模块为定位模块和通信模块。正如前面介绍的,许多不同技术都可用于这些模块。定位模块可简单地采用单一的 GPS 接收机，或复杂的多传感器（包括 DGPS）和基于地图匹配的子系统。通信模块可简单地采用由移动单元到中心主机的单向数据链，或复杂的双向数据和语音通信。此外，对于 AVL 系统的无线连接，可采用各种通信媒体：简单的寻呼网络、蜂窝网络、陆地移动通信无线网络、短距离信标网络和卫星网络。而不同技术的结合方式还可能继续下去。

图 9-6 为一般 AVL 系统的代表形式。其中人机接口可用于各种用途，一个简单的例子是为驾驶员显示信息。最简单的系统在移动客户端只包含定位模块。注意，中心主机服务器可包含图 9-6 所示的模块或仅包含带人机界面的地图数据库。

图 9-6 所示的 AVL 系统结构有点类似于前一节讨论的结构，但是定位能力位于移动设备。在中心主机服务器中，除了提供一个服务器用于响应车辆发送的定位数据的位置信息外，假设它可以利用前面讨论的组成模块。

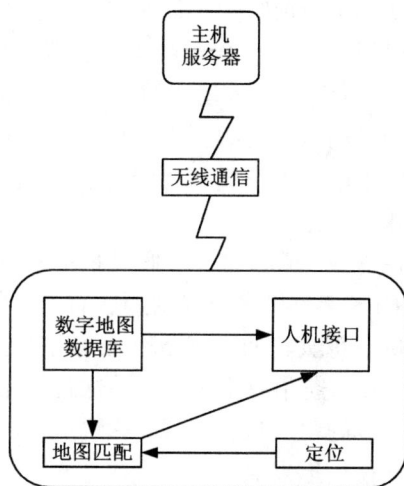

图 9-6　分布式 AVL 系统

下面用一个非常简单的 AVL 系统作为例子来介绍一下这一系统是如何工作的。在这一系统中，仅有的定位部件为车载 GPS 接收机。为减少整个系统的成本，车上不安装地图数据库及地图匹配模块。在这一结构中，移动单元采用简单的 40 字符 LCD 显示信息和调度消息；另外，移动单元每 5 min 查询 GPS 接收机的位置并在接收到中心主机消息时报告这一位置。获得位置报告后，如果这一车辆被监视，中心主机会在其监视器上显示这一位置信息。假设这一系统在 RF 通信设施覆盖范围内最多支持 100 辆包裹邮递车的单一车队。

首先，考虑基于 GPS 的定位。GPS 接收机的精度受 SA 影响，因此不经修正的 GPS 测量值是不适合要求高精度定位、高速度和高程信息的应用的。然而，在我们的实例研究中可假设包裹邮递车是沿着已知线路行驶，且提供给中心主机的位置报告仅需在一个或两个街区内。在接收到由移动 GPS 单元报告的位置后，已知的路线加上定位信息就可为中心主机提供足够的信息来获得对位置的粗略估计(在这一应用中，粗略估计就足够了)。

一旦被跟踪车辆获得由 GPS 接收机提供的定位数据，这一位置就会报至中心主机。这一机制由基于移动端的客户提供。该客户可以用软件库的形式实现支持多种通信协议和硬件结构。其基本逻辑为初始化通信频道，然后进入轮询循环，定期地读通信频道的信息。注意，假定车上有两套通信设备：一套收发机，它通过无线通信模块与中心主机通信；另一套是 GPS 接收机，为车载定位模块提供位置信息。

频道初始化算法分别打开收发机输入和输出通信频道，设定只读和只写功能。第三个独立的初始化过程是在 GPS 接收机上完成的。GPS 接收机的频道是可读写的，这允许将初始化命令发送给 GPS 接收机，也可以接收从 GPS 接收机发送的响应和位置数据。在内嵌式移动系统中的典型初始化算法具有自动误差恢复构成。这一构成可采用阶段恢复逻辑来保持系统在遇到错误时正常工作。

其次，我们介绍移动轮询算法。一旦通信初始化成功，系统将进入连续的轮询循环。简

单的移动轮询算法如下:

1)获得当前时间。

2)设置下一 GPS 位置查询时间=当前时间+5 min。

3)执行下列步骤,直到系统终止:

①获得当前时间。

②如果当前时间=下一 GPS 位置查询时间读取 GPS 位置并设置下一 GPS 位置查询时间=当前时间+5 min。格式化 GPS 位置消息并通过 RF 输出信道发送。

③检查 RF 输入信道的输入消息和其类型。

如果输入消息类型为信息消息,则将其格式化在 LCD 上显示。

如果输入消息类型为调度消息,则音调提示并将其格式化在 LCD 上显示。

④返回至③。

在这一轮询算法中,假设移动系统有能力从车载资源中获得当前时间。若需要的话,也可由 GPS 接收机自身提供。然而,如果从 GPS 接收机获得当前时间,算法就需修改使 GPS 接收机在每次轮询进入循环时获得当前时间。为减少移动单元与中心主机之间的通信负担,仅每 5 rain 向中心主机报告一次位置数据。这一更新率可根据应用设置为其他固定的间隔。在步骤②的每次报告阶段,算法产生的位置消息与中心主机所使用的格式是一致的,并通过输出通信信道发送至中心主机。至少,这一消息需包括车辆的标志、纬度、经度。轮询和报告间隔控制的内部定时器在移动单元从 GPS 获得位置报告时重新设定。

这一算法的另一假设是每 5 min 一次的单一读取可获得 GPS 的位置报告。为提供可靠的位置报告,GPS 接收机必须至少跟踪 3 颗卫星以获得两维(经纬度)定位。在高楼遮挡的城区里,这一条件可能不会总是成立。在接收机计算出位置之前,几秒钟时间可能就过去了。如果 GPS 接收机已经处于连续发送状态,接收机就会简单地输出上一次的已知位置。其次,这一算法检测是否有来自中心主机的输入消息。这一输入消息可能是信息消息、调度消息或其他类型消息。例如,信息消息可包括诸如"在 MAIN 大街—滞后 5 min"或其他一些内容;调度消息先产生音调以区别于其他普通信息消息。这一算法是一个简化算法,因为它没有为驾驶员提供收到信息的应答,或防止一条新消息覆盖了没有读出的消息。这些问题在系统设计时必须考虑。

在这一实例讨论中,假设无线通信模块可支持移动单元与中心主机间的消息传递。适应这一小型邮递车队需求的无线通信为每 5 min 报告一次和接收信息消息及调度消息,它表明了一种轻负荷结构。例如,最坏情况下的输入消息传输率为:

100 辆车×12 消息/(辆车·小时)×30 字符/消息

=1 消息/3 s

=10 字符/s

≤100 bit/s 计。

输出消息的传输率与输入传输率不同,取决于信息或调度消息的结构。所采用的通信设施的类型取决于若干因素,如覆盖区、设备成本、安装成本、维护成本和使用成本。在当前的实例讨论中,基于邮递车队的容量,所有通信很可能由通信服务提供者收费管理;另一方面,专用网络一般适用于控制较大的车队或共用应急车队。

支持这一通信设施的一种方法是使用蜂窝调制解调器。这些调制解调器可在蜂窝网络上提供数据消息交换。这势必导致高成本的消息传递，因为当今的蜂窝网络是面向语言传输的。由于采用模拟电路交换数据传递方式，每次输入输出消息都需建立呼叫，并只能传递较短的信息；而且，最终在传递完成后中断呼叫。虽然可以考虑使蜂窝连接连续实现，但这会很昂贵而且在移动环境中会遇到由于 RF 条件的改变(衰落)而产生的载波损失。此外，蜂窝数据调制解调器的选择取决于各种因素，如电路交换数据传递或包交换数据传递、传送数据率和协议等。

其他的通信服务如由某些专用数据无线系统或专业移动无线电台(SMR)提供的服务，往往是面对数据传输的。而用户的设备成本是非常重要的，价格直接与消息通信量相关，在这一实例中的价格是较低的。对于这一类应用，扩展的双向寻呼系统是比较好的通信解决方案。消息传送率、用户成本及消息传送费用与通信的需求是相适应的。另外，在这一实例中，中心主机的通信带宽限制是车队中同时向中心主机发送信息的车辆数目的函数。为了降低通信成本及可能的通信带宽，应当仅在必要时才将移动位置发回中心主机。一种策略是基于行程距离而非时间间隔使用通信频道。如果采用基于时间间隔的策略，在车辆停止时仍需向中心主机报告位置；而基于行程距离的策略在这种情况下会减少通信费用的浪费。

通信设施的另一种选择是混合通信技术。我们可以使用 FM 副载频广播来传送中心主机至车辆的消息；而通过单向寻呼系统使用包交换来实现车辆向中心主机提供数据。

中心主机(服务器)一边的通信能力也可用与移动(客户)相似的方法来实现。低层次的通信系统可以将输入消息报告排队，该队列以先进先出的方式处理。从接收到的每一消息计算车辆的标志和位置(经纬度)。接收到消息数据可采用如下格式：

$$NNN \mid XXX \cdot XXXXX \mid YYY \cdot YYYYY <CR>$$

其中：NNN 为车辆标志码(VIN)；XXX·XXXXX 为 ASCⅡ数据表示的纬度；YYY·YYYYY 为 ASCⅡ数据表示的经度；<CR>为消息分界符。

这一消息由中心主机进行时间标记并经人机接口送到地图库或地图匹配模块；然后，利用数据库把车辆 ID 码与已知的某一车辆路线联系起来。该路线信息与报告位置和送递时间结合起来可用于协助精确确定沿该路线的车辆位置。如果经纬度报告不在路线上，那么，地图匹配模块会确定最接近的路线位置并将车辆映射到该位置上。对接收到的消息进行时间标记还可用作把车辆与已知运送时间表和目的地联系起来的线索。指示车辆的运送状态的输出信息可随后发送至车辆作为报告位置消息的回应。这一输出消息可用如下格式表示：

$$NNN \mid T \mid M[40] <CR>$$

其中：NNN 为车辆标志码(VIN)；T 为消息类型(通知或调度)；M[40]为最多 40 字符的 ASCⅡ文本消息；<CR>为消息分界符。

这一消息发送至车载单元并显示在 40 字符的 LCD 上。一个消息实例如下：001 ｜"Ⅰ"｜"On Main St. —5 min behind schedule."驾驶员仅能从 LCD 显示器上看到文本消息："On Main St. —5 rain behind schedule."发送到车辆的调度消息采用同样的消息格式。假设，我们正在使用 FM 副载频或包数据服务来文持向车队广播消息，可使用每辆车的标志码向其发消息。"Ⅰ"代表通知消息；"D"代表调度消息。如"Special Pickup at 365 Commercial Ave."。特殊的车辆标志码如 000~999 可用来表明消息是一个广播消息，可由车队所有车辆接收。

中心工作站包括显示车辆位置的地图，需要一个预处理过程将车辆位置数据格式转换为地图库采用的格式。例如，如果地图库使用 UTM 编码，需将 WGS84 位置信息转换为 UTM 的坐标。这一转换过程需要与否,取决于系统使用的投影。地图库放于中心主机较在车上有更大的可扩展性。另外,人机界面可为调度人员提供编辑窗口以输入车辆 ID 及消息以便为车队中一辆或多辆车提供通信消息。

总之,上面已概述了有关位置确定的智能单元嵌在移动单元上的实例,它意味着每辆车的高成本。当然,可通过在移动单元和中心主机引入附加模块来提高系统精度(增加成本)。例如,在实例讨论中,增加更多的车载传感器或地图相关功能可使车辆即使遇到 GPS 信号遮挡时也能将位置报回中心主机;这对于应急派遣的应用如警用车辆是非常有价值的特性。此外,各种改进的 AVI 系统可提供取决于位置的定位服务,如无线电话呼救系统、路边援助、车辆防盗和路线引导。

2. 动态导航

动态导航系统采用实时交通信息帮助用户在道路网中行驶。这一技术又称为动态路径引导。车载硬件一般包括图 9-3 所示的除了由收发机代替接收机外的全部构成。对于路径计算,最好采用动态行程费用而不用静态行程费用,因为动态费用能反映出路上的实际状态。实时交通数据为系统解决路径规划问题增加了一维空间,即时间。在静态导航系统中,每一链路(或路段)的费用是固定的。在动态导航系统中,链路的费用随道路和交通条件的改变而变化。首先讨论路径引导智能化模块放在中心主机设备上的系统。

(1)中心动态控制方式

中心式动态导航系统依靠多车辆(系统范围内)路径规划模块以实时交通信息引导行驶在路上的车辆。换句话说,中心主机的唯一责任就是在特定道路网络内为所有车辆优化各自的路线。

中心式动态导航系统具有中心道路地图数据库,该数据库通过充当探测器作用的车辆报告的交通信息进行实时更新。这一数据库还可采用其他技术和分析方法进行更新,这些方法包括环形探测器、视频图像、红外设备、轶事信息如警察报告和移动电话用户报告等。系统包括中心式多车辆路径规划模块。静态路径规划与动态路径规划的主要区别在于:前者使用静态数据库进行规划;而后者使用综合了实时交通信息的动态数据库。中心地图数据库根据当前交通条件进行周期性地更新。多车辆路径规划模块在道路网络中计算每一种可能(或选择的)初始—目的(O—D)对或指定区域对的最优或近似最优路线。基本上有两种方法:有请求就计算和定期地计算。前者为发出请求的每位驾驶者按其提供的 O—D 对进行计算;后者定期对指定区域内的所有(或选择的)O—D 对进行计算。在路径规划之后,这些最优或近似最优的路径数据定期地传送到所有车辆或指定车辆以引导它们到达各自的目的地。在车载端,目的地必须由驾驶员用车载导航设备进行选择。这一信息可用于规划,或(在接收到广播的路径数据时)由车载系统用来滤除与其目的不相关的引导数据。

图 9-7 给出了一般结构的中心式动态导航系统。注意车载模块中的两个模块间的双向箭头表示某些实现需要人工协助、干预来初始化或重新设置车辆位置。基于前面各章提出的技术,我们知道,可以对这种简化的结构进行各种变化。可以在中心主机端或移动单元端增减模块来调整系统以满足用户的需求和费用情况。

EURO—SCOUT 的实现采用了短距离红外信标网作为通信媒体上所有的行驶指令及在车上显示的相关引导图标都是从路边红外信标接收的数据推算出来的,这些信标通过电缆与中心主机设备相连。如果装有推算定位模块的车辆偏离了规划出的路径,车载系统可切换至自主式引导模式且系统可显示到达目的地方向箭头，直到遇到沿路的下一个信标时，车辆接收新的引导信息，并再次回到通常的中心辅助引导模式。

日本在 20 世纪 70 年代首先研究了中心式动态导航系统的原理，并在综合车辆交通控制系统（CATCS）计划中对中心式动态导航系统进行了测试。该计划不同于近期日本的计划，它在交义路口的入口处使用了环形探测器（天线）。而较近的现场测试，通用交通管理系统（UTMS）使用了最新研制的短距离信标网作为车辆到路边的通信媒体。

中心控制方式不同于分布控制方式，它可方便地避免 Braess 悖论。采用中心主机管理道路网络使得整个效率和道路利用率较高。构造一个采用简单车载单元的中心式系统的整个成本要低于仅有有限的中心控制功能而需采用复杂的车载单元的系统的成本。另一

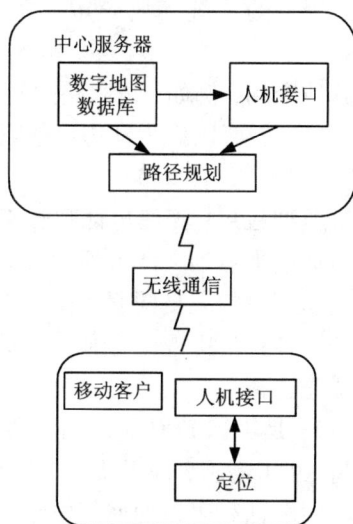

图 9-7　一般的中心式动态引导系统

方面，分布控制方式不需要功能强大且具有稳定性的中心主计算机，可降低无线通信的高负载，以及如果车载单元可提供路径选择的选择准则的话，还允许驾驶人员自由地选择自己的路线；而且可以将整个系统总费用较多地加在受益者身上。

（2）分布式动态控制方式

分布式动态导航系统依靠车载模块以通信网络接收到的实时交通信息完成路径引导。换句话说，路径引导由各车辆单独负责。

如同中心式动态导航系统，装备有分布式动态导航设备的各车辆从中心主机接收动态信息。各车辆系统也可作为交通报告机构（探测器）向中心主机发送信息。注意其他传感器、定位信息可使用或不用车辆探测器来提供实时交通数据。经过各路段（或链路）所需的行程时间由车辆或其他设备记录。通过 RF 或红外无线通信设施（或其他通信方式）把这些行程时间报告给中心主机。这些报告的目的是为经过的每一路段提供实时交通信息。如果给定足够样本，可由统计方法确定当前道路条件（行程时间）；把这些当前道路条件向各车辆广播，以帮助它们决定适当的引导行动。为操作人员显示道路条件的一种可能的方法是基于中心主机的地图显示。探测车辆报告的交通拥挤信息以不同彩色显示交通状况：以绿色表示的路径代表交通畅通；以黄色表示的路径指示有点阻塞，例如，黄色代码可用来表示延迟时间较正常行程时间大一个标准偏差的情况；红色用来表示交通极度拥挤、阻塞，或行程时间超出正常行程时间两个或更多的标准偏差的情况。车辆行程速度也可用于同样目的。

车辆的平均行驶时间在给定时间段和路段内可能与正常行驶时间有很大偏差。对一个主要街道的 100 个街区在周六上午 7：00—9：00 点的行驶时间记录表明可能根本没有阻塞；相反，在周一同样的时间段内就有阻塞。如果给出这一拥挤信息，适当装备的车辆就可以绕到拥挤路段附近的适当路线上去。这种交通管理可以提高整个道路网的利用率，同时减少总的网络行程时间，消除交通拥挤期间的峰值，这种交通管理有助于减少对新的道路和现有的道路修建的需求。普通车辆的无线通信设施的通信量需求并不苛刻，消息可以排队并且有几秒量级的延迟，而不会像执行紧急任务的急救车辆导致灾难性的后果。另一方面，对于任何提

供紧急服务的系统需要稳定、高速的消息传递机制。这一原则可用于我们讨论过的所有系统。

其他应用，例如，请求路边援助、事故报告，甚至当车辆接近娱乐地点时为娱乐活动在线购票等，也可以作为动态导航系统实现。在这些应用中，很多都可以由本章所述的系统结构支持。

3. 典型应用：无线电话呼救系统

自动或半自动无线电话呼救系统(与位置相关的紧急呼叫)除自动地报告车辆位置外，还可以把车辆里的人员同服务中心直接联系起来以使车上人员获得援助。许多人认为这是一种必要的服务，尤其是在美国，大多数旅行者在为他们的车辆增加新设备时认为这样的系统是他的优先选择。

E911 是美国 FCC 制定的无线通信服务，服务规定如蜂窝电话、宽带 PCS、地域 SMR 必须支持 E911 需求，即无线通信网络的公共安全响应站(PSAP)的值班人员必须能够知道 911 呼叫者的电话号码以便回复电话，同时要知道接收 911 呼叫的基站或蜂窝单元小区的位置，以便把呼叫者送到适当的 PSAP；5 年内，PSAP 值班人员必须能够就所有案例的 67% 在方圆 125 m 内确定呼叫者的位置。E911 分为两个阶段执行，在对第二阶段规定的最新修定版本中，要求选择以修改手机来符合 E911 要求的移动电话厂商，在 2005 年 3 月前要开始销售具备 GPS 功能的手机，2005 年 10 月要有 50% 的移动电话用户已使用具备 GPS 功能的手机，而对其准确度的要求是能对 67% 拨打 911 紧急呼救的发话者提供其位置，误差范围为半径 50 m，而对 95% 拨打 911 紧急呼救的发话者位置之误差范围为半径 150 m。这些规定能够促进采用类似于无线 E911 通信设施的众多车辆定位和导航应用的研究开发。如下面要讨论的，目前的无线电话呼救系统将 GPS 接收与通信设备集成为一体以自动地报告车辆位置。

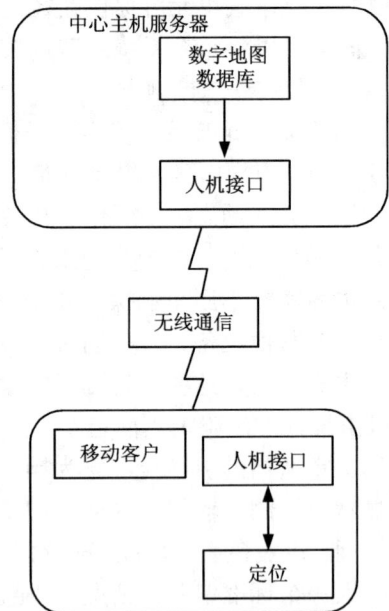

图 9-8 无线电话呼救系统的简单结构

由无线电话呼救系统提供的服务可扩展包括下列应用：①提供定位的应急服务；②提供定位的路边援助；③路径帮助和引导；④远程闭锁车门；⑤防盗、盗失报警和盗失车辆跟踪；⑥里胎破裂报警；⑦旅行信息(交通、天气、加油站、餐饮、旅馆等)；⑧免提和声控移动电话或传呼机。

无线电话呼救系统的一个关键特点是它们以人为中心的设计并提供成本经济的定位能力。一个单一的无线电话呼救系统不需要像大多数 AVI 系统那样定期地和中心主机通信，因此，不需要很宽的通信频带。为了增加安全性和可靠性，可由用户或一个安全传感器检测到紧急事件来激活系统，只有在这时才建立通信信道，然后保持用户和操作员在通信信道上的对话联系。一旦建立了通信信道，由于车辆位置信息自动地发送给中心主机，所以系统通常需要双向语音和数据通信。系统结构比较简单，如图 9-8 所示。

　　由于无线电话呼救系统包括一个服务中心，该服务中心每天工作 24 h，一周 7 天；所以中心主机功能可简化为一个具有人机接口的地图数据库和无线通信接口，车载系统可由控制 GPS 接收机的微控制器和无线通信设备如蜂窝收发机组成。作为一个可扩展平台，该系统可包括开始提到的许多其他服务，以便增强管理的功能。

　　图 9-9 是无线电话呼救系统的车载设备 RESCU（远程应急卫星蜂窝设备），它已作为 OEM 产品用于 1996 年的 Lincoln 牌 Continental 型车上。图中顶上的盒子是一个蜂窝电话收发机，底下的盒子包括一个微控制器、一个 GPS 接收机、一个调制解调器和各种控制电路。1997 年的 Cadilacs 车已在 1996 年年底开始装配一个类似的系统，称之为 On Star。

　　RESCU 系统采用 GPS 接收机定位和模拟蜂窝电话作通信。它可由头顶面板的两个按钮之一激活。一个按钮激活路边援助的呼叫，一个按钮激活救护车紧急呼叫。一旦任一按钮按下，头顶面板的报警灯就会闪烁；然后，状态信息显示在仪表簇的多功能显示器上；车上的蜂窝电话自动地呼叫服务中心。系统的通信频道一经建立，系统通过蜂窝电话的

图 9-9　RESCU 无线电话呼救系统的车载硬件

语音信道经调制解调器调制向中心主机发送车辆的标志码和位置信息；中心操作员通过蜂窝电话的语音信道确定状态细节，如果可能的话，利用地图数据库模块提供的地图确定车辆位置。如果需要，操作员可通过三路通话与驾驶员保持直接联系，直到援助到来；并且在紧急情况下，操作员将通知其指定家属联系。如果请求路边援助，中心则会提供到达的估计时间并回叫以证实问题已经解决。

　　除了在豪华车辆上作为选择提供的 OEM 产品外，其他进入汽车市场上的无线电话呼叫系统也可以采用。最引人注意的是 Autolink，它利用蜂窝电话作为通信媒体，并很快会进入市场。正如前面提到的，除了应急和路边援助外，这一系统的一个最重要性能是可以通过通信链路把车体计算机和发动机控制器与中心主机联系起来。这可使中心能够遥控开启车门锁及关闭发动机。为了请求旅行信息，驾驶员必须用电话来获取。例如，当驾驶员打电话请求导航协助时，中心主机就会产生依次转弯引导指令，并通过通信网络传送给驾驶员。这些指令将以文本形式显示在人机接口模块的屏幕上。也可采用其他表示行驶指令的方法，如控制设备产生的指示或用语音通知。这些性能并不会使 Autolink 很昂贵，同时除了无线电话呼救服务外，在需要时可提供基本的导航协助。有人提出了在蜂窝网络上实现导航协助、路径引导和其他旅行信息等功能的建议。在这些网络或其他类型通信网上提供导航服务时，人们呼吁用户仅在需要这些服务时才支付费用，并且必须像自主式导航系统那样更新各自的地图数据库。

9.4　车辆定位与导航系统服务功能及实现

　　目前车辆自动导航定位系统向用户提供的主要的服务可以概括为以下三方面：
　　(1) 实时确定车辆的当前位置；
　　(2) 与数字地图匹配，在显示设备上标志车辆的位置及各种服务设施；
　　(3) 根据图视或者语音指令，自动引导用户沿最佳路径到达目的地。

　　以上这种服务只是一个概括，因为车辆自动导航定位系统的用途不同，其服务功能相对也有一定的差距，但是至少能完成上面所述服务中的一个子功能。

　　目前的车辆自动导航定位系统获取位置数据方法很多，大致可以分为两种类型，即自主式和非自主式。自主式定位系统以经典的惯性导航系统为代表，非自主式定位系统以卫星导航系统 GPS 为代表。目前这两种类型的定位系统应用都比较广泛。车辆的位置数据可以匹配到车载设备的数字地图上，也可以通过通信链送到指挥中心匹配到相同的数字地图上，以直观的地图轨迹显示用户当前的位置。

　　数字地图是许多车辆自动导航定位系统所提供服务的基础，比如预先的路线规划，自动搜索从出发点到目的地的最佳路径等，还有其他的许多服务都得依赖数字地图。数字地图可以根据车辆自动导航定位系统的用途，或者安装在车载设备上或装在指挥中心的显示设备上。目前制作数字地图的最常用的方法是手工把纸制地图、手绘地图或航空摄影照片数字化，或者用扫描仪把地图矢量化，后一种用得比较多，是一种半自动化方法。无论用哪一种方法，其生成的数字地图都是用于地图匹配和其他智能导航功能。

　　仅仅有了车辆位置和数字地图还不够，还必须把位置和数字地图结合起来。因此必须进行地址匹配、地图匹配、最佳路径计算和行驶指导，最终实现车辆自动导航定位系统的完美服务。地址可以说是大地编码，每一条道路、街道或者特殊的位置点都有它们的名字，地址匹配的目的就是要把这些名字与已知的地理经纬度（位置）联系起来，或者由地址确定位置，或者由位置确定地址。车辆自动导航定位系统给出的是车辆在某坐标系里的坐标位置，而用户是在客观世界的某一场所，如电影院或某某街道等。许多人仅知道他要去的目的地的地址而不是目的地的坐标，因此车辆自动导航定位系统必须把地址变换成坐标，而且要有一定的精度（一般 10 m 左右）。当前能满足该要求的定位导航系统几乎没有，GPS 也需要采用差分技术才能满足该要求。地图匹配的目的是显而易见的，一方面把车辆自动导航定位系统的位置数据标记在地图上，给用户一种很直观的感觉，清楚地知道当前的位置及其到目的地还有多远。另外，由于定位误差存在，很有可能定位结果不在道路上，通过地图匹配算法寻找最近的道路并把车辆定位在该道路上。地图匹配算法的精度取决于地图的制作精度。在用航位推算定位时，车载的传感器测量车辆行驶的方位和距离，为了获得车辆的绝对位置，对地图匹配算法的要求更高。地图匹配算法也可以用来平滑定位噪声，比如在 GPS 信号有选择可用性（SA）作用时，这种平滑作用更重要。

　　最佳路径选择对处于一个陌生的环境或者在各种安全和救护场所尤其重要，驾驶员在出发前规划车辆的行驶路线，同时也要随时得到帮助以确定最佳的行驶路线，配有最佳路线计算算法的数字地图可以根据车辆行驶的时间、距离或者其他条件（如交通信息）提供最佳的行驶路线。这当然对数字地图又有了更高的要求，同时也需要有关交通规则（如单行道）和交叉路口转向的限制信息（如允许左转向等）。最佳路径计算算法比较复杂，它涉及网络图论、搜索和最优规划等。最佳路线确定后，驾驶员仍然需要帮助，以便知道交叉路口是否要转弯、怎么转、街道名、到达目的地的距离等，这些都要以图示或者语音的形式通知驾驶员。实时行驶指导要利用定位信息、地址匹配、地图匹配、路径搜索和数字地图给出的信息随时向驾驶员提供帮助。由上面所述可得车辆自动导航定位系统的技术体系结构，如图 9-10 所示。目前这些技术还不成熟，需要进行大量、深入地研究。

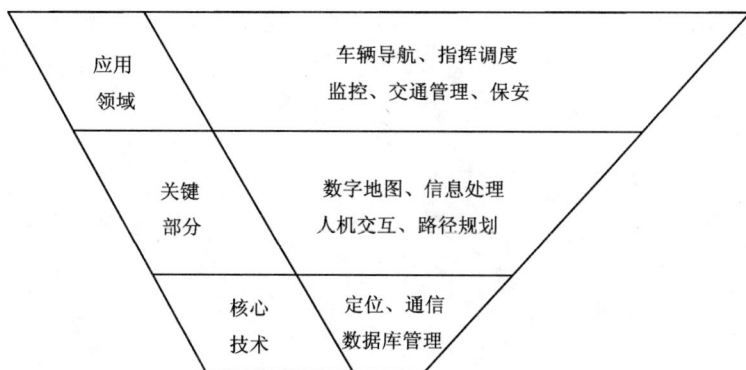

图 9-10　车辆自动导航定位系统技术体系结构

重点与难点

重点：(1)车载定位系统；(2)自主定位与导航方法；(3)中心定位与导航。
难点：车辆定位与导航系统服务功能及实现。

思考与练习

9-1　车辆定位系统结构包括哪些功能模块？各有什么作用？
9-2　如何利用计算机视觉系统进行车辆定位与导航？
9-3　简述 GPS 在车辆定位与导航中的作用与使用方法。
9-4　常用的地面定位测量技术有哪些？各有什么特点？

第二篇　综合案例分析

第 10 章

基于浮动车数据的城市交通状态判别与发布系统

10.1　案例背景

国内外的研究表明，近年来先进的道路交通实时路况发布系统是目前现代城市交通发展的方向，它以实时动态分配理论为核心，综合运用检测、通信、计算机、控制、GPS 和 GIS 等现代高新技术，动态地向驾驶员提供最优路径引导指令和丰富的实时交通信息，通过单个车辆引导来改善路面交通状态。它是防止和减轻交通阻塞、减少车辆在道路上的逗留时间、并最终实现交通流在路网中各个道路上的合理分配的有效手段。城市交通要适应现代化的城市发展步伐，就必须实现道路交通状态的实时检测和信息发布。

浮动车道路交通检测技术是智能交通系统中的典型应用技术之一。浮动车一般是指安装了车载 GPS 定位装置并行驶在城市主干道上的公交车和出租车。浮动车提供实时的车辆位置、速度等运行状态信息，可应用于检测和估计实际的道路交通状态信息。浮动车除了内部装有定位和无线通信设备外，运行方式和普通车辆没任何区别，对交通环境没有任何负面影响，可以给监控中心提供现场交通数据，同时还能实时获得交通信息实现车流的指挥调度，提高道路运行效率。同时，基于我国城市交通提高道路利用率和绿色环保的发展理念，并充分发挥我国的后发优势，结合现有城市道路信息检测装置，研究和利用浮动车运用于交通信息检测和管理将是实现城市智能交通的重要途径。

重庆市公交控股集团从 2005 年开始启动公交车辆 GPS 定位系统的建设，目前已安装车载 GPS 的公交车 5000 余辆。这些公交车一般运行于市内主要交通干道上，车辆的运行状态可以在一定程度上反映出道路的实际交通状态。因此，其日常积累的大量 GPS 数据为本项目开展提供了数据资源和应用契机。同时，如何进一步发挥 GPS 定位系统的作用，深入挖掘系统的潜力，也是公交集团挖掘 GPS 定位系统投资效益所面临的重要任务。

重庆市的公路路网覆盖了坐落丘陵地形且江流分隔的城区，路网起伏较大并且路网连接复杂，路网及附属设施的改建扩建难度大、成本高，并且目前重庆市安装的固定道路检测装置覆盖率较低、利用率也不高；对比其他城市，对于智能交通系统的建设，重庆市需要采用更为灵活和适合自己路网特点的交通状况监测系统。GPS 定位技术不需要在道路上安装附加设施，基于 GPS 公交车的交通状态监测系统数据采集面广、路网覆盖面大、实时性强，同时也反映了承担城市主要交通运输的公共交通的现状和发展趋势，适合重庆市的路网特点和交通发展的趋势，为缓解重庆市交通拥挤和城市经济及社会发展奠定基础。

10.1.1　案例的意义和作用

随着汽车拥有量不断增加,交通问题已经成为阻碍城市经济及社会发展的瓶颈,迫切需要有效的措施来改善交通状况。实现对道路交通状态的检测,是实现交通引导和道路交通控制,进而改善道路交通状况的基础;同时,通过评价道路交通运行状态并掌握其规律,可以支持公交线网规划、运力配置和车辆计划调度,也可以为城市交通道路的规划发展和城市建设的规划设计提供依据。

GPS浮动车交通检测技术,最初在20世纪80代由德国人提出,是智能交通系统中的典型应用技术之一,简称FCD(floating car data),现有系统通常基于GPS出租车。GPS浮动车技术的核心是利用具有定位功能的浮动车辆采集的位置和时间信息,计算浮动车辆所在位置点的速度,并把这些速度信息与电子地图进行对应,直观描述道路的交通速度状况。GPS公交车除了内部装有定位和无线通信设备外,运行方式和普通公交车没有任何区别,对交通环境没有任何负面影响,提供的实时车辆位置、瞬时速度等动态信息,可应用于检测和估计实际的道路交通状态。能够获取城市大面积的交通状况信息。监控中心利用这些道路交通状态信息,可以实现公交车辆动态调度,提高道路运行效率。

对道路交通状态的检测,是实现交通引导和道路交通控制,进而改善道路交通状况的基础。通过监测道路交通运行状态并掌握其规律,可以支持公交线网规划、运力配置和车辆计划调度,也可以为城市交通道路的规划发展和城市建设的规划设计提供依据。现有的道路交通监测技术投入大,维护困难,尚无法满足城市交通管理需要。

为此,本案例将以重庆市城区某主干道路作为研究对象,致力于采用GPS公交车作为测量工具估计道路交通状态,为改善重庆市道路交通,实现交通引导、道路交通控制奠定基础;同时,也为重庆市交通道路的规划和城市建设的规划设计提供科学依据。

本案例充分利用已有的公交车GPS实时数据,在设备方面不需要大的投入,即可以通过软件分析来实时掌握城市道路交通的实际状况,有利于公交调度人员合理安排运力和及时调整调度方案,改善公交管理效率和服务水平。同时,可以使出行者及时掌握实时交通信息,通过合理选择出行方式和路线,达到引导交通、缩短行程时间和减少延误的目的;还可为城市交通道路的规划发展和城市建设的规划设计提供依据,促进改善城市交通状况。

10.1.2　系统设计的目标

首先,在理论上,建立基于GPS公交车的道路交通状态监测技术能够基于GIS实现对公交车运行状态的监控以及车辆的电子地图匹配;实现行程时间和平均速度的实时动态估计,且其具有较高的估计精度;按四级对道路交通服务水平进行分级,实现城市主干道路交通状态实时自动评估;实现车辆交通轨迹的历史回放以及道路交通事件的及时检测。

其次,在技术上,完成基于公交车GPS数据的道路交通实时路况发布系统软件,通过该软件能够对所检测的交通状态进行动态合理地显示。

最后,在应用上,以江北区核心地段的主干道路为对象建立实验系统,通过长时间的数据分析和跟车实验,验证了该系统能够基于路网交通状态检测分析,可以实现交通管理、指挥与控制的科学合理,大大改善城市交通状况;促进以实时准确的交通状态为基础的出行方式选择,减少出行者个体在多种方式出行中的行程时间和延误;能够通过合理引导驾驶员,降低整个交通系统的总成本、降低行程时间和延误；方便道路交通状态的规律的获得，为城市交通道路的规划发展和城市建设的规划设计提供依据，有利于避免交通状况随城市发展进一步恶化。

10.2　相关技术

10.2.1　数据库技术

　　数据库是计算机应用系统中的一种专门管理数据资源的系统。数据有多种形式，如文字、数码、符号、图形、图像以及声音等。数据是所有计算机系统所要处理的对象。人们所熟知的一种处理办法是制作文件，即将处理过程编成程序文件，将所涉及的数据按程序要求组织成数据文件，用程序文件来调用。数据文件与程序文件保持着一定的对应关系。在计算机应用迅速发展的情况下，这种文件式方法便显出不足。比如，它使得数据通用性差，不便于移植，在不同文件中存储大量重复信息、浪费存储空间、更新不便等。数据库系统便能解决上述问题。数据库系统不从具体的应用程序出发，而是立足于数据本身的管理，它将所有数据保存在数据库中，进行科学的组织，并借助于数据库管理系统，以它为中介，与各种应用程序或应用系统接口，使之能方便地使用数据库中的数据。

　　简单地说，数据库就是一组经过计算机整理后的数据，存储在一个或多个文件中，而管理这个数据库的软件就称之为数据库管理系统。一般一个数据库系统(database system)可分为数据库(database)与数据管理系统(database management system，DBMS)两个部分。

10.2.2　数据融合技术

　　数据融合技术又称为多传感器数据融合技术，是适应现代战争需要并随着现代电子技术发展而兴起的新技术。该技术在解决探测、跟踪和目标志别等问题上，容错性好，提高了空间分辨率，降低了对单个传感器的性能要求等优点，在军用和民用领域得到了广泛的应用。

1. 数据融合的基本原理

　　多传感器数据融合是人类或其他逻辑系统中常见的基本功能。人非常自然地运用这一能力把来自各个传感器(如眼，耳，鼻，四肢)的信息(如景物，声音，气味，触觉)组合起来，并使用先验知识去估计、理解周围环境和正在发生的事件。由于人类感官具有不同的度量特征，因而可测出不同空间范围内的各种物理现象，这一过程是复杂的，也是自适应的。而多传感器数据融合的基本原理也就像人脑综合处理信息一样，充分利用多个传感器资源，通过对这些传感器及其观测信息的合理支配和使用，把多个传感器在空间或时间上的冗余或互补信息依据某种准则来进行组合，以获得被测对象的一致性解释或描述。

　　多传感器数据融合的原理如图 10-1 所示，被测对象的物理特征经多个传感器检测并通过输入接口转换为可由计算机处理的数字信号。数字信号经过预处理，以滤除数据采集过程中现场环境的干扰和噪声，经过处理后的目标信号作特征提取，根据所提取的特征信号进行数据融合，输出最终结果。

　　数据融合的基本目标是通过数据组合而不是出现在输入信息中的任何个别元素，推导出更多的信息，这是最佳协同作用的结果，即利用多个传感器共向或联合操作的优势，提高传

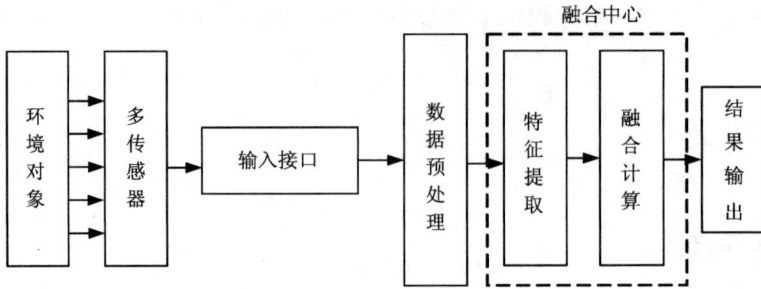

图 10-1 数据融合原理

感器系统的有效性。

2. 数据融合的模型结构

数据融合应用领域广泛，但由于数据融合理论尚不成熟，至今尚未形成对所有应用环境普遍适用的具体融合结构。融合的结构类型既能对给定任务具有优化检测和识别的性能，同时又受传感器的性能、数据传输的带宽的影响。目前，融合模型的结构可分为集中式结构、分布式结构、混合结构和网络型结构。

图 10-2 中左面是集中式结构，各个局部传感器直接把低层数据或经过简单预处理的数据传入融合中心，因此需要融合系统有足够的带宽和强大的数据处理能力。右面是分布式结构，融合中心接收各传感器的局部判决，而不是低层数据，因此，数据量大大减少，减轻了系统内部的通信压力，提高了系统的可靠性及实时性。

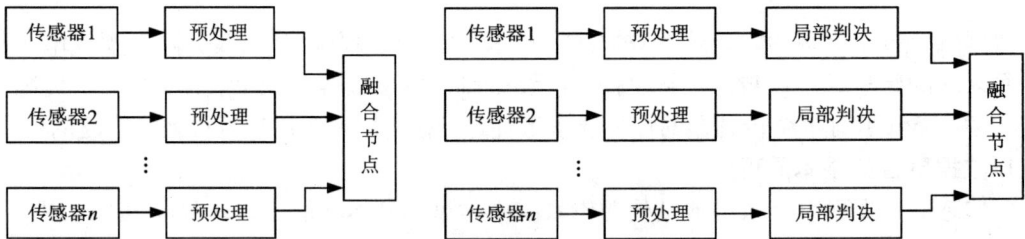

图 10-2 数据融合的结构

这两种结构组成的混合结构，综合了集中式结构和分布式结构的优缺点，具有很大的灵活性，但其结构复杂，可以先并联后串联，也可以先串联后并联。我们主要介绍通过混合结构对道路平均速度予以估计的。

网络型数据融合的结构比较复杂，各子数据融合中心作为网络的一个节点，其输入既有其他节点的输出信息，也可以是几个数据融合中心的输出，最后的结论是所有输出的组合。

3. 数据融合的层次

数据融合的层次性是指多传感器提供的信息在什么阶段进行融合。对于具体的融合系统而言，它所接收到的信息可以是单一层次上的信息，也可以是几个层次上的信息。融合的基本策略就是先对同一层次上的信息进行融合，然后再汇入更高的融合层次进行融合。数据融合的层次化结构如图 10-3 所示。

　　总的来说，数据融合本质上是一个由低至高对多源信息进行整合和逐层抽象的信息处理过程。但在某些情况下，高层信息对低层信息的融合要起反馈控制作用，也即高层信息有时要参与低层信息的融合。

　　数据融合针对同一层次上的信息形式来展开研究。从处理信息对象的层次上分，数据融合方法可分为数据级融合、特征级融合和决策级融合。

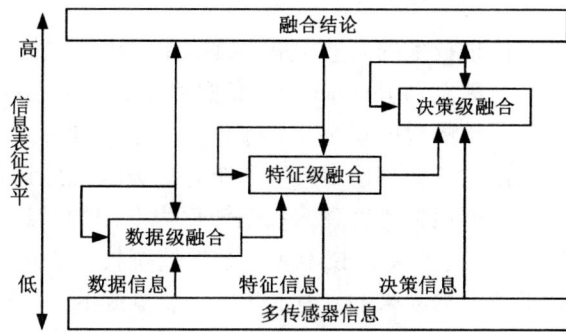

图 10-3　数据融合的层次结构

　　数据级融合又称为像素级融合，是最低层次的融合。它是在采集到传感器的原始信息层次上进行的融合，即各传感器原始测量信息未经预处理或只做很小处理后就进行信息的综合和分析。

　　特征级融合属于中间层次，兼顾了数据级和决策级的优点。它对传感器采集到的原始数据进行数据层信息的表示量或统计量提取，然后对提取的特征层信息进行综合分析和处理。特征级融合可分为目标状态信息和目标特征性融合两大类。特征级目标特性融合就是特征层联合识别，具体的融合方法仍是模式识别的相应技术，具体的特征级融合是指把原始数据先进行特征提取，再进行数据关联和归一化处理，然后送入融合中心进行分析和综合，完成对被测对象的综合评价。由于融合结果能最大限度地给出决策分析所需的特征信息，目前大多数的 C3I 系统及其他应用领域的数据融合研究都是在该层次上展开的。

　　决策级融合是在最高层次上进行的融合，各个局部处理根据观测而得到局部判决，然后融合中心对各判决结果进行融合，得到全局判决。

4. 数据融合的方法

　　常用的数据融合方法及特点比较归纳如表 10-1 所示。

表 10-1　数据融合方法对照

融合方法	运行环境	信息类型	信息表示	融合技术	适用范围
加权平均	动态	冗余	原始数据	加权平均	低层融合
自适应加权	动态	冗余	原始数据	协方差计算	低层融合
卡尔曼滤波	动态	冗余	原始数据	卡尔曼滤波	低层融合
贝叶斯推理	静态	冗余	概率分布	Bayes 估计	高层融合
统计决策	静态	冗余	概率分布	极值决策	高层融合
证据推理	静态	冗余互补	命题	逻辑推理	高层融合
模糊推理	静态	冗余互补	命题	逻辑推理	高层融合
神经网络	动、静态	冗余互补	神经元输入	神经网络	高低层融合

10.2.3　数据挖掘技术

随着信息技术的高速发展，数据库应用的规模、范围和深度已经从点(单台机器)发展到面(网络)，甚至到 Internet 全球信息系统，使得无论是商业、企业、科研机构或是政府部门，在过去若干年的时间里都积累了海量的、不同形式存储的数据资料。这些资料十分繁杂，仅仅依靠数据库的查询检索机制和统计学方法已经远远不能满足现实的需要，因此它迫切要求自动地和智能地将待处理的数据转化为有用的信息和知识，从而达到为决策服务的目的。在这种情况下，一个新的技术——数据挖掘技术应运而生。数据挖掘正是为了迎合这种需要而产生并迅速发展起来的、用于开发信息资源的、一种新的数据处理技术。

数据挖掘通常又称数据库中的知识发现(knowledge discovery in database，KDD)，可自动或方便地进行模式提取。这些模式是指从大型数据库或数据仓库中提取人们感兴趣的知识，当然这些知识是隐含的、事先未知的、潜在有用的信息，提取的知识一般可表示为概念、规则、规律、模式等形式。数据挖掘是一个多学科领域，从多个学科汲取营养，涉及数据库技术、人工智能、机器学习、神经网络、模式识别、归纳推理、统计学、数据库、数据可视化、信息检索、高性能计算等多个领域。将数据挖掘技术中的关联规则应用在实际工程中，获得了很好的效果。同

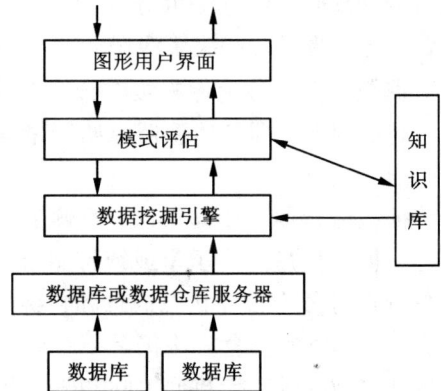

图 10-4　典型的数据挖掘系统结构

时互联网挖掘技术也应用在网络搜索和电子商务中，并显现出卓越的效果。在我国，数据挖掘技术的研究也引起了学术界的高度重视，已成为信息科学界的热点课题。数据挖掘研究具有广泛的应用前景，因为数据挖掘产生的知识可以用于决策支持、信息管理、科学研究等许多领域。图 10-4 为典型的数据挖掘系统结构。

1. 数据挖掘的分类

数据挖掘技术的分类标准有根据发现知识的种类分类、根据挖掘的数据库种类分类、根据采用的技术分类等几种分类方法。

(1)根据数据挖掘的功能可分为特征规则挖掘、区分规则挖掘、关联规则挖掘、分类聚类挖掘、孤立点分析、趋势分析、演变分析、偏差分析、模式分析、类似性分析等。

(2)根据所挖掘的知识的粒度或抽象层进行区分，包括概化知识、原始知识或多层知识的数据挖掘。

(3)根据数据库类型可分为关系型、事务型、面向对象型、对象关系型、主动型、异构型。

(4)根据所处理的数据的特殊类型可分为时间型、空间型、文本型、多媒体、数据库和遗留系统等。

(5)根据数据挖掘采用的技术分类主要有如下几种：

①决策树方法。

用树形结构表示决策集合，利用信息论中的互信息(信息增益)寻找数据库中具有最大信

息量的字段建立决策树的一个节点，再根据字段的不同取值建立树的分支；在每个分支子集中重复建立树的下层节点和分支，即可建立决策树。国际上最有影响和最早的决策树算法是 Quiulan 研制的 ID3 方法，数据库越大它的效果越好。此后又发展了各种决策树方法，如 ID3 的改进算法 C4.5 和 C5，这两种算法从数据丢失和数据连续性等方面对 ID3 算法进行了改进。

②人工神经网络方法。

人工神经网络方法从结构上模仿生物神经网络，是一种通过训练来学习的非线性预测模型，可以完成分类、聚类、特征挖掘等多种数据挖掘任务。这种方法是以 MP 模型和 He bb 学习规则为基础，用神经网络连接的权值表示知识，其学习方法表现在神经网络的权值修改上。神经网络方法主要应用于数据挖掘的聚类技术中。

③粗集（rough set）方法。

在数据库中，将行元素看成对象，列元素看成属性（分为条件属性和决策属性），等价关系 R 定义为不同对象在某个（或几个）属性上取值相同，这些满足等价关系的对象组成的集合称为该等价关系 R 的等价类。条件属性上的等价类 E 与决策属性上的等价类 Y 之间有 3 种情况：下近似，Y 包含 E；上近似，Y 和 E 的交集非空；无关，Y 和 E 的交为空。对下近似建立确定性规则，对上近似建立不确定性规则（含可信度），对无关情况不存在规则。

④可视化技术。

通过直观的图形方式将信息数据、关联关系以及发展趋势呈现给决策者，使用最多的方法是直方图、数据立方体、散点图。其中数据立方体可以通过 OLAP 操作将更多用户关心的信息反映给用户。

⑤遗传算法。

遗传算法是一种模拟生物进化过程的算法，最早由 Holland 于 20 世纪 70 年代提出。它是基于群体的、具有随机和定向搜索特征的迭代过程，包括 4 种典型的算子：遗传、交叉、变异和自然选择。遗传算法作用于一个由问题的多个潜在解（个体）组成的群体上，并且群体中的每个个体都由一个编码表示，同时个体均需依据问题的目标函数而被赋予一个适应值。另外，为了应用遗传算法，还需要把数据挖掘任务表达为一种搜索的问题，以便发挥遗传算法的优势搜索能力。同时可以用遗传算法中的交叉、变异完成数据挖掘中用于异常数据的处理。

⑥统计学方法。

在数据库字段项之间存在着两种关系：函数关系（能用函数公式表示的确定性关系）和相关关系（不能用函数公式表示，但仍是相关确定关系）。对它们的分析采用如下方法：回归分析、相关分析、主成分分析。主要用于数据挖掘的聚类方法中。

⑦模糊集（fuzzy set）方法。

利用模糊集理论对实际问题进行模糊评判、模糊决策、模糊模式识别和模糊聚类分析。模糊性是客观存在的。系统的复杂性越高，精确化能力就越低，即模糊性就越强，这是 Zadeh 总结出的互克性原理。

2. 数据挖掘的算法

（1）关联规则中的算法

Apriori 算法是一种最具有影响力的挖掘布尔关联规则频繁项集的算法，该算法是一种称为主层搜索的迭代方法,它分为两个步骤:①通过多趟扫描数据库求解出频繁 1-项集的集合 L_1;②不断的寻找 2-项集 $L_2\cdots n$-项集 L_N,最后利用频繁项集生成规则。

随后的许多算法都沿用 Apriori 中"频繁项集的子集必为频繁项集"的思想,在频繁项集 L_{K-1} 上进行 Join 运算构成潜在 k 项集 C_k。由于数据库和 C_k 的规模较大,需要相当大的计算量才能生成频繁项集。

一旦由数据库 D 中的事物找出频繁项集,由它们产生强关联规则是直截了当的(强关联规则满足最小支持度和最小置信度)。对于置信度,可以用式(10-1)表示,其中条件概率用项集支持度计数表示。

$$\text{confidence}(A \Rightarrow B) = P(A|B) = \frac{\text{support\_count}(A \cup B)}{\text{support\_count}(A)} \tag{10-1}$$

其中,support_count($A \cup B$)是包含项集 $A \cup B$ 的事务数,support_count(A)是包含项集 A 的事务数,关联规则可以表示如下:

对于每个频繁项集 l,产生 l 的所有非空子集。

对于 l 的每个非空子集 s,如果 $\dfrac{\text{support\_count}(A \cup B)}{\text{support\_count}(A)} \geqslant \text{min\_conf}$,则输出"$s \Rightarrow (l-s)$",其中 min_conf 是最小置信度阈值。

由于规则由频繁项集产生,每个规则都自动满足最小支持度。频繁项集连同它们的支持度预先存放在列表中,使得它们可以快速地被访问。

(2)分类规则中的算法

决策树是一种常用于分类、预测模型的算法,它通过将大量数据有目的地分类,从而找到一些有价值的、潜在的信息。它的主要优点是描述简单,分类速度快,特别适合大规模的数据处理。最有影响和最早的决策树方法是由 Quiulan 提出的著名的基于信息熵的 ID3 算法。它的主要问题是:ID3 是非递增学习算法;ID3 决策树是单变量决策树,复杂概念的表达困难;同性间的相互关系强调不够;抗噪性差。针对上述问题,出现了许多较好的改进算法。

(3)数据挖掘的应用和发展趋势

数据挖掘技术旨在发现大量数据中所隐藏的知识,以用来解决"数据丰富、知识贫乏"的问题。近年来随着数据库和网络技术的广泛应用,加上使用先进的自动数据生成和采集工具,人们所拥有的数据量急剧增加,为数据挖掘技术的应用创造了必要的条件。目前国际上数据挖掘技术在科学研究、金融投资、市场营销、保险、医疗卫生、产品制造业、通信网络管理等行业已得到应用。国内在数据挖掘方面也有成功的应用,如宝钢已应用数据挖掘系统辅助生产决策,每年能节省近千万元的资金。现在我国的研究人员正在加紧研制有关领域的数据挖掘工具,并且,数据挖掘技术的应用领域正在不断扩大。

10.2.4　模糊综合评判方法

1. 模糊评判模型的基本概念

(1)评定因素集 $U = \{u_1, u_2, u_3, \cdots, u_m\}$,是所有影响对象结果的因素 u_i 集合。例如车辆运行速度、车辆行程时间、停车时间等对车辆的运行模式评判的因素集{运行速度,行程时间,停车时间,$\cdots$}。

(2)评判等级集 $V = \{v_1, v_2, v_3, \cdots, v_n\}$,评判结果根据具体要求所划分的评价等级。如评判结果将交通流状态分为三个等级，$V = \{$自由流，一般拥挤流，严重拥挤流$\}$。

（3）单因素评判矩阵 $\underset{\sim}{R} \in F(U \times V)$：

$$\underset{\sim}{R} = \begin{pmatrix} f(u_1) \\ f(u_2) \\ \vdots \\ f(u_m) \end{pmatrix} \begin{matrix} u_1 \\ u_2 \\ \vdots \\ u_m \end{matrix} = \begin{matrix} & v_1 & v_2 & \cdots & v_4 \\ & \begin{pmatrix} r_{11} & r_{12} & \cdots & r_{1n} \\ r_{21} & r_{22} & \cdots & r_{2n} \\ \vdots & & & \vdots \\ r_{m1} & r_{m2} & \cdots & r_{mm} \end{pmatrix} \end{matrix} \qquad (10\text{-}2)$$

其中，$0 \leqslant r_{ij} = \mu_R(u_i \quad v_j) \leqslant 1$，$i = 1, 2, \cdots, m$，$j = 1, 2, \cdots, n$。

$\underset{\sim}{R} \in F(U \times V)$ 表示 U 到 V 的模糊关系，其中 $f(u_i)$ 表示对因素 u_i 进行评价所得到的评价结果，而 r_{ij} 表示对因素集中 u_i 因素进行评价，评价结果在评价集 v_j 等级上的份额。

（4）权重集 $\underset{\sim}{A} = \{a_1, a_2, a_3, \cdots, a_m\}$ 表示考虑不同因素对评价的不同重要程度时，因素集中各评判因素所占的权重比。其中，$i = 1, 2, \cdots, m$，且权重集中，各元素满足归一化条件：

$$\sum_{i=1}^{m} a_i = 1, \; a_i \geqslant 0 \qquad (10\text{-}3)$$

（5）"。"表示合成运算符。表示按照广义模糊"与"和广义模糊"或"运算进行矩阵间的操作符。

（6）" * "表示广义模糊"与"运算。具体含义视不同评判模型而定，也可自定义。

（7）" $\overset{+}{*}$ "表示广义模糊"或"运算。具体含义视不同评判模型而定，也可自定义。

（8）评判结果 $\underset{\sim}{B} = (b_1 \quad b_2 \quad \cdots b_n)$ 表示对各因素综合评判所得到的结果。

（9）综合评判空间 (U, V, R) 表示对整个评判系统描述的数学术语。

2. 单层次模糊综合评判模型

模糊综合评判模型如下：

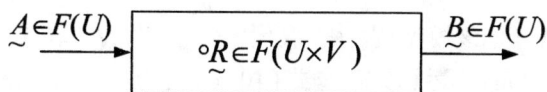

$$\underset{\sim}{A} \in F(U) \longrightarrow \boxed{\quad \circ \underset{\sim}{R} \in F(U \times V) \quad} \longrightarrow \underset{\sim}{B} \in F(U)$$

图 10-5　单层模糊综合评判模型

在上述评判模型中，$\underset{\sim}{A}$ 是各因素的权重分配，则模糊综合评判的数学模型为：

$$\underset{\sim}{B} = \underset{\sim}{A} \circ \underset{\sim}{R} \in F(V) \qquad (10\text{-}4)$$

或：
$$(b_1 \quad b_2 \quad \cdots \quad b_n) = (a_1, a_2, a_3, \cdots, a_m) \circ \begin{pmatrix} r_{11} & r_{12} & \cdots & r_{1n} \\ r_{21} & r_{22} & \cdots & r_{2n} \\ \vdots & & & \vdots \\ r_{m1} & r_{m2} & \cdots & r_{mn} \end{pmatrix} \qquad (10\text{-}5)$$

式中："。"表示模糊运算符号。对此运算符号的定义不同，则对应不同的模糊综合评判模型。采用特殊符号，给出的式（10-5）在广义模糊运算下 B 的各元素的计算式为：

$$b_j = (a_1 * r_{1j}) \overset{+}{*} (a_2 * r_{2j}) \overset{+}{*} \cdots (a_m * r_{mj}), \; j = 1, 2, \cdots, n \qquad (10\text{-}6)$$

式(10-6)是模糊综合评判的一般模型，记为 $M(*,\overset{+}{*})$。一般对运算符号"∘"的定义不同，具有不同的模糊综合评判模型。在本章第三节将做具体的介绍。

综合评判结果 $\underset{\sim}{B}$ 是 V 上的模糊集，一般用表 10-2 中所列举的方法来确定评判结果。

表 10-2　评判结果的表示方法

对最后的评判结果 $\underset{\sim}{B}=(b_1 \quad b_2 \quad \cdots \quad b_n)$ 确定评价方法	
最大隶属度原则	若 $b_{j_0}=\max\limits_j b_j$，则选第 j_0 评价等级为综合评判结果
模糊分布法	对 $\underset{\sim}{B}=(b_1 \quad b_2 \quad \cdots \quad b_n)$ 进行归一化处理得到：$\underset{\sim}{B'}=(b'_1 \quad b'_2 \quad \cdots \quad b_n')$ 表示 m 个评价等级所占的百分比
加权平均法	加权平均法以各评价等级 v_j 的隶属度 b_j 为权系数，取各 v_j 的加权平均值作为评判结果：$v_0=\sum\limits_{j=1}^m b_j v_j / \sum\limits_{j=1}^m b_j$，使用前将评价集 V 中的各元素量化

3. 常见的模糊综合评判模型

理论上，广义模糊合成运算随"与"和"或"运算含义定义不同有无穷多种，但在实际应用中常见的模型有如下五种。

[模型1]　$M(\wedge,\vee)$。如公式(10-6)所示，此模型用"$\wedge$"取代"$*$"，用"$\vee$"取代"$\overset{+}{*}$"。"$\wedge$"和"$\vee$"分别表示取小(min)和取大(max)运算，即：

$$b_j=\max[\min(a_1,r_1),\min(a_2,r_2),\cdots,\min(a_m,r_m)],\ j=1,2,\cdots,n \qquad (10-7)$$

该模型保守地估计因素 u_i 与评语等级 v_j 的模糊隶属度，而且仅考虑导致该评语等级发生的重要因素，忽略了其他次要因素对该评语等级的贡献。因此，它是一种"主因素决定型"的综合评判模型。

[模型2]　$M(\bullet,\vee)$。该模型用"$\bullet$"取代"$*$"，用"$\vee$"取代"$\overset{+}{*}$"。"$\bullet$"表示普通的实数相乘，"$\vee$"表示取大(max)运算。于是式(10-6)变为：

$$b_j=\max(a_1 r_{1j},a_2 r_{2j},\cdots,a_m r_{mj}),\ j=1,2,\cdots,n \qquad (10-8)$$

该模型的评判结果 b_j 综合了各因素的权重 a_i 和隶属度 r_{ij}，但由于 b_j 最后的取值结果偏向于主导因素的作用(主导因素的权值较大)，因而该模型是一种"主因素突出型"的综合评判模型。

[模型3]　$M(\wedge,\oplus)$。此模型就是用"$\wedge$"取代"$*$"，用"$\oplus$"取代"$\overset{+}{*}$"。"$\wedge$"表示取小(min)运算，有界算子 $\oplus$ 定义为：

$$\alpha\oplus\beta=\min(1,\alpha+\beta) \qquad (10-9)$$

故式(10-5)变为：

$$b_j=\min\left[1,\sum_{i=1}^m \min(a_i,r_{ij})\right],\ j=1,2,\cdots,n \qquad (10-10)$$

该模型的评判结果综合考虑了各因素的影响，而且要求 $a_i\geqslant r_{ij}$，适合于单层估计模型，属于一种"主因素突出型"的综合评判模型。

[**模型 4**]　$M(\bullet, \oplus)$。此模型用"$\bullet$"取代"$*$"，用"$\oplus$"取代"$\circledast$"。于是式(10-6)可写为：

$$b_j = \min(1, \sum_{i=1}^{m} a_i r_{ij}), \, j = 1, 2, \cdots, n \qquad (10\text{-}11)$$

该模型与模型 3 有相同之处，只是在评价结果时用 $a_i r_{ij}$ 项代替了 $\min(a_i, r_{ij})$，综合考虑了各评价因素的影响，因为权重集刻画了各因素的相对重要程度，在评价时要满足归一化条件，即 $\sum_{i=1}^{n} a_i = 1$。特别指出的是，由于 $\sum_{i=1}^{n} a_i r_{ij} \leqslant 1$，因此该模型实际上蜕化为 $M(*, +)$，"$+$"代表普通的实数加法运算，而且只有在这种模型才有权的意义。因此该模型属于一种"加权平均型"综合评判模型。

[**模型 5**]　$M(\beta, \wedge)$，即用普通的乘幂代替"$*$"，用"$\wedge$"取代"$\circledast$"运算。其中 β 代表乘幂，"$\wedge$"表示取小(min)运算。所以式(10-6)变为：

$$b_j = \min(r_{1j}^{a_1}, r_{2j}^{a_2}, \cdots, r_{mj}^{a_m}), \, j = 1, 2, \cdots, n \qquad (10\text{-}12)$$

该模型中 a_i 和 r_{ij} 已不再为前面定义的重要度和隶属度含义，是某种特定的评判指标，且要求最后的评判结果取最小者为最佳，属于一种比较特殊的评判模型。

10.3　需求分析

10.3.1　基于浮动车的道路交通状态检测分析系统的实施背景

与传统的交通控制技术相比，智能交通系统(ITS)从系统的观点出发，在现有较完善的交通基础设施基础上，综合考虑车辆和道路因素，将先进的信息融合、电子通信、自动控制、计算机处理等技术有效集成，综合运用于道路交通管理，从而建立起在大范围发挥作用的、实时、准确、高效的交通控制管理系统。

对交通状态进行实时监视与分析，及时可靠地发现路网道路上存在的交通运行问题，是改善道路交通运行效率，减小路网的道路交通阻塞的前提和基础。在现代交通工程技术中，交通参数正是表征道路交通状态的标量，因此，无论是智能交通系统，还是现代交通工程，都是以可靠而准确的交通参数检测为基础的。

10.3.2　基于浮动车的道路交通状态检测分析系统的前提条件

GPS 数据的实时接收，保证了道路交通状态信息的实时发布。对接收到的 GPS 数据进行预处理既是对错误数据的过滤以及对数据误差的修正，又将过滤和处理后的数据匹配到对应的道路。

(1)重庆市公交控股集团从 2005 年开始启动公交车辆 GPS 定位系统的建设，目前已安装车载 GPS 的公交车辆 5000 余辆。这些公交车一般运行于市内主要交通干道上，车辆的运行状态可以在一定程度上反映出道路实际的交通状态。因此，其日常积累的大量 GPS 数据为本项目的开展提供了数据资源和应用契机。

研究浮动车交通状态估计技术和建立应用系统的前提，是方便、及时地获取全部浮动车采集的交通信息。鉴于重庆市出租车及公交车的 GPS 定位信息均集中在监控平台，必要的浮动车的数量和浮动车交通信息的集成易于得到保证，这就为本项目提供了很好研究和应用示范环境。这样的条件在国内各城市是非常难得的，这也是开展本项目研究的优势条件。

（2）基于 GPS 数据的多辆浮动车的位置数据和速度数据进行特征层的数据融合是系统实时估计的基础，不同类型的多辆浮动车行驶数据是对交通流状态多角度的反映，由于道路车辆之间存在复杂的相互作用，没有统计独立性，并且车辆的分布及参数难以确定，因而综合使用统计学、交通工程学、同源数据融合的原理和方法，采用聚类分析的方法对给定道路上多辆公交浮动车的位置数据和速度数据进行特征层的数据融合，可以综合地提取表征道路状态的多辆浮动车检测样本的统计量，以充分反映道路的交通状态。

鉴于交通参数估计的非线性和复杂性，难以运用数学模型准确地对不同时段和道路的交通参数进行计算，而浮动车运行状态与车流的运动状态之间具有密切的联系，且交通流状态具有时间重复性的特点，因此，基于对浮动车检测数据沿道路统计特征和时间分布规律的分析，应用模糊神经网络，以浮动车的位置和速度数据经数据融合得到的浮动车运行状态的数据特征为特征变量，结合历史数据，在仿真实验、实际测量和 MATLAB 工具箱辅助下通过模糊推理和神经网络的学习，建立道路行程时间和平均速度的估计模型。借助 GIS 电子地图库中的高精度道路信息，结合实际公交车和出租车的运行状态对比分析采用统计学的方法研究公交车、出租车的运行状态对 GPS 定位数据的影响规律，分析这些规律与道路行程时间和平均速度的实时估计关系，建立道路行程时间和平均速度的修正估计模型。

10.3.3　基于浮动车的道路交通状态检测分析系统的功能需求

基于浮动车的道路交通状态检测分析系统的功能需求有：

（1）基于 GPS & GIS，实现道路行程时间和平均速度的实时估计，并动态实时显示道路交通状态；

（2）基于 GPS，实现历史交通信息的交通状态汇总统计；

（3）实现交通事件的实时检测和预报；

（4）基于 GIS，回放车辆历史交通轨迹。

10.4　系统设计

10.4.1　系统设计原则

1. 系统集成原则

由于需要对整个路网上的道路平均速度、行程时间、交通事件以及道路交通服务水平进行动态监测和评估，因此，基于浮动车的道路交通状态检测分析系统分为道路平均速度和行程时间估计子系统、事件检测子系统、道路服务水平实时估计子系统和中心控制平台四个主要部分。开发该系统必须强调各部分子系统及应用的高度集成，优化资源配置，开发系统的应用潜能。

2. 技术先进性原则

基于已完成的重庆市科技攻关项目，领先的公交浮动车监测技术。依靠完善的数据预处理技术，建立车辆状态与道路交通状态的映射模型，最后通过对道路交通状态的准确和精细分析，实现道路交通状态的动态评价。

　　基于浮动车的道路交通状态检测分析系统尽量采用先进技术的最终目的就是要保证系统在一定时期内能满足客观需求而不被淘汰。这些技术包括软件体系结构的设计思想、软件的实现技术、各种交通参数的计算方法等。具体的技术在各分系统设计的章节里介绍。

3. 易扩展性原则

　　基于浮动车的道路交通状态检测分系统的中心控制平台负责与外部数据库相连，并对进入的数据进行处理，并将处理后的数据按要求分送给各子系统，接受子系统的输入结果，实现数据的对外显示，而系统中的各个子系统之间相互独立，因此，删减添加子系统模块十分方便，增强了系统的可扩展性和易维护性，可以满足用户需求不断发展的要求，特别是在应用需求变化时，可方便地加以调整，尽量不修改软件核心代码。

4. 标准化原则

　　尽量采用标准化的数据库接口，标准化的数据交换格式，实现计算机系统的数据交互。

5. 安全性和可靠性原则

　　通过技术手段提高系统的安全性，如权限管理、数据加密等。

6. 统一设计分步实施原则

　　系统的各个子系统模块虽然相互对立，但是，整个系统的规划需要做到统一规划、统一设计，以保持规划设计的前瞻性，避免重复投资和浪费。

　　在对系统模块接口，功能设计的规划完成之后，分别进行各个子系统的功能设计，既要实现该子系统模块的功能，又要做到子系统模块与中心控制平台的无缝对接。

10.4.2　系统总体设计

1. 现有的应用条件

　　基于 GIS 和 GPS 浮动车的道路交通状态信息发布系统的实现，首先需要满足两个前提条件：

　　(1)根据利用浮动车数据分析道路交通状态的理论，必须存在一定数量的 GPS 浮动车运营在道路上，同时能给系统传回浮动车的信息，以便系统分析道路交通状态。

　　(2)交通状态的分析和结果的显示都依赖于 GIS，所以必须拥有一定精度的电子地图，以便系统分析交通状态并发布分析结果。

　　研究浮动车交通状态估计技术和建立应用系统的前提，是方便、及时地获取浮动车采集的交通信息。鉴于重庆市出租车及公交车的 GPS 定位信息均集中在重庆市道路运营车辆 GPS 监控信息平台，必要的浮动车的数量和浮动车交通信息的集成易于得到保证，这就为本系统提供了很好的研究和应用示范环境。

　　此外，可以获得比例达 1:5000 的重庆市城区电子地图，其电子地图的误差不超过 10 m。

　　在满足了前述条件的基础上，可以实现基于 GIS 和 GPS 浮动车的交通状态分析系统。

2. 系统设计思想

　　基于 GIS 和 GPS 浮动车的道路交通状态信息发布系统最主要的设计思想是通过 GPS 浮动车传回的浮动车在道路上的行驶信息，使用适当的模型和算法分析这些信息，以分析道路的交通状态。因此，系统主要分为三大部分，其一是收集 GPS 浮动车的实时数据，并做预处理。其二是利用恰当的模型、算法和已经预处理过了的 GPS 数据估计道路平均速度，判断道路服务水平和进行事件检测。其三是将分析所得的道路交通状态信息结果反映在 GIS 上。其系统架构如图 10-6 所示。

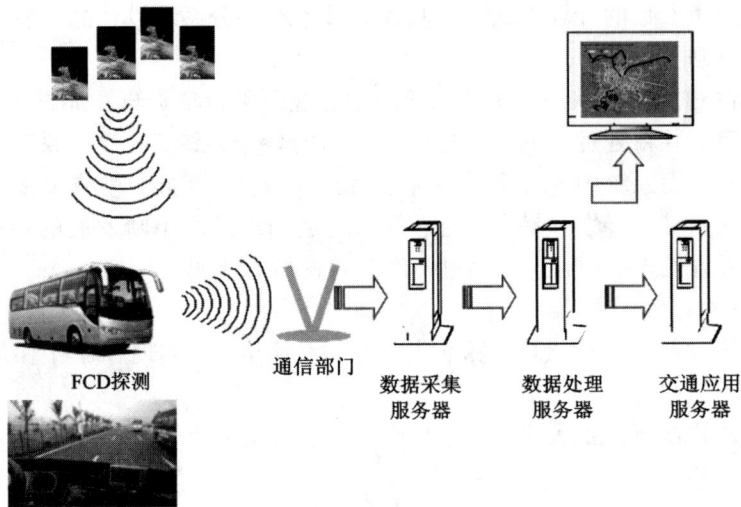

图 10-6　系统架构图

由于大量的 GPS 数据传送会给企业带来较重的负担，所以出于经济层面的考虑，系统应在满足最低需要的前提下，充分利用已有的实验设备和条件，恰当地设计系统，与已经搭建好的 GPS 监控系统和已有的重庆市 GIS 相适应，争取做到在投入相对较小的情况下获得比较令人满意的系统实现效果。

从上述系统设计思想出发，利用已有的公交车 GPS 车辆监控系统，实时获取 GPS 车辆回传的 GPS 数据，从中分类挖掘出需要的公交 GPS 浮动车数据。对这些数据进行预处理后送入适当的模型，利用相应的算法对上述数据进行分析以获得道路的平均速度和事件检测结果。最后对道路平均速度做出道路服务水平评价，并在重庆市电子地图上显示相应的道路交通状况。

由于 GPS 监控系统自身一直在采集车辆的 GPS 数据，这样设计系统的优势在于充分利用了现有的条件，几乎不会产生额外的费用。

3. 系统特点

系统在使用中对 GPS 数据的使用不完全依赖于 GPS 产品本身的性能，利用 GIS 对 GPS 信号进行地图匹配，同时计算车辆平均速度，对 GPS 数据做了大量的预处理工作，过滤了不可靠的 GPS 数据，使系统可靠性和结论的准确性都得到了加强。

本系统利用基于公交车的浮动车数据，通过数据融合的手段，综合考虑车辆在不同道路交通状态(比如坡度信息，绿信比，自由流等)分析中的不同运行状态，获得的结果较之国内外现有系统更为合理。

此外，该系统充分利用现有的数据，实现事件监测和道路服务水平实时评价功能，是对现有重庆市交通委员会所拥有的 GPS 系统潜能的进一步挖掘和开发。

4. 系统开发工具

在整个开发过程中，本系统使用到的软件有 Visual Basic 和 Visual C++集成编程环境、MATLAB 数学分析处理软件以及 MapInfo（或 MapX）地理信息系统软件。以下分别对这些软件进行简要介绍。

（1）Visual Basic

Visual Basic（简称 VB）是美国微软公司开发的一种可视化编程工具。它功能强大、简单易学，能够方便快捷地开发 Windows 应用程序。它主要沿袭了 BASIC 系列语言的语法，非常简洁。Visual Basic 中的"Visual"的含义是"可视化的"，指的是开发图形用户界面（graphical user interfaces，GUI）的方法。"Basic"指的是 BASIC（beginners all-purpose symbol instruction code，即初学者通用符号指令代码）语言。Visual Basic 与一般的 BASIC 语言不同，它是可视化的 BASIC 语言，不必编写大量代码去描述程序界面，只要把预先建立好的对象拖放到窗口界面中即可。

与传统编程方式相比，Visual Basic 提供了完善的可视化编程环境，可以同时打开多个工程，可以建立多文档界面和单文档界面，具有强大的代码编辑器。在代码窗口中可以自动列出控件的属性和方法，可以自动提示函数的语法，具有实时在线帮助的功能。

事件驱动的程序机制 Visual Basic 中的编程方法与传统的编程方法不同，它改变了程序的机制，程序运行的基本方法是由"事件"来驱动程序运行的。在 Visual Basic 应用程序中不再有传统编程过程中的"主程序"和"子程序"之间非常细致的连带关系，而是将大规模的程序分为若干个单一的、独立的、小规模的段落程序，分别由各种"事件"来驱动执行，大大降低了程序的编写难度。

（2）Visual C++

Visual C++是 Microsoft 公司在 Microsoft C/C++的基础上开发的一种新型 C++编译器，它是 Microsoft Windows 程序开发工具的延续。自从 Microsoft 公司推出 Windows 以后，立即以其新颖的图形用户界面、卓越的多任务操作系统性能、高层次的软件开发平台而风靡全球，这使得熟悉 DOS 软件开发的用户必须转向设计 Windows 应用程序。这即使对有经验的程序员来说，其工作难度也相当大。因为 Windows 不同于 DOS 或 UNIX，它支持多种应用程序编程接口（application programming interface，API）。例如：最初的 Windows1.01 就已经支持 Win16 和 MS-DOS 程序，如今的 Windows NT 可支持五种编程接口。曾经有一个时期，即便是要建立在 Windows 下运行的大型应用软件，开发人员也不得不用 C 语言编程。这种程序要直接连接到 Windows 提供的一系列 API 函数上，在可用的开发工具数量很少功能有限的情况下，开发人员必须耗费大量的精力和时间学习 Windows 编程方面的详细知识，要额外弄清楚 Windows 的许多细节，使得开发工作的进展相当困难。为了解决这一问题，Microsoft C/C++ 7.0 曾给出了一个 C++ API，即微软基础类库（microsoft foundation class，MFC）MFC1.0，目的是简化在 Windows 下的编程过程，为 C++程序员提供面向对象的 Windows 编程接口，这使得 Windows 环境下的程序开发工具向前迈进了一大步。Visual C++是在 Microsoft C/C++的基础上开发的一个更有效的具有面向对象特性的程序开发工具。它将所有编写 Windows 应用程序所需要的资源组合为一个单独的工具，为 Windows 系统下的应用程序开发提供了完全可视化的集成开发环境。"Visual"意为"可视化的"，指的是一种开发图形用户界面（GUI）的方法，所以，Visual C++是基于 C++的可视化的程序设计语言。由于 Visual C++具有卓越的性能、齐全的功能和可视化的集成开发环境，它特别适合编写基于 Windows 操作系统的应用程序，因而成为当今最前沿的软件开发工具。

（3）MATLAB

MATLAB 名字由 MATrix 和 LABoratory 两词的前三个字母组合而成。那是 20 世纪 70 年代后期的事：时任美国新墨西哥大学计算机科学系主任的 Cleve Moler 教授出于减轻学生编程负担的动机，为学生设计了一组调用 LINPACK 和 EISPACK 库程序的"通俗易用"的接口，即用 FORTRAN 编写的萌芽状态的 MATLAB。现今的 MATLAB 拥有更丰富的数据类型和结构、更友善的面向对象、更加快速精良的图形可视、更广博的数学和数据分析资源、更多的应用开发工具。在欧美大学里，诸如应用代数、数理统计、自动控制、数字信号处理、模拟与数字通信、时间序列分析、动态系统仿真等课程的教科书都把 MATLAB 作为内容。这几乎成了 20 世纪 90 年代教科书与旧版书籍的区别性标志。在那里，MATLAB 是攻读学位的大学生、硕士生、博士生必须掌握的基本工具。

在国际学术界，MATLAB 已经被确认为准确、可靠的科学计算标准软件。在许多国际一流学术刊物上（尤其是信息科学刊物），都可以看到 MATLAB 的应用。

在设计研究单位和工业部门，MATLAB 被认作进行高效研究、开发的首选软件工具。如美国 National Instruments 公司信号测量、分析软件 Lab VIEW，Cadence 公司信号和通信分析设计软件 SPW 等，或者直接建筑在 MATLAB 之上，或者以 MATLAB 为主要支撑。又如 HP 公司的 VXI 硬件，TM 公司的 DSP，Gage 公司的各种硬卡、仪器等都接受 MATLAB 的支持。现在，MATLAB 已被从事科学研究、工程计算的广大科技工作者、高校师生确认为必须掌握的计算工具，从理论通向实际的桥梁最可信赖的科技资源之一。

（4）MapInfo（或 MapX）

本系统选用美国 MapInfo 公司开发的桌面电子地图信息系统 MapInfo 7.0 及其控件 MapX 5.0 作为信息平台及开发工具，实现 GPS 浮动车的定位、道路和数据分段、道路平均速度估计技术的研究及开发。MapInfo 采用电子地图的方式存储地理信息，其属性信息保存于内置关系型数据库中，空间信息采用矢量图的方式保存，并实现了空间数据与属性数据库的自动连接和双向查询。在 MapInfo 中，每个地图要素（点、线或面）均和其属性数据库中的一条记录相对应。反之，MapInfo 数据库中的每条记录都有与之对应的地图要素。这样，矢量图形实际上成为数据库中的一个特殊字段，一个地图要素在数据库中以一个关系表来表示，称之为地图对象。

在 MapInfo 中，可实现电子地图的建立、管理、修改和显示功能。通过图形与数据库的对应关系，就可将数据库中表示类型代码的数值、字符信息转换为地图对象的符号。从而实现地图数据可视化，即信息可视化。尤其适合管理人员进行宏观查询、综合分析。

MapInfo 以表（Table）的形式来组织信息，每一个表都是一组 MapInfo 文件，这些文件组成了地图文件和数据库文件。这些文件可来自 MapInfo 或者由用户创建。MapInfo 通过表的形式将数据与地图有机地结合在一起，形成数据资源。MapX 是 MapInfo 控件，用户可通过它在自己的编程环境中调用 MapInfo 的命令和函数，实现对 MapInfo 文件资源的调用。

10.4.3　系统的体系结构

1. 系统的拓扑结构

系统的拓扑结构如图 10-7 所示。

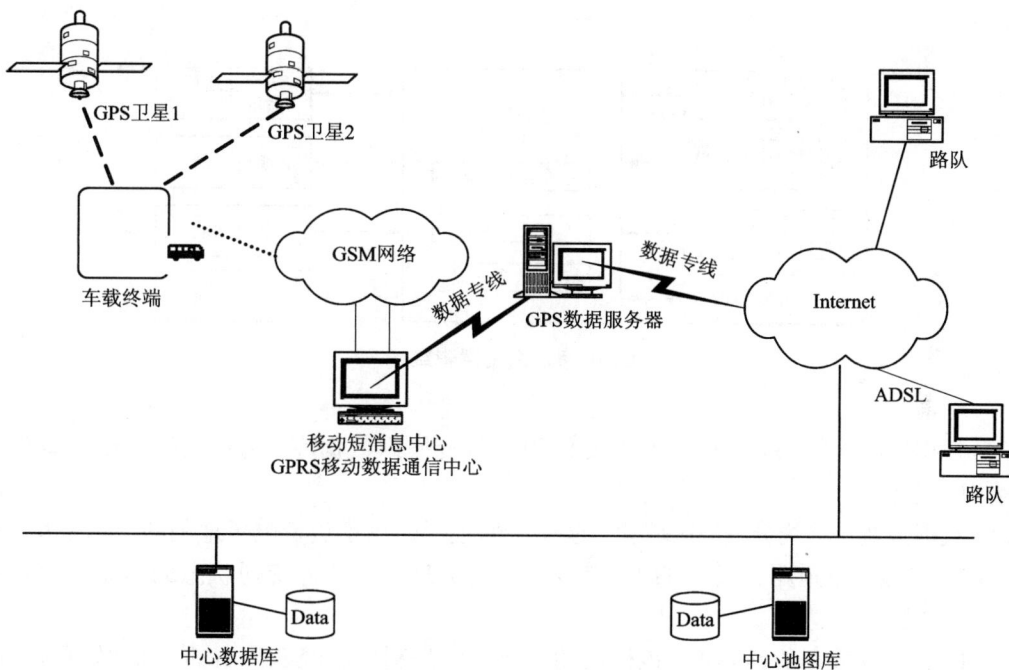

图 10-7　系统拓扑结构

　　GPS 车载终端从卫星信号中解析出自己的位置，再利用 GSM 网络将 GPS 信息，包括车辆经纬度、速度、方向以及车牌号、车辆 ID、车辆状态等相关信息，以短信方式发送到电信运营商的移动数据通信中心。通过数据专线，通信中心将数据发送到监控中心，监控中心将数据发送给系统。

2. 系统的逻辑结构及功能模块

系统逻辑结构如图 10-8 所示。

系统由中心平台，功能模块和数据库组成，各部分功能介绍如下：

（1）数据库 DB1、DB2：其主要作用是交换存储 GPS 原始解析数据，并负责为平均速度计算提供数据基础，向地图匹配提供 GPS 原始数据。

（2）数据库 DB：其主要作用是存储解析后的 GPS 数据，以及各种需要的历史数据，并在系统需要时给系统提供数据。

（3）中心平台：中心平台的主要作用是对外提供控制系统的接口，对内则负责建立容器，维护各个对象。其中包括组织和管理 GPS 数据，地图匹配和更新其状态等任务。同时，还要负责操作各个子模块，完成系统功能。此外，各个子模块的数据交换也要通过中心平台来控制。

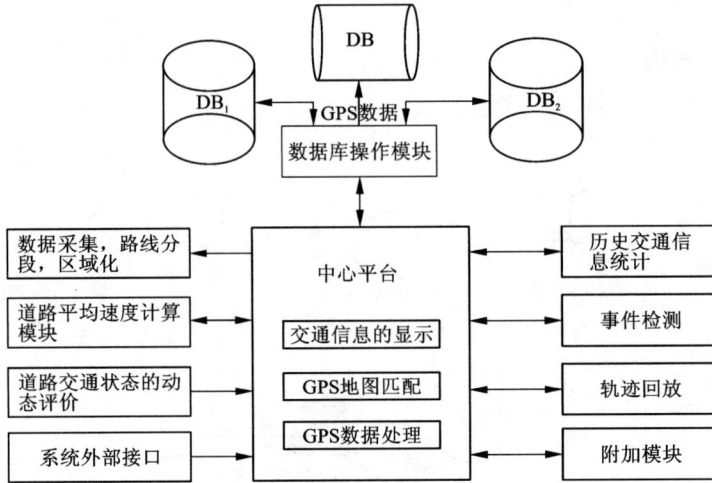

图 10-8   系统逻辑结构

(4)数据库操作模块：该模块的主要作用是负责操纵数据库，为将数据库中提取的数据传送给中心平台。

(5)数据采集，路线分段，区域化：该模块的主要作用是负责电子地图的数据采集，包括城市路网区域划分、道路分段、红绿灯信息、车站信息等。此外交通状态的信息发布也由该模块负责完成。

(6)GPS 速度数据的预处理：该模块的主要功能是利用已经匹配后的 GPS 数据和 GIS 空间数据相结合，计算车辆行驶的空间平均速度，并将结果通过中心平台转发给道路平均速度估计模块。

(7)道路平均速度估计模块：该模块的主要作用是利用中心平台给该模块提供的某时段通过道路的车辆平均速度数据，对该段道路的平均速度进行估计，并将分析结果返回给中心平台。

(8)道路服务水平评价模块：该模块的主要作用是利用中心平台给该模块提供的某时段某道路的道路平均速度数据，对该段道路的道路服务水平进行评价，并将评价结果返回给中心平台。由中心将评价结果传给 GIS 模块，并利用 GIS 可以直观地显示空间信息的优势，在 GIS 上显示评价结果。

(9)历史交通信息统计：该模块主要完成道路交通历史状况的统计分析。历史交通状态查询分为按时间查询和按路段查询两种方式。有 0.5 h、1.0 h、2.0 h 三种查询基准，每次最多可查询三个路段，以便对比。按时间查询方式可以查询到某路段在某年某月某日的交通状态信息。按路段查询方式可以查询到某年某月星期几的交通状态信息。

(10)事件检测模块：突发事件监测，对历史事件进行存储和查询。

(11)轨迹回放模块：可以回放车辆的历史运行轨迹，查看车辆的运行状况。

(12)显示模块：用于展示交通状态评判结果以及发布交通信息。

(13)附加模块 $1 \cdots n$：这些模块主要是一些可以利用本系统数据工作的附加模块。

3. 中心平台工作原理与系统流程

（1）中心平台对象维护的工作原理

对于维护数据的中心平台而言，可以把每辆浮动车都看成是一个对象。浮动车自带的 GPS 装置发回的信息代表着这个对象的状态变化。中心平台使用一个容器容纳各个对象以维护系统的运行。中心平台从数据库中获取浮动车发回的 GPS 数据，以 GPS 数据中的标志符为索引，遍历整个容器，检查容器中是否已经存在该标志符的对象。若在容器已经存在该对象，则更新该对象的状态。若不存在对象，则创建一个对象，并加入容器中进行维护，同时对象数目值加 1。中心平台对象数据维护如图 10-9 所示。

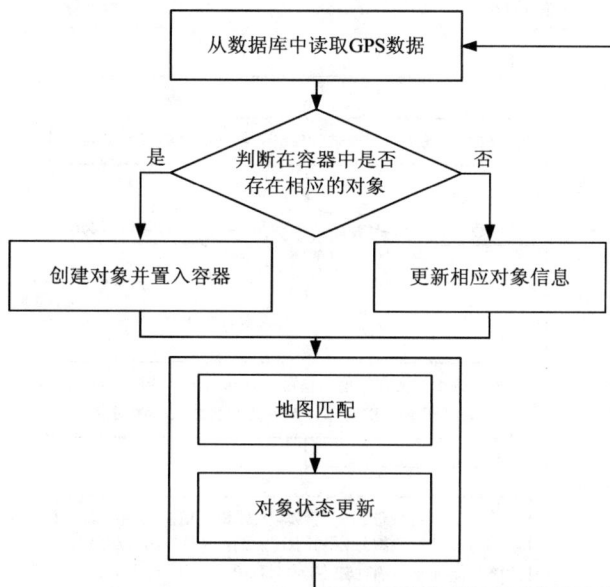

图 10-9 中心平台对象维护工作原理

（2）系统的工作流程

在对 GPS 数据进行预处理后，系统获得了可靠的车辆运行数据。以此数据为基础，通过合理的算法和模型计算得到道路平均速度的估计值。再以该结果作为依据，对道路的服务水平进行评价，同时将其用于事件检测。并将道路服务水平等实时交通状态在 GIS 上显示出来。

由于在系统运行过程中系统需要频繁使用一些数据，首先将这些数据做成资源文件的格式保存到固定目录。系统工作开始时，先进行的是初始化工作，将需要的各种数据从资源文件中读入内存中保存，以免系统因为频繁访问硬盘而导致系统性能的下降。完成初始化工作后，系统开始接收 GPS 数据。获得了 GPS 数据之后，对数据进行分析，判断该条数据所对应的车辆对象是否已经存在于维护对象的容器中。若存在，则更新该对象的状态，若不存在，则创建该对象，并加入容纳对象的容器中。系统的工作流程如图 10-10 所示。

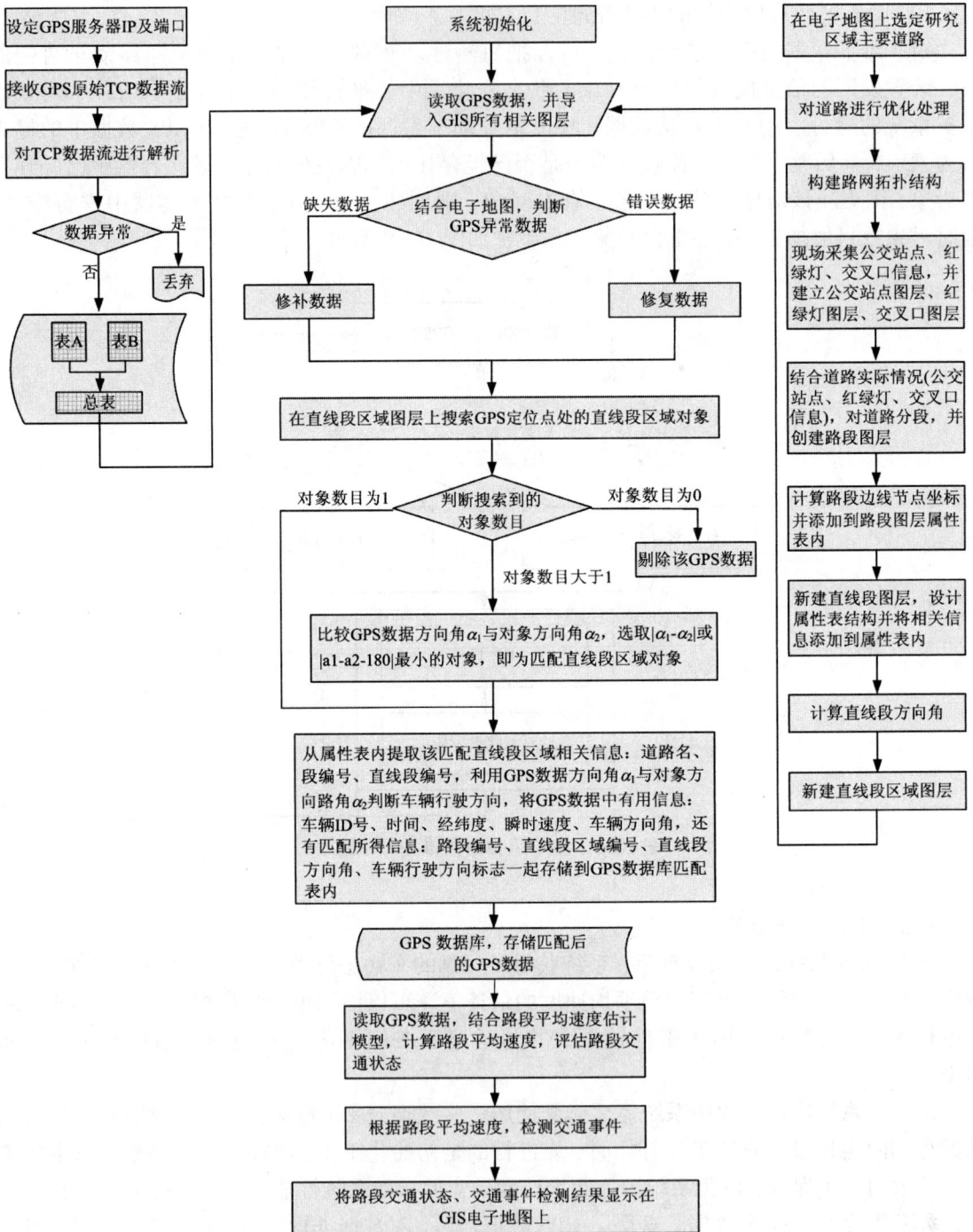

图 10-10　系统工作流程

　　此后，需要对该条 GPS 数据进行地图匹配，如果能匹配到指定的道路，则将该条数据存入相应类型的相应段表中；若不能匹配到指定的道路，则将该条数据直接显示在地图上。当定时器工作到指定的时间段后，定时器给道路平均速度计算模块发出计算道路平均速度的命令。该模块则从公交数据库和出租数据库相应的道路表中分别取出同一道路上公交车和出租车的数据，对这些数据进行分析，即可计算出该道路的道路平均速度。

当计算出某一道路的道路平均速度后，将结果传给道路服务水平分析模块和事件检测模块，对此道路的道路平均速度结果进行分析与处理，并对该道路的道路服务水平给出评价结果和事件检测结果，并把上述结果传给 GIS 模块。GIS 模块获得某一道路的道路服务水平评价结果后，需要在地图上与该道路相应的位置上以不同颜色显示该道路服务水平评价结果。若发生事件，则在指定位置显示事件结果。

（3）系统分析

对公交车而言，由于自身体积较为庞大且较难控制，同时出于安全考虑，一般速度不会太快。此外，重庆地区特有的丘陵地形，公交车行驶速度不但受坡度的影响，还受到营运站点的控制，有时为便于乘客下车或上客的需要，故而其在道路上的行驶速度一般低于出租车以及其他各种社会车辆。

为能获得合理的道路平均速度结果，需要对公交车所面临的各种路况信息数据进行数据融合，综合考虑各种因素的数据，进而得到较为合理的道路平均速度。系统负载主要分为两大部分：①海量 GPS 数据的预处理，包括接收、解析和存储；②地图匹配，把 GPS 信息匹配到相应道路上，并把匹配结果存储到对应的道路表中。

从各种类型的浮动车数据库相应道路表中取数据，进行道路交通状态分析。对第一部分的系统开销，主要花费在对海量数据的解析判断和存储上，第二部分主要在数据库的读取和存储数据中。这需要更快的硬盘和 CPU。而对第三部分，将各种 GPS 浮动车的数据分别进行处理，则可以采用多机方式处理系统以降低系统负载。

10.4.4　道路的分段与线性化

由于现有的数字电子地图中的信息不足，无法充分反映实际的道路信息，为便于系统处理数据，利用数字地图已有的道路信息，对电子地图上的道路做分段以及线性化处理。根据本研究所选浮动车的特点，路段以公交车站和道路主要交叉口以及红绿灯等作为主要划分依据。当前本项目主要针对以江北区核心地段的主干道路为对象建立实验系统。实验区域如图 10-11 所示。

10.4.5　分段线性化后的实验区域

1. GPS 浮动车定位数据的组织和管理

解决了道路分段的问题后，需要解决的问题是如何组织、管理、存储和利用大量的 GPS 浮动车的数据来进行道路平均速度的估计。

如前所述，各个道路的基础设施不同，其道路通行能力也必然不同。在同一时段不同车行方向上，道路交通状态也不一致。应对不同车行方向上不同道路进行单独分析。其解决方案是在数据库中给不同车行方向上每个道路单独建立表，通过地图匹配技术，把相应的 GPS 数据匹配到对应道路表中，然后再在一定的时段内对各路段表中的数据进行分析，进而得到不同车行方向上各个道路的道路交通状态。

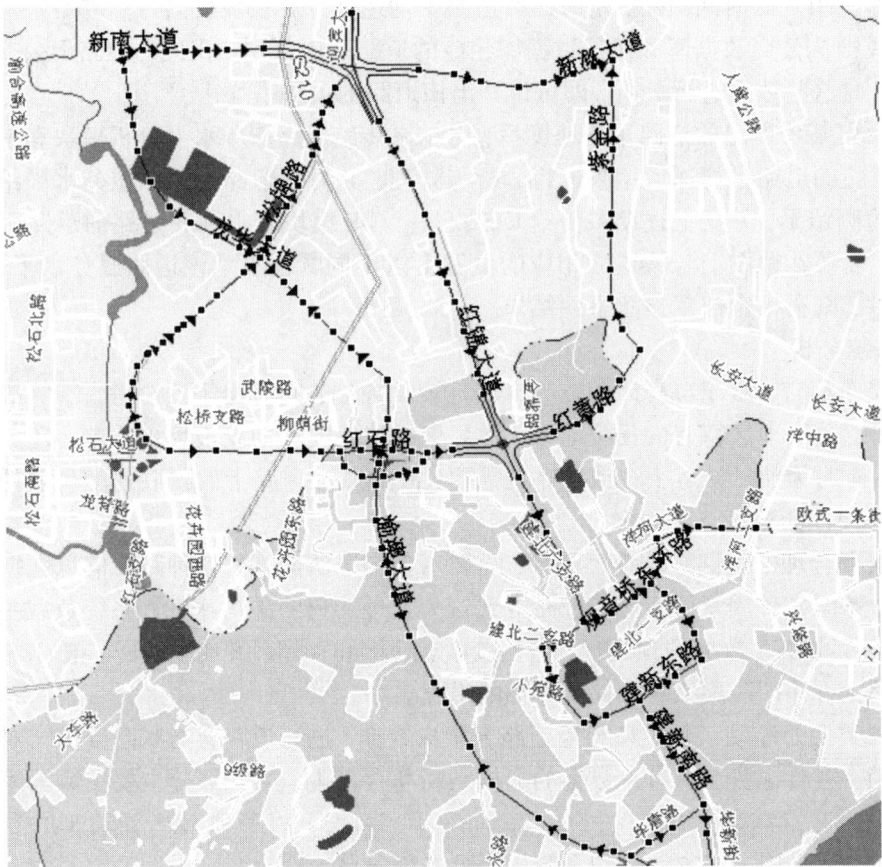

图 10-11　试验区域打点图

2. GPS 数据预处理

由于在城市环境下高楼和环境噪声对无线传输信号的干扰，会增大 GPS 定位误差，也会在数据传输过程中产生数据异常。通常有两种情况：①定位点严重偏离实际车辆位置；②定位点与实际车辆位置偏离较小。

通过地图匹配、错误数据及特殊区域内的异常数据的滤除后，得到一辆浮动车在某一道路上的采样时间系列数据。对于公交浮动车，需要对公交车站区域、公交车站与红绿灯重叠区域进行特殊处理，即滤除公交浮动车在公交车站区域、公交车站与红绿灯重叠区域停留的数据。

基于以上分析，我们得出对数据的解析思想，可分为以下三步进行操作：

①数据接收。利用 socket 技术来监听 GPS 服务器的特定发布窗口，通过建立 TCP 连接来保证数据传输的可靠性，以字节的接收方式逐字符接收 GPS 数据，并实时的存储于缓存中。

②数据解析。先对收到的字符按规定格式进行截取，并对截取到的字符进行十六进制转换，最后将十六进制数转换成十进制数据即可得到我们需要的结果。

③数据存储。将第②步得到的数据以时分交换方式存储于数据库中两个临时表中，并及时清理缓存，进行下一步接受工作。

3. 地图匹配

地图匹配(MM)是一种基于软件技术的定位修正方法，其基本思想是将定位装置获得的车辆定位轨迹与电子地图数据库中的道路信息进行比较，通过某种特定的算法确定出车辆最可能的行驶路段及车辆在此路段上最可能的位置。这样，一方面提供了车辆在电子地图上显示的手段；另一方面可以消除定位误差在车辆前进路线上的径向和横向分量，从而达到提高定位精度的目的。

根据浮动车数据的特点，地图匹配必须能实时地处理大数据量的 GPS 数据，为此采用基于地图预处理的地图匹配算法，可以大大提高系统的性能。

4. 道路平均速度估计

根据数据量是否满足直接估计路段平均速度的要求，把估计模型分为充分数据路段平均速度估计模型和不充分数据路段平均速度估计模型两类，并通过数据融合进一步提高估计的精度、增强模型的容错能力。当某路段的 GPS 数据量满足直接估计路段平均速度的要求时，通过该路段的所有瞬时速度估计得出路段的平均速度。当数据量不满足直接估计路段平均速度的要求时，通过利用历史数据进行估计。

5. 事件检测

在通常情况下，检测器采集到的交通参数数据中含有较多的随机干扰和噪声，如果将其直接用于交通拥挤的判别，将导致较高的误判率。为减少误判率，采用指数平滑法对原始交通数据进行平滑，去除短期的交通扰动，如随机波动、交通脉冲和压缩波等，然后将处理过后的数据与预设定的阈值进行比较，判断是否有拥挤发生。

因此，结合研究的实际情况，选取各道路的平均速度作为各时段的交通流参数。为了降低事件检测的误报率，在基本的指数平滑的算法原理基础上，可以加入多重数据判定，以及与历史数据一起作为参数进行事件检测。

6. 对道路服务水平的评价

在获得了道路的平均速度以后，一般用户对于该结果的理解并不直观。所以需要用道路服务水平评价将道路的平均速度转化为易为一般用户所理解的道路交通状态结果。

道路服务水平通常由速度、交通密度、行驶自由度、交通中断状况、舒适和便利程度等来描述和衡量。由于以上诸因素相互间有程度不同的联系，以及现在可用的资料不足，不能同时用上述诸因素来衡量服务水平和划分服务水平等级，而只能用与服务水平关系最密切、能总的代表其他因素的关键性参数来量度服务水平以及划分其等级。在该系统中，主要采用车道数和道路平均速度这两个关键参数来实时评估道路的交通服务水平。

7. 利用 GIS 发布交通状态信息

系统通过合理的算法和适当的模型对传回系统的 GPS 数据进行分析后，获得道路的平均速度，再将该结果转化为道路的服务水平。对于一般用户，可能会对道路或道路所在的空间位置没有直观的印象。而 GIS 对于空间信息发布，在用户看来具有直观、易于理解的优势。所以其技术手段主要是利用在电子地图上用不同的颜色区分各个道路上的不同的道路服务水平，使用户对道路或道路的空间位置和交通状态信息能获得直观的了解。

10.4.6　系统的接口设计

该系统是一个软件套件，这里讨论的系统接口主要指系统的软件接口。简言之，软件接口就是用户与系统、系统功能模块之间、系统与其他系统之间的通信规范。在使用接口时，外界无须关心接口功能的具体实现。通常根据接口的调用对象的不同，分为用户接口、内部接口和外部接口。下面分别对该系统的这些接口加以说明。

1. 用户接口设计

系统的用户接口已全部实现了图形界面化，用户可以很轻松方便地使用该软件。图 10-12 为用户登陆界面，用户登陆实现了智能化判别登陆，第一次登陆需要查找配置数据库服务器，登陆成功后，系统会记忆登陆状态，下次登陆只需要验证用户名和密码，系统将智能判断服务器是否工作正常，如有变故则会启动服务器配置窗口，再次配置，即可完成对系统更改、移植、服务器故障排除等问题的处理。强化系统鲁棒性。

图 10-12　用户登陆界面

只需在相应的文本框内正确填入所需内容，即可进入图 10-13 所示的系统界面。

图 10-13　系统界面

2. 内部接口设计

内部接口是为系统内部功能模块间功能调用而设计的，内部接口也就是应用程序接口

（API），下面讨论系统的内部接口设计。

系统的内部接口包括三大接口：

（1）GPS 原始数据与 GPS 数据预处理模块的接口；

（2）经过数据预处理后的 GPS 数据库与道路平均速度估计模块、道路服务水平评价模块、事件检测模块等各功能模块的接口；

（3）GIS 显示模块与数据库和各功能模块之间的接口。

3. 外部接口设计

外部接口是系统同外界系统的通信规范，系统只有数据持久层与外界的数据采集层存在通信，所以外部接口遵循数据持久层与数据采集层之间的通信规范。

10.5　关键技术研究及系统功能模块

10.5.1　数据采集及预处理模块

以公交车车载 GPS 获得实时车辆运行状态数据，然后利用 TCP 数据流进行实时分发，并通过 Socket 链接技术实时地将 GPS 数据映射到系统基层数据库，依据特定算法对所获得的 TCP 数据包进行数据分析，从 TCP 数据包中解析出公交车辆的经度、纬度、速度、方向角、时间等必要信息。

归纳起来，交通数据采集与数据预处理将主要实现以下三项功能：

（1）原始交通信息接收。该功能提供了一组数据接收标准，负责接收和存储原始的交通数据信息。

（2）FCD 交通信息处理。该项功能提供了一组交通信息计算算法，用于处理浮动车辆数据，与城市道路电子地图信息结合，实现实时交通信息分析、处理，最后计算出对应道路路段的交通速度等信息。

（3）可集成有关停车位、道路施工、交通事故等与交通相关的信息。

数据预处理是指对采集的原始数据通过数据变换、规范化、聚集、数据归纳等方法实现数据格式标准化、异常数据清除、数据的分类及存储等目标，是进行数据分析的首要环节。为下一步进行地图匹配，平均速度计算以及事件检测等模型的开展做好铺垫。

1. 数据采集及预处理模块的实现

数据采集及预处理是进行道路平均速度估计的必要前提。数据采集是 GPS 浮动车技术研究的基础，包括道路信息的调查采集、浮动车采样数据的采集和道路交通流速度的采集。数据预处理则是道路平均速度估计技术研究工作开展的前提条件，它根据道路平均速度估计的目的及估计模型的结构，对交通路线进行分段、将路线的信息集成到 GIS 电子地图中、对 GPS 浮动车采集数据进行电子地图匹配、滤除异常定位数据并按道路分组。本节讨论以上数据采集及预处理的各方面问题，详细阐述了本研究数据采集及预处理的方法和结果。

2. 城市道路信息的采集及处理

（1）城市道路路线选择及道路交通特征信息调查

基于 GPS 浮动车的城市道路平均速度估计技术的研究对象是城市主干道的交通流状态。因而，选取的研究对象，即选择进行研究的城市主干道应该具备城市道路的主要特点，又应该满足 GPS 浮动车技术研究的条件，具体如下：

①道路路线的长度要与城市城区的纵横方向的长度相适应。如纵向 20 km 的城市主城区，所选的纵向道路路线的起始点应接近城市的纵向城区起始点，长度应该接近 20 km。

②道路路线穿过或接近城市的中心地带，才能反映城市交通流的主要特征。

③道路路线应包含城市的地形特点，如江河交汇的城市，所选的道路路线应包含桥梁道路。

④道路的设计特点应代表城市的道路设计特点，如所选的道路各道路的单向车道数量包括了城市各道路主要的单向车道数量。

⑤道路路线上应行驶多辆作为交通数据采集工具的 GPS 浮动车。

道路交通特征信息调查的对象主要包括道路红绿灯、主要交叉路口、公交车站、桥梁、隧道、学校等在道路路线的位置、数量，道路的设计特征，如各道路的道路等级、单向车道数、是否有隔离带、是否有专用车道、是否设有自行车道等。道路交通特征信息调查可采取向道路交通规划设计部门咨询的方式，也可根据城市的特点、浮动车的配置情况及研究的目的进行实际调查。

（2）道路分段

道路分段是道路平均速度估计的重要内容。路段的划分与道路平均速度应用的目的有关。例如，道路平均速度估计是为了实现公交车到站时间预测，那么道路的端点就应该包括公交车的站点位置；道路平均速度估计是为了实现城市交通流的引导，那么道路的端点就应该分布在道路的各主要交叉路口之上。

路段的划分也与具体浮动车的行驶特点有关，如以公交车作为浮动车，把道路端点设在公交车的站点位置就更适合对采集数据进行处理。这样也能提高道路平均速度的估计精度。路线的划分还应当考虑道路所经过的城市重要机构所在地的地理位置及城市标志性建筑物的位置，以适合城市车辆出行的习惯特点。

（3）实验数据采集及路段分段

基于重庆市公交集团已配置了安装有车载 GPS 的 5000 余辆公交实现了 GPS 数据的统一采集，并根据这些浮动车的行驶路线情况，选择如图 10-14 所示的重庆市江北区核心地段的主干道路作为道路平均速度估计的研究路线。

重庆道路交通信息采集与服务系统是建设具有信息采集、处理、控制、引导、指挥功能的现代化交通管理系统的重要组成部分。它体现了智能交通系统"为出行者服务"的最终目的。该系统通过城市道路交通信息发布系统，及时发布交通堵塞、交通事故、道路施工、道路出行以及停车场等引导信息，科学引导交通流，为提高城市道路通行能力、缓解交通拥堵提供信息引导支持。大量的研究表明：当基础建设的投入规模不能满足交通快速增长的需要时，交通信息服务系统的建设将有效缓解市区交通负荷日益增长带来的拥堵、事故、环境问题，平滑交通流，分担和缓解交通压力。据统计数据显示，通过道路交通信息发布和服务，可以使城市路网通行速度提高 10%～30%，事故下降 10%～20%。

该系统的建设将进一步提高重庆市西部中心的形象，进一步改善人居环境，减少汽车噪声和污染，为重庆"畅通工程"建设工作发挥作用。在交通管理中，通过项目的开发和实施能够提高重庆交通管理科技意识、科技素质和计算机应用技能；在科技攻关中，提高重庆在信息技术和道路工程技术的水平，促进自有知识产权的创造，推进软件等信息产业的发展。

图 10-14　江北区核心地段的主干道路

　　根据所选浮动车的特点，结合道路平均速度估计服务于交通流引导的目的和我国城市交通发展公交优先的方针，道路以公交车站、道路主要交叉口以及红绿灯为划分依据。

3. 基于 GIS 电子地图的道路信息集成

（1）基于 GIS 电子地图的道路线性化

　　在 GIS 导航电子地图中，道路网络是主要的图形特征。现实道路在电子地图中涉及描述和计算两个方面。本小节主要讨论对道路的描述，对道路计算涉及的道路信息的集成将在下一小节进行讨论。

　　道路描述主要是实现道路的显示及路线的数据表述。在电子地图中，实际道路主要采用以下方式表示。

　　①道路。

　　道路是由若干条首尾相连且具有唯一属性信息的线段组成的折线，一条道路可由若干条道路组成。道路是路网中相互独立且最小的道路图形特征，是路网描述层可以描述的最小单元。

　　②节点。

　　节点是组成道路的折线中所有线段的端点。两个或两个以上重合的节点称为结点，也是任意两条或两条以上道路相关的点。

　　实际道路的几何形状通常是由直线和弧线构成。电子地图的道路线性化就是将道路的几何形状采用由节点、结点和道路组成的折线表示。道路线性化的目的是为了实现道路的计算，因而，道路线性化的详细程度与计算的要求密切相关。例如，要实现道路上车辆定位点之间的行驶路程的准确计算，则要求组成道路几何形状的节点间的折线应准确地复现道路的几何线性。

　　（2）道路地理信息集成

　　道路的计算主要是配合导航的地图匹配、交通参数估计、路径规划和引导等内容，要求道路有明确的综合信息，这样有利于道路计算的速度和算法的实现。GIS 电子地图对实际道路信息的空间描述通常采用了三个层次，即数据层、描述层和综合层。这三个层次构成了道路空间数据的逻辑描述，其关系如表 10-3 所示。

表 10-3　　GIS 电子地图道路数据的逻辑描述

层次	内　容
数据层	存储点、线、面等基本图形数据，描述基本平面图形要素
描述层	把具体的现实实体用点、线、面及复制图形特征进行描述，它采用数据层中的图形要素，实现对道路和实体的描述
综合层	存储数据的拓扑结构，复杂图形综合描述，道路和实体的综合特征信息描述

　　描述层数据一般用于道路引导和图形显示，而综合层数据则主要用于道路计算。综合层数据除对道路的空间描述数据外，还有非空间数据，主要包括专题属性数据、质量描述数据和时间因素等语义信息，是空间数据的语义描述，反映了空间数据的性质。非空间数据在车辆导航及道路交通参数估计中用于信息查询和数据分析。

　　道路地理信息的集成就是根据 GIS 电子地图设计的目的，将道路的专题信息加入到道路空间描述的综合层，以反映实际道路的具体的专属特征，用于实际的信息查询及数据分析。对于以交通参数估计为目的的专题 GIS 电子地图，需要把影响道路交通流的一些道路特征，如道路的设计容量、红绿灯数量，道路车道数等特征参数集成到道路空间信息中，为数据的分析和交通参数的估计提供判决依据。同时，估计结果也可作为道路的时期性信息，集成到道路的数据描述中。

　　（3）GIS 软件选择及道路地理信息的集成

　　工具型 GIS 软件是开发实用性地理信息系统的核心。本系统选用美国 MapInfo 公司开发的桌面电子地图信息系统 MapInfo 7.0 及其控件 MapX 5.0 作为信息平台及开发工具，实现 GPS 浮动车的定位、道路和数据分段、道路平均速度估计任务的研究及开发。

　　MapInfo 采用电子地图的方式存储地理信息，其属性信息保存于内置关系型数据库中，空间信息采用矢量图的方式保存，并实现了空间数据与属性数据库的自动连接和双向查询。在 MapInfo 中，通过数据库中的数据来动态改变地图对象的可视属性，自动生成专题地图，以供管理、分析、决策。对数据库的查询结果，可直接反映在地图上，也可直接在地图上选择对象，以查询相应数据库信息，可为数据库查询结果自动地建立一张结果地图或为地图上的选择结果直动建立数据表，尤其适合管理人员进行宏观查询、综合分析。

　　MapInfo 以表（Table）的形式来组织信息，每一个表都是一组 MapInfo 文件，这些文件组成了地图文件和数据库文件。因此欲使用 MapInfo，就必须有组成表的用户数据和地图文件。这些文件可来自 MapInfo 或者由用户创建。用户要想在 MapInfo 中工作，就必须打开一个或多个表。MapInfo 通过表的形式将数据与地图有机地结合在一起。当用户在 MapInfo 中打开数据文件时，MapInfo 将创建一个表。这个表至少由两个独立的文件组成，一个是包含数据结构的文件，另一个是包含原始数据的文件。一个典型的 MapInfo 表将主要由 *.tab、*.dat、*.ks、*.dbf、*.xls、*.map、*.id、*.md 文件格式组成。MapX 是 MapInfo 控件，用户可通过它在自己的编程环境中调用 MapInfo 的命令和函数，实现对 MapInfo 文件资源的调用。

4. GPS 浮动车定位数据的采集及预处理

（1）数据采集

如图 10-15 所示，采用的是基于移动通信技术和网络技术的公交车辆 GPS 数据采集和传输方式。其主要过程是将车载 GPS 接收机获得的公交车的实时位置信息(经纬度、速度、航向以及车辆状态等)通过 GPRS 传送到短消息服务器，再由专线将信息传送到监控中心服务器。监控中心对接收到的数据进行统一处理、控制和管理。由于 GPRS 具有资源共享、利用率高、数据传输速率高、接入速度快及方便接入网络等优点，满足了城市公交车辆 GPS 数据实时采集和传输的要求。

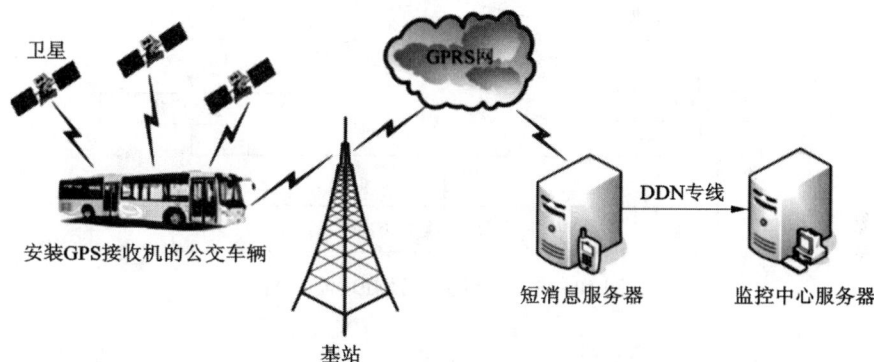

图 10-15　公交车辆 GPS 数据的采集和传输

数据采集是应用研究的基础。研究中采集数据包括目前重庆市 5000 余辆 GPS 公交浮动车的检测数据、行驶速度、平均速度。

试验采用的 GIS 电子地图是重庆市公交演示地图，地图的比例是 1∶5000，精度在 10 m 误差范围内。通过 MapX 5.0，将电子地图、MapInfo 7.0 的库文件及各种功能调用函数以控件形式载入 Visual Basic 6.0 程序开发环境中，实现地图匹配、数据融合及道路平均速度估计的程序设计。采用的方法有 GPS 浮动车法、车辆跟车法、人工跟车法、流动车法和牌照法。GPS 浮动车法用来采集公交浮动车和出租浮动车的检测数据，采样周期为 5 s。

车辆跟车法采用一般小轿车从数据采集时刻开始，从路线起点出发，选择任意跟随一辆公交行驶，并沿此线路来回跟驰，直至数据采集时刻结束，记录下各道路的行驶时间，根据道路长度计算出行驶速度。由于小轿车在各道路上紧跟任意公交车行驶，其行驶速度可认为是该道路的某一公交车的行驶速度。

　　人工跟车法指调查人员在数据采集期间，任意选乘沿线公交车往返于研究线路的起点和终点，在司机旁边的驾驶仪上实时记录车辆在各道路的行驶时间，同样采用来回采集，并根据道路长度计算出行驶速度。经过计算得到该车辆的行驶速度，用来与该车辆的浮动车的数据进行分析对比。

　　跟车法采用一般的小轿车，数据采集时刻开始，从路线起点出发，跟随研究线路上的车队沿此线路来回行驶，直至数据采集时刻结束，记录下各道路行驶时间，计算出行驶速度。由于跟车法跟随道路车流行驶，其行驶速度可作为道路的平均速度。

　　车辆牌照法采用人工方法记录经过道路各端点处所有车辆的牌照和到达时间，计算出道路平均速度。

　　（2）公交 GPS 数据预处理

　　公交 GPS 数据预处理主要包括两部分：一是对 GPS 原始数据中的异常数据进行处理；二是对修正后的 GPS 数据进行地图匹配及行驶方向判断，为路段平均速度的估计提供各路段上的 GPS 数据。GPS 数据预处理流程如图 10-16 所示。

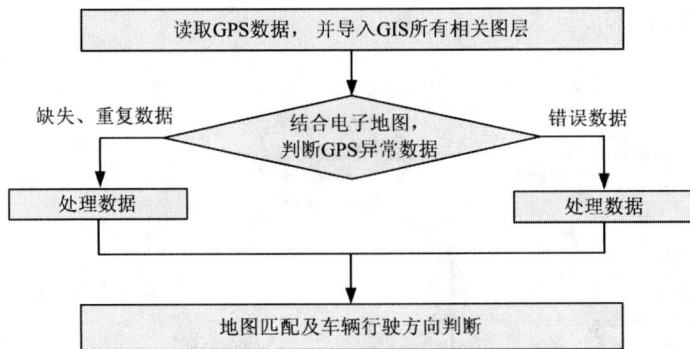

图 10-16　GPS 数据预处理流程图

　　1）异常数据的处理

　　传回来的 GPS 原始数据包括以下这些字段：车辆 ID 号、时间、经纬度、瞬时速度、方向角等，但在正常数据中往往夹杂着很多异常数据。异常数据主要有以下几种情况：

　　①部分字段数据缺失。

　　部分数据缺失是指在传回的数据中，出现车辆 ID 号、时间、经纬度、瞬时速度、方向角等字段中的一个或几个没有数据。对于这种情况，一般采用直接剔除或修复的方式进行处理。

　　②重复数据。

　　重复数据是指传回的数据与前面已传回的数据一模一样。对于这种情况，一般采用直接剔除的方式进行处理。

　　③错误数据。

　　错误数据是指由于受到外界较强信号的干扰，使得经纬度、瞬时速度数据与真实值相差较大，导致出现错误数据。对于错误数据，采用直接剔除或修复的方式进行处理。

2）地图匹配处理

地图匹配（MM）是一种基于软件技术的定位修正方法，其基本思想是将定位装置获得的车辆定位轨迹与电子地图数据库中的道路信息进行比较，通过某种特定的算法确定出车辆最可能的行驶路段及车辆在此路段上最可能的位置。这样，一方面提供了车辆在电子地图上显示的手段；另一方面可以消除定位误差在车辆前进线上的径向和横向分量，从而达到提高定位精度的目的。地图匹配技术的应用基于两个前提：①被定位车辆正在道路网中行驶；②用于地图匹配的数字电子地图包含高精度的道路位置坐标。

事实上，在正常的交通情况下，公交车辆除进入停车场、加油站等区域时，其他时间都局限于有限的公路网络系统中，因而条件①是满足的。条件②可以通过使用高精度的电子地图数据库来实现。当条件满足时，就可以把定位数据和车辆运行轨迹同数字化电子地图所提供的道路位置信息相比较，通过适当的匹配过程确定出车辆最可能的行驶路段以及车辆在该路段中的最大可能位置。

地图匹配算法主要包括三个过程：确定误差区域、选取匹配路段和具体位置的识别。误差区域是指可能包含车辆真实位置的区域范围，根据传感器定位结果和误差情况来确定。在误差区域内的道路称为候选路段。匹配路段的选取是从候选路段中挑选出最有可能的车辆行驶路段，挑选的原则依具体的算法设计而不同，通常是根据数字电子地图中道路形状与车辆轨迹的相似程度来选。确定匹配路段后，计算车辆在该路段中最可能的位置，并用此定位结果修正原有定位输出。

由于本书地图匹配的目的是将 GPS 浮动车位置信息转变为路段的行驶时间信息，在匹配率方面不如车辆导航地图匹配要求高；其次，道路交通状态检测中浮动车地图匹配的对象规模比较大，要在较短的时间内完成几千辆乃至上万辆浮动车的地图匹配工作，匹配速度方面的要求比较高。因此，使用点到面的地图匹配算法，在计算出道路边线节点的基础上，创建直线段区域，通过查看每个 GPS 定位点处在哪个直线段区域，得知该车辆此刻位于哪条路段及该路段上的哪条直线段上。此方法提高了检索效率，在保证准确率的同时，大大提高了匹配速度。

3）车辆方向判断

由于双向车道两个方向的路段交通状态不一定相同，需要对每个路段两个方向的车辆进行判断。本书主要利用车辆行驶方向角和直线段方向角信息来判断车辆的行驶方向。判断方向的基本思想是：通过对车辆行驶方向角 a_1 和电子地图上直线段方向角 a_2 分析可知，车辆在正常行驶情况下，如果车辆行驶方向与道路方向一致，那么 $|a_1-a_2| \leqslant 40°$；如果车辆行驶方向与道路方向相反，那么 $||a_1-a_2|-180°| \leqslant 40°$，由此判断出车辆的行驶方向。

10.5.2　基于 GPS、GIS 的地图匹配模块

地图匹配利用电子地图的路网信息和定位传感器获得的定位信息来确定车辆行驶的道路和其在道路上的准确位置，从而使系统定位性能得到改善。它的应用基于以下两个假设条件：①车辆总是行驶在道路上；②采用的道路数据精度高于车载导航系统的位置估计精度。

地图匹配模块是整个系统的重要组成部分。该模块的主要功能是把获得的车辆 GPS 数据与电子地图中存储的地图数据进行匹配，将其定位于电子地图上，以利用高精度的数字化电子地图提高车辆的定位精度。

1. GPS 定位技术

GPS 是英文 global positioning system 的缩写词。它的含义是：利用导航卫星进行测时和测距，以构成全球定位系统。现在国际上已经公认将这一全球定位系统简称为 GPS。

GPS 的无线电导航系统由 24 颗美国国防部发射的导航卫星组成，这 24 颗卫星分布在高度为 20000 km 的 6 个轨道上绕地球飞行。每条轨道上拥有 4 颗卫星，在地球上的任一点，任何时刻都可以同时接收到来自 4 颗以上的 GPS 卫星信号。GPS 接收机通过对这些卫星进行观测来进行定位，可准确推算出接收机天线（可以是地面或天上任何位置）的经纬度、大地高度、运动速度等数据。

GPS 由三个独立的部分组成，分别是空间部分、地面支撑部分、用户设备部分。

①空间部分。

空间部分也称为 GPS 卫星星座，由 21 颗工作卫星和 3 颗在轨备用卫星组成，记作 (21+3)GPS 星座。24 颗卫星均匀分布在 6 个轨道平面内，轨道倾角为 55°，各个轨道平面之间相距 60°，即轨道的升交点赤经各相差 60°。每个轨道平面内各颗卫星之间的升交角距相差 90°，轨道平面上的卫星比两边相邻轨道平面上的相应卫星超前 30°。在 20000 km 高空的 GPS 卫星，当地球对恒星来说自转一周时，它们绕地球运行一周，即绕地球一周的时间为 12 恒星时。这样，对于地面观测者来说，每天将提前 4 min 见到同一颗 GPS 卫星。位于地平线以下的卫星颗数随时间和地点的不同而不同，最少可见到 4 颗，最多可见到 11 颗。在用 GPS 信号导航时，为了结算检测站的三维坐标，必须观测 4 颗 GPS 卫星，称为定位星座。

②地面支撑部分。

地面支撑部分也称为地面监控部分，主要由分布在全球的 1 个地面主控站、5 个地面监控站、3 个信息注入站组成。这些站不间断地对 GPS 卫星进行观测，并将计算和预报的信息由注入站对卫星信息更新。GPS 卫星网向地面发射两个频率的定位信息，其中包括两个定位码信号：C/A 码（供世界范围内的民用）和 P 码（只供美国军方使用）。主控站的作用是根据在监控站对 GPS 的观测数据，计算出卫星的星历和卫星钟的改正参数等，并将这些数据通过注入站注入到卫星中；同时，它还对卫星进行控制，向卫星发布命令，当工作卫星出现故障时，调度备用卫星，替代实效的工作卫星工作；另外，主控站也具备监控站的功能。监控站的主要任务是取得卫星观测数据并将这些数据传至主控站。站内设有 GPS 用户接收机、原子钟、收集当地气象数据的传感器和进行数据初步处理的计算机。注入站的作用是将主控站计算出的卫星星历和卫星钟的改正数等注入卫星中。

③用户设备部分。

用户设备部分即 GPS 信号接收机的任务是：能够捕获到按一定卫星高度截至角所选择的代测卫星的信号，并跟踪这些卫星的运行，对所接收到的 GPS 信号进行变换、放大和处理，以便测量出 GPS 从卫星到接收机天线所需的传播时间，解释出 GPS 卫星所发送的导航电文，实时地计算出测量点的三维位置、三维速度和时间。

2. 地理信息系统（GIS）

（1）GIS 的概念及组成

地理信息系统（GIS）始于 20 世纪 60 年代的加拿大和美国，尔后各国相继投入了大量的研究工作。20 世纪 80 年代以来，随计算机技术的迅速发展，地理信息处理和分析手段日趋先进，GIS 技术日渐成熟，已广泛应用于社会各领域。

　　GIS 是以地理空间数据库为基础,在计算机软硬件的支持下,对空间相关数据进行采集、管理、操作、分析、模拟和显示,并采用地理模型分析方法,适时提供多种空间和动态的地理信息,为地理研究和地理决策服务而建立起来的计算机技术系统。从功能上,GIS 一般被定义成一个获取、存贮、编辑、处理、分析和显示地理数据的系统。从内容上,GIS 被定义为一个包含了计算机软、硬件,地理数据和专业人员的系统。在 GIS 开发利用过程中,尤其重要的是人员要随着计算机技术的迅速发展而不断跟踪新的技术进展或不断受到培训,数据要随时间不断更新。

　　从计算机科学的角度上讲,GIS 是由计算机硬件系统、计算机软件系统、地理空间数据库和系统管理人员及用户四部分组成。计算机硬件系统主要由中央处理机、外存贮器、输入设备、输出设备组成。计算机软件系统是指地理信息系统运行所必须的各种程序,是支持 GIS 开发和应用的核心。地理空间数据库及其所存储的地理空间数据是 GIS 的信息资源。

　　地理空间数据是指以地球表面空间位置为参照,描述自然、社会和人文经济景观的数据。这些数据可以是圆形、图像、文字、表格和数字等,由系统建立者通过数字化仪器、扫描仪等输入工具输入 GIS,是 GIS 所表达的现实世界经过模型抽象的实质性内容,地理信息系统的数据模型包括三个互相联系的方面:①空间实体及位置;②实体间的空间相关性;③与位置无关的信息属性。

　　GIS 特殊的空间数据模型决定了地理信息系统独有的空间数据结构和数据编码,也决定了 GIS 独具的空间数据管理方法和系统空间数据分析能力,成为地理学研究与资源环境管理的重要工具。

　　(2)GIS 的基本功能和特点

　　为了实现 GIS 对地球表面、空中和地下的若干要素空间分布和相互关系的描述,分析及决策支持的目的,GIS 必须具备以下基本功能:

　　①对数据的输入、存储和编辑。

　　②空间分析及查询。空间分析与查询是 GIS 的核心,也是 GIS 有别于其他信息系统的本质特征。

　　③数据输出及显示。

　　④数据更新。数据更新即以新的数据项或记录来替换数据文件或数据库中相对应的数据项或记录,它是通过删除、修改、再插入等一系列操作来实现的。

　　⑤二次开发和编程。为使 GIS 技术广泛应用于各个领域,满足各种不同的应用需求,它必须具备的另一个重要基本功能是二次开发环境,包括提供专用语言的开发环境。用户可在自己的编程环境中调用 GIS 的命令和函数,或者系统将某些功能做成专门的控件供用户的开发语言(C,C+,VB,VC+,Delphi 等)调用。这样,用户可以非常方便地编制自己的菜单和程序,生成可视化的用户应用界面,完成 GIS 的以下各项应用功能的开发。

　　为了实现以上的基本功能,GIS 必须具备三个特点:①准确的空间定位;②数据标准化;③数据层次模型的多维结构。

　　(3)GIS 在车辆导航监控系统中的应用

　　在车辆导航监控系统中,GIS 技术是一个基于地理空间的数据管理,以道路交通网的地理位置为坐标,将道路交通特性数据与地理空间的点、线、面相结合,形成一个完整的、多层次的空间数据库。GIS 技术在车辆导航监控系统中不仅可以用于车辆的定位和监控调度管理，同时作为交通查询工具，能够本质性地提高车辆的行车安全和行车效率。运用 GIS 数据库和工具以实现电子地图系统，可以完成多种功能，其中主要包括数据采集、存储与编辑功能、地理数据库功能、制图功能、空间查询和空间分析功能、地形分析功能等。

在车辆导航定位与监控调度管理中，GIS 是一种集城市地理信息系统和物标主题信息于一体的面向车辆导航、跟踪的信息系统，它可以显示各种比例尺的电子地图，能够迅速可靠地为车辆驾驶员提示各种查询信息，灵活、方便地选择车辆道路交通网上任何两节点间的最佳行车路线，并且在监控中心站对监控车辆进行实时跟踪、调度管理。配合 GPS 技术，GIS 能够有效地解决车辆定位导航、调度管理，实时为车辆驾驶员提供导航信息，为调度管理人员提供交通路况信息。

GIS 软件是地理信息系统的核心，关系到其性能的优劣、功能的强弱。究其内涵，它是由计算机程序和地理数据组成的地理实体空间信息模型。随着大量的科研人员从事 GIS 软件开发，GIS 技术的发展日新月异，目前世界上已成功开发了很多 GIS 软件，其中使用比较广泛的亦有几十种之多，从用户的角度来看主要分为两大类：实用型地理信息系统，也可称为面向项目的信息系统和工具型地理信息系统或称面向管理的地理信息系统。利用工具型 GIS 建立实用型 GIS，不仅可以节省大量软件开发的人力、物力和财力，大大缩短系统建立时间，使专业技术人员将更多的精力应用于专业模型开发。本系统选用美国 MapInfo 公司开发的桌面电子地图信息系统 MapInfo 7.0 及其控件 MapX 5.0 作为信息平台及开发工具，进行二次开发，实现 GPS 浮动车的定位、道路和数据分段、道路平均速度估计。

3. 地图匹配技术

地图匹配技术一方面提供了车辆在电子地图上显示的手段，使车辆不至于因为各种误差而在显示时偏离道路；另一方面，通过投影使车辆定位数据仅残留 GPS 误差在车辆前进路线上的径向分量，从而提高了定位精度。

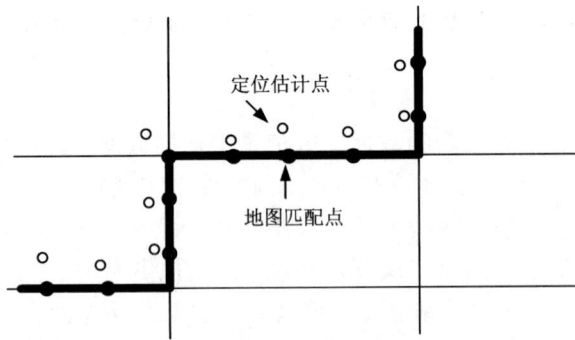

图 10-17　地图匹配原理图

地图匹配问题的正式定义是由 Bernstein 和 Kornhauser 提出来的，其表述为：假设车辆沿着有限道路系统 $\overline{N}$ 行驶，在有限的时间 $\{0, 1, 2, \cdots, T\}$ 内，若已知通过 GPS 等定位装置获得的车辆估计位置 P^t，车辆的实际位置 $\overline{P^t}$ 未知，则地图匹配的目标是在道路系统 $\overline{N}$ 内确定包含实际位置 $\overline{P^t}$ 的道路及 $\overline{P^t}$。对实际道路系统 $\overline{N}$，用一个由一系列曲线构成的网络 N 表示。

每条曲线叫一条节线(ARC)，它对应实际路网中的一条道路，且每条道路都预先被分段线性化了。因此，路网中的道路 $\overline{A}$ 能够用由一系列的点(A^0，A^1，…，A^n)构成的节线 $A(A\in N)$ 表示。其中点 A^0 和 A^n 叫做节点(NODE)，是一条节线开始、结束的点或者是多条节线的交叉点。点 A^1，…，A^{n-1} 叫做形状点。地图匹配问题就是在电子地图网络 N 上将定位点 P^i 和节线 A 联系起来，然后确定实际道路 $\overline{A}\in\overline{N}$。最后确定车辆在道路 A 上最接近 $\overline{P^i}$ 的位置。

由地图匹配的定义可知地图匹配算法的匹配过程可分为两个独立的过程：①车辆所在道路的识别（即匹配道路的选择问题）；②车辆在道路上的具体位置的确定。地图匹配算法的关键是确定车辆当前行驶的道路。对于车辆在道路上具体位置的识别，常常采用垂直投影法(NP)将定位点直接投影到其正在行驶的道路上。

4. 现有的地图匹配算法

（1）传统地图匹配算法

传统地图匹配算法是最早期的算法，通过比较航位推算获得车辆行驶方向与道路向量的方向，确定车辆是否行驶在预先确定的道路上。主要步骤为：已知一个有效的起始点后，在每个节点处设定一个判断区域，当车辆在域外行驶时，可认为其运动轨迹为一条直线，如果车辆定位信息偏离道路，就用简单的投影算法进行地图匹配，将车辆位置拉回到道路上。当车辆进入判断区域时，可用定位传感器的输出来判断汽车是否开始转弯。若没有转弯，认为汽车直行或尚未达到路口，可进行地图匹配修正。若有转弯，在更小的判断域内作进一步判断。当汽车开出判断域后，依据转弯的角度和路网信息确定下一条行驶路线，在新路线上进行匹配。该算法简单，但适用范围太窄，当车辆的行驶路线未知或车辆驶出预定路线时此算法不再适用。

（2）几何地图匹配算法

几何匹配算法最初由 Bernstein 和 Kornhauser 提出，包括点到点、点到曲线、曲线到曲线及改进的几何匹配算法。针对以 GPS 为定位装置的地图匹配，Toyer 提出的 RRF（road reduction filter）算法利用差分 GPS 修正值对点到曲线和曲线到曲线的算法进行了改进。

①点到点的地图匹配。

将定位点匹配到与定位点几何距离最近的节点或形状点上。算法的关键是节点和形状点的存储方式。即使估计点在正确道路附近，但是，如果估计点附近的正确道路上没有节点或形状点，会将估计点匹配到附近有节点的错误道路上。可以通过增加道路节点和形状点的存储个数来提高匹配精度，但将大大增加路网的存储量。

②点到曲线的匹配。

算法将定位点直接投影到离其几何距离最近的道路（分段线性化后的道路的一段）上，因为没有用到历史轨迹，在估计点离两条曲线距离较小或相同时易产生误匹配。

③曲线到曲线的匹配。

考虑由连续的定位点 P^0，P^1，…，P^m 构成的定位轨迹曲线被匹配到附近"最近"的道路上去。定位轨迹 A 与道路 B 之间的"距离"有多种定义方法，最简单的定义为 A、B 之中任意两点的最小距离，但容易产生误匹配，只要任意一个定位点距离任意错误的候选道路距离最近，就会匹配错误。另一种定义为 A、B 中所有点之间的平均距离 $\|A-B\|_2=\int_0^1\|a(t)-b(t)\|\mathrm{d}t$。这种定义更为合理，但由于没有考虑方向和路网拓扑信息，有时会产生无法预料的错误匹配。

④改进的几何地图匹配算法。

改进的点到曲线算法与点到点的匹配算法类似，不同之处是利用路网的连通性和定位的方向信息去掉一些候选道路，减少匹配的计算量。

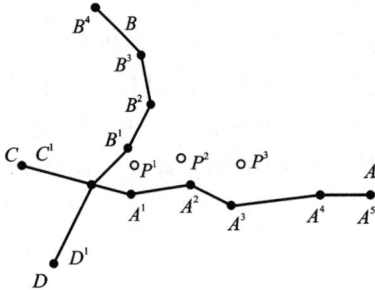

图 10-18　改进的曲线到曲线的匹配的例子　　　图 10-19　改进的曲线到曲线的匹配算法

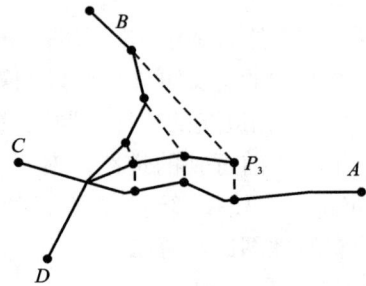

改进的曲线到曲线的匹配算法重新定义了曲线之间的距离，如图 10-18 所示。假设车辆当前行驶的起始点 P^0 是多条道路 A、B、C、D 的节点，P^1、P^2、P^3 是连续的定位点。首先连接 P^0、P^1、P^2、P^3 形成定位轨迹曲线。然后从 P^0 点出发分别在道路 A、B、C、D 上取得同 $P^0 \sim P^3$ 连线长度相同的道路。然后将每一条道路分成相同长度的若干段，这里分成 3 段。分别计算定位轨迹的分割点到每条道路的分割点间的距离，以平均距离作为曲线间的距离，距离最小的道路为匹配道路。图 10-19 中，得到 A 为最佳的匹配道路。这种匹配算法性能得到改进，但对初始点的信息非常敏感，一个错误的初始点将导致一系列的误匹配。

（3）基于模糊逻辑的地图匹配算法

由于定位误差的存在，候选道路与定位信息之间并没有一种清晰的联系，系统往往得出"车辆很可能在某一道路上"这样的模糊结论。为得到精确的定位结果，必须对这种模糊性做出合理的评判。算法利用模糊逻辑评判规则来确定当前行驶道路，如定位点到道路的距离、GPS 输出方向与道路方向的差值、是否具有连通性、是否是单行道等，并通过模糊推理得出结论。引入的规则不尽相同，主要依据候选道路与车辆轨迹的相似性和相关程度以及交通约束规则来定义。该算法比几何算法具有更好的鲁棒性，能从错误的定位中快速地恢复过来。但当定位误差较大以及道路网络密集且相似时不易实现匹配，且计算的开销较大。

（4）误差函数算法

误差函数算法是一种基于定位轨迹的匹配算法，其基本原理是为每个定位点可能的匹配位置定义一个误差函数，用来衡量定位点在该候选位置的可能性，然后对定位轨迹在各条候选道路上对应的一系列的候选位置进行误差函数的累加计算。非当前行驶道路的误差函数值将远远小于正确道路的误差函数值。算法通过误差函数的值来判断道路与定位轨迹的相似性并确定当前行驶道路。误差函数的值主要由定位点到匹配位置的距离、定位点的方向由候选道路方向的一致性来确定。该算法成熟，适合复杂道路网络特别是城市道路的地图匹配。

（5）基于模式识别的地图匹配算法

将地图匹配看作是一种模式识别问题。算法基本思想是利用历史行走轨迹对地图数据库的道路信息进行实时模式识别。将车行轨迹曲线作为待匹配样本，该轨迹曲线附近所有道路上的道路曲线作为状态模板。通过待匹配样本与模板间的匹配，选择形状相似度最高的模板作为匹配结果。一些神经网络、数据融合等不同的模式识别技术被用于此问题。

（6）应用滤波的地图匹配算法

①旋转变量矩阵法和新矩阵算法。

旋转变量矩阵算法假设候选道路与定位轨迹具有相同的长度，在定位轨迹 A 和候选道路 B 上沿着两条曲线分别确定若干个参考点。沿着两条曲线对应的参考点是从开始位置移动相同的距离获得的。定义对应参考点间的夹角为 θ。若 B 与 A 形状在较高程度上相似，则 θ 应为常量。通过 θ 值波动的大小来判断两条曲线的相似程度，与定位轨迹 A 相似程度最高的候选道路 B 即为当前行驶道路。

新矩阵算法在旋转变量矩阵法的基础上引入了滤波过程。算法将定位轨迹和候选道路用几何滤波器进行简化，对简化后的曲线进行相似性判断。几何滤波器的原理是折线简化的程度由带宽决定。用大的带宽开始简化，然后逐渐减小带宽，直至找到与定位轨迹最相似的候选道路。判断道路相似性采用旋转变量矩阵法。这种多次比较算法的优点是效率较高。

与前述候选道路的选取方法不同，以上两种算法是将定位轨迹附近的道路分段截取而得到的。

②基于卡尔曼滤波的地图匹配算法。

定位系统受到许多独立的噪声源的影响，可以认为噪声具有高斯分布性质。如果车辆的第 i 条可能行驶轨迹为车辆行驶的真实轨迹，则误差应满足高斯白噪声分布的序列；反之，误差不满足白噪声分布的序列，即误差的白噪声特性直接反映了定位轨迹和候选道路的相似程度。因此，算法分析 kalman 滤波模型的误差特性是否满足高斯白噪声分布序列，由此完成地图匹配。采用改进的自相关系数 ρ_i 为判别标准，选择系数 ρ_i 最小的候选路线作为车辆行驶路线估计的最优轨迹。算法是对普通的相关性算法的改进，具有更高的匹配正确率。

③利用约束条件减小车辆可能的行驶道路的算法。

除基本的定位信息和路网几何拓扑信息外，可以利用各种附加信息如速度和交通规则约束信息等，以提高地图匹配的准确率和匹配速度。前者可排除因速度限制不可能到达的道路，后者用于排除因交通规则而不可能行驶的道路。如，Toyer 的算法使用了以上速度和交通规则约束条件来改进 RRF 算法。Wuk Kim 的算法利用交通规则约束来改进点到曲线的匹配算法。

（7）MAP 算法

利用极大验后估计（MAP）模型来匹配车辆在道路上的位置。路网 N 上车辆可能的活动区域的约束用一个均匀位置概率分布函数 $P(x)$ 来表示

$$P(x)=\begin{cases}0,\ x\notin N\\ k,\ x\in N\end{cases} \tag{10-13}$$

k 是由 $\int_K k\mathrm{d}X=1$ 定义的一个常数。在噪声 η 存在的情况下，定位系统得到车辆位置 X 的观测值 Y。一般地，认为噪声 η 具有高斯分布。只要对系统进行了适当的校准，它具有一个零均值。

$$Y=X+\eta \tag{10-14}$$

$$P(y/x)=\frac{1}{2\pi\sigma_{\eta1}\sigma_{\eta2}\sqrt{1-r^2}}e^{-\frac{1}{2(1-r)^2}\left[\frac{(y_1-x_1)^2}{\sigma_{\eta1}^2}-\frac{2r(y_1-x_1)(y_2-x_2)}{\sigma_{\eta1}\sigma_{\eta2}}+\frac{(y_2-y_1)^2}{\sigma_{\eta2}^2}\right]} \tag{10-15}$$

其中 $r = \dfrac{\sigma_{\eta 1,2}}{\sigma_{\eta 1}\sigma_{\eta 2}}$。对于给定的观测值 y 对位置 x 的 MAP 估值为：

$$\hat{x} = \underset{X}{\mathrm{argmax}}\left[p(x)p(y/x) \right] \qquad (10\text{-}16)$$

以每条道路的起点为原点，以道路为 x 轴建立道路的坐标系，将在同一坐标系中的观测值转换到相对坐标系中。将道路分为无限长道路，有限长道路和曲线道路 3 种情况。分别定义它们的道路方程 N 和 k 值，并计算它们的估计值。当模型描述的运动简单时(如沿着直线运动)，这种算法效果很好，但在多数情况下，车辆运动由路网决定，使建模困难，计算相当复杂。

(8)最优估计算法

算法通过航位推算和垂直投影两种算法的加权平均值来确定车辆在当前道路的位置。与单独使用前两种算法相比，算法在道路方向的误差更小，但对定位信息的要求较高，需要较准确的速度、方向信息。

(9)最近点估计地图匹配算法

在图 10-20 中示意了最近点估计地图匹配算法中的一种常见错误情况。以 P_1 为中心搜索道路，可以搜索到 l_1 和 l_2 两条道路，但由于 P_1 到 l_1 的垂直投影距离较 P_1 到 l_2 为小，所以认为 P_1 应该匹配于 P_1' 点。同理，对于 P_1 的后续点 P_2，由于其到 l_2 的垂直投影距离小于其到 l_1 的投影距离，顾应将 P_2 投影到 P_2' 位置。但是从常识可以知道，实际上一辆汽车在路网上行驶时，不会时而行驶在道路 l_1 上，时而行驶在道路 l_2 上。最近点估计地图匹配的数学推导详见 4.3。

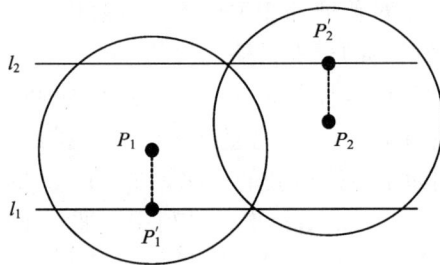

图 10-20　最近点估计地图匹配常见错误情况

5. 现有的地图匹配算法的性能比较

(1)现有算法分析

现有的地图匹配算法各自具有优缺点，现有降噪技术为主的地图匹配算法的主要思想是通过软件技术，利用恰当的数学手段如卡尔曼滤波等降低 GPS 信号的噪声，以提高匹配精度。而对于本系统，由于需要将 GPS 数据明确匹配到对应的道路上，才能分析该道路的数据，进而判断该道路的交通状态，现有降噪技术为指导思想的地图匹配算法并不是特别的适合工程应用。

现有以选路技术为主要思想的地图匹配算法大多通过比较道路网络与定位轨迹的相似性，取相似性最大的道路作为匹配结果。存在的主要问题包括：

①为了在多条备选道路中选取可能性最大的一条作为匹配结果，现有算法大多需要运用

距离运算，计算比较复杂，系统开销较大。此外，这些算法对车辆运动方向依赖较大，限制了其适用面，不易推广到无法传回方向参数情形。对于需方向参数传回监控中心进行地图匹配的应用，也会带来更多的通信费用。

②在使用权重(测度)因子的算法中，对权重系数多凭经验确定，缺乏科学的选择标准。若凭经验确定权重系数，有可能出现因为计算 b_m 和 P_2 后满足选择道路 l_2 的权重要求，而 P_3 点的出现又有可能满足选择道路 l_3 的权重要求。于是，有可能出现 P_3 点后，匹配的定位轨迹有可能会从 l_2 跳到 l_3。因此，此时匹配结果容易出现跳变的情况。

③主要考虑定位轨迹与道路网络的相似性，而对定位轨迹的连通性重视不够。在上述匹配结果出现跳变导致误匹配的情况下，现有算法不得不把定位轨迹的连通性放在了一个次要位置，否则在匹配出现错误的时候算法无法适应。

提高地图匹配模块的匹配精度主要有两个途径，一是通过消除噪声，提高获得的 GPS 定位点的精度；二是通过合理选择匹配道路，把 GPS 定位点匹配到可能性最大的待匹配道路上。

对于第二种途径，人们已提出多种算法，从较简单的最近点估计算法到较复杂的权重因子算法、模糊逻辑算法和模式识别算法等，目的在于获得尽可能高的道路匹配准确率。最近点估计算法简单实用，但匹配准确率相对较低。权重因子算法、模糊逻辑算法和模式识别的主要思想是通过计算道路网络与定位轨迹的相似性，取相似性最大的道路作为匹配结果。其匹配准确率较之最近点估计法有较大提高，但由于采用的计算方法较为复杂，使系统计算开销增加。

车辆在路网中行驶的轨迹应当是一条连续的路径，将车辆 GPS 定位点匹配到路网中，也应获得一条连续的路径。因此，在研究匹配算法时，应充分考虑路网的拓扑结构和定位点轨迹之间的联系。正如 Bernstein 指出的那样，越注意网络的拓扑结构，匹配的结果越好。

(2)车辆行驶方向判断方法

①问题的提出。

针对双向道两个方向的路段交通状态不同，需要对每个路段两个方向的车辆进行归类，为此，需要研究车辆行驶方向判断方法。

②算法的设计思想。

本算法的基本思想是：通过对车辆行驶方向角 a_1 和电子地图上直线段方向角 a_2 的分析可知，车辆正常行驶情况下，如果车辆行驶方向与道路方向一致，那么 $|a_1-a_2|\leqslant 40°$；如果车辆行驶方向与道路方向相反，那么 $||a_1-a_2|-180°|\leqslant 40°$。因此本算法主要利用车辆行驶方向角和直线段方向角信息来判断车辆的行驶方向。

如图 10-21 和图 10-22 所示，车辆正常行驶情况下，当车辆行驶方向与道路方向一致时，43 个 GPS 定位点中只有 2 个角度偏差大于 15°，6 个角度偏差大于 10°，也就是说有 95.35% 的定位点的角度偏差在 15° 之内，有 86.05% 的定位点的角度偏差在 10° 之内，有 100% 的角度偏差在 40° 之内。如图 10-23 和图 10-24 所示当车辆行驶方向与道路方向相反时，车辆行驶方向角与直线段方向角相差很大，这个差值围绕 180° 波动，于是，利用式子 $||a_1-a_2|-180°|$ 画出其偏差图，可见，40 个 GPS 定位点中只有 2 个角度偏差大于 15°，5 个角度偏差大于 10°，也就是说有 95.00% 的定位点的角度偏差在 15° 之内，有 87.50% 的定位点的角度偏差在 10° 之内，有 100% 的角度偏差在 40° 之内。

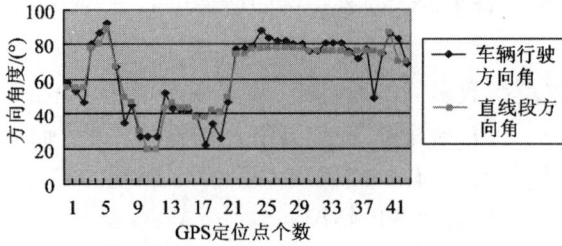

图 10-21　车辆行驶方向与直线段方向
一致时两角度曲线对照图

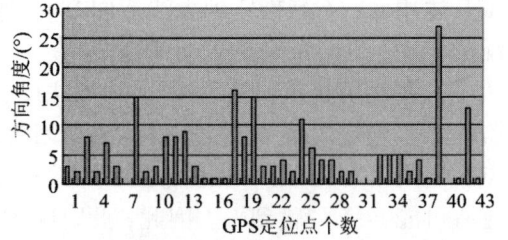

图 10-22　车辆行驶方向与直线段
方向一致时方向角偏差的绝对值

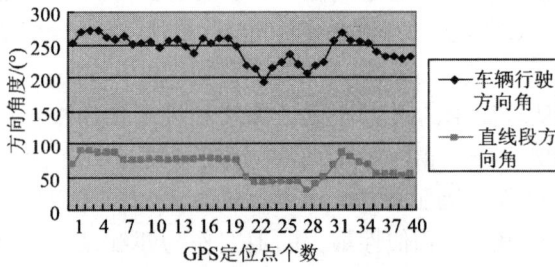

图 10-23　车辆行驶方向与直线段
方向相反时两角度曲线对照图

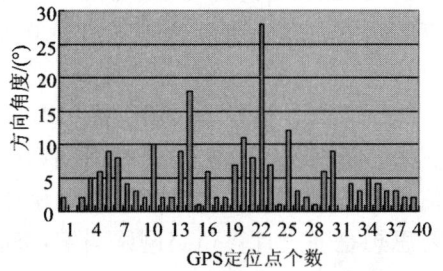

图 10-24　车辆行驶方向与直线段
方向相反时方向角偏差的绝对值

　　图 10-21～图 10-24 是一辆公交车 GPS 数据的分析图。图 10-25～图 10-28 分别是对 10 辆公交车的角度偏差和角度偏差所占总定位点的百分比图，当车辆行驶方向和直线段方向一致时，10 辆公交车的两角度偏差全部在 40°之内。从图 10-25～图 10-28 的分析结果中得知车辆行驶方向角和直线段方向角之间的规律关系对于判断车辆的行驶方向将会有很大的帮助，而且判断准确率很高。

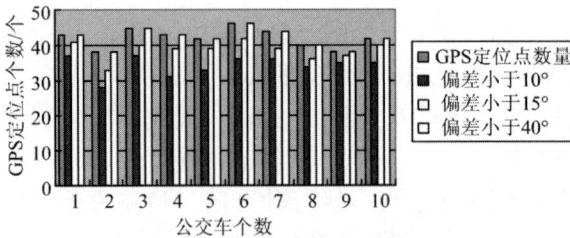

图 10-25　车辆行驶方向与直线段
方向一致时两角偏差图

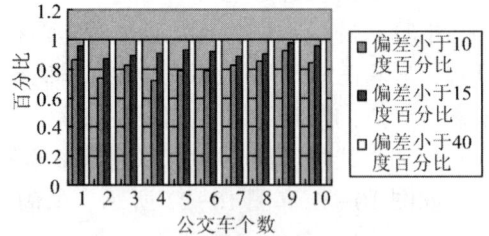

图 10-26　车辆行驶方向与直线段方向
一致时两角度偏差百分比

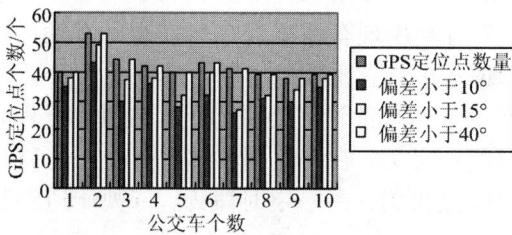

图 10-27　车辆行驶方向与直线段方向
相反时两角度偏差图

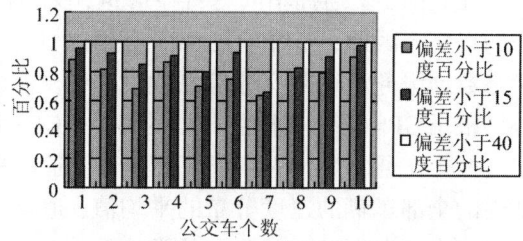

图 10-28　车辆行驶方向与直线段方向
相反时两角度偏差百分分比

10.5.3　路段平均速度实时估计模块

1. GPS 浮动车交通参数估计技术

（1）GPS 浮动车检测数据及其特点

GPS 浮动车检测数据是随时间沿道路连续分布的定位点，如表 10-4 所示。其检测数据具有如下特点：

表 10-4　GPS 浮动车检测数据样例

记录号	车辆 ID	经度	纬度	瞬时速度/ $(km \cdot h^{-1})$	方向	定位时刻
927140	50007	106. 46031	29. 56064	20	219	2005-7-7 10-25-35
927141	50008	106. 45794	29. 56261	15	271	2005-7-7 10-25-35

①GPS 浮动车技术检测数据覆盖面较大。在道路路网中，凡是浮动车行驶过的道路，都可根据其检测数据实时估计道路的交通参数，监测道路的交通状态。因此，它适合于对整个路网交通状态的实时监测。

②GPS 浮动车的定位精度高，定位数据包括行驶车辆的身份标志、车辆空间位置、定位时刻及该时刻车辆瞬时速度，如表 10-4 所示，因而它适合于车辆分类、期间车辆速度、车辆行驶时间、道路区间车速及道路行程时间等交通参数的估计。

③继承 GPS 定位的优点，GPS 浮动车交通检测不受天气条件影响。

④通过无线通信网络，借助车载 GPS 设备，浮动车可以与监控中心进行信息交互。

⑤主要不足在于，因树木、高大建筑及隧道对卫星信号的遮挡，会在一些固定的地点造成 GPS 检测盲区，由此影响检测的效果。尽管如此，根据美国 ADVANCE 系统研究表明，在对交通参数进行估计时，采用 GPS 浮动车技术可提供比环形线圈更精确的行程时间估计，在 50000 个检测报告中，99.4% 是可靠的。

发达国家在 20 世纪 80 年代就开始了该技术的研究，早期的研究倾向于将其作为传统交通信息采集方式的补充手段。近年来，随着 GPS 在社会各领域的广泛应用，已经有研究人员开始尝试将其作为交通信息采集的主要手段，如以公交车辆作为探测车估计交通参数的研究和英国浮动车数据系统的应用。

在我国，交通拥堵问题日益严重，交通检测设施不完善在很大程度上制约了交通管理水平的提高。因此，随着车载 GPS 应用的日益普及，充分利用现有的车载 GPS 获得的车辆运行状态数据服务于道路交通信息检测，对改善交通管理水平具有重要的实际价值和现实意义。

根据 GPS 浮动车检测数据的特点，GPS 浮动车通常用来估计道路平均速度或道路行程时间这两个交通参数。在交通工程学中，道路平均速度定义为，在一定时段内，行驶于道路长度内的全部车辆的速度分布的平均值；道路行程时间定义为，在一定时段内，行驶于道路长度内的全部车辆的时间分布的平均值。

（2）GPS 浮动车技术的研究现状

早期的 GPS 浮动车技术研究倾向于将其作为传统交通信息采集方式的补充手段。近年来，随着 GPS 在社会各领域的广泛应用，已经有研究人员开始尝试将其作为交通信息采集的主要手段，如果以公交车辆作为浮动车，估计交通参数的研究和英国浮动车数据系统（FVD）的应用；在我国，研究人员也展开了对该项技术的研究和探索。

①关键问题及技术。

应用 GPS 浮动车进行交通状态估计关键是交通数据的实时采集和交通状态的准确估计。首先，在数据采集环节，为了减小个体浮动车随机性的影响，保证数据采集的信息量满足交通参数估计精度的要求，需要确定路网或道路上信息采集单元的数量，即路网或道路上浮动车对全部车辆的比值。怎样确定这一比值，即是浮动车最小覆盖率的问题；同时，面对覆盖路网的浮动车连续产生的海量位置报告，如何可靠实现通信传输，有效地进行采集数据，这无疑是个关键的问题，即浮动车数据采集的模式问题。

其次，在数据采集的基础上，建立精确的实时交通状态估计模型，是这项技术的目的。GPS 浮动车覆盖率研究的目的之一是确保路网浮动车在满足最小覆盖率的条件下，采用统计平均的方法得到可靠的交通参数估计结果。但最近的研究和实践表明，满足了浮动车最小覆盖率的要求并不能确保交通状态估计结果一定可靠，还应当考虑浮动车的种类是否具有代表性。因此，研究浮动车运行的特点以及它们与道路车流之间的联系，减小随机误差的影响，通过数据处理技术等多种方法，建立精确的交通估计模型，是该技术研究的关键。

②浮动车最小覆盖率的估算。

1995 年美国休斯顿实验采用统计的方法得出了道路在一定时间内所需的最小浮动车数量 n 的估算公式：$n = \dfrac{z^2 \times c.v.^2}{e^2}$。其中，$z$ 是指在行程时间估计时其期望置信度下的标准正态分布的分位数；$c.v.^2$ 是指行程时间变化系数，它等于道路平均行程时间除以标准偏差；e 是允许相对误差。

与之相类似，1998 年，基于中央极限定理，在样本标准偏差为 s，估计结果的置信水平为 $1-\alpha$，最大允许误差为 E 的条件下，探测车采用样本的需求公式 $S_n = \left(\dfrac{Z_{\alpha/2} \cdot s}{E}\right)^2$ 被提出，当样本较小时可用 $t_{\alpha,\, n-1}$ 代替 $Z_{\alpha/2}$。

2004 年，Green 等人研究了不同道路和不同交通参数估计时间间隔对浮动车采样样本的影响，将此模型扩展到对样本尺寸的动态估计上；在此基础上，Yi Qi 等提出了 n 的估算公式：$n = \dfrac{T \times S_N}{D_t}$。其中 T 是道路的平均行程时间，D_t 是估计的时间间隔。

近年来，浮动车数据采集常通过地图匹配与 GIS 系统结合，2005 年，我国学者王力等研究并提出了在数据的误匹配率为 p，期望精度为 $\overline{E}$ 时，路网浮动车覆盖率 α 的估算公式：$\alpha = \dfrac{-\ln(1-\overline{E})}{\rho \times L \times (1-p)}$。其中 ρ 和 L 分别是路网交通流平均密度和平均道路长度。

③覆盖率与精度的联系。

根据对交通仿真模型的分析表明，在高速公路上，浮动车覆盖率应大于 3%，在一般道路上，覆盖率应大于 5%。Chen M 和 Chien S 的研究指出，保证估计结果出错概率小于 5% 的情况下，车流中至少需要 3% 的浮动车，在高峰期，需要 12% 的浮动车才能保证得到可靠的估计值；同时也指出，浮动车覆盖率由 3% 降至 1% 后，估计精度仅下降不到 3%。可见，在实际应用中，浮动车的覆盖率可以低于 3%，这一结论也被 FVD 所证实。

Hellinga 和 Fu 的研究进一步指出当采用的 GPS 浮动车仅代表了道路车辆中的特殊类别时，浮动车的平均行程时间就与道路行程时间有差异，因而，采用求平均值法计算交通参数时，探测车应包含道路车流中各种车辆类型；或者，采用特殊种类浮动车进行交通参数计算时，应考虑它们和道路车流的联系。在 FVD 对探测车的配置中也体现出了这一思想。需要特别注意的是，对于道路事件检测，Ruey Long Cheu 等的研究指出，浮动车的覆盖率应在 20%~30% 之间才能保证得到较高的检测率。

④优化的数据采集模式。

采集路网 GPS 浮动车的海量数据，需要借助现有的通信网络，如何经济可靠地实现实时的数据采集无疑是重要的问题，对于此，英国浮动车数据系统（FVD）采用了一个优化的数据采集模式。

FVD 是目前世界上最典型的 GPS 浮动车数据系统，其运用范围覆盖英格兰的主要路网。在系统中，浮动车除 GPS 接收器外还安装了数据采集部件（DCU），可存储 350 h 的探测车位置数据。通常，数据中心每周定期对各浮动车的 DCU 通信，采集数据，并自动对数据进行地图匹配，记录下特定时间段行驶在特定道路的浮动车。当需要对路网中某一道路进行实时交通参数检测时，根据车辆出行具有规律性这一经验事实，数据中心就与系统挑选出的当时可能行驶于该道路的浮动车通信，连续采集数据进行实时交通参数估计，从而有效地提高了系统的运行效率并节约了通信费用。

⑤道路交通参数估计模型。

- 多元回归模型

2002 年，Rohini Bobba 在其博士论文中提出了应用公交车作为 GPS 浮动车通过多元回归建立道路平均速度估计模型的方法。研究借助统计软件 SAS(statistical analysis software)的分析，显示公交探测车平均速度、车道数和道路限速值这三个独立变量能反映 67% 道路平均速度的变化，进而建立了多元回归模型：

道路平均速度 = -5.60857 + 0.55814×公交车平均速度 + 2.8257×车道数 + 0.39745×道路限速值

测试表明在 95% 的时间里道路平均速度真实值位于此模型计算值的 ±10 mph 内。

2003 年，在另一类似研究中，David Anthony 采用统计软件 SPSS 测试不同的自变量和因变量的共线性，经过方差分析建立了多元回归建立模型：

道路平均速度＝10.32+0.69×公交车平均速度+0.75×公交车站数量−1.69×道路交通信号灯数量

通过对模型的标准差分析和残差散布图的分析，显示出模型的精度为 60%。同时，研究也指出交通高峰期对模型的估计结果影响不大。

以上两个模型自变量不同的原因在于，第一个模型选择公交车站和道路交叉口作为道路划分的依据，路口交通指示灯就正处于道路的进口或出口处。第二个模型以公交车站作为道路划分的依据，路口交通指示灯就包含在道路内了。这样，路口交通指示灯对这两种模型的影响就不同。这说明了不同的道路划分方法对模型的建立有影响；在不同的道路条件下，各种因素对交通参数的影响程度也有差异。

- 神经网络模型

David Anthony 在其研究中，为了进一步提高交通参数估计的准确性，尝试采用神经网络建立估计模型。研究应用 NeuroSolutions 专用神经网络软件，选择隐层数为 2、双曲正切函数为激活函数的 BP 网络，选取了公交车平均速度、道路限速值、交通信号灯数量和道路公交车站数量作为网络输入变量，输出为道路平均速度，建立网络模型。通过实际数据测试，模型计算结果的精度大于 70%。

对比回归模型，神经网络模型具有更高的计算精度，这也说明了神经网络的非线性函数逼近能力对于交通参数估计这一类复杂的、多因数影响的非线性求解问题有其特有的优势。

- 模糊推理模型

模糊推理是模仿人脑的知识和经验推知事实结果的智能化方法。Yanying Li 和 Mike McDonald 应用模糊推理策略，提出了采用一辆普通浮动车估计道路行程时间的模型。该模型基于对浮动车的速度—时间行驶特征的分析，引入一个新的变量——最大连续加速度

MAC：$MAC = \max\left(\dfrac{V_{t_2} - V_{t_1}}{t_2 - t_1} + \dfrac{V_{t_1} - \overline{V}_S}{\overline{V}_S}\right)$，$t_2 - t_1 > 8$ s，其中，t_1 和 t_2 是探测车采样数据时间系列中速

度连续增加子系列的起始和结束时间；$\overline{V}_S = \dfrac{1}{t_2 - t_1}\displaystyle\int_{t_1}^{t_2} V dt$，是浮动车平均速度。用 $\overline{V}_S$ 和 MAC 来表征浮动车在道路车流中行驶的快慢程度，建立推知浮动车相对于道路车流速度的快慢程度的模型推理规则，通过推理结果修正浮动车的行程时间，将修正值作为道路行程时间。通过验证，模型估计值正确率是 98%，估计值与真实值的误差绝对平均百分比小于 2.1%。

该模型融入了人工智能的思想，利用了浮动车检测数据中蕴含车流速度变化的探测车瞬时速度值，并且不依赖于道路因素，体现了在交通参数估计时 GPS 探测车技术的优势。

- 速度积分模型

速度积分方法利用了 GPS 浮动车检测的离散瞬时速度时间系列，应用数值积分方法计算浮动车的行驶路程。Cesar A Quiroga 在其研究中描述了如下速度积分计算方法。

平均速度：

$$v = \frac{d}{t_d} = \frac{\displaystyle\int_{t_0}^{t_1} v dt}{t_d} \approx \frac{1}{t_d}\left\{v_0\left(\frac{t_1 - t_0}{2}\right) + \left[\sum_{k=1}^{p-1} v_k\left(\frac{t_{k+1} - t_{k-1}}{2}\right)\right] + v_p\left(\frac{t_p - t_{p-1}}{2}\right)\right\} \quad (10-17)$$

研究通过实际采集数据比较了此方法和选取道路两端车辆 GPS 采样点通过距离与时间

之比计算道路平均速度的方法，结果显示，在采样时间间隔小于 10 s 时，此方法的误差明显较小，当采样时间间隔大于 10 s 时，两方法的误差差距明显减小，但依然存在。

我国学者李筱菁等人也提出了类似的计算模型，并针对采样周期为 1 s 的 GPS 浮动车速度采样时间系列，提出先 MATLAB 软件拟合浮动车 i 的速度函数 $\bar{v}_i(t)$，然后积分，求出 $\bar{v}_i$。

速度积分的目的是使计算值接近探测车的实际行驶路程，但应保证 GPS 采样的速度值具有较高精度，采样周期不能太长，并且需要预防 GPS 测量盲区的影响。

（3）现有 GPS 浮动车技术的分析

目前浮动车技术的研究主要集中在浮动车覆盖率问题和单一 GPS 浮动车交通参数估计模型的研究上。尽管研究的问题不同，但是目的都是为了利用 GPS 浮动车检测数据准确地估计交通参数。

浮动车覆盖率的研究采用样本抽样统计的分析方法，其目的是确定要满足一定的估计精度，所需抽取样本的最小数量，也即在特定路网或道路需要配备的浮动车数量。尽管在满足最小覆盖率的条件下，采用统计平均的方法估计交通参数很简单，但是就目前的研究来看，存在如下一些问题。首先，目前研究采用方法相似，但是研究结论并不相同，这说明了不同地区的交通状况各有其特点，一个地区的交通模型并不会完全适合其他地区交通状况。因而，浮动车最小覆盖率的估计公式或模型就缺乏广泛性。其次，目前世界上实际应用的 GPS 浮动车交通数据采集系统很少，由于受条件限制，浮动车最小覆盖率的计算模型都是在仿真实验下研究并验证的，其准确性并未在实际中得到证明。最后，满足最小覆盖率要求的路网浮动车配置是一个庞大的工程，这是一个需要社会各层面和各部门协同努力，并逐步实施才能完成的；根据浮动车覆盖率的要求，在这项工程最终完成前，浮动车的采集数据的交通参数统计估计结果是无效的。这样，就会阻碍浮动车技术的应用及研究，延缓实际交通问题的解决。

为了将 GPS 浮动车交通参数估计技术的研究和应用相结合，加快该技术的应用，目前的研究聚焦于采用一辆浮动车采集数据建立交通参数估计模型。这些 GPS 浮动车交通参数估计模型也存在一些不足。首先，目前的估计模型仅在实验的环境下建立，主要针对理想条件下的 GPS 浮动车数据采集条件下的采集数据进行建模及研究，如模糊推理模型和速度积分模型。没有考虑在实际数据采集情况下，受数据采集费用、无线通信带宽、地形及数据传输条件等因素影响，在采样周期增大及数据误差增大的情况下模型的适用性，因而模型的应用条件并不成熟。其次，在城市路网条件下，单一浮动车交通参数估计模型的精度较低，如 BP 神经网络的仅精度在 70%左右。最后，在实际应用中，单一浮动车交通参数估计模型容错性较低。如果采集数据的这辆浮动车在道路上行驶时受干扰，偏离了正常行驶状态，那么就会导致估计异常，模型估计值失效。因而，进一步的研究应考虑估计值的有效性问题。

2. 本模块技术方案及估计模型

（1）GPS 浮动车技术研究的条件

浮动车技术研究及应用，需要具备下列的必要条件：路网配备有浮动车并能实现数据采集、计算机硬件及软件配置。

①浮动车配备及数据采集。

道路路网中 GPS 浮动车，每一浮动车传送的数据中包含了浮动车的身份标志，通过身份标志可查询出浮动车所在的公交公司。

　　GPS 浮动车的定位数据可由无线通信网络即时传送到信息中心，或能够存储在车载 GPS 存储器中形成数据包输出。

　　在进行连续车辆定位时，定位周期不能太小，至少应保证在道路上有两个以上的定位点被传送的数据中心。

　　②计算机硬件系统需要有足够的数据处理能力，以保证浮动车参数估计过程中大量的数据处理和运算的实时性要求。同时需要具备大容量、快速的存储器，以实现数据的查询和存储管理。

　　③计算机软件主要指 GIS 系统及电子地图。GIS 系统要集成高精度、完善的道路信息数据库；电子地图的精度必须高于 GPS 定位的精度，对电子地图的精度要求误差在 15 m 以下；电子地图的路网拓扑结构要完善。

　　根据以上前提条件，本项目采用了重庆市从 2005 年开始就启动了公交车辆 GPS 定位系统的建设，到目前为止已安装车载 GPS 的公交车辆达 5000 余辆作为浮动车。浮动车的数据通过 GSM 无线网络采集，采集的数据统一存储在公交数据中心，GPS 浮动车的定位周期可由信息中心根据实际情况进行设置。本研究采用的计算机硬件系统主要由 Intel Pentium 4 2.0 GHz 的 CPU、80G 硬盘、512M 的 RAM、Intel 主板及集成显卡及各种串行和并行接口组成，保证了本研究估计模型的建模及运行测试的需要。GIS 系统采用了美国 MapInfo 公司的 MapInfo7.0 及其控件 MapX5.0 进行二次开发；电子地图采用重庆市公交演示地图，其误差小于 10 m；通过对本研究的主干道的实际调查，在 GIS 系统及电子地图中补充本研究所需的道路信息并完善道路的拓扑结构；采用 VB、C++ 和 Matlab 程序语言完成估计模型的研究、实现及验证分析。

　　（2）技术方案的提出

　　通过对现有公交 GPS 浮动车技术及其研究成果的分析，针对目前城市公交 GPS 浮动车数据相对不足的现实条件，根据数据量是否满足直接估计路段平均速度的要求，把估计模型分为充分数据路段平均速度估计模型和不充分数据路段平均速度估计模型两类，并通过数据融合进一步提高估计的精度、增强模型的容错能力。

　　当某路段的 GPS 数据量满足直接估计路段平均速度的要求时，由于城市道路不同于高速公路，路况相对比较复杂，交通流受到信号灯、车站等客观因素影响较大，所以模型重点考虑了车站、信号灯等实际因素对路段平均速度的影响，对车站和信号灯区域进行了特殊处理。再通过该路段的所有瞬时速度估计得出路段的平均速度。当数据量不满足直接估计路段平均速度的要求时，通过利用历史数据进行估计。充分数据路段平均速度估计系统框架和不充分数据路段平均速度估计系统框架分别如图 10-29 和 10-30 所示。

　　在系统中，车载 GPS 接收机是浮动车位置信息的采集设备，GPS 定位系统对车载 GPS 接收机进行空间定位，由此浮动车可被定位和跟踪。浮动车的连续位置信息通过通信网络传输到数据中心的浮动车数据库中；通过对道路交通设施的实地调查，得到浮动车行驶路段的道路信息，将经过预处理后的数据存储在数据中心的中央计算机的 GIS 数据库中。

　　数据中心的中央计算机是估计系统的中枢，它主要完成数据预处理、单车区间速度估计、多车区间速度估计、多车瞬时速度估计以及路段平均速度估计等功能。

　　（3）路段平均速度估计所需数据量的确定方法

　　运用浮动车数据进行路段平均速度估计的关键问题之一是浮动车的样本量问题，因为浮

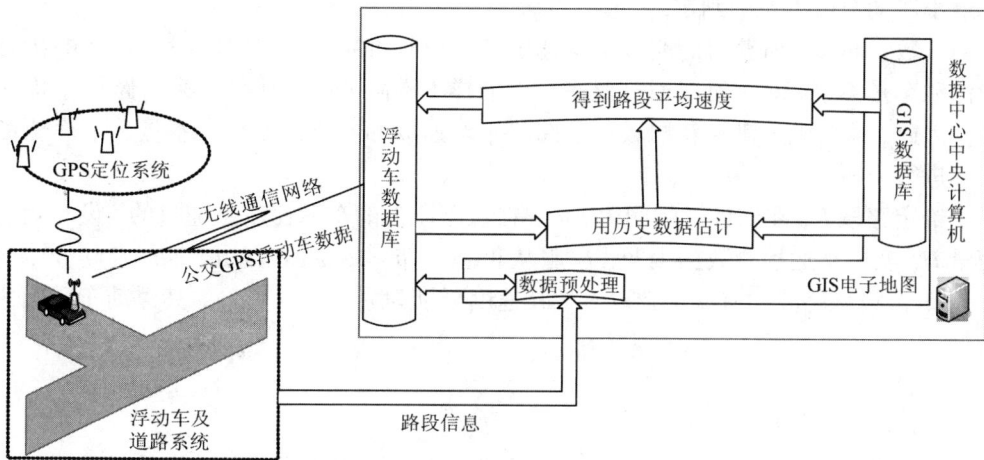

图 10-29　充分数据路段平均速度估计系统框架

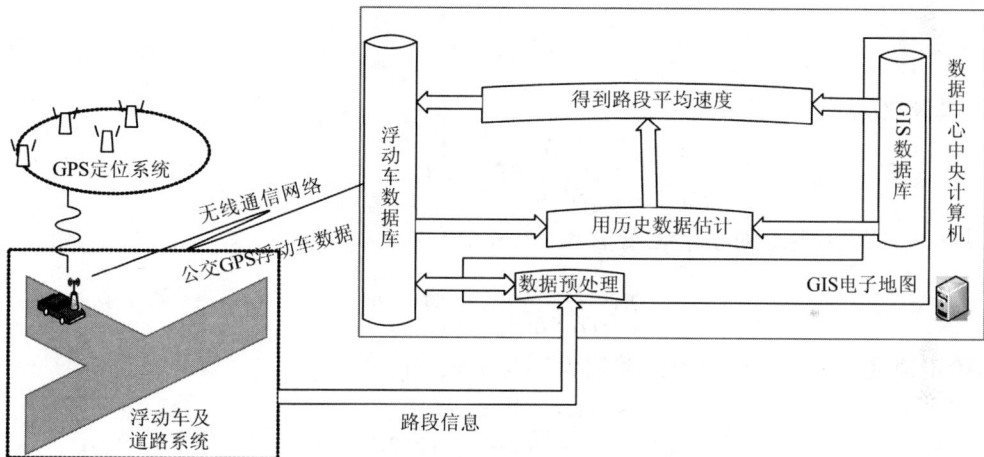

图 10-30　不充分数据路段平均速度估计系统框架

动车样本量与平均速度估计的精度密切相关。本书所说的浮动车样本量，不仅与路段上有 GPS 数据传回的浮动车数量有关，也与路段上浮动车传回的 GPS 数据记录总数量有关，这是因为每辆浮动车传回来的 GPS 数据记录数量不一定，有的浮动车传回来 1 个，有的传回来 2 个甚至更多，所以光有浮动车数量还不足以表明路段平均速度估计所需数据量是否充分，必须把两者结合起来才能进行判定。

对于浮动车最小样本量的判定，传统的方法一般是通过最小覆盖率来判定，但是由于城市道路状况的复杂性，浮动车所需数量随实际情况的变化而变化，使得浮动车数量充分与不充分没有确定的界限，用最小覆盖率计算得到的某一具体数字来进行统一判断必然有失偏颇，所以本节对其进行了改进。本节使用模糊综合评判的方法，以用最小覆盖率计算得到的浮动车数量为基础，进行隶属函数的设置，把浮动车数量与 GPS 数据记录总量结合起来判定数据量是否充分。

①最小浮动车样本量的判定。

浮动车数量越多，所获得的路段平均速度估计值越可靠。由于将路段中运行的所有车辆都作为浮动车是不可能的，所以通过概率学中的样本推测分析总体特征来对路段平均速度进行估计。因此，需要确定满足获取较可靠路段平均速度的最小浮动车样本量。下面从覆盖率角度对其进行分析。

对于给定路段 K，在估计时间间隔 t 内，在该路段上的车辆速度是随机的，设车辆速度为随机变量 U，实际交通检测数据表明，U 服从正态分布。令 $E(U)=\mu$，$Var(U)=\sigma^2$，即 $U \sim N(\mu, \sigma^2)$。假设该路段上有 n 辆浮动车，其速度分别为 v_1，v_2，$\cdots$，v_n，其浮动车区间速度平均值为：

$$\bar{v} = \frac{1}{n}\sum_{i=1}^{n}\bar{v}_i \tag{10-18}$$

式中：$\bar{v}_i$ 为浮动车 i 的区间平均速度；n 为估计时间间隔 t 内选定路段上有采样数据的浮动车数量。

从正态分布的性质可得：

$$\bar{V} \sim N(\mu, \frac{\sigma^2}{n}) \tag{10-19}$$

将其标准化后得：

$$\frac{\bar{v}-\mu}{\sigma/\sqrt{n}} \sim N(0, 1) \tag{10-20}$$

运用区间估计理论，对于给定置信水平 $1-\alpha$，有：

$$P\left(\left|\frac{\bar{v}-\mu}{\sigma/\sqrt{n}}\right| \leqslant z_{\frac{\alpha}{2}}\right) \geqslant 1-\alpha \tag{10-21}$$

若给定速度允许的估计绝对误差值为 $\pm d$ km/h，有：

$$\bar{v}+\frac{z_{\frac{\sigma}{2}}\sigma}{\sqrt{n}}-\left(\bar{v}-\frac{z_{\frac{\alpha}{2}}\sigma}{\sqrt{n}}\right) \leqslant 2d \tag{10-22}$$

从而：

$$n \geqslant \left(\frac{z_{\frac{\alpha}{2}}\sigma}{d}\right)^2 \tag{10-23}$$

式中：z 为在 $1-\alpha$ 的置信水平 $n-1$ 自由度下正态分布的分位数；σ 为浮动车样本速度标准差。

②数据量是否充分的模糊综合评判方法。

影响数据量是否充分的因素主要有浮动车数量 n 和 GPS 数据记录总量 N，所以选取这两者为特征参数。

判断的结果分为很充分、充分、不充分与很不充分四个，所以评价集 $V=\{$很充分，充分，不充分，很不充分$\}$。

数据量是否充分没有明显的界限，因此将这些特性参数与数据量是否充分的关系进行模糊处理。对于每一个特征，均采用包含三个语言变量的模糊子集来描述：$\{$小，中，大$\}$。模糊化后的浮动车数量 n 和 GPS 数据记录总量 N 的隶属函数分别见图 10-31 和图 10-32。

对应图 10-31 和图 10-32，经过统计分析，得到如表 10-5 所示的关系模式。

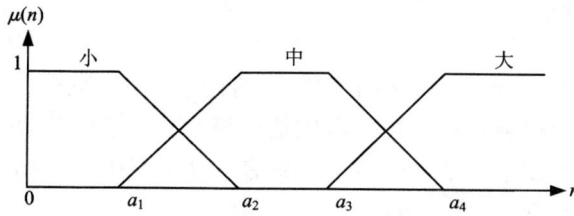

图 10-31　浮动车数量的隶属函数曲线

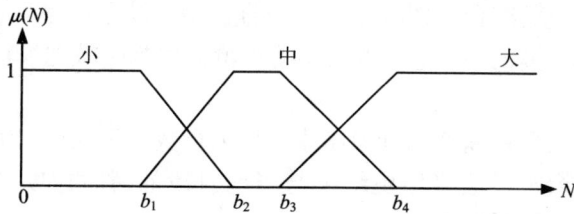

图 10-32　GPS 数据记录总量的隶属函数曲线

表 10-5　数据量级别与特性参数的关系

数据量	N	N
很充分	大	大
充分	大	中
不充分	中	中
很不充分	小	小

一般来说，各因素影响评价对象取值的程度不尽相同，这就是"权重"。权重在一定的程度上体现了各因素对结果影响的重要程度，可通过层次分析法或专家打分法来确定。权重集 $W=(W_n, W_N)=(0.5, 0.5)$。

可得特性参数与数据量是否充分之间的模糊隶属矩阵 R，运用模型 $M(\cdot, \oplus)$，得矩阵 B

$$B=W \cdot R \tag{10-24}$$

式中："·"表示两个向量之间的内积。

$$R=\begin{pmatrix} r_{13} & r_{13} & r_{12} & r_{11} \\ r_{13} & r_{12} & r_{12} & r_{11} \end{pmatrix} \tag{10-25}$$

式中：r_{ij} 表示第 $i(i=1, 2)$ 各因素对第 j 个模糊语言子集的隶属度，其中 $j=1, 2, 3$，分别表示语言变量"小"、"中"、"大"。

b_j 表示该路段对 j 级服务水平的隶属度，根据最大隶属度原则，选取评判中的较大者作为评判的最终结果。

本书认为数据量很充分和数据量充分都属于充分范畴，此时用充分数据路段平均速度估计模型进行估计，数据量不充分和数据量很不充分属于不充分范畴，此时用不充分数据路段平均速度估计模型进行估计。

（4）技术方案的特点

相比其他使用 GPS 浮动车估计道路平均速度的技术，本方案有如下特点：

①不同于其他模型只单纯从理论角度考虑估计模型，本书重点考虑了车站和信号灯等对平均速度影响较大的两个因素，并对车站区域和信号灯区域中的数据进行特殊处理，从而降低车站和信号灯的影响程度。

②使用模糊综合评判的方法对估计时段采集到的数据量是否满足直接估计路段平均速度的要求进行判断，从而把估计模型分为充分数据路段平均速度估计模型和不充分数据路段平均速度估计模型两种。模糊综合评判方法不同于直接用浮动车覆盖率进行判断的方法，数据量充分与否本来就是一个模糊的概念，若用浮动车覆盖率判断就把模糊的东西用具体数字量化了，这不妥当。

③在不充分数据路段平均速度估计模型中，采用指数平滑法估计得到历史结果，并根据数据量级别用变形的指数平滑法将历史结果与当前时段的瞬时速度结果融合以提高估计精度，这在其他模型中是没有出现过的。

（5）估计模型的设计

由于 GPS 浮动车采集的数据中都包含了经纬度信息和车辆 ID，由经纬度信息可知传回 GPS 点的具体位置，再通过地图匹配可知哪些数据是位于同一路段上的，从而可估计出多车瞬时速度结果；当数据充分时，由车辆的 ID 可知同一路段上的哪些数据是由同一辆车传回来的，由此可以进行单车区间速度的估计以及多车区间速度的估计，具体的估计模型如图 10-33（a）所示。当数据不充分时，将多车瞬时速度与历史数据估计结果融合得到路段平均速度，具体的估计模型如图 10-33（b）所示。

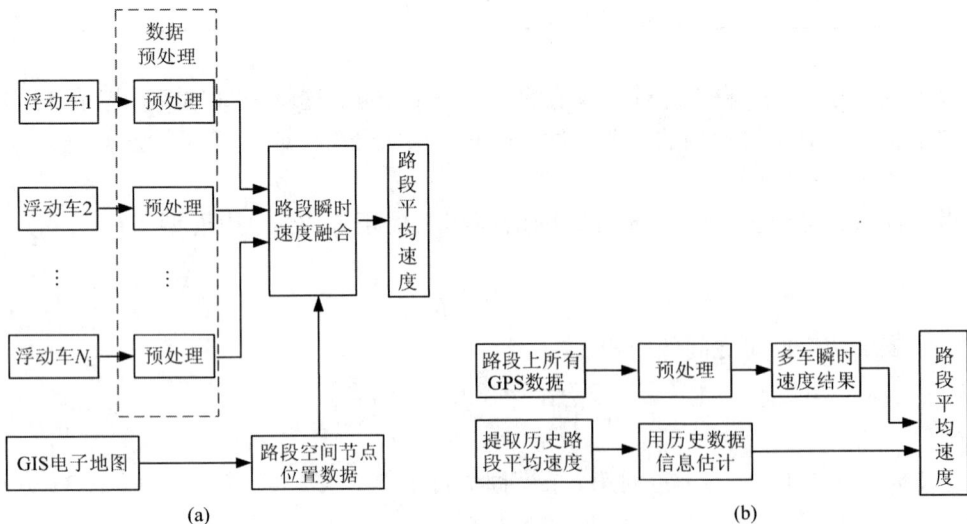

图 10-33　路段平均速度估计模型

（a）充分数据；（b）不充分数据

（6）模型数据处理流程

　　在估计模型的基础上，本小节设计了估计模型的数据流程，根据路段平均速度估计的实时性要求，估计模型采集当前时段 T_d 的路段 i 上的浮动车数据进行处理。

　　首先，GPS 数据从公交浮动车传回数据处理中心，中心边接收数据边滤除异常数据，把正常数据存入数据库中，模型从数据库中读取路网全部 N 辆浮动车在采样时间段 T_d 内的所有 GPS 数据进行地图匹配和行驶方向的判断。根据电子地图上各路段端点的经纬度信息，将匹配后的浮动车的离散数据系列按路段进行划分，由车辆 ID 信息，可得第 j 辆浮动车的采样数据在路段 i 上的离散数据系列 $L_{ij}(T)$，$i=1,2,\cdots,L$；$j=1,2,\cdots,N_i$。其中，L 为需要估计路段的数量，N_i 为时段 T_d 内路段 i 上行驶的浮动车数量。$L_{ij}(T)=[L_{ij}(T_1),L_{ij}(T_2),\cdots,L_{ij}(T_z)]$，$T_1<T_2<\cdots<T_z$ 为采样时刻，$T_z=1,2,3,\cdots$，表示第 j 辆浮动车在时段 T_d 内在路段 L_i 上的最后一个采样数据。

　　然后，模型从数据库中按路段顺序 $i=1,2,\cdots,L$ 读取匹配到路段 i 上的浮动车离散数据系列 $L_{ij}(T)$，先估计路段 i 的多车瞬时速度 $S_e(i)$。然后依据路段 i 的数据量是否充分分两种方式处理。当数据量充分时，把多车瞬时速度 $S_e(i)$ 直接作为路段平均速度 $S(i)$，并将估计结果存储到数据库中，具体数据流程如图 10-34(a) 所示。当数据量不充分时，读取路段路段 i 的前 n 个时段的路段平均速度，融合后得到历史数据估计结果 $S_n(i)$，将 $S_n(i)$ 与多车瞬时速度 $S_e(i)$ 融合，得到路段平均速度 $S(i)$，并将估计结果存储到数据库中，具体数据流程如图 10-34(b) 所示。

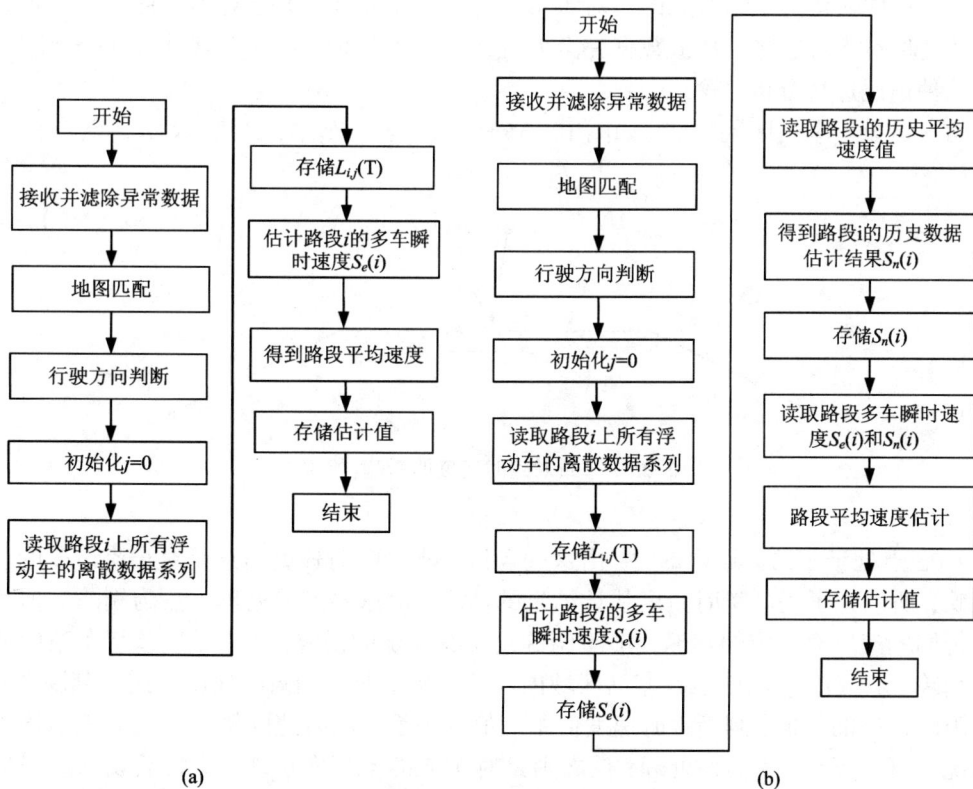

图 10-34　路段平均速度模型的数据流程图

(a)充分数据；(b)不充分数据

3. 充分数据路段平均速度估计模型

(1)车站和信号灯对瞬时速度的影响及处理

城市道路是一种开放性道路,与封闭式的高速公路完全不同,所以在研究城市道路平均速度模型时,需要考虑很多影响因素,比如十字路口、丁字路口、信号灯、车站、人行道以及大型机构或商业区等。因此,对这些因素的分析就成为模型研究过程中必需涉及的方面。在建模过程中,考虑到模型的复杂性、准确性与实用性的矛盾,我们必需对各种影响因素进行合理的评价和筛选。

本节主要考虑对车辆影响最明显的车站、信号灯和十字路口,据实际路况调查得知,十字路口基本上都装有信号灯,所以这两个因素实际上是同一因素,所以本节考虑的影响因素简化为车站和信号灯。

公交车辆进入公交车站上下乘客是公交车运行的一个必有过程,而进入公交车站上下客必须要经历减速、停站、加速的过程,在这个过程中采集到的瞬时速度必然要比正常运行情况下小,在停站期间还会出现瞬时速度为0的情况,这与道路车流速度情况是不一致的,所以在车站区域内的瞬时速度数据必须要经过处理才能用于计算路段平均速度。

对于信号灯,当公交车辆遇到红灯时,也会经历减速、加速过程,采集到的瞬时速度值相对较小,但是这是对路况的一个真实反映,不用对其进行额外处理。但是当信号灯和车站区域重叠或部分重叠时,造成采集到的瞬时速度值较小就有两种可能的原因,一是由于红灯造成的,另一种就是由车站造成的。对于第一种情况不用作处理,对第二种情况就要进行处理,所以此时不能对这些小数值数据完全处理或完全不处理,而应对其进行部分处理。下面具体分几种情况进行分析讨论。

①GPS点处于车站区域内部,如图10-35所示(S表示车站,p'_i表示GPS点)。

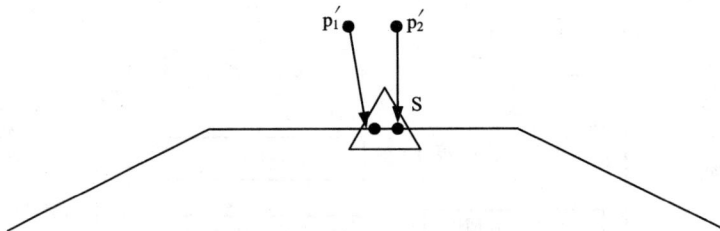

图10-35 车站对瞬时速度的影响(情况1)

当GPS点处于车站区域内部时,由这些点传回来的瞬时速度信息是对车流情况的一个不真实反映,所以为了提高瞬时速度估计结果的精度,对这些点的处理方法为剔除。但是因为GPS点传回的速度有一定的延迟,并且GPS定位有一定的误差,所以不应该将车站内部的所有点都剔除,而应该在GPS点在车站区域内部的基础上再增加瞬时速度值这一判断条件,通过设定瞬时速度的阈值,判断瞬时速度值跟阈值的关系。瞬时速度值大于阈值表示该点是对车流情况的真实反映,不需要处理,反之则是对车流的不真实反映,应将其剔除。根据跟车法实际调查结果显示,瞬时速度阈值应在7~10 km/h之间。

②GPS点处于车站区域外部,如图10-36所示(S表示车站,p'_i表示GPS点)。

③当GPS点处于车站区域外部时,车站可能尚未对瞬时速度造成影响或造成的影响已经

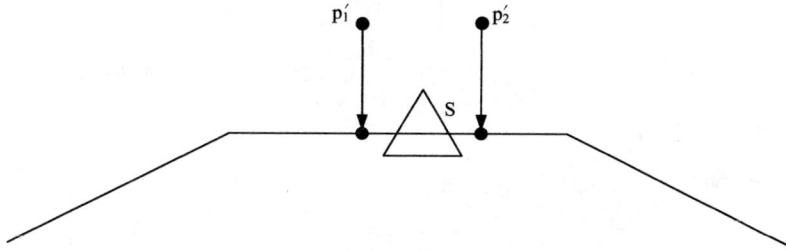

图 10-36　车站对瞬时速度的影响(情况 2)

恢复,车辆已处于道路车流中,所以对于这种情况不用进行处理。GPS 点处于车站和信号灯的重叠区域,如图 10-37 所示(S 表示车站, T 表示信号灯, p'_i 表示 GPS 点)。

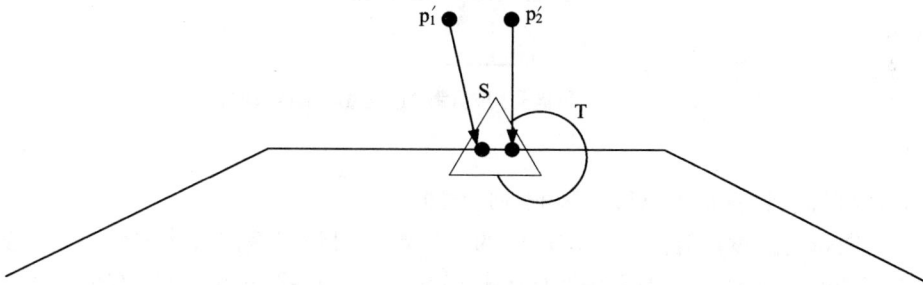

图 10-37　车站对瞬时速度的影响(情况 3)

④当 GPS 点处于车站和信号灯的重叠区域时的情况相对比较复杂,由红灯造成的情况不用作处理,由车站造成的情况就需要将这些小数值数据剔除,所以此时不能对这些小数值数据完全剔除或完全不剔除,而应部分剔除。

在介绍具体处理方法之前,先介绍绿信比的概念。所谓绿信比,是指交通灯一个周期内可用于车辆通行的时间比例。

绿信比是一个信号相位的有效绿灯时长与周期总时长之比,一般用 λ 表示。

$$\lambda = Ge/C \tag{10-26}$$

式中: λ 为绿信比; C 为周期时长; Ge 为有效绿灯时长。

当处于绿灯时间时,可以看成信号灯不存在,在车站和信号灯的重叠区域内的小数值数据是由车站原因造成的,需要剔除;当处于红灯时间时,由红灯造成的,因为红灯对车流的强制作用,可以看成车站不存在,小数值数据是由信号灯造成的,不需要剔除。所以对于这种情况,处理方法为以绿信比 λ 为权重部分剔除小数值数据,如式 10-27 所示。

$$D_d = \lambda \cdot D \tag{10-27}$$

式中: D 为重叠区域内的全部小数值数据; D_d 为需要剔除的小数值数据。

车站和信号灯对瞬时速度影响的总处理方法如图 10-38 所示。

(2)路段平均速度估计算法

瞬时速度算法是针对路段上所有公交浮动车的 GPS 数据而言的,以瞬时速度为基础,通

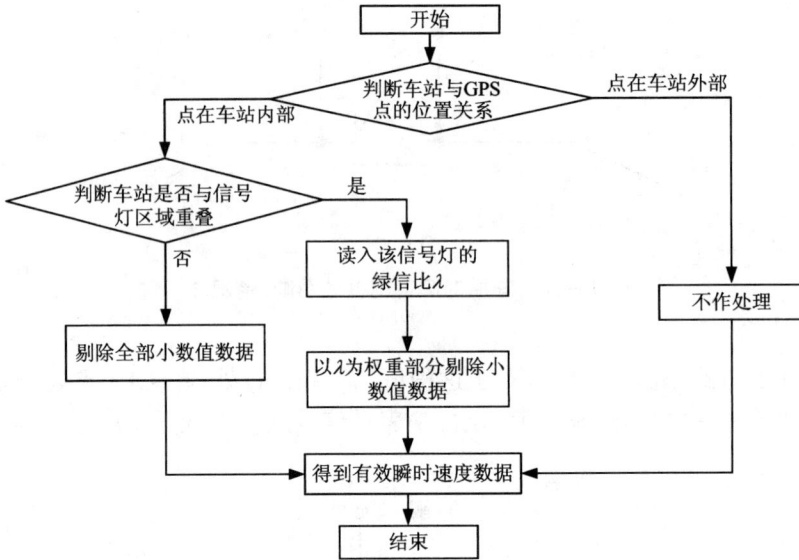

图 10-38　车站和信号灯对瞬时速度影响的处理方法

过多车瞬时速度算法计算得到路段的瞬时速度结果 $\bar{v}_{ins}$。

目前，利用瞬时速度计算路段平均速度的方法都是对瞬时速度算术平均，把得到的平均值直接作为路段平均速度。这种方法实质上是最简单的加权平均法，令所有因子的权值都一样，但相同的权重因子会加大偶然因素的作用，使得小概率数据对计算结果产生较大的影响，从而导致较大的计算误差。基于这样的考虑，本书设计提出了改进的算法，即多车瞬时速度算法。

算法的基本思想是：大概率事件具有相对较高的可信度，而小概率事件由偶然因素造成的可能性较大，可信度相对较小，也就是说大概率事件反映道路情况的能力强于小概率事件，所以对大概率事件取相对较大的权重，使之主导最后的结果；小概率事件取相对较小的权重，降低对最后结果的影响，从而降低偶然因素导致的误差。

本研究中，首先对瞬时速度值进行区间的划分。根据实际调查情况，本书把瞬时速度值可能落入的范围划分为 7 个区间，分别为：0~10、10~20、20~30、30~40、40~50、50~60 和 60 以上。若落入某个区间内的瞬时速度数量较多，则区间内每个数据取较大的权重，若区间内的瞬时速度较少，取较小的权重。设落入区间 c 中的瞬时速度数量为 n_c，$c = 1, 2, \cdots, 7$，经过归一化，区间中每个数据的权重为：

$$W_c = \frac{n_c}{\sum\limits_{c=1}^{7} n_c^2} \quad c = 1, 2, \cdots, 7 \tag{10-28}$$

则瞬时速度结果 $\bar{v}_{ins}$ 为：

$$\bar{v}_{ins} = \sum_{c=1}^{7} W_c \sum_{m=1}^{n_c} v_m \quad c = 1, 2, \cdots, 7 \tag{10-29}$$

式中：v_m 为落入区间 c 的瞬时速度。

例　设某一时段 i 路段的瞬时速度如表 10-6 所示，计算 $\bar{v}_{ins}$。

表 10-6　瞬时速度数据

区间	0~10	10~20	20~30	30~40	40~50	50~60	>60
数值	7	12	25	33	40	53	62
		16	20	39	45	58	
		19			47		
					49		
					49		

根据式（10-28）得各区间瞬时速度的权重为：

$$W_1 = W_7 = \frac{1}{1^2+3^2+2^2+2^2+5^2+2^2+1^2} = \frac{1}{48}$$

$$W_2 = \frac{3}{1^2+3^2+2^2+2^2+5^2+2^2+1^2} = \frac{3}{48}$$

$$W_3 = W_4 = W_6 = \frac{2}{1^2+3^2+2^2+2^2+5^2+2^2+1^2} = \frac{2}{48}$$

$$W_5 = \frac{5}{1^2+3^2+2^2+2^2+5^2+2^2+1^2} = \frac{5}{48}$$

根据式（10-29）得 $\bar{v}_{ins}$ 为：

$$\bar{v}_{ins} = \frac{1}{48}(7+62) + \frac{3}{48}(12+16+19) + \frac{2}{48}\left[(25+20)+(33+39)+(53+58)\right]$$

$$+\frac{5}{48}(40+45+47+49+49) = 37.8$$

（3）不充分数据路段平均速度估计模型

1）指数平滑法原理

指数平滑法是移动平均法的改进。其基本思想是："厚近薄远"，即在预测研究中越近期的数据越应受到重视，时间序列数据中各数据的重要程度由近及远呈指数规律递减，故对时间序列数据的平滑处理应采用加权平均的方法。指数平滑法就是一种加权平均法，但这个权数是根据过去的预测数和实际数的差异确定，这样取得的权数称为平滑系数。可以利用该系数调整实际的数字。根据平滑次数的不同，指数平滑法可分为：一次指数平滑法、二次指数平滑法和三次指数平滑法等。

一次指数平滑法预测模型适用于平稳型数据的预测；二次指数平滑法是在一次平滑的基础上再做一次平滑，其预测模型适用于时间序列数据呈线性趋势的情况；依此类推，三次指数平滑法是在二次指数平滑法的基础上继续做一次平滑，三次指数平滑法适用于时间观测序列呈二次曲线型单调的情况。下面简单介绍一次指数平滑法的原理。

设定时间序列为：$y_1, y_2, y_3, \cdots, y_n$，则一次指数平滑公式为：

$$S_t^{(1)} = \alpha y_t + (1-\alpha) S_{t-1}^{(1)} \tag{10-30}$$

式中：$S_t^{(1)}$ 为当前时刻估计值；$S_{t-1}^{(1)}$ 为前一时刻估计值；y_t 为时间序列的当前值；α 为平滑参数。

将式 10-30 中的 t 分别以 $t-1$, $t-2$, $t-3$, $\cdots$, 依次代入可得:

$$S_t^{(1)} = \alpha y_t + (1-\alpha)\left[\alpha y_{t-1} + (1-\alpha)S_{t-2}^{(1)}\right]$$

$$= \alpha y_t + \alpha(1-\alpha)y_{t-1} + (1-\alpha)^2\left[\alpha y_{t-2} + (1-\alpha)S_{t-3}^{(1)}\right] + \cdots + \alpha(1-\alpha)^j y_{t-j} + \cdots$$

$$= \alpha \sum_{j=0}^{\infty} (1-\alpha)^j y_{t-j} \qquad (10-31)$$

可见 $S_t^{(1)}$ 实际上是 y_t, y_{t-1}, y_{t-2}, $\cdots$ 的加权平均。加权系数分别为 α, $\alpha(1-\alpha)$, $\alpha(1-\alpha^2)$, $\cdots$, 加权系数的和为 1。所以指数平滑实际上是一种以时间定权的加权平均, 越近的数据加权系数越大, 越远的数据加权系数越小。α 的取值实际上体现了新的观察值与原来平滑值之间的比例关系, α 越大, 当 $\alpha=1$ 时, $S_t^{(1)} = y_t$, t 期的平滑值就等于 t 期的实测值, 即以当前信息为重, 而不考虑过去数据的影响; 反之, α 越小, $S_{t-1}^{(1)}$ 占得比重就越大, 当 $\alpha=0$ 时, $S_t^{(1)} = S_{t-1}^{(1)}$, t 期的平滑值就等于上期的平滑值, 而没有考虑到当前数据 y_t 所载的信息。从前面的分析可知, 将平滑公式展开, 则 y_{t-j} 的加权系数为 $\alpha(1-\alpha)^j$。因为 $0<\alpha<1$, 故加权系数随着时间的前一按指数函数的形式衰减。

指数平滑法中, 平滑系数的选择十分重要, 它代表模型对时间序列变化的反应速度, 又决定预测中修匀随机误差的能力。若把一次指数平滑法的预测公式改写为:

$$S_t^{(1)} = S_{t-1}^{(1)} + \alpha(y_t - S_{t-1}^{(1)}) \qquad (10-32)$$

从式 10-32 可以看出, 新预测值是根据预测误差对原预测值进行修正得到的, α 的大小表明了修正的幅度。α 选取得越大, 表示近期数据所载的信息所占权重越大, 修正的幅度也较大; α 选取得越小, 表示以前的数据所载信息占的权重相应较小, 修正的幅度也就越小。

从理论上说, α 取 0~1 之间的任意数值均可以。其选择的原则是使预测值与时间观测序列之间的均方差 S 和平均绝对误差最小。经验判断法: 当时间序列呈现较稳定的水平趋势时, 应选较小的 α 值一般可在 0.05~0.20 之间取值, 使观察值在现实的指数平滑中大小权数相当接近, 从而使各期预测值对预测结果有相似的影响; 当时间序列有波动, 但长期趋势变化不大时, 可选稍大的 α 值, 常在 0.1~0.4 之间取值; 当时间序列波动很大, 长期趋势变化幅度较大, 呈现明显且迅速的上升或下降趋势时, 宜选择较大的 α 值, 如可在 0.6~0.8 间选值, 以使预测模型灵敏度高些, 能迅速跟上数据的变化; 当时间序列数据是上升(或下降)的发展趋势类型, 应取较大的 α 值, 在 0.6~1 之间。实质上, α 是一个经验数据, 通过多个 α 值进行试算比较而定, 哪个 α 值引起的预测误差小, 就采用哪个。

2)指数平滑法估计历史结果

在研究中, 研究对象为某一路段的交通流平均速度, 由于交通流具有渐变性, 所以在短时间之内路段平均速度相对比较平稳, 不会突变。同时, 时间序列数据中各历史数据的重要程度由近及远递减, 这就是典型的指数平滑法的应用条件, 所以在本书研究中采用一次指数平滑法进行估计, 用同一路段的数据来估计该路段当前时段的信息。

在使用指数平滑法建立预测模型时, 首先要确定初始平滑值 S_0。确定初始平滑值的方法一般有以下三种。

①最常用的方法是:

$$S_0^{(1)} = S_0^{(2)} = S_0^{(3)} = y_1 \qquad (10-33)$$

②在时间序列较长、α 值较大时, 初始值的大小对预测的影响也很小, 根据一般经验可以取:

$$S_0^{(1)} = S_0^{(2)} = S_0^{(3)} = \frac{1}{3}(y_1 + y_2 + y_3) \tag{10-34}$$

③还有一种方法是：

$$S_0^{(1)} = \frac{1}{n}\left|\sum_{i=1}^{n} y_i\right|; \quad S_0^{(2)} = \frac{1}{n}\left|\sum_{i=1}^{n} S_i^{(1)}\right|; \quad S_0^{(3)} = \frac{1}{n}\left|\sum_{i=1}^{n} S_i^{(2)}\right| \tag{10-35}$$

实际预测时，三次曲线指数平滑法的初始值依赖于前两个时期的观测值，一般取 $S_0^{(1)} = S_0^{(2)} = S_0^{(3)} = y_1$。本书采用第二种方法，设 t 时期的实际值为 h_t，预测值为 $\bar{h}_t$，则可得：

$$\bar{h}_1 = \frac{1}{3}(h_1 + h_2 + h_3) \tag{10-36}$$

选用时间序列为同一路段的连续时段的路段平均速度值，所以根据交通流特性，路段平均速度时间序列有波动，但长期趋势变化不大，此时可选的 α 值常在 0.1~0.4 之间取值，具体数值的选取本书通过多个 α 值进行试算比较而定，采用引起的预测误差相对较小的那个 α 值。指数平滑法的流程如图 10-39 所示。

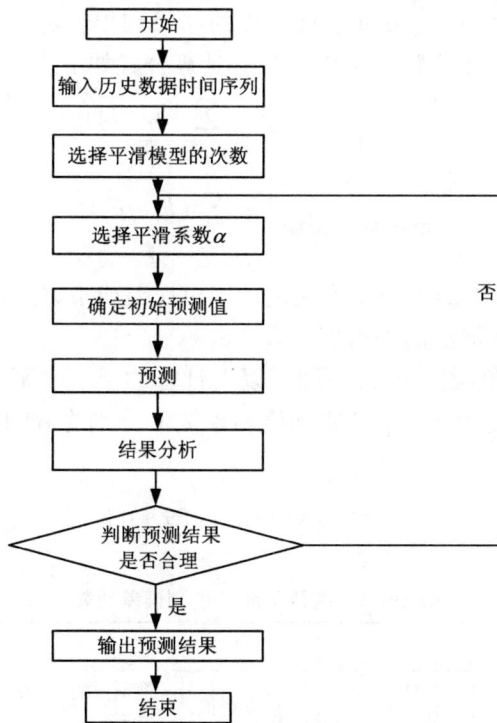

图 10-39　指数平滑法流程图

下面举一算例对具体的 α 值确定过程及历史结果的估计过程作进一步说明。

指数平滑法举例　本例中，对初始值的选取用第二种方法 $\bar{h}_0 = 30$，分别取 $\alpha = 0.1, 0.3, 0.9$，如表 10-7 所示。

表 10-7 指数平滑法计算表

时期 t	实际平均速度值 h_t	$\alpha=0.1$ 的平均速度预测值 $\bar{h}_t$	$\alpha=0.3$ 的平均速度预测值 $\bar{h}_t$	$\alpha=0.9$ 的平均速度预测值 $\bar{h}_t$
t_0	20	30	30	30
t_1	30	$0.1\times20+0.9\times30=29$	27	21
t_2	40	$0.1\times30+0.9\times29=29$	28	29
t_3	20	$0.1\times40+0.9\times29=30$	32	39
t_4	48	$0.1\times42+0.9\times30=31$	35	42
t_5	50	$0.1\times48+0.9\times31=33$	39	47
t_6	54	$0.1\times50+0.9\times33=35$	42	50
t_7	60	$0.1\times54+0.9\times35=37$	46	54
t_8	62	$0.1\times60+0.9\times37=39$	50	59

表 10-7 分别将 $\alpha=0.1$，0.3，0.9 进行试算的结果列出，现进一步分析取何值为佳。需要计算平均绝对误差或平均平方误差加以衡量。计算公式如下：

$$平均绝对误差 = \frac{\sum |h_t - \bar{h}_t|}{n} \tag{10-37}$$

$$平方平均误差 = \frac{\sum (h_t - \bar{h}_t)^2}{n} \tag{10-38}$$

从表 10-8 可以看出，当 $\alpha=0.9$ 时，无论从绝对误差或平方误差来看，都比 $\alpha=0.1$，0.3 时要小。因此，本次指数平滑法的平滑值应取 0.9。

最后，根据表 10-8 中的数据进行预测。以上计算的是一次平滑值，每一期的平滑值都是下期预测值。假定现在是第 8 期，其实际值和预测值分别为 62 和 59。预测第 9 期的平均速度如下：

$$\bar{h}_9 = 0.9\times62+0.1\times59 \approx 60 \tag{10-39}$$

表 10-8 指数平滑法预测误差比较

时期 t	实际值 h_t	$\alpha=0.1$			$\alpha=0.3$			$\alpha=0.9$		
		预测值	绝对误差	平方误差	预测值	绝对误差	平方误差	预测值	绝对误差	平方误差
t_0	20	30	10	100	30	10	100	30	10	100
t_1	30	29	1	1	27	3	9	21	9	81
t_2	40	29	11	121	28	12	144	29	11	121
t_3	20	30	12	144	32	10	100	39	3	9
t_4	48	31	17	289	35	13	169	42	6	36
t_5	50	33	17	289	39	11	121	47	3	9

续表 10-8

时期 t	实际值 h_t	$\alpha = 0.1$			$\alpha = 0.3$			$\alpha = 0.9$		
		预测值	绝对误差	平方误差	预测值	绝对误差	平方误差	预测值	绝对误差	平方误差
t_6	54	35	19	361	42	12	144	50	4	16
t_7	60	37	23	529	46	14	196	54	6	36
t_8	62	39	23	529	50	12	144	59	3	9
合计			133	2363		97	1127		55	417
平均			14.8	262.6		10.8	125.2		6.1	46.3

3）历史结果与瞬时速度结果的融合

历史结果与瞬时速度结果的融合方式根据数据量级别分为两种：当数据量处于不充分级别时，把历史结果与瞬时速度结果通过变形的指数平滑法进行融合；当数据量处于很不充分级别时，舍弃当前时段的瞬时速度信息，因为此时的数据量太少，瞬时速度可能是个别数据，具有较大的偶然性，不但不能提高估计的精度，反而有可能起负面作用，所以对其舍弃，直接把历史结果作为当前时段的路段平均速度值。融合流程如图 10-40 所示。

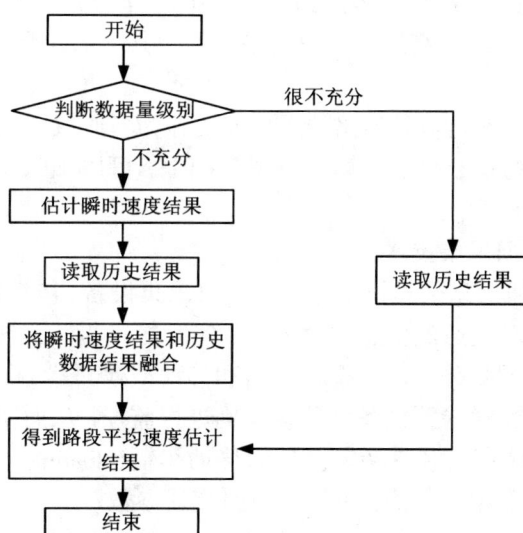

图 10-40　融合流程图

当数据量处于不充分级别时，通过变形的指数平滑法来融合历史结果和瞬时速度结果。指数平滑法的实质是用上一期的实际值和预测值来预测这一期的预测值，即用 h_{t-1} 和 $\bar{h}_{t-1}$ 来预测 $\bar{h}_t$，现在对其作一点变形：沿用上一期的实际值 h_{t-1} 和预测值 $\bar{h}_{t-1}$ 来预测这一期的预测值，称之为暂时预测值 $\bar{z}_t$，把瞬时速度结果作为这一期的实际值，称之为暂时实际值 z_t，再用这一期的暂时预测值 $\bar{z}_t$ 和暂时实际值 z_t 预测这一期的预测值 $\bar{h}_t$，具体变形如图 10-41 所示。

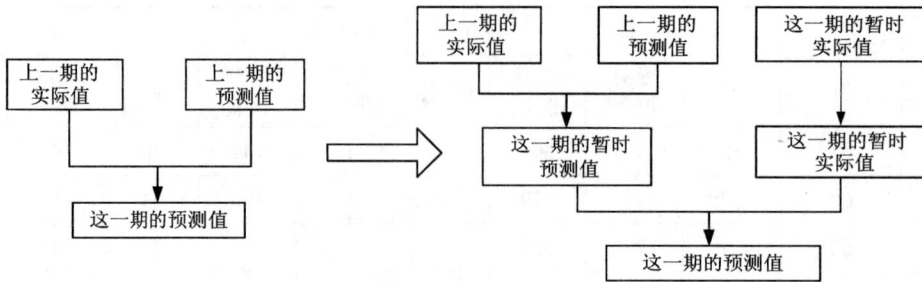

图 10-41　变形的指数平滑法流程图

10.5.4　事件检测模块

在通常情况下，检测器采集到的交通参数数据中含有较多的噪声，如果将其直接用于交通拥挤的判别，将导致较高的误判率。指数平滑法首先对原始交通数据进行平滑，去除短期的交通扰动，如随机波动、交通脉冲和压缩波等，然后将处理过后的数据与预设定的阈值进行比较，判断是否有拥挤发生。交通参数的指数平滑计算公式为：

$$ST_i(t) = \alpha T_i(t) + (1-\alpha)ST_i(t-1) \tag{10-40}$$

式(10-40)中，$0<\alpha<1$，一般取值范围为 $0.01\sim0.3$，$T_i(t)$ 为第 i 个道路 t 时刻的交通参数值，$ST_i(t)$ 为第 i 个道路 t 时刻交通参数值的平滑值。其交通参数可以为流量、速度、密度和占有率等。

结合实际路网交通情况，选取各道路的平均速度作为各时段的交通流参数。为了降低事件检测的误报率，在基本的指数平滑的算法原理基础上，可以加入多重数据判定，以及与历史数据作为参数进行事件检测。

1. 典型的事件检测数据采集技术

当前，AID 系统的交通信息采集技术主要是依靠采集设备（包括硬件与软件），自动感知车辆的通过或存在，实现对交通流信息的全方位、实时的采集。交通信息的自动采集设备可根据检测器的工作地点不同划分为固定型检测器和移动型检测器。固定型动态数据的采集技术是指安装在固定地点的交通检测设备对移动车辆进行监控，从而实现截面交通流参数的采集；移动型采集技术是指运用安装有特定设备的移动车辆（floating car，FC）检测道路上的固定标志物来采集交通参数数据的方法，可提供道路交通参数。

（1）环形线圈

环形线圈是目前使用最广泛、效果也较好的固定型检测器。它是一种基于电磁感应原理的车辆检测器，其感应器为一埋在路面下、通有一定工作电流的环形线圈。当车辆行使过该线圈上的时，线圈的电流就会发生跳跃，于是超过一个标准的阈值，信号检测单元则记录每次电流通过这个阈值的时间，实现车辆与通过时间的检测。环形线圈的技术比较成熟，可以测量交通流量、占有率以及车辆的速度等交通流参数。

环形线圈的检测精度高，可以每秒钟多次读取数据，但是因为距离和传输的问题，只能是每隔 20 s 或 30 s 传输一次数据。而且安装成本和要求高，维护和管理较难。

（2）微波检测器

微波检测器是波束检测装置的一种，是一种固定型检测器，由微波发射器、接收器和时控电路组成。它由微波发射器向检测区域发射具有一定波长的能量波束，当车辆经过检测区域时，该波束经车辆反射后被检测器接收，检测器经过分析处理获得所需的交通参数，包括流量、速度、车队长度等。

微波检测器的检测精度高，尤其是在恶劣天气下性能出色，但安装要求高，检测精度受铁质分隔带的影响大。

（3）视频检测器

基于视频图像处理的车辆检测技术是近年来逐步发展成熟起来的一种固定型车辆检测方法。它通过闭路电视或者数字照相机、摄像机进行现场数据采集，采用计算机图像识别技术和数字化技术分析交通数据。视频检测获得的数据很广，各种空间交通参数（如密度、速度、排队长度）都可以获得，另外，它能提供辅助信息，如路肩车辆、车道变化以及其他方向的阻塞。

视频检测器可提供大量的交通管理信息，但该技术受环境光线、天气的变化影响，检测误差较大。

（4）电子标签

电子标签是一种可实现自动车辆识别的技术，属于移动型车辆检测器，其基本功能是通过与收费站的路边信标交换信息，完成自动收费。如果在每个道路的特定位置设置信标，通过比较同一个电子标签经过相邻两个信标的时间，即可确定该车辆在该道路上的行程时间与行程速度，若在给定的时段内有多辆车经过特定道路，则可获得该道路的平均行程时间和平均行程速度。

电子标签的数据检测连续性强，但必须在足够多的车辆上安装电子标签，且必须有良好的滤波算法，消除个别车辆运行故障引发的数据误差。

除此之外，另外还有一些车辆检测器，如磁力计、雷达、红外检测器等。但是各种检测设备有其局限性和不能替代的作用。从经济性、可靠性以及维护性三个因素考虑，未来事件检测数据的检测技术，也越来越倾向于多种检测源的融合使用。

2. 事件检测算法的研究概况

（1）算法分类

传统的 AID 算法是根据交通流数据参数之间的关系及规律进行理论上的推导、假设、简化，然后通过仿真计算模拟交通流状况，再与实际采集的交通流数据进行比较，检测所设计的模型能否较好的描述交通流。自 20 世纪 60 年代开始，AID 算法的研究发展迅速，已经涌现了许多 AID 算法。根据算法的运行机理可将算法分为基于固定型交通检测技术、基于移动型交通检测技术的 AID 算法。前者是高速公路 AID 的研究主流；后者是未来高速公路 AID 的发展趋势。

①基于固定型检测技术的 AID 算法。

该类算法主要包括基于点检测、基于空间检测算法。基于空间检测以道路的视频监控和图像检测为基础，通过对一定时空范围内的路况分析来进行事件检测。这类方法主要依赖计算机的数字图像处理和模式识别能力，对光线、天气、时间的干扰非常敏感。

基于点检测的 AID 算法是指以道路截面交通流参数检测为基础，依靠各类车辆检测器来检测流量、平均速度等参数，然后分析这些参数的特点来判别交通事件，其主要的检测方法有：交通模型和理论算法、比较法、统计预测算法、人工智能算法。这四类算法是国内外普遍接受的和性能比较的对象。

交通模型和理论算法主要是建立交通流参数之间的关系模型，并假定交通流状态服从该模型，并比较交通流参数的观测值与估计值，从而判断事件是否发生。其主要方法有一般似然概率法算法、McMaster 算法。

比较法的原理是比较临近检测器之间的交通流参数，一旦观测值高于预设的阈值，系统就认为事件发生。典型算法有模式识别算法（PATREG）、Monica 算法、California 算法、WA 算法、APID 算法。

统计预测法用标准的统计技术分析交通流参数的观测值是否与估计值之间存在很大的差别，若存在，则判断事件发生。代表算法有标准偏差（SND）法、Bayesian 算法、SSID 算法。

人工智能算法是当前比较流行的 AID 算法。这些算法是基于规则或学习能力的事件检测模型。模糊几何算法和神经网络算法是具有代表性的算法。模糊几何算法等使用占有率趋势因子和相邻检测器之间速度密度进行模糊化处理，基于模糊规则实现事件的自动检测。Cheu 等人已将人工神经网络（ANN）应用于高速公路的突发交通事件判别。人工智能算法发展迅速，现已开发了多种基于模糊推理和神经网络的高速公路 AID 算法。

②基于移动型检测技术的 AID 算法。

目前，基于移动型检测器的 AID 算法主要是依靠电子标签、GPS 等车辆定位技术进行车辆运动的动态分析，以此建立 AID 模型对事件进行判别。

将实测的行程时间或瞬时速度与期望值进行比较，若该值超过一定阈值则判定事件发生。1996 年 M. William Sermons 等曾提出以车辆的定位估计车辆速度、行车时间等参数，建立服从 T-分布的假设模型，并对比模型阈值实现事件的自动检测。但该方法缺少车辆运行状态的分类原则，模型阈值依赖于历史事件和非事件两类状态下的车辆样本数和车辆运行特性，因此，这种以对单一车辆运行状态分类为基础的方法检测性能不高。此外，该研究未考虑车辆定位方法、定位频率和定位误差对车辆运行参数估计的影响。

（2）算法评价指标

评价高速公路 AID 算法性能的指标主要有检测率（DR）、误报率（FAR）、平均检测时间（MTTD）。通常用检测率和误报率来度量事件检测算法的效能；而用平均检测时间来反映算法的效率。这些指标之间的关系是相互依赖又相互矛盾的，任何一个指标不能单独使用来表示事件检测的效率和可靠性。所以检测算法的性能体现在对检测率、误报率以及平均检测时间三个方面来综合评估，没有必要特别强调哪一方面最优，在具体应用中，事件检测的逻辑机理决定了三者之间的平衡。

性能指标具体定义如下：

$$DR = \frac{DN}{AN} \times 100\% \qquad (10\text{-}41)$$

$$FAR = \frac{FN}{DN} \times 100\% \qquad (10\text{-}42)$$

$$MTTD = \frac{1}{n} \sum_{n}^{n} \left[TI(i) - AT(i) \right] \qquad (10\text{-}43)$$

式中：DN 为正确检测次数；AN 为实时数据库中的实际交通事件数；FN 为不正确的报警次

数；TI 为报警时间；AT 为事件发生的实际时间；n 为真实事件数，也有一些研究中直接用检测事件作为性能指标。

交通事件检测算法并不能全部检测出所有的交通事件，尤其是对车流影响并不明显的轻微交通事件，如提高交通事件的检测率，常常会伴随更多的误报次数。

交通事件误报率是因需求的变动而产生的，为了降低误报率，目前采用的方法是持续性测试(persistence test)，即在呈报交通事件之前，对此交通事件信号持续某一个时间段。由于一般产生误报率的交通状况并不会像真实事件所造成的交通状况那样持续较久。在算法中加以持续性测试，可以十分有效地降低误报率。

平均检测时间是交通事件实际发生时间与被检测到的时间之间的平均延误时间。平均检测时间在比较交通事件检测算法时，处于次要地位。由于平均检测时间的长短与算法参数的选择及门限值有密切关联。当算法在线运行时，其检测时间与网络传输资料的速度以及计算机远行的速度有关，而离线测试时仅与计算机的运行速度有关，通常计算机的运行时间相当短，对检测时间几乎没有影响。

3.事件检测模块具体实现

(1)算法基本原理

由于事件对交通流的作用是很突然的，当检测到现阶段交通流参数差值 $\Delta ST(t+k)$ 和过去阶段交通流参数差值 $\Delta ST(t)$ 之间有较大差别时，就可判断事件发生，计算如下：

$$\Delta ST(t+k) = ST_i(t+k) - ST_{i+1}(t+k) \tag{10-44}$$

$$\Delta ST(t) = ST_i(t) - ST_{i+1}(t) \tag{10-45}$$

$$\max ST(t) = \max\{ST_i(t), ST_{i+1}(t)\} \tag{10-46}$$

若 $\dfrac{\Delta ST(t+k)}{\max ST(t)} \geq T_c$，则存在拥挤；

若 $\dfrac{\Delta ST(t+k) - \Delta ST(t)}{\max ST(t)} \geq T_i$，则为偶发性拥挤，即事件发生。

(2)算法性能比较

由于动态交通数据的采集方法不同，相应的获取数据的特点也不尽相同，这样开发的检测算法也就无法进行平行的比较。考虑到应用最普遍的前端数据采集方法是环形感应线圈检测方式，目前的大多数检测算法也是在此基础上来对数据进行处理，算法的精度和可靠性也从一定程度上得到了证明。各种检测算法的性能在一些文献中有比较详细的分析和总结，在此只比较典型 AID 算法的性能，如表 10-9 所示。

到目前为止，已开发的高速公路事故检测算法中，并没有一种算法的成效完全优于其他算法，不同的算法只是在不同的情况下其性能优越。从总体上看，这些经典 AID 算法的判别效果还是比较有效的，最高的拥挤检测率只有 92%，其对应的误判率达到了 1.3% 以上；最低误判率虽然达到 0.0018%，但其检测率却只有 68%，因此，开发具有更高检测率、更低误报率的 AID 算法是非常有必要的。

表 10-9 检测算法性能的比较

算法	检测率（DR）/（%）	误报率（FAR）/（%）	平均检测时间（MTTD）/s
California	82	1.73	0.85
California #7	67	0.134	2.91
California #8	68	0.177	3.04
California 综合算法	86	0.05	2.5
McMaster 算法	68	0.0018	2.2
指数平滑算法	92	1.87	0.7
正态偏差法	92	1.3	1.1

（3）算法流程图

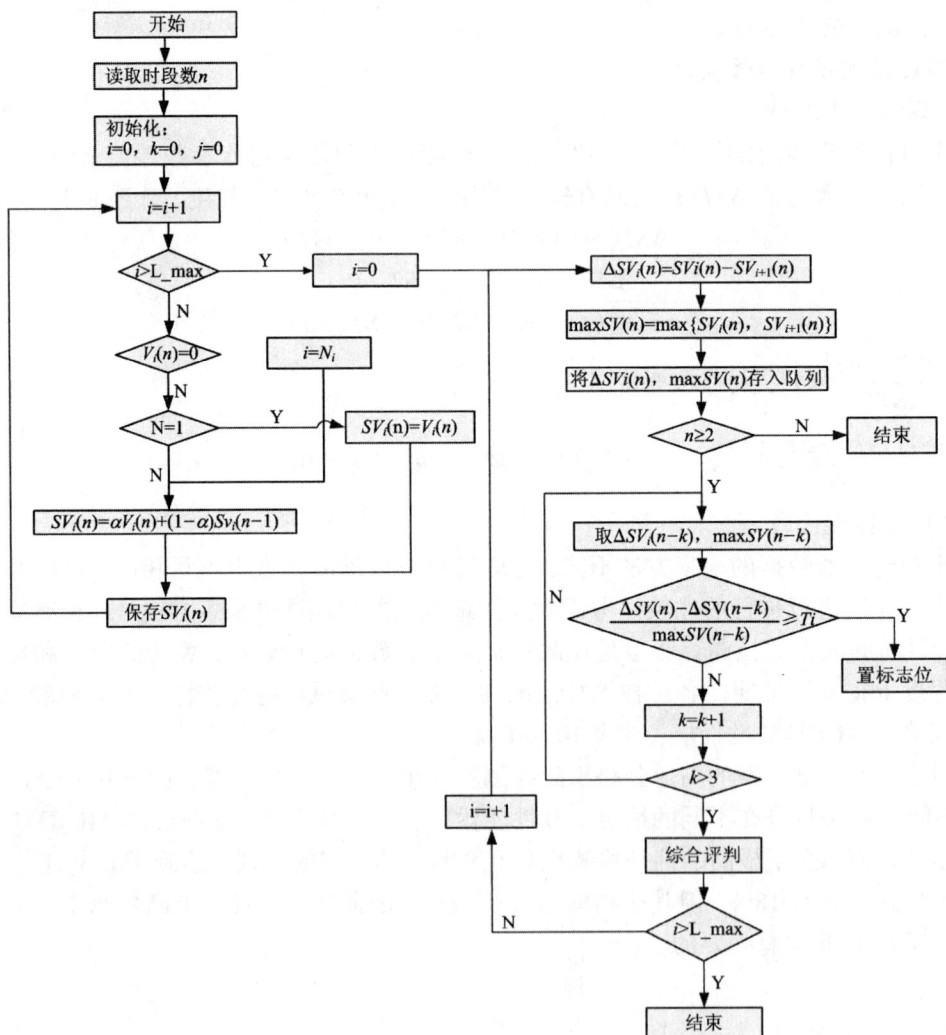

图 10-42 算法流程图

结合本研究的实际情况,选取各道路的平均速度作为各时段的交通流参数。为了降低事件检测的误报率,在基本的指数平滑的算法原理基础上,加入了多重数据判定,以及与历史数据的融合。具体算法如图 10-42 所示。

图 10-42 中, i 为道路数, n 为时段数, $V_i(n)$ 为第 i 个时段第 i 个道路平均速度, $SV_i(n)$ 为平滑后的速度, T_i 为判断事件的阈值。

10.5.5　道路服务水平的实时估计模块

城市道路交通服务水平能综合反映道路、道路使用者以及交通管理者三者之间协调性。然而已有对道路服务水平的研究,主要是用于道路的建设。而对于服务水平在交通管理及引导方面的应用研究还处于起步阶段。实时的评估城市道路的交通服务水平,能够动态地检测道路交通状况的变化,动态地提供丰富的实时交通信息,预测各个时段各个道路的道路交通服务水平,并通过城市交通引导系统将信息实时地传递给驾驶员,进而引导驾驶员合理选择驾驶路线,它是防止和减轻交通阻塞、减少车辆在道路上的逗留时间、并最终实现交通流在路网中各个道路上合理分配的有效手段。因此从交通系统的角度来研究道路交通服务水平是很有必要的。

1. 道路服务水平的应用背景

对城市道路交通参数检测与运用的研究是在交通检测技术及检测数据的基础上开展的。多年以来,此研究主要是集中在基于环形线圈的道路事件检测技术之上,应用交通流理论构建计算模型。由于是采用固定检测点测量数据进行间接的计算,计算结果常常不能反映出交通流的变化。近年来,随全球定位系统(GPS)在交通领域的使用,基于 GPS 的交通数据采集很快受到了国内外交通领域的重视,应用 GPS 进行数据采集、估计交通参数并实现交通引导也成为当前急需解决的研究课题。基于 GPS 浮动车的道路交通服务水平的实时评估技术研究就是在这一背景下提出和产生的。

基于 GPS 浮动车的道路交通服务水平的实时评估技术研究,具有重要的意义。主要体现在以下几个方面:

首先,是对现有道路交通服务水平评估的有力补充。在我国,对于城市道路的交通服务水平还没有形成统一的划分标准,目前的研究中评估的方法多种多样,考虑的因素也各不相同,主要集中在静态的道路交通服务水平评估上,对于实时的评估,几乎还未见成果;在国外,对于城市道路交通服务水平有一个划分标准,然而并不适用于我国国情,对实时的服务水平评估研究主要集中在道路交叉口,交叉口是反映城市道路的主要因素,但是仅仅依靠道路交叉口不能全面地反映道路的整体交通状况,因此对基于道路的道路交通服务水平的实时评估是对现有评估方式的必要补充。

其次,它为先进的道路交通管理体系奠定基础。一个好的道路交通管理系统需要实时全面的掌握道路交通状况的变化,然而现有的道路服务水平评估都是建立在固定的道路交通状态检测装置如环形线圈、摄像头、雷达检测器和微波检测设备基础上的,这种固定检测装置仅采集其邻近地段的交通数据,采集的数据包括检测点的车辆数、占有率、点平均速度、交通流量、道路图像信息等,总体上都是基于点测量的数据。而基于 GPS 的浮动车采集车辆随车流行驶的动态信息,包括精度、纬度、行驶车辆在定位时刻的瞬时速度及检测时间等,这些数据包含车辆位置分布和速度变化信息,蕴含了道路车流的变化特征和车辆运行的更多的时空关系,而且采集的范围可达到整个城市路网。从数据的采集方式上,基于 GPS 的浮动车为实现先进的道路交通管理体系奠定了基础,通过对实时的道路交通状况的分析,实时动态地评估当前的道路交通服务水平,从而实现交通引导。

再次,它可以为道路设计和道路规划提供参考。根据设计通行能力与设计小时交通量的对比,可计算所设计道路的技术等级及多车道道路的车道数,以及是否需要设置爬坡车道。另外,通过分析道路各组成部分的通行能力和服务水平,发现潜在的瓶颈道路,以改进设计,消除隐患。

GPS 道路移动检测技术及其应用是现代检测技术在交通领域的一个新的方向,它是智能交通领域的研究焦点之一。它综合了导航定位、交通工程、信号处理、估计理论、最优化技术、计算机科学以及人工智能等多个学科。建立一个新的基于 GPS 车辆采集数据的道路交通服务水平评价体系,是道路服务水平评估技术新的补充,可以推动目前的道路服务水平评估技术,为道路设计和规划提供参考,同时也为发展先进的交通引导系统奠定了基础。本研究也将改善我国城市道路交通检测设施不足、检测手段单一的现状,推动我国城市交通智能化的发展。

2. 道路服务水平的发展及其相关技术

美国根据平均运行速度、负荷系数、高峰小时系数、服务交通量与通行能力之比这四个参数将城市干线街道服务水平划分为 A 至 F 六级。A 级:自由交通量(畅通);B 级:稳定车流(稍有延误);C 级:稳定车流(能接受的延误);D 级:接近不稳定车流(能忍受的延误);E 级:不稳定车流(拥挤、不能忍受的延误);F 级:强制性车流(阻塞)。以上六级服务水平的描述是针对非中断性交通流的公路设施的。

美国的公路通行能力手册(HCM)将服务水平定义为衡量交通流运行条件以及驾驶员和乘客所感受的服务质量的一项指标,通常根据交通量、速度、行驶时间、驾驶自由度、交通间断、舒适和方便等指标来确定。将高速公路和一般公路的服务水平分为 A 至 F 六级。

其他对于服务水平的评估都是建立在 HCM 2000 基础之上的。主要的模型有以下几种:

(1)K-means 聚类和模糊聚类。它用来实时评估高速公路的服务水平,通过选取城市一高速公路主干道作为实验对象,通过车辆识别技术采集数据,采用重识别道路速度中值(RMSS)作为评价指标,将道路的服务水平划分为六级。

(2)模糊聚类。该方法用来评估道路信号交叉口的服务水平,通过采用道路使用者估计时延(user estimated delay)这个参数作为评价指标,将道路信号交叉口的服务水平分为六级。这个主要解决了 HCM 中服务水平划分的临界值问题。

我国公路服务水平现分为四级,一级相当于美国的 A 级,二级相当于美国的 B 级,三级相当于美国的 C、D 两级,四级的上半段相当于美国的 E 级,而四级的下半段则相当于美国的 F 级。国内主要的评价模型有以下四种。

1)模糊综合评判 1。该方法的主要步骤如下:

①建立因素集。"因素"是指人们考虑问题时的着眼点。因素集是影响评判对象的因素组成的集合,通常用 U 表示,即 $U=\{u_1(快捷性), u_2(舒适性), u_3(准点性), u_4(安全性)\}$。

②建立评价集 $V=\{$ I 级、II 级、III 级、IV 级$\}$。

(3)建立权重集。

运用 AHP(层次分析法)对因素集中的各因素的重要程度进行分析计算,得到权重集,

$W = (0.40, 0.14, 0.34, 0.12)$。

④根据交通调查数据整理得如下单因素模糊评判矩阵：

$$R = \begin{pmatrix} f(u_1) \\ f(u_2) \\ \vdots \\ f(u_m) \end{pmatrix} \begin{matrix} u_1 \\ u_2 \\ \vdots \\ u_m \end{matrix} = \begin{pmatrix} r_{11} & r_{12} & \cdots & r_{1n} \\ r_{21} & r_{22} & \cdots & r_{2n} \\ \vdots & \vdots & & \vdots \\ r_{m1} & r_{m2} & \cdots & r_{mn} \end{pmatrix}. \qquad (10\text{-}47)$$

⑤模糊综合评判：

$$R = \begin{pmatrix} B_1 \\ B_2 \\ B_3 \\ \vdots \\ B_l \end{pmatrix} = \begin{pmatrix} A_1 & R_1 \\ A_2 & R_2 \\ A_3 & R_3 \\ & \vdots \\ A_l & R_l \end{pmatrix}. \qquad (10\text{-}48)$$

⑥根据最大隶属度原则确定道路的服务水平等级。

若 $b_{j0} = \max\limits_{j} b_j$，则选第 j_0 评价等级为综合评判结果。

2）模糊综合评判 2。该方法的主要步骤如下：

①确定各级服务水平所代表的实际意义。

衡量道路服务水平的因素除了道路的物理特征外还有交通量、车辆行驶速度、交通混杂程度等。据有关规定，道路交通服务质量可分为六级：

甲级——行车舒适、通畅，可以按计算行车速度自由行驶。行车距离拉得很远，行车密度很稀。

乙级——行车密度有所增加，行车速度也有所限制，但车辆仍可舒适和自由地行驶。

丙级——行车密度进一步增加，车流容易受到某些因素的干扰，车辆有时必须减速通过。

丁级——丙级交通状态的进一步下降，行车密度有更多的增加，车速更不稳定。在这种交通状态下，交通量有可能达到最大值。

戊级——行车道上车辆密度很大，行车速度下降到不能容忍的低限，车流常发生拥挤堵塞。

己级——车流被堵塞，交通陷于停顿。从上述的道路服务等级及其相应的交通状态看，丙级以上的道路服务水平较高，交通状态良好，己级描述的交通状态，不一定经常出现，一般只在高交通量中发生；道路服务等级下降到丁级时就要着手考虑扩建改建计划，否则，就无法避免交通堵塞的被动局面发生。

②确定效果评定因子论域 U。

根据有关资料选择四个因子，分别是车辆运行速度、行车密度、交通混杂程度、实际交通量与最大可能交通量之比，记为 u_1, u_2, u_3, u_4，令 $U = \{u_1, u_2, u_3, u_4\}$。

③根据模糊数学基础理论与方法，结合城市道路交通状况，我们建立模糊推断模型如下：

效果等级论域 V 分别为甲、乙、丙、丁、戊、己六项道路服务等级，记为 v_1, v_2, v_3, v_4, v_5, v_6, $V=\{v_1, v_2, v_3, v_4, v_5, v_6\}$。

④对效果等级所起作用的大小权重，经专家调查法确定为 $\{0.28, 0.22, 0.15, 0.35\}$。

⑤根据交通调查数据整理得到如下单因素模糊评判矩阵。

⑥根据最大隶属度的原则确定道路的服务水平等级。

该评价方法的不足在于：虽然该方法选取的评价指标是微观道路的参数，但是现有的交通参数检测手段很难获得道路的行车密度、交通混杂程度以及实际交通量与最大可能交通量这些参数。即使采用一定的估计模型来获取这些参数，也无法避免产生较大的误差。

3) 灰色决策。灰色决策的基本原理和方法如下：

①邀请有关方面的专家组成评价小组。

②确定评价项目集 $F=(f_1, f_2, \cdots, f_n)$，对评审等级进行 V-U 模糊映射，将定性结论模糊化。

③收集专家对各事件、各项目的评审意见，组成评语集 A，求得模糊评定映射射集。

④把评定指标量化并建立比较矩阵 K，运用层次分析法构成判断矩阵 Q。Q 中元素 γ_{ij} 为：

$$\gamma_{ij} = \begin{cases} \dfrac{K_i - K_j}{K_{max} - K_{min}(b_m - 1) + 1} (K_i \geqslant K_j) \\ \dfrac{1}{\left[\dfrac{K_i - K_j}{K_{max} - K_{min}}(1 - b_m) + 1\right] (K_i < K_j)} \end{cases} \qquad (10\text{-}49)$$

式中：K_i、K_j 为比较矩阵中 i、j 对应的 K 值；b_m 为所有参评因素中最重要因素与最不重要因素的比值。并计算相应因素的权系数值：

$$W^{(k)} = \frac{R_i}{\sum R_i} \qquad (10\text{-}50)$$

⑤最后组成局势决策矩阵 $D^{(\Sigma)}$

$$\begin{cases} D^{(\Sigma)} = \dfrac{\gamma_{ij}^{(\Sigma)}}{S_{ij}} \\ \gamma_{ij}^{(\Sigma)} = \displaystyle\sum_{K=1}^{n} \gamma_{ij}^{(\Sigma)} W^{(K)} \end{cases} \qquad (10\text{-}51)$$

通过对决策矩阵 $D^{(\Sigma)}$ 的分析，取列局势中的最大值为评定结论。对于多层次结构，利用子决策矩阵构成一层结构的评定映射矩阵，再重复步骤④和⑤，直到顶层为止，最后按照列局势取其最大值作为评定结论。

例 对某二级公路服务水平分析的基础数据按表 10-10 中的影响因素，采用群体调查和专家评议方法进行归纳、整理(具体数据略)，即可应用灰色局势决策方法进行服务水平等级评定。其具体步骤如下：

①确定参评项目集，本例由两个层次组成，上目标层为道路状况 F_1、营运状况 F_2、道路设施 F_3、交通安全 F_4 构成的 $F=(F_1, F_2, F_3, F_4)$。其下又各分为视距 f_{11}、平面交叉 f_{12}、路面平整度 f_{13}、道路宽度 f_{14} 构成 $F_1=(f_{11}, f_{12}, f_{13}, f_{14})$；区间车速 f_{21}、延误 f_{22}、混合交通 f_{23}、

交通拥挤 f_{24} 构成 $F_2 = (f_{21}, f_{22}, f_{23}, f_{24})$；交通标志 f_{31}、路障 f_{32}、街道化程度 f_{33}、危险标志 f_{34} 构成 $F_3 = (f_{31}, f_{32}, f_{33}, f_{34})$；违章超车 f_{41}、会车、追尾 f_{42}、酒后开车、疲劳驾驶 f_{43}、行人与自行车违章 f_{44} 构成 $F_4 = (f_{41}, f_{42}, f_{43}, f_{44})$。评价尺度分为主要、较主要、一般、次要四个等级，构成评语集 V，同时确定评价集 $U = \{ \text{I} (U_1), \text{II} (U_2), \text{III} (U_3), \text{IV} (U_4) \}$，与服务水平等级想对应，例如较主要级在评价集内各等级上的模糊映射值为：

$$U = \{ \text{I} \quad \text{II} \quad \text{III} \quad \text{IV} \} = \{ 0.20 \quad 0.60 \quad 0.12 \quad 0.08 \} \tag{10-52}$$

使得唯一定性而又具有模糊性的评语在评价集内更加全面地反映评语质量，即优无全优，劣无全劣。V-U 模糊映射值如表 10-11 所示。

表 10-10　某二级公路服务水平分析的基础数据按表

道路状况	营运状况	道路设施	交通安全
视距	区间车速	交通标志	违章超车
平面交叉次数	延误	路障	会车、追尾
路面平整情况	混合交通	街道化程度	酒后开车、疲劳驾驶
道路宽度	交通拥挤	危险标志	行人与自行车违章

表 10-11　V-U 模糊映射值

映射值	I	II	III	IV
主要	0.60	0.20	0.12	0.08
较主要	0.20	0.60	0.12	0.08
一般	0.08	0.12	0.60	0.20
次要	0.08	0.12	0.20	0.60

②将评定结果组成定性评语集 (A_1, A_2, A_3, A_4)，并将各评语值进行模糊处理得到评定映射值，如

$$\gamma_{32}^{(3)} = 0.20 \times 0.3124 + 0.60 \times 0.3824 \times 0.12 \times 0.1764 + 0.2 \times 0.3098 = 0.31426$$

③由于评价项目对评价目标地影响不同，即各因素在评价中的权重系数不同，因此需进行量化，采用三标度法来确定比较矩阵中的值 K，其中：

$$K_{ij}^{(k)} = \begin{cases} 0 \ (i \text{ 因素不如 } j \text{ 因素重要}) \\ 1 \ (i \text{ 因素和 } j \text{ 因素重要性相同}) \ (k = 1, 2, 3, 4 \text{ 或 } k = 1, 2, 3) \\ 2 \ (i \text{ 因素不如 } j \text{ 因素重要}) \end{cases} \tag{10-53}$$

然后由比较矩阵按式(10-49)构造判断矩阵 Q，并计算相应的权系数值。如

$$W_1^{(3)} = \frac{R_3}{\sum R_i} = \frac{7.000}{16.999} = 0.412 \tag{10-54}$$

④由式(10-51)计算出相应因素的效果值，作为上目标层的评定映射值，重复上述步骤，分别得到服务水平评定映射值，比较矩阵及判断矩阵。如

$S_{23} = 0.20 \times 0.3124 + 0.60 \times 0.3824 \times 0.12 \times 0.1764 + 0.2 \times 0.3098 = 0.31426$

$$D^{(\Sigma)} = (0.390 \quad 0.295 \quad 0.116 \quad 0.199) \begin{bmatrix} 0.25775 & 0.35551 & 0.25187 & 0.14075 \\ 0.17091 & 0.24372 & 0.31342 & 0.27194 \\ 0.22900 & 0.30798 & 0.24629 & 0.21816 \\ 0.18910 & 0.23945 & 0.28736 & 0.28409 \end{bmatrix}$$

$$= (\frac{0.21514}{S_1} \quad \frac{0.29392}{S_2} \quad \frac{0.27644}{S_3} \quad \frac{0.21696}{S_4})$$

对总决策矩阵 $D^{(\Sigma)}$ 进行分析得到：行局势为 $S_2 = 0.29392$。因此该道路服务水平确定为 Ⅱ 级。

⑤结果分析：若只考虑道路状况四个因素，则该路的服务水平等级评定为 Ⅱ 级（S_{12} = 0.35551）；若只考虑运营状况四个因素，则为 Ⅲ 级水平（$S_{23} = 0.31342$）；若只考虑交通设施状况三个因素，则为 Ⅱ 级水平（$S_{32} = 0.30798$）；若只考虑交通安全状况四个因素，则为 Ⅲ 级水平（$S_{43} = 0.30798$）。

该评价方法需要对所评价道路的道路状况、营运状况、道路设施和交通安全条件了如指掌。而且模糊评定映射集依赖于人为评定。

4）灰色聚类法。在选取评价指标的过程中，该方法中选取了以下几条原则：

①实用性。

根据道路服务水平所处等级，可以判断车流运行状况的好坏，从而有针对性地采取管理和控制措施。因此，所选指标应当能在现场进行实测或评估，以增强其实用性和可操作性。

②可比性。

可比性原则反映了评价指标的敏感性程度。所选用的评价指标应具有较高的敏感性，能客观地反映出不同运行条件下的车流状态，从而为改善道路状况与提高管理水平提供决策支持。对于敏感性程度较低的评价指标，由于其前后变化以及在不同方案中的变化很小，对决策支持意义不大，所以在选用时应尽量避免。

③完备性。

完备性原则体现了评价指标所反映的交通运行状况的全面性。评价指标体系中各个评价指标所评价的内容应尽可能地涵盖快速路系统运行的各种属性，如快捷、舒适和安全等。

④可测性。

对于所选取的评价指标，必须能够通过某些直接或是间接的方法得到定量的值。所以在选择指标时应尽量选用可以进行定量计算的指标。

服务水平评价指标如下：

①交通压力。

以流体力学中有关流体压力的理论为基础，定义得出相对交通压力的表达式为：

$$P - P_1 = q(u_1 - u) \tag{10-55}$$

式中：P_1 为已知状态 1 的虚拟力；u_1 为已知状态 1 的车速，也是最大波速，$u_1 = m u_f$，m 为波速系数，u_f 为道路的设计车速。一般认为当 $u > 0.5 u_f$ 时，交通流状态处于非拥挤区；而当 $u < 0.5 u_f$ 时，交通流状态处于拥挤区[1~5]，因而在后面研究中将取 $m = 0.5$，则 $u_1 = 0.5 u_f$。

②无量纲交通压力。

由式（10-55）可以看出：当 $u > 0.5 u_f$ 时，相对压力是负的，并且速度越高，相对压力越小；速度一定时，流量越大，相对压力也越小。在 $u < 0.5 u_f$ 时，相对压力是正的，并且速度越

低,相对压力越大;速度一定时,流量越大,相对压力也越大。道路使用者主要依据速度判断服务等级,速度高服务等级也高;道路管理者希望在高速的同时流量大。因此,相对交通压力综合反映了道路使用者和管理者对服务水平的评价。从相对交通压力的正负可以直接判断交通流状态是处于拥挤区还是处于非拥挤区,但直接用相对交通压力评价服务水平将导致不同道路之间对比困难,将相对交通压力无量纲化可以解决这个问题。由相对交通压力和速度、密度之间的关系式推导出当 $u=u_f/6$, $k=2k_j/3$ 时,相对压力达到最大值:

$$(P-P_1)_{\max} = \frac{k_j u_f^2}{27} = \frac{8q_b u_f}{27} \qquad (10-56)$$

式中:q_b 为道路理论通行能力,$q_b=k_j m u_f/4$;k_j 为理论阻塞密度,$k_j=166.7$ pc/km/ln,m 与 u_f 的取值方法同上。实测的交通流参数离散度比较大,并且参数之间并不是一一对应的,所以用式(10-55)计算其相对压力,并将计算值与式(10-56)之比作为无量纲交通压力,即

$$\bar{p} = \frac{27}{16} \times \frac{q}{q_b} \times \left[1 - \frac{2u}{u_f}\right] \qquad (10-57)$$

满足极大值极性的无量纲交通压力在后面所运用的服务水平评价方法中要求评价指标值越大越好或越小越好,即评价指标的极性要统一。对于无量纲交通压力来说,其值越小越好,但因其值不全为正,因而需对其进行处理,使其指标值均大于 0。从所掌握的观测数据资料来看,无量纲交通压力均小于 1,所以将其极性极大值化可用式(10-58):

$$\bar{p}' = 1 - \bar{p} = 1 - \frac{27}{16} \times \frac{q}{q_b} \times \left[1 - \frac{2u}{u_f}\right] \qquad (10-58)$$

至此,我们得出进行基本道路服务水平评价的评价指标之一——满足极大值极性的无量纲交通压力 $\bar{p}'$。

③无量纲密度。

密度指某一段道路上瞬间所存在的车辆数,以不同车道每公里的当量小客车数(pc/km/ln)来表示。密度是表现道路拥挤状态的适当指标,但直接测量比较困难,一般通过计算得出。密度值 k 的计算采用式(10-59)。

$$k = qu \qquad (10-59)$$

式中:q 为实测小时交通量或小时流率,pc/h;u 为实测车辆空间平均车速,km/h。

在本研究中,为与我国的服务水平等级划分相一致,将快速路基本道路的服务水平等级划分为四级。一级服务水平为最好,在这种状态下,车流运行顺畅,属于稳态流,能够同时以较高速度和较大容量运行;二级服务水平次之,车流运行基本顺畅,状态还算稳定,但车流保持高速、大容量运行的能力有所下降,高速度的取得以流量降低为代价,相应地,流量的增加以速度降低为代价;三级服务水平下的交通量比较大,速度和驾驶自由度受到严格约束,驾驶员或乘客的舒适和便利程度低下,交通量有少数增加就会在运行方面出现问题;四级服务水平下的交通流处于不稳定流的范围内,交通流内部有小的扰动就将产生大的运行问题,甚至发生交通中断。

应用灰色聚类方法判定快速路系统基本道路服务水平的方法及主要步骤如下:

①给出进行服务水平评价的各指标值 d_{ij}。

以快速路系统中某一基本道路上各时段(可以 1 h、30 min、15 min、5 min 计)的服务水平为聚类单元,记为 i,$i=1$,2,…,N;以基本道路的各个服务水平评价指标为聚类指标,记

为 j, 则 $j=1$, 2(对应服务水平的 2 个评价指标), 则第 i 聚类单元所对应的第 j 项指标为 d_{ij}; 以道路所属服务水平等级划分聚类灰数, 并将其记为 k, 则 $k=1$, $k=2$, $k=3$, $k=4$, 分别代表服务水平的 4 个等级。

②确定灰类 k 的白化函数 $f_{jk}(d_{ij})$。

③标定聚类权 η_{jk}。

④确定各聚类指标所属各灰类的白化函数计算方法。

⑤求聚类系数 σ_{jk}。

⑥构造聚类行向量。

⑦对各时段的运行状况进行聚类以确定服务水平等级 σ。

综上所述的国内的评估方法都不具有实时性。

3. 道路服务水平实时评估模块的理论依据

城市道路服务水平是道路使用者从道路状况、交通条件、道路环境等方面可能得到的服务程度或服务质量。

道路条件: 是公路的几何特征。包括车道数, 车道、路肩和中央带等的宽度、侧向净宽、设计速度及平、纵线形和视距等。

交通条件: 是指交通特征。它包括交通流中的交通组成、交通量以及在不同车道中的交通量分布和上、下行方向的交通量分布。

控制条件: 是指交通控制设施的形式及其特定设计和交通规则。其中交通信号的设置地点、形式和预定时对通行能力的影响最大。

环境条件: 主要指横向干扰程度以及交通秩序等。对于混和交通的双车道和单车道公路, 一车道中所有车辆基本上不是以一列形式行驶, 各类车辆行驶的横向位置的范围有差异, 常交错行驶, 不宜应用理想条件, 故定出了可与之对比的基准条件。

服务水平通常由速度、交通密度、行驶自由度、交通中断状况、舒适和便利程度等来描述和衡量。由于以上诸因素相互间有程度不同的联系, 以及现在可用的资料不足, 不能同时用上述诸因素来衡量服务水平和划分服务水平等级, 而只能用与服务水平关系最密切、能总的代表其他因素的关键性参数来量度服务水平以及划分其等级。在该模块中, 采用设计速度和道路平均速度这两个关键参数来实时评估道路的交通服务水平。

实时的道路平均速度能够很好地反映当前道路的车流行驶状况。对于道路上出现异常交通状态, 通过道路平均速度这个参数也可以反映出来。GPS 检测数据包括行驶车辆在定位时刻的瞬时速度, 速度是动态交通流参数中反应最为敏感的一个参数, 速度的变化体现了道路车流的变化。因此, 当道路有事件发生时, 道路的每一方向的车流变化就会通过被采样车辆速度的变化所体现, 根据此数据得到的道路平均速度估计也就体现了这一变化, 能够反映道路事件发生时的交通服务水平状态。

设计速度能够体现道路特征, 如车道数、车道宽度、分割带的设置情况、横断面的采用形式等。因此, 同时考虑设计速度和道路平均速度这两个参数是合理的。

4. 道路服务水平实时评估模块的具体设计

（1）本算法基本原理

根据道路在城市总体布局中的位置和作用，我国国家标准对城市道路按城市骨架分为四类：

Ⅰ快速路：快速路又称城市快速干道，是为城市中大量、长距离、快速度的交通服务，属城市交通主干道。

Ⅱ主干路：主干路又称城市主干道，是城市中主要的常速交通道路，主要为相邻组团之间和与中心区的中距离运输服务，是联系城市各组团及城市对外交通枢纽联系的主要通道。

Ⅲ次干路：次干路是城市各组团内的主要干道，与主干路结合组成城市干道网，起连结的作用。

Ⅳ支路：支路又称城市一般道路或地方性道路，应为次干路与相邻道路与小区的连接线，解决局部地区交通，以及服务功能为主。

除了快速外，各类道路按所在城市的规模，设计交通量、地形等分为Ⅰ、Ⅱ、Ⅲ级。大城市应采用各类道路中的Ⅰ级标准，中等城市应采用Ⅱ级标准，小城市应采用Ⅲ级标准，各类各级城市道路技术指标见表 10-12。重庆市作为大城市，选用道路标准的一级标准。

表 10-12　各级城市道路技术指标

项目 类别	级别	设计速度/ (km·h⁻¹)	双向机动车 道数/条	每条机动车 道宽度/m	分割带 设置	横断面采用形式
快速路		80~60	≥4	3.75	必须设	双、四幅
主干路	Ⅰ	60，50	≥4	3.75	应设	单、双、三、四
	Ⅱ	50，40	3~4	3.75	应设	单、双、三
	Ⅲ	40，30	2~4	3.75~3.5	可设	单、双、三
次干路	Ⅰ	50，40	2~4	3.75	可设	单、双、三
	Ⅱ	40，30	2~4	3.75~3.5	不设	单
	Ⅲ	30，20	2	3.5	不设	单
支路	Ⅰ	40，30	2	3.5	不设	单
	Ⅱ	30，20	2	3.5	不设	单
	Ⅲ	20	2	3.5	不设	单

城市道路基本道路服务水平分级表如表 10-13 所示。

表 10-13　城市道路基本道路服务水平分级表　　　　　　（单位：km/h）

服务水平等级	快速路	主 干 路			次 干 路			支 路		
	设计速度 60~80	设计速度 40	设计速度 50	设计速度 60	设计速度 30	设计速度 40	设计速度 50	设计速度 20	设计速度 30	设计速度 40
	AV	AV	AV	AV	AV	AV	AV	AV	AV	AV
一级	≥60	≥30	≥40	≥50	≥30	≥32	≥40	≥20	≥30	≥32
二级	≥45	≥20	≥30	≥35	≥20	≥22	≥30	≥15	≥20	≥22
三级	≥20	≥10	≥15	≥15	≥10	≥12	≥15	≥10	≥10	≥12
四级	<20	<10	<15	<15	<10	<12	<15	<10	<10	<10

　　表 10-13 中，设计速度和 AV 均采用 km/h 为单位，AV 代表道路平均速度。以上道路平均速度临界值的确定，参考现行《交通工程手册》中的高速公路基本道路服务水平分级表，不控制进入的多车道公路道路服务水平表，一般双车道公路道路服务水平表等。

　　（2）算法程序流程图

　　道路服务水平实时评估模块的算法流程如图 10-43 所示。其中：0 代表异常状态；1 级代表车辆能够自由顺畅的行驶，使用者不受或基本不受交通流中其他车辆的影响，驾驶自由度大；2 级代表车辆行驶比较自由顺畅，开始易受其他车辆的影响，驾驶自由度有所下降；3 级代表车辆行驶不顺畅，速度受到其他车辆的影响，在这一服务水平下限，速度和驾驶自由度受到严格约束；4 级代表车辆不能自由行驶，常以低速行驶，当接近这一服务水平下限时，经常发生堵车事件，车辆经常排成长队，跟着前面的车辆停停走走，极不稳定。

　　（3）算法性能比较

　　相对于其他的服务水平评价方法而言，本设计的优越性体现在以下两个方面：

　　①该设计中的服务水平评价是实时的，交通引导性质的。在该设计中，采用的主要参数之一——道路平均速度是实时更新的。而在其他的服务水平评价模型中，如在第一种模糊综合评判方法中，数据的来源主要是通过交通抽样调查，工作量大且有限次的交通调查不能体现实时的道路状况的变化，因此它是没有实时性的。在第二种模糊综合评判方法中，现有的交通参数检测手段很难获得道路的行车密度、交通混杂程度以及实际交通量与最大可能交通量这些参数。

　　②该设计适合于工程实现。选用的参数，设计速度和道路平均速度这两个参数是参考现行的《交通工程手册》中高速公路基本道路服务水平分级表、不控制进入的多车道公路道路服务水平表以及一般双车道公路道路服务水平表。而其他的算法模型很难运用于实际的工程中。第一种方法选取方便性、快捷性、准点性、通畅性、舒适性、经济性、安全性作为评价指

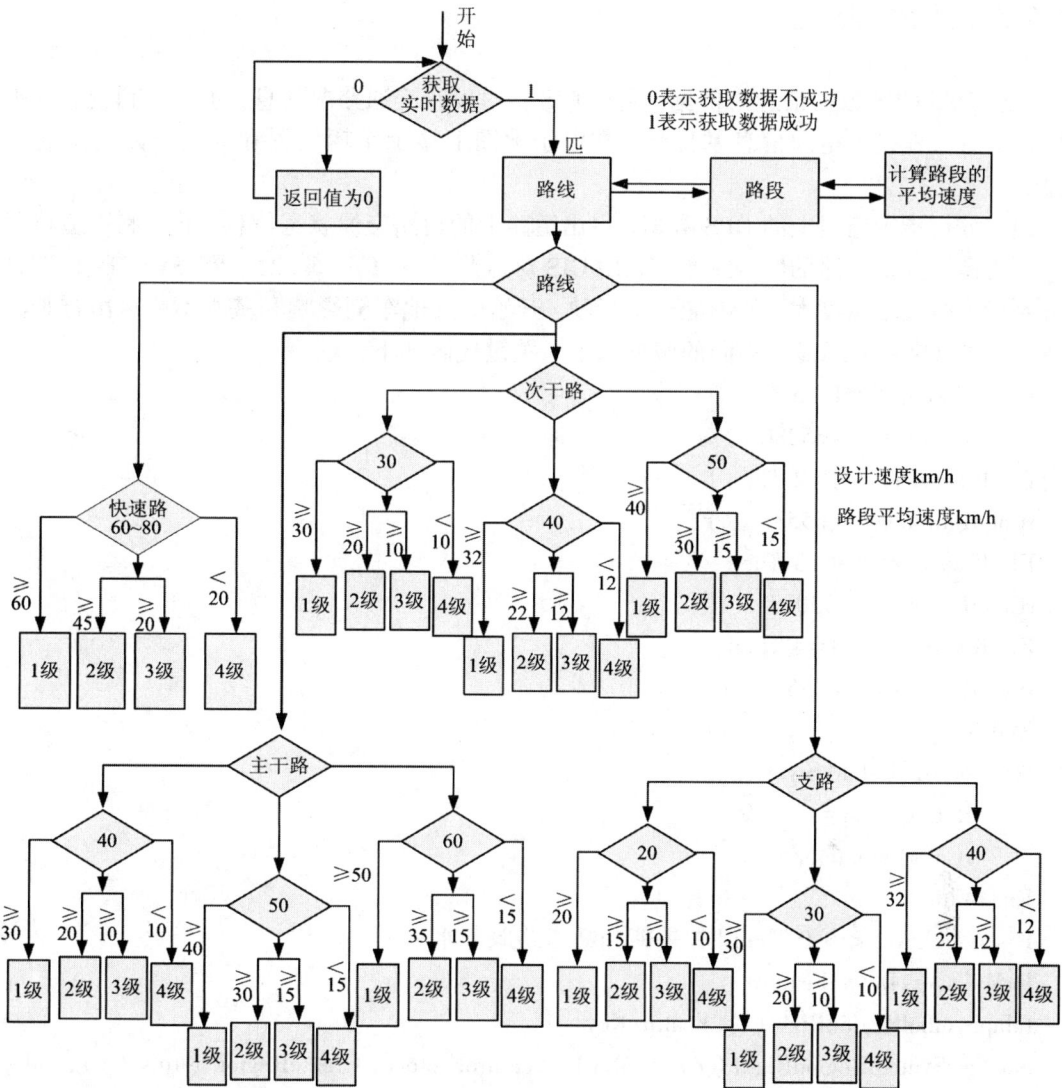

图 10-43　算法流程图

标，这些指标过于宏观，各指标没有映射到具体道路的交通参数上来，另一方面各指标权值的确定带有很强的主观性。第二种方法中利用现有的交通检测手段很难获取道路的行车密度、交通混杂程度以及实际交通量与最大可能交通量这些参数。第三种方法选用道路状况（视距、平面交叉次数、路面平整情况、道路宽度）、营运状况（区间车速、交通拥挤、混和交通、延误）、道路设施（交通标志、危险标志、路障、街道化程度）、交通安全（违章超速、回车追尾、酒后开车、疲劳驾驶、行人与自行车违章）作为参评项目集，此评价方法需要对所评价道路的道路状况、营运状况、道路设施和交通安全条件了如指掌，然而这些参数的获取具有很大的困难而且模糊评定映射射集依赖于人为评定。

10.5.6 显示模块

以公交车 GPS 数据信息为依据，利用 GIS 实时发布交通路况信息，主要是利用 GIS 平台可以比较直观地显示空间信息的优势，在电子地图上显示车辆位置和固定道路的交通状态信息。

通过分析指定道路上的 GPS 数据，得出道路上的道路交通状态信息，然后利用道路服务水平评价模块评价道路的服务水平，利用 GIS 对道路以绿(1)、黄(2)、橙(3)、红(4)四种颜色分别代表行驶自由度大、基本能自由行驶、开始受其他车辆影响和基本不能自由行驶四级服务水平，以染色方式显示不同的服务水平。关键代码如下：

```
If serviceLevel = 1 Then
rColorParameter = 65280   '绿
ElseIf serviceLevel = 2 Then
rColorParameter = 65535   '黄
ElseIf serviceLevel = 3 Then
rColorParameter = 33023   '橙
ElseIf serviceLevel = 4 Then
rColorParameter = 255   '红
End If
With Map1. DefaultStyle
    RegionColor =
    rColorParameter
End With
If serviceLevel < > 0 Then '如果能判断道路服务水平
lyrMyLayer. DeleteFeature
fMapSymbolRegionRight(i). FeatureKey
SetfNewSymbolRegionRight ( i ) = Map1. FeatureFactory. CreateRegion ( rpts ( i ), Map1. DefaultStyle)
SetfMapSymbolRegionRight(i) = lyrMyLayer. AddFeature(fNewSymbolRegionRight(i))
End if
```

其中 serviceLevel 代表道路服务水平评价模块对道路交通状态的评价结果。若其值不为 0，说明对道路服务水平评价成功，根据其值确定染色的颜色。

对道路的染色实际是对区域的染色。系统首先将各个道路的边界点写成特定资源文件，在系统启动时一次性读入内存中。由 points 集合数组 rpts(i) 获得各个边界点位置坐标。在染色时，取出相应区域坐标染色即可。事件检测结果发布原理与道路服务水平结果发布相似。

10.6　系统实现及测试结果

10.6.1　系统模拟环境的实现

为测试系统性能，模拟实际的系统工作环境并对系统进行实际数据的测试，如图 10-44 所示。

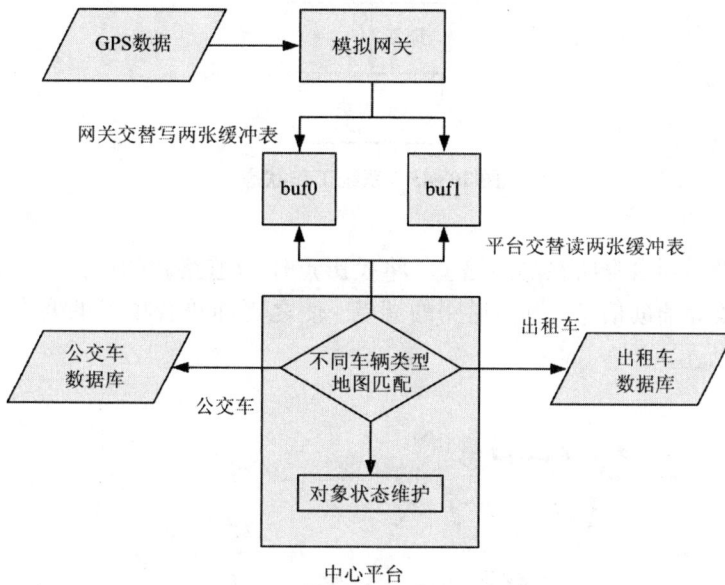

图 10-44　模拟工作环境

系统将获得的实际数据存储于 GPS 数据库。利用模拟网关模拟实际工作环境中的 GPS 短信网关，不断从 GPS 数据库取得 GPS 数据并放入缓冲表 buf0 和 buf1 中。系统则不断地读取缓冲表 buf0 和 buf1 中的 GPS 数据，并对不同类型的浮动车 GPS 数据分类处理。

图 10-45 显示了系统在对道路的交通状态进行分析时的工作状态。当到达时段时间长度规定时，定时器给中心平台发出信号。中心平台获得信号后，分别从出租车和公交车数据库提取出已经匹配过后的数据。对这些数据利用第 4 章所述算法计算车辆的平均速度，系统进行事件检测，并将结果传递给道路平均速度估计模块。该模块利用车辆空间平均速度和数据融合计算出道路的平均速度后，将其返回给系统。系统再将该值转发给道路服务水平进行评价。道路服务水平评价模块将评价结果返回给系统后，系统将结果传递给 GIS 模块，用 GIS 模块发布道路交通状态信息。

10.6.2　道路分段实现

本项目以公交车浮动车数据作为道路交通状态估计的依据，所以道路分段必须结合研究区域道路属性与公交车的特点作为依据。通过采集红绿灯、交叉口以及公交车站的位置信

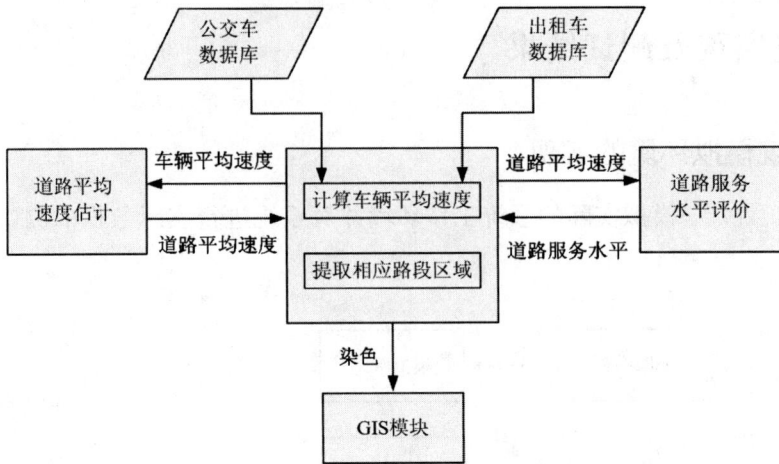

图 10-45　系统工作状态

息，并将它们的投影到自身所在的道路上，将投影点作为道路新的端点，同时考虑分段后道路的坡度、车道数等辅助信息，调整道路的端点，使之更加符合项目的要求。分段后的道路图层如图 10-46 所示。

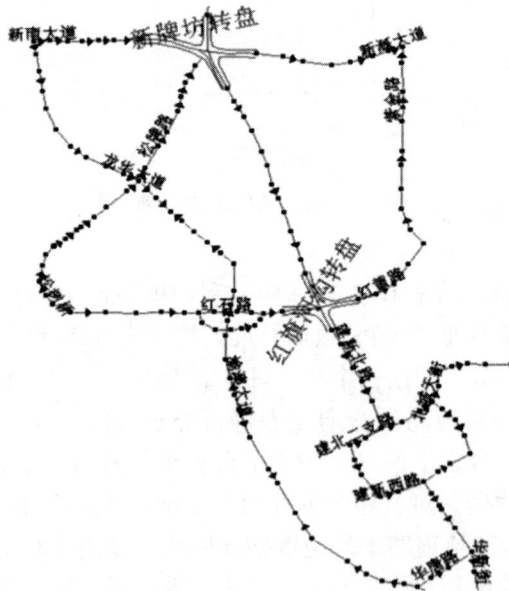

图 10-46　分段后的道路图层

10.6.3　车辆地图匹配的实现

1. 地图匹配结果分析

从数据库中提取出 3071 个 GPS 原始数据，采用本书所提出的匹配算法对其匹配，如图 10-47 (a)所示，当直线段区域的宽度为 40 m 时有 65 个定位点位于直线段区域外(即 65 个定位点不能够判断出所属的路段及直线段)，如图 10-47(b)所示，当直线段区域的宽度为 80 m 时只有 4 个定位点位于直线段区域外(即 4 个定位点不能够判断所属的路段及直线段)，由此可见，该匹配算法在现有实验数据条件下，精度很高，当直线段区域的宽度为 40 m 时达到了 97.88%，当直线段区域的宽度为 80 m 时达到了 99.87%。当匹配精度为 85%以上时，用 16163 条实验数据对垂直投影算法和本算法进行效率对比实验，结果显示前者处理时间为 61.95300 s，后者处理时间为 47.10899 s，效率提高了 23.96%(Intel Pentium 4 CPU 2.66GHz，512MB 内存)。

(a)　　(b)

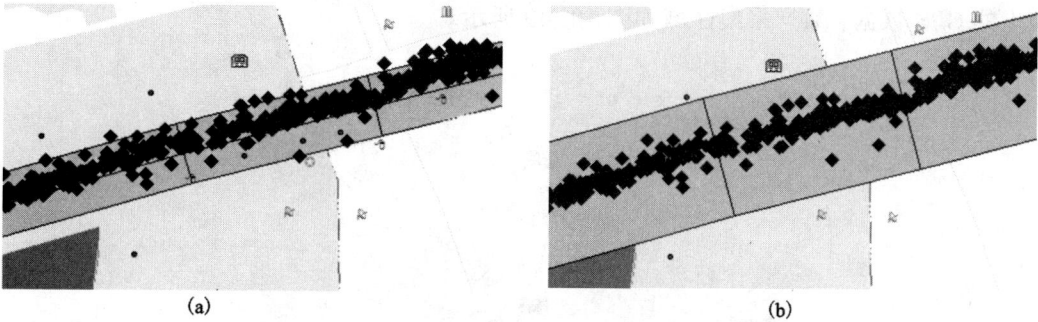

图 10-47　基于地图预处理的地图匹配算法匹配结果

2. 车辆行驶方向判断结果分析

从数据库中提取出公交车的 3071 个 GPS 原始数据，采用本书所提出的车辆行驶方向判断方法判断行驶方向，该方法是建立在本书所提地图匹配算法基础上的，在地图匹配结果上添加一个字段存放行驶方向判断结果，如图 10-48 所示，RoadLSID 列存放的是车辆所匹配的直线段编号，RoadSectionID 列存放的是车辆所匹配的路段编号，DirectionFlag 列存放的是车辆行驶方向判断结果(“1”表示车辆行驶方向与路段方向一致，“2”表示车辆行驶方向与路段方向相反)，判断结果可以用 RoadSectionID 列和 RoadLSID 列共同来验证。本书对公交车的行驶方向进行了判断，并对结果进行了分析，现有 3071 条实验数据的方向判断完全正确，准确度 100%。

IpAddress	Time	Longitude	Latitude	Velocity	TeamNo	Angle	R_Angle	RoadLSID	RoadSectionID	DirectionFlag
232.57.85.97	2009-3-10 9:16:	106.53883	29.56452	32	818	295	112	5	12	2
237.117.177.188	2009-3-10 9:16:	106.53788	29.56467	35	461	292	114	4	12	2
237.117.177.188	2009-3-10 9:17:	106.53532	29.56572	38	461	293	114	2	12	2
231.123.201.64	2009-3-10 9:17:	106.52628	29.58057	13	115	314	157	1	57	2
237.117.201.238	2009-3-10 9:17:	106.52713	29.58885	31	471	285	297	3	56	1
237.116.155.83	2009-3-10 9:17:	106.50502	29.58705	36	133	358	330	2	41	1
232.57.87.136	2009-3-10 9:17:	106.5083	29.58572	16	818	253	88	1	42	2
205.195.7.123	2009-3-10 9:17:	106.51165	29.5942	0	881	314	138	1	38	2
237.118.49.242	2009-3-10 9:17:	106.50892	29.58587	19	872	87	89	2	42	1
238.52.117.223	2009-3-10 9:17:	106.51998	29.5858	5	801	277	84	1	16	2
237.116.136.207	2009-3-10 9:17:	106.52603	29.57567	27	135	144	141	3	5	1
205.195.28.236	2009-3-10 9:17:	106.5072	29.6036	39	859	268	90	2	23	2
237.116.132.70	2009-3-10 9:17:	106.5118	29.59415	1	166	304	138	1	38	2
238.47.221.241	2009-3-10 9:17:	106.5344	29.56618	35	138	310	125	1	12	2
237.117.156.136	2009-3-10 9:17:	106.53618	29.56538	42	416	293	114	2	12	2
237.118.121.53	2009-3-10 9:17:	106.5331	29.57745	7	118	330	163	2	19	2
237.116.78.107	2009-3-10 9:17:	106.5167	29.58598	0	132	271	94	4	1	2
237.116.124.202	2009-3-10 9:18:	106.51593	29.6051	31	125	185	5	1	17	2
237.116.132.93	2009-3-10 9:18:	106.50978	29.5934	0	133	24	50	4	40	1
237.118.25.226	2009-3-10 9:18:	106.52637	29.58112	35	872	154	157	1	57	1
186.38.180.23	2009-3-10 9:18:	106.53603	29.56328	13	115	112	117	2	8	1
237.118.50.52	2009-3-10 9:18:	106.52665	29.57963	31	863	152	163	2	57	1
237.116.157.60	2009-3-10 9:18:	106.53488	29.56372	12	114	119	126	1	8	1
232.57.84.234	2009-3-10 9:18:	106.51507	29.60168	0	809	37	30	1	31	1
238.47.224.197	2009-3-10 9:18:	106.52747	29.569	0	168	277	276	2	56	1
237.117.164.184	2009-3-10 9:18:	106.5262	29.58142	11	426	325	157	1	57	2
237.118.127.82	2009-3-10 9:18:	106.52945	29.57928	33	128	233	56	2	7	2
237.116.157.60	2009-3-10 9:18:	106.53528	29.56352	18	114	113	126	1	8	1
237.117.145.148	2009-3-10 9:18:	106.53325	29.56802	0	466	222	185	2	11	1
238.52.128.223	2009-3-10 9:18:	106.50958	29.59317	16	815	65	50	4	40	1
238.47.221.21	2009-3-10 9:18:	106.53333	29.56765	0	138	193	185	2	11	1
237.116.155.83	2009-3-10 9:18:	106.50648	29.591	28	133	22	48	1	40	1
205.205.165.41	2009-3-10 9:18:	106.52632	29.6021	38	821	68	73	2	48	1
237.118.123.236	2009-3-10 9:18:	106.5364	29.56327	5	118	109	113	3	8	1
186.37.126.232	2009-3-10 9:18:	106.50913	29.59547	35	861	297	117	4	59	2
237.116.133.195	2009-3-10 9:18:	106.51177	29.59412	0	117	317	138	1	38	2
237.116.77.130	2009-3-10 9:18:	106.5263	29.58063	7	139	299	157	1	57	2

图 10-48　车辆行驶方向判断结果

10.6.4　道路平均速度估计结果

1. 充分数据路段平均速度估计实验结果及分析比较

（1）实验数据

目前，重庆市公交集团正在大力开展车载 GPS 的普及工作，主城区数千辆公交车已安装 GPS 装置，且所获得的 GPS 信息能实时传送至监控中心，这为本实验的进行提供了良好的条件。本实验采用的数据为 2014 年 5 月 28 号上午 7:42—9:21 时间段内重庆市江北区观音桥环道上的 GPS 数据，数据采集区域如图 10-49 所示。

图 10-49　GPS 数据采集区域

图 10-49 中，路段号分别为 1、2 和 3，圆表示车站区域，紫色旗帜表示信号灯，黑色旗帜表示路段端点。路段 2 中有车站和信号灯重叠区域，路段 3 中有车站区域。地图匹配后的 GPS 数据包含了车辆 ID、时间、经度、纬度和瞬时速度等信息，如图 10-50 所示。

IpAddress	Time	Longitude	Latitude	Velocity	TeamNo	Angle	R_Angle	RoadISID	RoadSectionID	DirectionFlag
237.117.160.95	2008-5-28 7:43:47	106.52628	29.575	23	471	141	141	3	5	1
232.57.86.80	2008-5-28 7:43:50	106.52588	29.57548	24	812	142	141	3	5	1
237.118.103.243	2008-5-28 7:43:53	106.52537	29.57653	0	128	156	159	2	5	1
237.118.22.234	2008-5-28 7:43:54	106.52525	29.57668	6	866	158	165	1	5	1
237.117.222.178	2008-5-28 7:43:55	106.52543	29.57633	1	405	165	159	2	5	1
238.52.128.223	2008-5-28 7:43:55	106.52533	29.57643	0	815	156	159	2	5	1
237.117.160.95	2008-5-28 7:43:57	106.52672	29.5745	23	471	136	141	3	5	1
216.176.114.213	2008-5-28 7:43:57	106.52553	29.5771	27	820	181	165	1	5	1
237.116.77.206	2008-5-28 7:43:59	106.52533	29.57672	17	132	175	165	1	5	1
237.117.207.6	2008-5-28 7:43:59	106.52665	29.57462	24	465	135	141	3	5	1
237.116.77.206	2008-5-28 7:43:59	106.52533	29.57672	17	132	175	165	1	5	1
237.117.207.6	2008-5-28 7:43:59	106.52665	29.57462	24	465	135	141	3	5	1
232.57.86.80	2008-5-28 7:44:00	106.52645	29.57487	33	812	142	141	3	5	1
232.57.86.80	2008-5-28 7:44:00	106.52645	29.57487	33	812	142	141	3	5	1
232.57.88.182	2008-5-28 7:44:01	106.52612	29.57513	29	818	143	141	3	5	1
232.57.88.182	2008-5-28 7:44:01	106.52612	29.57513	29	818	143	141	3	5	1
237.116.143.113	2008-5-28 7:44:12	106.52525	29.57687	15	112	193	165	1	5	1
216.176.114.213	2008-5-28 7:44:13	106.52537	29.57627	19	820	180	159	2	5	1

图 10-50　GPS 数据示例

本实验的参考数据为对应时段的实际数据，采用车辆牌照法进行实际数据的采集。具体过程为以两人为一小组，观测点设在路段端点处，分时段记下通过观测点的全部浮动车的牌照和经过时刻，然后对各调查点记录进行汇总校对。凡是第一次记录牌照的地点是该车起点，最后一次记录牌照的地点是该车的讫点。

（2）实验步骤

本书实验中，GPS 数据采样时间为 30 s，系统每 3 min 计算一次平均速度。实验步骤如下：

①选择可用充分数据路段平均速度估计模型估计的时间段。本书实验将一日分为 480 个时段，即令每 3 min 为一个时段，00:00:00~00:02:59 为第一个时段，依此类推。通过对一个时间段内待计算路段上的浮动车数量 n 和 GPS 数据量 N 的判断，确定本次计算是否可用充分数据路段平均速度估计模型。

首先进行浮动车数量 n 的判断，在 85% 的置信度水平下，道路平均速度估计误差不超过 8.0 km/h，并且样本速度标准差为 8.0 km/h 的情况下，得到浮动车的样本数量为 6。

根据 n 值和多次试验结果，确定 $a_1 \sim a_4$，$b_1 \sim b_4$ 的值，取 $[a_1, a_2, a_3, a_4, b_1, b_2, b_3, b_4]$ = $[3, 5, 6, 8, 6, 10, 12, 16]$，运用模糊综合评判方法确定数据量的级别，从而得到可用充分数据路段平均速度估计模型估计的时间段。

②得到本书模型的实验结果。通过单车区间速度算法、多车区间速度算法、多车瞬时速度算法以及路段平均速度融合算法计算得到模型估计结果。

③与速度积分模型进行比较。使用速度积分模型估计路段平均速度，与本书模型结果进行比较分析。

（3）实验结果及对比分析

实验对图 10-49 中所示 3 个路段进行路段平均速度的估计，设某一时段路段 i 的平均速度估计值为 $V_e(i, t)$，速度积分模型的估计结果为 $V_b(i, t)$，实际平均速度为 $V_r(i, t)$，为了对模型进行比较，在此引入性能指标绝对相对误差 ARE，本书模型的绝对相对误差用 ARE_e 表示，速度积分模型的绝对相对误差用 ARE_b 表示。

$$ARE_e = \left| \frac{V_e(i, t) - V_r(i, t)}{V_r(i, t)} \right| \times 100\% \tag{10-60}$$

$$ARE_b = \left| \frac{V_b(i, t) - V_r(i, t)}{V_r(i, t)} \right| \times 100\% \tag{10-61}$$

①路段 1 段长 $L_1 = 229.9$ m，路段中没有车站和信号灯。实验结果如表 10-14 所示。

表 10-14　路段 1 平均速度估计结果与误差统计表

时间段	$V_r(i,t)$ /(km·h⁻¹)	$V_e(i, t)$ /(km·h⁻¹)	ARE_e	$V_b(i, t)$ /(km·h⁻¹)	ARE_b
158	49.56	45.34	8.51%	38.67	21.97%
159	36.98	34.76	6.00%	31.92	13.68%
161	35.23	34.39	2.38%	33.21	5.73%
162	41.32	39.22	5.08%	47.08	13.94%
163	33.96	35.57	4.74%	35.49	4.51%
164	39.01	37.93	2.77%	36.76	5.77%
165	52.21	46.85	10.27%	42.9	17.83%

续表 10-14

时间段	$V_r(i,t)$ /(km·h^{-1})	$V_e(i,t)$ /(km·h^{-1})	ARE_e	$V_b(i,t)$ /(km·h^{-1})	ARE_b
166	36.07	38.18	5.85%	32.48	9.95%
167	34.57	34.20	1.07%	36.95	6.88%
168	30.19	31.53	4.44%	33.57	11.20%
169	29.68	30.14	1.55%	25.84	12.94%
170	29.51	28.87	2.17%	26.09	11.59%
172	41.41	37.12	10.36%	35.15	15.12%
173	28.56	29.43	3.05%	26.41	7.53%
174	33.37	32.50	2.61%	29.43	11.81%
175	34.10	33.75	1.03%	31.87	6.54%
176	35.91	34.04	5.21%	29.02	19.19%
177	36.06	34.62	3.99%	31.35	13.06%
178	31.81	32.48	2.11%	28.46	10.53%
179	32.24	32.03	0.65%	36.7	13.83%
180	36.38	33.94	6.71%	33.28	8.52%
181	34.72	34.32	1.15%	30.01	13.57%
182	36.98	35.71	3.43%	32.89	11.06%
183	35.68	33.89	5.02%	31.43	11.91%

表 10-14 中列出了当路段中没有车站和信号灯时满足充分数据估计模型要求的各时段的路段平均速度真实值、本模型与速度积分模型的估计值以及两模型估计结果的绝对相对误差。从表中数据可知，本模型的估计值的绝对相对误差都小于 11%，即估计精度大于 89%，大于速度积分模型的估计精度。

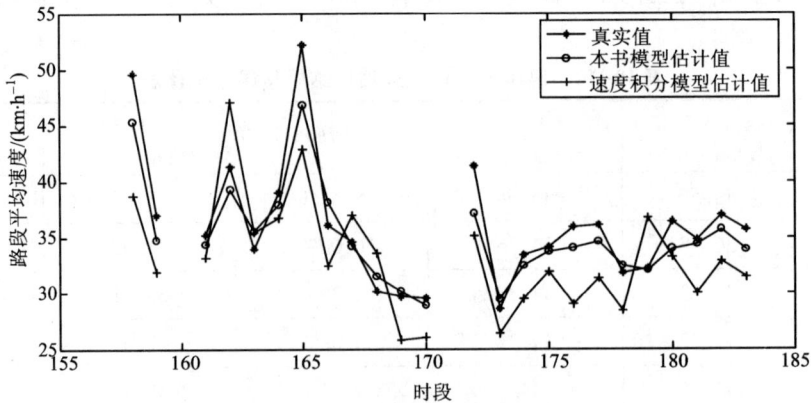

图 10-51　路段平均速度估计曲线

图 10-51 是本模型与速度积分模型的估计值与真实值的对比曲线, 图 10-52 是此处提出的模型和速度积分模型的绝对相对误差值分布对比图, 通过对比可知, 本模型的估计曲线比速度积分模型的估计曲线更接近实际速度曲线, 绝对相对误差值相对较小, 估计值更接近于真实值。

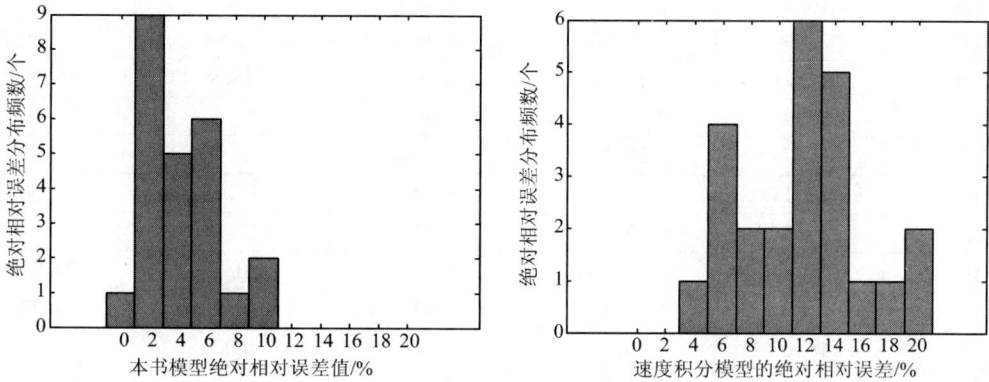

图 10-52　绝对相对误差分布对比图

②路段 2 段长 $L_2 = 421.2$ m, 路段中有一个车站和信号灯, 且车站区域和信号灯区域部分重叠, 默认停站时间为 60 s, 信号灯一个周期内红灯 25 s, 绿灯 75 s, 绿信比为 0.75。实验结果如表 10-15 所示。

表 10-15　路段 2 平均速度估计结果与误差统计表

时间段	$V_r(i,t)/$ $(km \cdot h^{-1})$	$V_e(i,t)/$ $(km \cdot h^{-1})$	ARE_e	$V_b(i,t)/$ $(km \cdot h^{-1})$	ARE_b
158	18.81	19.63	4.36%	21.24	12.92%
159	21.33	18.96	11.11%	24.69	15.75%
160	20.54	20.04	2.43%	24.07	17.19%
161	19.93	18.71	6.12%	23.42	17.51%
162	21.64	23.58	8.96%	25.43	17.51%
164	23.52	22.10	6.04%	27.98	18.96%
165	11.15	13.06	17.13%	12.85	15.25%
166	14	12.79	8.64%	17.13	22.36%
167	13.68	12.58	8.04%	17.09	24.93%
168	18.23	15.57	14.59%	16.5	9.49%
169	14.27	14.13	0.98%	17.05	19.48%
170	14.66	15.26	4.09%	16.88	15.14%
171	16.13	15.87	1.61%	18.91	17.23%

续表 10-15

时间段	$V_r(i,t)/$ $(\mathrm{km \cdot h^{-1}})$	$V_e(i,t)/$ $(\mathrm{km \cdot h^{-1}})$	ARE_e	$V_b(i,t)/$ $(\mathrm{km \cdot h^{-1}})$	ARE_b
172	14.29	13.95	2.38%	17.64	23.44%
173	22.22	20.14	9.36%	25.1	12.96%
174	16.24	16.80	3.45%	19.57	20.50%
175	29.00	28.03	3.34%	32.94	13.59%
176	16.21	13.86	14.50%	18.9	16.59%
177	15.00	13.98	6.80%	17.34	15.60%
178	19.77	20.27	2.53%	22.16	12.09%
179	14.14	14.01	0.92%	17.11	21.00%
180	18.55	17.54	5.44%	22.76	22.70%
181	12.88	13.16	2.17%	10.23	20.57%
182	21.85	22.84	4.53%	24.98	14.32%
183	16.62	15.73	5.35%	20.32	22.26%
184	16.51	15.26	7.57%	19.94	20.78%
185	15.42	15.06	2.33%	17.42	12.97%
186	12.56	10.88	13.38%	14.29	13.77%
187	21.67	20.34	6.14%	24.9	14.91%

表 10-15 中列出了当路段中有车站和信号灯影响时的路段平均速度真实值、本模型与速度积分模型的估计值以及两模型估计结果的绝对相对误差。从表中数据可知，本模型的估计值的绝对相对误差都小于 18%，即估计精度大于 82%，而速度积分模型的绝对相对误差明显大于本模型，可知本模型的估计精度明显大于速度积分模型的估计精度。图 10-53 是本书模型与速度积分模型的估计值与真实值的对比曲线，图 10-54 是本模型和速度积分模型的绝对相对误差值分布对比图，通过对比可得到同样结论。

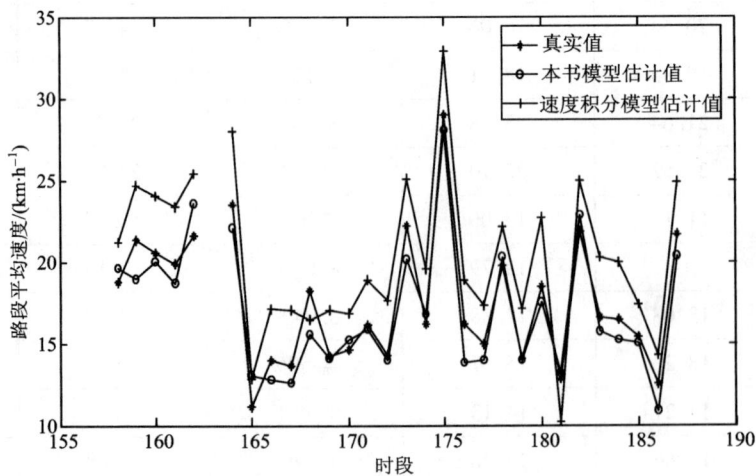

图 10-53 路段平均速度估计曲线

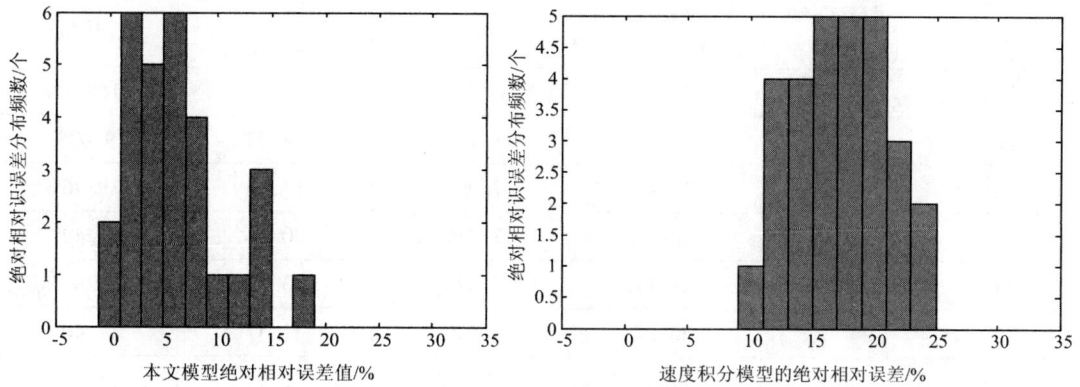

图 10-54　绝对相对误差分布对比图

从图 10-54 中可以看出，速度积分模型估计曲线基本都在真实曲线的上面，即速度积分模型的估计值基本都大于真实值，这是因为没有考虑车辆停站时间的缘故，同时，通过对比图 10-53 和图 10-54，也可得路段中的车站和信号灯对平均速度的影响。当有车站和信号灯时，两种模型的绝对相对误差值较路段中没有车站和信号灯时均有所加大，但速度积分模型的加大速度明显大于本模型，所以本模型对此类路段的处理方法明显优于速度积分模型。

③路段 3 段长 $L_3 = 289.9$ m，路段中有一个车站，默认停站时间为 60 s。实验结果如表 10-16 所示。

表 10-16　路段 3 平均速度估计结果与误差统计表

时间段	$V_r(i,t)/$ (km·h^{-1})	$V_e(i,t)/$ (km·h^{-1})	ARE_e	$V_b(i,t)/$ (km·h^{-1})	ARE_b
157	20.31	21.47	5.72%	24.17	19.01%
158	19.43	18.04	7.14%	22.39	15.23%
159	20.23	19.99	1.17%	23.97	18.49%
160	19.69	16.91	14.11%	21.68	10.11%
161	19.26	18.54	3.74%	23.73	23.21%
162	17.82	15.88	10.90%	22.08	23.91%
163	22.18	21.06	5.04%	21.2	4.42%
164	20.44	21.16	3.52%	23.91	16.98%
165	19.35	18.16	6.13%	23.86	23.31%
166	23.90	23.54	1.52%	26.77	12.01%
167	21.82	23.84	9.25%	26.12	19.71%
168	18.41	17.87	2.96%	22.85	24.12%
169	14.67	14.03	4.36%	17.08	16.43%

续表 10-16

时间段	$V_r(i,t)/$ $(km \cdot h^{-1})$	$V_e(i,t)/$ $(km \cdot h^{-1})$	ARE_e	$V_b(i,t)/$ $(km \cdot h^{-1})$	ARE_b
170	15.53	13.15	15.30%	18.43	18.67%
171	15.63	15.14	3.13%	14.22	9.02%
172	14.33	15.47	7.99%	17.19	19.96%
173	16.22	14.80	8.75%	20.34	25.40%
174	27.77	29.11	4.82%	33.01	18.87%
175	26.72	25.22	5.61%	31.37	17.40%
176	20.28	17.47	13.84%	22.93	13.07%
177	19.00	19.46	2.45%	23.8	25.26%
178	14.88	14.21	4.52%	15.84	6.45%
179	14.00	13.06	6.71%	16.47	17.64%
180	20.86	20.63	1.09%	25.21	20.85%

表 10-16 中列出了当路段中有车站时的路段平均速度真实值、本模型与速度积分模型的估计值以及两模型估计结果的绝对相对误差。从表中数据可知，本模型的估计值的绝对相对误差都小于 16%，即估计精度大于 84%，得到与路段 2 一样的结论。图 10-55 是本书模型与速度积分模型的估计值与真实值的对比曲线，图 10-56 是本书模型和速度积分模型的绝对相对误差值分布对比图。

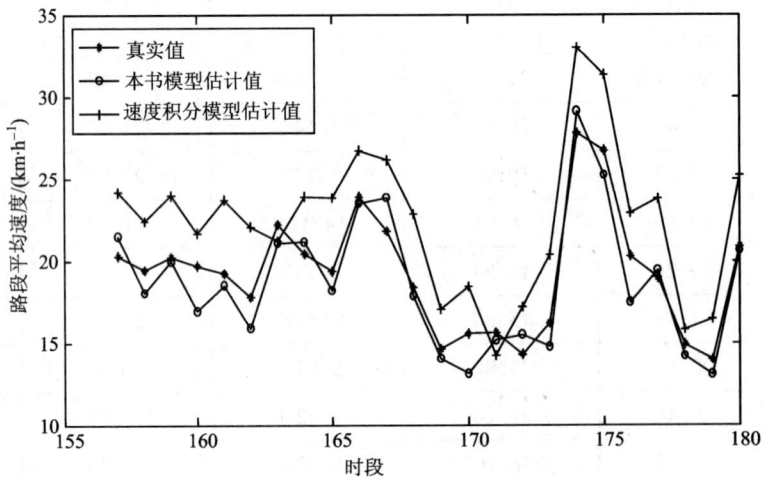

图 10-55　路段平均速度估计曲线

通过图 10-55 中真实曲线和速度积分模型曲线的对比和图 10-55 和图 10-56 的对比，可得车站对平均速度的影响。当有车站时，两种模型的绝对相对误差值较路段中没有车站时均

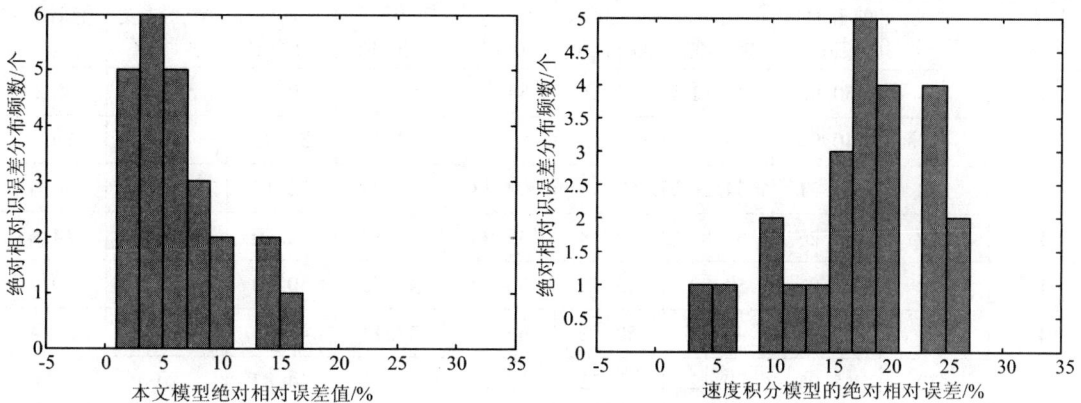

图 10-56　绝对相对误差分布对比图

有所加大，但速度积分模型的加大速度明显大于本模型，所以本模型对含车站路段的处理方法明显优于速度积分模型。通过对比图 10-55 和图 10-56，可得信号灯对平均速度的影响，可知绝对相对误差分布变化不大，路段中有无信号灯对估计精度的影响要小于车站对估计精度的影响。

2. 不充分数据路段平均速度估计实验结果及分析比较

（1）实验数据

本实验采用的数据为 2014 年 5 月 28 号上午 8:09—9:03 时间段内重庆市江北区红锦大道路段 1 和 2 上的 GPS 数据，数据采集区域如图 10-57 所示。图 10-57 中，路段号分别为 1 和 2，黑色旗帜表示路段端点。

（2）实验结果分析

本实验采用前五个历史数据估计当前时段的路段平均速度，前五个时段的路段平均速度已知，而当前时段由于数据量不足而无法直接估计得到平均速度，根据同一路段连续时段车流速度不会突变这一特点，可以通过前五个时段的平均速度值来准确预测当前时段的平均速度。

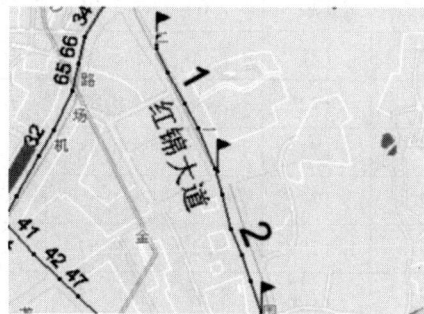

实验根据数据量级别分数据量处于不充分级别和数据量处于很不充分级别两种情况进行。由于对这两种情况的估计方法的区别在于对当前时

图 10-57　GPS 数据采集区域

段瞬时速度结果的处理，前者采用变形的指数平滑法继续估计，后者直接舍弃当前瞬时速度结果，也就是说，两种情况的区别在于有没有融合进当前时段的瞬时速度结果，所以，为了方便比较，实验采用当前路段数据量处于不充分级别的时段进行估计，只要不对当前时段的瞬时速度结果进行融合，就相当于数据量处于很不充分级别情况。经过多次试算，a 值取 0.2。

①当数据量处于很不充分级别时，估计结果与绝对相对误差见表 10-17。

表 10-17　平均速度估计结果与误差统计表

路段序号	时段序号	前五时段实际值	前四时段实际值	前三时段实际值	前二时段实际值	前一时段实际值	当前时段预测值	当前时段实际值	绝对相对误差/%
1	166	50.00	40.91	49.21	54.26	57.81	50.13	52.38	4.29
1	167	40.91	49.21	54.26	57.81	52.38	50.83	45.95	10.62
1	168	49.21	54.26	57.81	52.38	45.95	52.17	50.12	4.10
1	169	54.26	57.81	52.38	45.95	50.12	52.40	45.72	14.63
1	170	57.81	52.38	45.95	50.12	45.72	50.20	42.11	19.21
1	171	52.38	45.95	50.12	45.72	42.11	47.36	39.31	20.49
1	172	45.95	50.12	45.72	42.11	39.31	44.84	40.96	9.46
1	173	50.12	45.72	42.11	39.31	40.96	43.73	47.08	7.12
1	174	45.72	42.11	39.31	40.96	47.08	42.95	43.04	0.22
1	175	42.11	39.31	40.96	47.08	43.04	42.23	39	10.27
1	176	39.31	40.96	47.08	43.04	39	42.04	40.44	3.95
1	177	40.96	47.08	43.04	39	40.44	42.33	42.5	0.40
1	178	47.08	43.04	39	40.44	42.5	42.33	39.38	7.49
1	179	43.04	39	40.44	42.5	39.38	40.75	44.15	7.70
1	180	39	40.44	42.5	39.38	44.15	41.23	47.83	13.81
1	181	40.44	42.5	39.38	44.15	47.83	42.70	38.3	11.48
2	169	8.88	7.64	7.06	7.68	9.87	8.19	6.45	27.01
2	170	7.64	7.06	7.68	9.87	6.45	7.65	9.2	16.90
2	171	7.06	7.68	9.87	6.45	9.2	8.19	8.57	4.45
2	172	7.68	9.87	6.45	9.2	8.57	8.27	8.25	0.28
2	173	9.87	6.45	9.2	8.57	8.25	8.46	9.44	10.43
2	174	6.45	9.2	8.57	8.25	9.44	8.42	9.6	12.28
2	175	9.2	8.57	8.25	9.44	9.6	8.96	8.34	7.43
2	176	8.57	8.25	9.44	9.6	8.34	8.83	8.02	10.07
2	177	8.25	9.44	9.6	8.34	8.02	8.79	9.08	3.19
2	178	9.44	9.6	8.34	8.02	9.08	8.91	9.58	6.96
2	179	9.6	8.34	8.02	9.08	9.58	8.87	9.3	4.61
2	180	8.34	8.02	9.08	9.58	9.3	8.84	8.74	1.12

　　从表 10-17 和图 10-58 可以看出，除了路段 1 的 171 时段和路段 2 的 169 时段的 ARE 在 20% 以上，其余时段 ARE 均在 20% 以内，也就是说 92% 的估计值精度大于 80%；并从图 10-58 中可以看出，只有 4 个时段的 ARE 在 15% 以上，也就是说 85% 的估计值精度大于

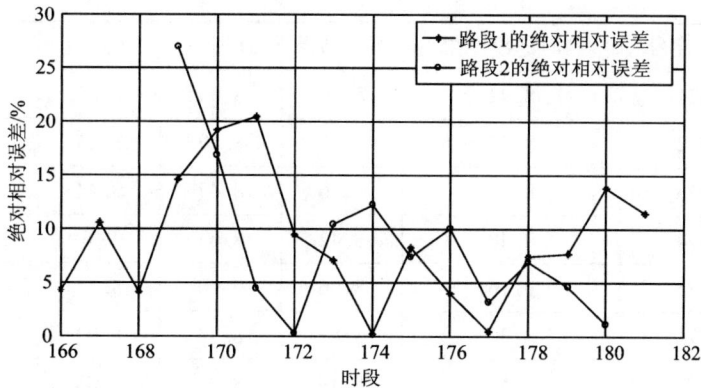

图 10-58　估计结果的绝对相对误差图

85%，从总体上看，估计值接近于真实值，能够较为准确地反映路段平均速度的变化。

②当数据量处于不充分级别时，估计值与绝对相对误差见表 10-18。

表 10-18　平均速度估计结果与误差统计表

路段序号	时段序号	瞬时速度结果	历史结果	预测值	实际值	绝对相对误差/%
1	166	55.38	50.13	51.18	52.38	2.29
1	167	49.80	50.83	50.62	45.95	10.17
1	168	47.59	52.17	51.25	50.12	2.26
1	169	46.97	52.40	51.31	45.72	12.24
1	170	45.02	50.20	49.16	42.11	16.75
1	171	41.51	47.36	46.19	39.31	17.5
1	172	39.03	44.84	43.68	40.96	6.64
1	173	42.76	43.73	43.53	47.08	7.53
1	174	44.19	42.95	43.20	43.04	0.37
1	175	41.84	42.23	42.15	39	8.08
1	176	38.90	42.04	41.41	40.44	2.40
1	177	41.94	42.33	42.25	42.5	0.58
1	178	41.58	42.33	42.18	39.38	7.11
1	179	41.38	40.75	40.88	44.15	7.42
1	180	44.95	41.23	41.97	47.83	12.24
1	181	43.38	42.70	42.84	38.3	11.84
2	169	8.95	8.19	8.34	6.45	29.33
2	170	7.54	7.65	7.63	9.2	17.09

续表 10-18

路段序号	时段序号	瞬时速度结果	历史结果	预测值	实际值	绝对相对误差/%
2	171	8.92	8.19	8.34	8.57	2.73
2	172	8.37	8.27	8.29	8.25	0.48
2	173	8.50	8.46	8.47	9.44	10.30
2	174	9.48	8.42	8.63	9.6	10.08
2	175	9.16	8.96	9.00	8.34	7.91
2	176	8.30	8.83	8.72	8.02	8.78
2	177	8.52	8.79	8.74	9.08	3.79
2	178	9.18	8.91	8.96	9.58	6.43
2	179	9.8	8.87	9.06	9.3	2.62
2	180	9.19	8.84	8.91	8.74	1.95

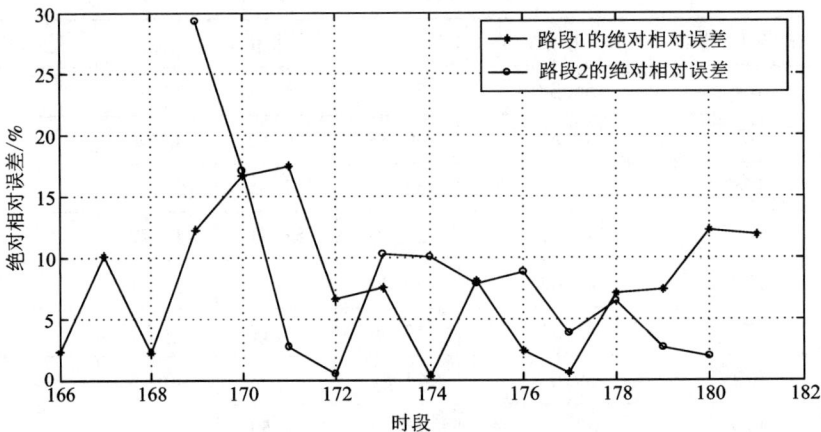

图 10-59　估计结果的绝对相对误差图

从表 10-18 和图 10-59 可以看出,除了路段 2 的 169 时段的 ARE 在 20% 以上,其余时段 ARE 均在 20% 以内,也就是说 96% 的估计值精度大于 80%;并从图 10-59 中可以看出,只有 3 个时段的 ARE 在 15% 以上,也就是说 89% 的估计值精度大于 85%,从总体上看,估计值接近于真实值,能够较为准确地反映路段平均速度的变化。

对表 10-17、图 10-58 和表 10-18、图 10-59 进行对比可以看出,第二种情况相对于第一种情况,精度均有提高。通过计算可得,处于第一种情况时,路段 1 和路段 2 的平均绝对相对误差分别为 8.95% 和 8.73%;处于第二种情况时,路段 1 和路段 2 的平均绝对相对误差分别为 7.84% 和 8.46%,较第一种情况均有所下降,这说明通过与当前时段瞬时速度结果融合后,平均速度估计精度相对较高。

10.6.5　事件检测结果

本算法从历史平均速度和速度变化突变两个方面来对道路进行事件检测，并在算法中加入了遗忘因子，即越"新"的历史数据对该时段的事件检测的判别越具有重要性，其权重因子越大，相反越"老"的历史数据的重要性就越小，甚至对判别不起作用。

本算法方法原理简单，系统开支小，实时性较高。通过实验数据验证，本算法的报警率较高，并可以根据实际情况，通过改变平滑系数和阈值的大小来调节算法的灵敏度。图10-61 显示了事件检测界面。

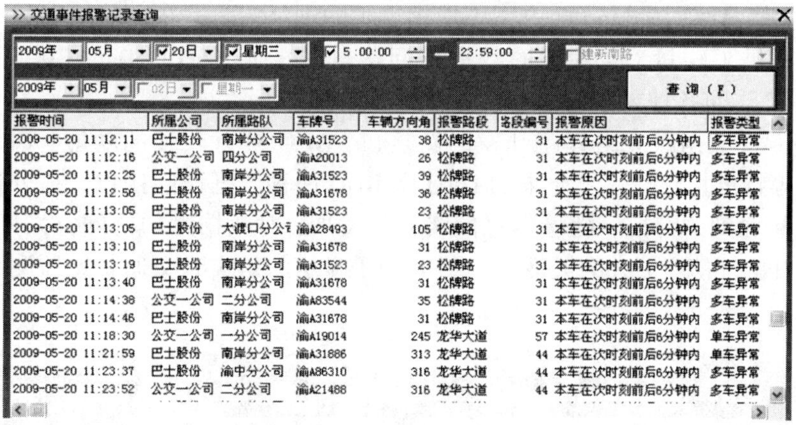

图 10-60　事件检测界面

10.6.6　道路服务水平评价结果

在获得了道路的平均速度以后，对于一般用户，该结果不太容易被理解。所以需要用道路服务水平评价将道路的平价速度转化为易为一般用户所理解的道路交通状态结果。

道路服务水平通常由速度、交通密度、行驶自由度、交通中断状况、舒适和便利程度等来描述和衡量。由于以上诸因素相互间有程度不同的联系，以及现在可用的资料不足，不能同时用上述诸因素来衡量服务水平和划分服务水平等级，而只能用与服务水平关系最密切、能总的代表其他因素的关键性参数来量度服务水平以及划分其等级。在该模块中，主要采用车道数和道路平均速度这两个关键参数来实时评估道路的交通服务水平。

实时的道路平均速度能够很好地反映当前道路的车流行驶状况。对于道路上出现异常交通状态，通过道路平均速度这个参数也可以反映出来。GPS 检测数据包括行驶车辆在定位时刻的瞬时速度，速度是动态交通流参数中反应最为敏感的一个参数，速度的变化体现了道路车流的变化。因此，当道路有事件发生时，道路的每一方向的车流变化就会通过被采样车辆速度的变化所体现，根据此数据得到的道路平均速度估计也就体现了这一变化，能够反映道路事件发生时的交通服务水平状态。

对于不同车道数的道路，道路平均速度的分布是不一样的。因此，该模块同时考虑车道数和道路平均速度这两个参数对道路服务水平进行评价。

10.6.7　数据库接口的实现

在遵循数据持久层与数据采集层之间的通信规范的基础上，设计一种既能够灵活适应数据源的变化，同时又不明显增加数据源方操作系统负载的数据库通用接口。采用 ADO 数据通信端口，保证了 GPS 数据的实时性和传输、存储的安全性。为后续数据的处理和显示打下了坚实的基础。

ADO(activeX data objects)称为 ActiveX 数据对象，是 Microsoft 公司开发数据库应用程序面向对象的新接口，ADO 技术已成为 ASP 技术用来访问 Web 数据库应用程序的核心。ADO 是 DAO/RDO 的后继产物，它扩展了 DAO 和 RDO 所使用的对象模型，具有更加简单、更加灵活的操作性能。ADO 在 Internet 方案中使用最少的网络流量，并在前端和数据源之间使用最少的层数，提供了轻量、高性能的数据访问接口，可通过 ADO Data 控件非编程和利用 ADO 对象编程来访问各种数据库。

作为 Microsoft 数据库应用程序开发的新接口，ADO 具有较强的功能、通用性好、效率高、占空间少等特点。它替代了原来的 DAO 和 RDO 两种数据访问接口。另外还增加了一些用户以前没有接触到的特征。随着信息网络化的发展，对数据库的访问宜采用 ADO 对象模型，以获得更好的性能，更大的灵活性。图 10-61 显示的是实时交通状态监测系统数据库连接界面。

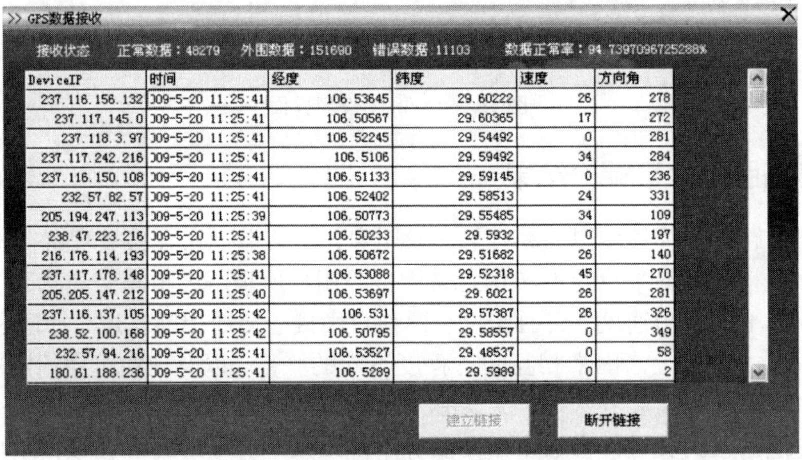

DeviceIP	时间	经度	纬度	速度	方向角
237.116.156.132	ↄ09-5-20 11:25:41	106.53645	29.60222	26	278
237.117.145.0	ↄ09-5-20 11:25:41	106.50567	29.60365	17	272
237.118.3.97	ↄ09-5-20 11:25:41	106.52245	29.54492	0	281
237.117.242.216	ↄ09-5-20 11:25:41	106.5106	29.59492	34	284
237.116.150.108	ↄ09-5-20 11:25:41	106.51133	29.59145	0	236
232.57.82.57	ↄ09-5-20 11:25:41	106.52402	29.58513	24	331
205.194.247.113	ↄ09-5-20 11:25:39	106.50773	29.55485	34	109
238.47.223.216	ↄ09-5-20 11:25:41	106.50233	29.5932	0	197
216.176.114.193	ↄ09-5-20 11:25:38	106.50672	29.51682	26	140
237.117.178.148	ↄ09-5-20 11:25:41	106.53088	29.52318	45	270
205.205.147.212	ↄ09-5-20 11:25:40	106.53697	29.6021	26	281
237.116.137.105	ↄ09-5-20 11:25:42	106.531	29.57387	26	326
238.52.100.168	ↄ09-5-20 11:25:42	106.50795	29.58557	0	349
232.57.94.216	ↄ09-5-20 11:25:41	106.53527	29.48537	0	58
180.61.188.236	ↄ09-5-20 11:25:41	106.5289	29.5989	0	2

图 10-61　数据库连接界面

10.6.8　总结与展望

基于 GIS 和浮动车的道路交通状态分析系统，针对目前城市现有 GPS 公交浮动车及 GPS 浮动车定位频率较小的现实条件，在对浮动车交通参数估计技术现有研究成果进行深入分析的基础上，应用数据融合技术、数据挖掘技术、数据库技术以及地理信息系统，实现基于 GPS 浮动车的地图匹配功能，道路平均速度和行程时间估计功能，事件检测功能，道路服务水平实时评价功能以及交通状态的信息发布。通过采集实际数据，验证本系统具有较高的分析精度和较好的使用性能。

基于 GIS 和浮动车的道路交通状态分析系统研究了多项关键技术，并实现系统软件的开发，主要有：

（1）提出了基于 GIS 和浮动车的道路交通状态分析系统总体方案与体系结构，并设计了系统的整体构架。

（2）研究了 GPS 信号地图匹配问题。设计并实现了基于路网拓扑结构的无方向参数地图匹配算法。该算法准确率高，系统负载小，且不需要方向参数，适用面广。当研究对象扩展为路网时，该算法是一种较为合适的算法。

（3）研究了处理数据采集及预处理方法，包括城市交通调查及数据采集和处理、GIS 软件的选择及 GIS 道路地理信息的集成、GPS 浮动车检测数据的采集与电子地图匹配及异常数据的过滤。根据本系统数据流程，通过数据采集及预处理，基于 GIS 电子地图，实现对交通调查结果的信息集成，根据道路信息，对 GPS 浮动车连续检测数据对应道路分组，多个功能模块的实现及实验验证奠定基础。

（4）实现了基于 GIS 和浮动车的道路平均速度和行程时间估计功能。

根据模型的数据融合层次，对采集数据在空间域进行融合，估计单一浮动车道路区间速度。通过实验验证了估计方法的精度和有效性，通过与现有不同算法的实验比较，评估了算法的性能，结果表明，算法受采样周期变化的影响很小，在不同采用周期下，所有估计值精度高于 80%，平均绝对相对误差都小于 7%。

根据模型的融合层次，对采集数据在时间上的进行融合。基于浮动车采集数据在道路上的覆盖长度及相应的浮动车区间速度估计结果，结合浮动车的身份标志，采用加权平均算法对同型浮动车速度进行融合，获取同型浮动车的道路行驶速度估计值；结合道路的道路参数，采用 RBF 网络，对道路各型浮动车行驶速度进行融合，估计道路平均速度。根据实际数据实验验证了本项目道路平均速度的估计精度，证实在 90% 以上的估计中，精度达到了 80% 以上，平均绝对相对误差为 9%；通过与现有不同算法的实验比较，评估了本算法的性能，结果表明，本算法对城市道路平均速度估计这类复杂非线性映射问题的求解具有较好的适应性，能够获得较高的精度。

（5）实现了道路事件检测功能。为降低事件检测的误报率，在基本的指数平滑的算法原理基础上，加入了多重数据判定以及与历史数据的融合技术，并结合各道路的平均速度，完成道路事件的动态监测功能。实验表明其检测率达到 80% 以上。

（6）实现道路服务水平的动态评估。该设计中采用的道路交通服务水平自动分级评估技术的主要特点在于借鉴了现行《交通工程手册》中公路的服务水平划分方法，将城市道路服务水平的评估建立在将城市道路划分为四种：快速路、主干路、次干路、支路的基础上；同时结合了重庆市城市道路的特点，在 GPS 采集数据的分析基础上实现了交通服务水平的实时自动分级评估，将服务水平划分为四级。并最终能够实现在系统平台上的实时显示。

（7）实现了系统软件。该系统软件由控制中心平台和各个子系统功能模块组成。并在此基础上利用 mapextreme 进行 GIS 的二次开发，使得用户介面更加友好、直观、专业、准确。

但系统仍在以下几个方面存在需要改进的地方：

（1）浮动车技术的优势在于可以分析整个路网的道路交通状态。现有系统已经完成了对主干道路利用浮动车技术进行交通状态的分析，但是对于路网对象，还有许多值得深入研究的地方。

（2）由于浮动车数量仍在不断增长，需要进一步研究如何降低系统负载以适应浮动车数量的增加。

（3）现有系统是基于 C/S 结构的。未来系统的发展方向则应当是设计为 B/S 结构，仍需要借助网络为用户提供更好的服务。

（4）由于 GPS 浮动车的检测信息中还可包含车辆的其他特殊状态，如货运车辆的载货与否、出租车载客与否等信息，进一步的工作可结合这些车辆的特殊信息调整浮动车的行驶参数，提高估计的精度。进一步的研究可通过多种道路交通信息的融合方法，实现浮动车信息、环形线圈检测数据、交通视频采集数据、无线定位数据等检测信息的多源融合，进一步提高交通参数估计的精度及可靠性。

城市配备车载 GPS 车辆规模正不断的扩大，这为 GPS 浮动车技术的研究和发展提高了更广阔的空间，同时也将促进交通流控制技术及先进的交通引导系统的发展。

10.7 系统配置

10.7.1 硬件环境配置

基于现有的数据流量，本系统采用的系统配置如表 10-19 所示。

表 10-19 本系统采用的系统配置

名称	配置
CPU	Intel（R）Core（TM）2 Duo CPU E7200 @ 2.53GHz（2 CPUs）
硬盘	320G
内存	4G
显卡	集成显卡

在数据流量和电子地图增大的情况下，推荐的系统配置如表 10-20 所示。

表 10-20 推荐的系统配置

名称	配置
CPU	Intel Pentium 4 2.8 GHz 及以上
硬盘	80G
内存	1G 及以上
显卡	128M 独立显卡及以上

10.7.2 软件环境配置

软件环境的配置相对硬件环境的配置较为复杂，建议按照以下步骤进行：

(1)安装 Windows XP 或更高版本的 Windows 操作系统;

(2)安装 SQL Server 2000;

(3)安装 MapX 5.0 或以上(含重庆市交通电子地图);

(4)安装基于浮动车的道路交通状态检测分析软件,取得相应的权限就可以运行该系统。

10.8　软件系统版本控制状况

软件版本控制是为了保证软件质量,记录软件演变过程而进行的一项工作,是软件工程必不可少的一项任务。本小节对该软件的版本控制状况进行说明,目的是为以后对系统升级或改造提供参照。

该软件已经过了两次版本变迁,以下是版本演进日志。

————————————————————————————————————

1.3 版本与 1.2 版本比较,有如下改进:

(1)对应用程序界面进行了改进,风格更加细腻,界面更加友好和谐;

(2)在 1.2 版本的基础上加入了轨迹回放、事件检测、用户分级管理功能,可以依据数据库里的 GPS 数据判断发生事件的时间和地点;

(3)在监控功能中可以对公交车按照路队进行监控,对出租车按照所属公司进行监控;对单辆车进行监控时,可以在电子地图上双击该车辆对其进行监控和查看状态信息。

————————————————————————————————————

1.2 版本与 1.1 版本比较,有如下改进:

(1)电子地图显示信息更加规范化;

(2)可以对单辆车进行跟踪定位;

(3)对路线进行了道路标记,使用户可以直观地了解各道路的状态;

(4)为方便用户使用系统,增加了一些辅助功能。

重点与难点

重点:(1)浮动车技术;(2)数据融合;(3)交通状态的判别与发布。

难点:基于浮动车技术的交通状态判别方法。

思考与练习

10-1　浮动车技术的实现原理是怎样的? 其技术关键点有哪些?

10-2　如何计算路段平均车速? 利用 GPS 瞬时车速计算路段平均车速的方式有哪些?

10-3　GPS 的数据预处理流程是什么? 一般需要在哪些方面进行预处理?

10-4　基于 GPS 数据的交通状态判别与发布流程是怎样的? 实现信息发布的方式有哪些?

第 11 章

GPS/GPRS 车辆智能管理系统

11.1 案例背景

随着人民生活水平的提高，以出租车为出行工具变得越来越普遍。出租车的数量有了快速增长，随之而来的是带给城市交通的巨大压力和针对出租车的刑事案件的增多。因此，加强对出租车辆的监管和服务，就有了重要的社会意义和显著的经济效益。

使用本系统，可以利用先进的 GPS 定位技术和成熟的移动通信技术以及强大的数据库技术等，对出租车辆进行实时动态信息采集，并根据对这些信息的综合处理结果，对出租车辆进行人性化管理。

使用本系统，可以减少车辆空驶率，保证驾驶人员人身安全，节约成本，提高服务质量，提升管理水平。

11.2 系统架构及组成

11.2.1 系统架构

本系统采用 C/S 为主、B/S 为辅的架构，包含建立多级客户分中心功能。系统以中国移动 GPRS 网络作为基本通信平台，利用 GPS 为定位手段，结合相关的汽车电子技术、电子地图和数据库处理技术，可以有效地实现对机动车辆的监控、调度等管理服务功能。

系统由六大部分组成：①GPRS 网络；②GPS 系统；③数据传输网络；④调度管理中心；⑤车载设备；⑥电话受理设备。

本系统的组成如图 11-1 所示。

11.2.2 系统总体示意图

系统总体示意图如图 11-2 所示。

11.2.3 分监控中心拓扑图

分监控中心拓扑图如图 11-3 所示，本拓扑图中没有加入备份服务器(视需要而定)。

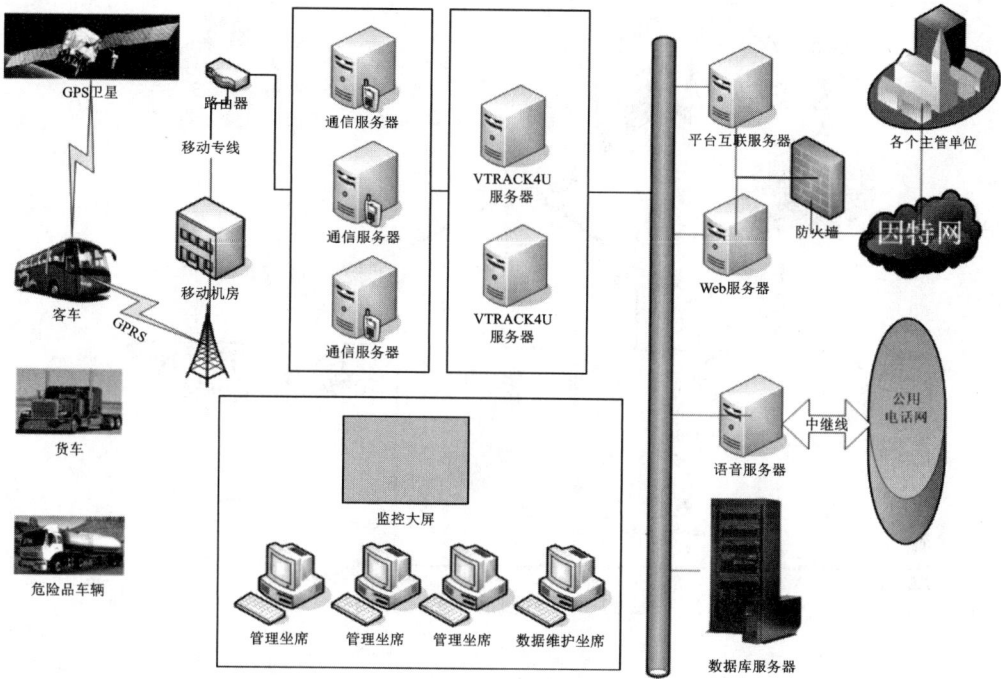

图 11-1　系统结构图

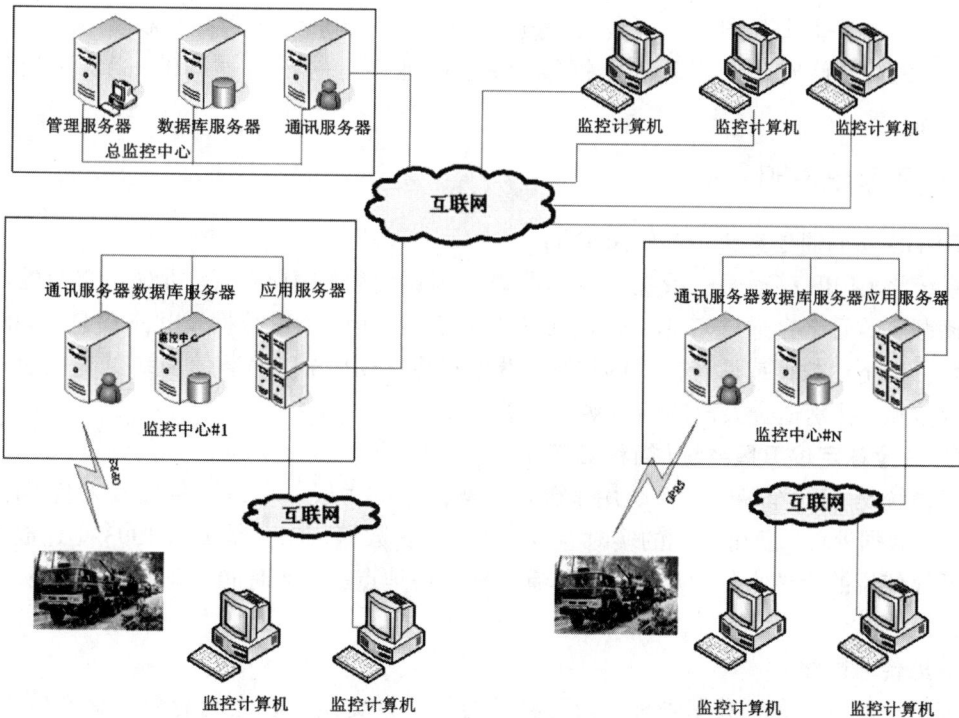

图 11-2　系统总体示意图

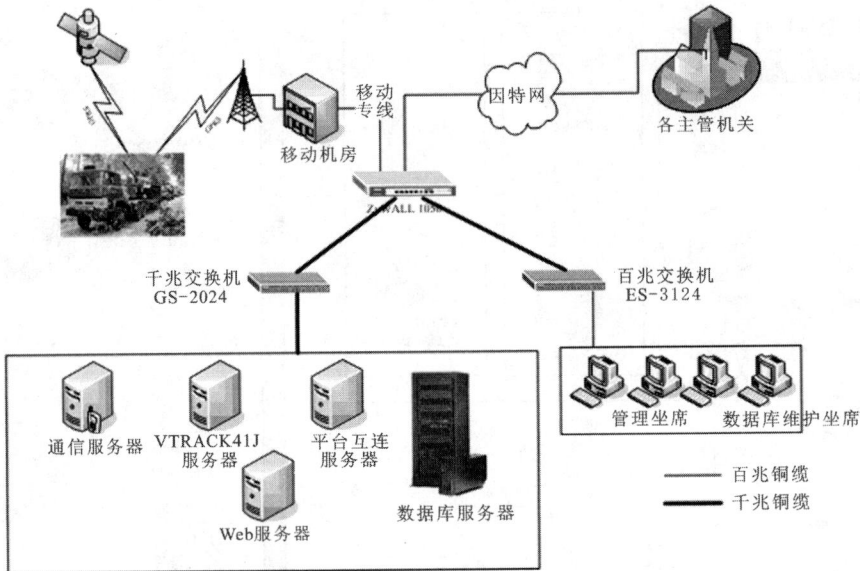

图11-3   分监控中心拓扑图

11.2.4   分监控中心平面图

分监控中心平面图如图11-4所示,其中,机房面积:$50m^2$;监控室面积:$100\ m^2$。另外,机房、监控区域装修时建议用防静电钢板为底,同地面有一定间隔(10 cm),达到防静电作用。

11.2.5   子系统说明

1.GPRS 移动通信系统(简称 GPRS)

本系统将 GPRS 移动通信系统作为车载设备与调度管理中心之间的双向交换的通信平台。车辆调度监管平台通过 GPRS 移动通信平台获得车辆的位置数据及状态信息,同时调度监管平台可以下达数据或话音方式的控制、调度指令。GPRS 移动通信网络具有成熟和覆盖范围广等特点,特别适合大范围的车辆监控。

2.GPS 全球定位卫星系统(简称 GPS)

GPS 系统是 GPS 车辆管理系统用来确定车辆位置的手段。车载设备接收来自 GPS 卫星的信号,经数据处理,获得车辆的实时经度、纬度位置数据。GPS 是美国 1993 年建成的向全球用户开放使用的全球定位卫星系统,具有全球任何地点、任何时间、全天候、高精度定位、授时的特点。

3.数据传输网络

数据传输网络是车辆数据管理平台至移动通信平台交换中心之间的数据交换传输网络。本系统可采用 PSTN、ISDN、ADSL、DDN、Internet、卫星等各种有线和无线数据传输线路。

4.调度管理中心

调度管理中心是整个系统的核心,完成数据的交换,实现对车辆的调度、监管和查询工

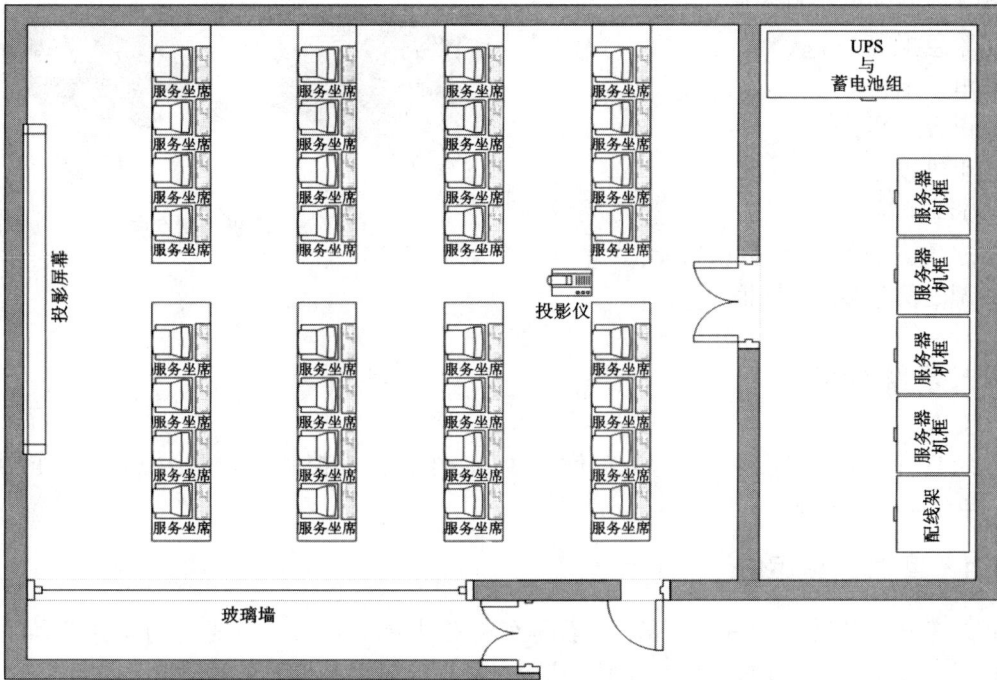

图 11-4　分监控中心平面图

作。调度管理中心由车辆数据管理平台和用户调度监管平台组成。

（1）车辆数据管理平台

车辆数据管理平台是用户调度监管中心与车载设备间的数据集中管理和分发的平台。具有数据的收发、处理、贮存、查询、维护、交换、管理功能。车辆数据管理平台是整个系统的枢纽。

（2）用户调度管理平台

用户调度监管平台是系统用户管理车辆的装备，由用户自主监控管理所辖入网车辆。用户通过用户监管中心装备行使查询、监视、管理、调度、指挥功能。用户装备有多种配置，适合用户根据管理权限、机构层次、车辆数量、连接线路、设置方式、数据容量、投资大小等情况选用。

5. 硬件设备

车载设备是车辆信息的来源，也是调度指令的执行者。成套车载设备包括 GPS 天线、GPRS 通信天线、主机等。车载设备可用于车辆位置报告、车辆防盗报警、车辆监视控制、车辆调度指挥。

（1）车机、调度屏、LED 文字广告屏

①支持多种中心监控协议；

②实时查询车辆位置，包含经度、纬度、方向、速度等信息；

③支持应用软件远程升级；

④摄像头拍照功能；

⑤汽车遥控控制、防盗报警；

⑥智能断油电路及恢复；

⑦紧急报警；

⑧电子围栏；

⑨语音通话；

⑩手机查车。

（2）调度屏

①通话、短信、GPS 数据功能；

②调度信息显示，播报。

图 11-5　车机与调度屏

11.3　系统功能

系统具有车辆实时连续定位、数据话音通信、车辆监视控制、车辆报警处置、车辆调度指挥、电子地图等功能。

11.3.1　实时连续定位

系统车载设备接收 GPS 卫星信号，获得车辆实时位置（经度、纬度），并向用户监管中心发送位置、行驶速度、方向和状态数据，从而在用户监管中心得知车辆动态。

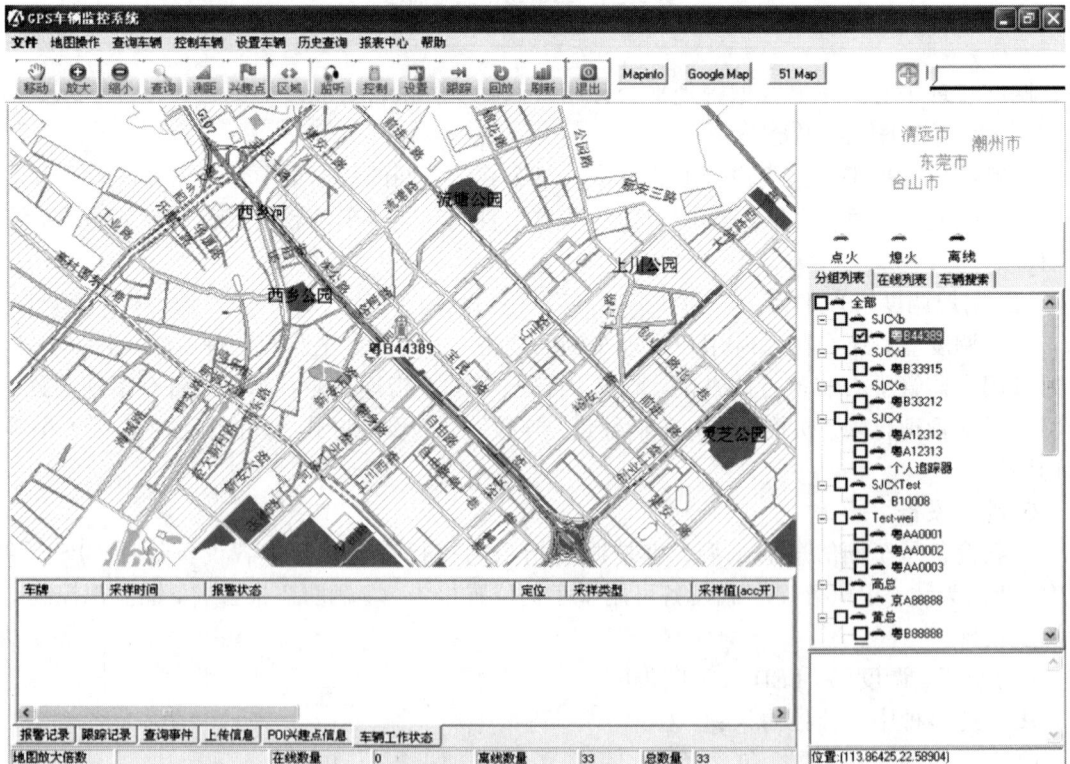

图 11-6　实时定位

11.3.2 车辆调度指挥

（1）信息查询

接收来自司机的查询和咨询事务，例如问路等。

（2）信息上报

通过菜单操作，选择将已定义的常用事件短语发送给系统平台，不论发送成功或失败，屏幕都应有明显提示。

（3）调度管理

根据车辆的实时状态，可通过车载电话或短文对车辆发送调度指令，显示器显示调度信息，车辆可通过语音或显示屏进行调度回复。

（4）参数设置

系统可由用户自行设定回传时间、工作方式等参数，车辆运行状态数据自动回传，方便管理。

（5）车辆跟踪

系统可对选定的任意车辆设置跟踪，电子地图以该车辆为中心对车辆进行实时跟踪，且可用弹出窗口形式做多车辆同时跟踪。

（6）轨迹回放

（7）分时限速偏航设置

（8）分段限速偏航设置

（9）区域越界设置

（10）高级指令

高级指令包括车辆熄火、熄火恢复、开门、锁门、定时间隔、车台复位等。

11.3.3 安全防范

1. 紧急求助

车辆遇到危险或紧急情况后，可以触动车内的报警开关，车载终端立即报告车辆的位置、速度、状态等，并发出报警信号，监控中心会弹出报警幕，以红色警示提醒值班人员该车遇险。系统平台自动显示求救车辆的信息（包括车辆的基本信息、驾驶员信息等），可根据指令打开单向语音监听装置。求助状态可由系统平台解除。

2. 超速报警

对运输特殊物资的车辆可设置限制速度，一旦超过限速设置，车辆会向用户监管中心自动报警，车上会有声音提示，监管中心人员也会提示该车超速。

3. 越界/偏离路线报警

车辆在执行任务前，可以根据需要，对车辆进行指定行驶区域或指定行驶路线。当车辆行驶中偏离区域或路线时，监控软件会发出警报，管理人员就会及时通知车辆及时纠正。

4. 非法开门报警

车辆在执行任务前，可以根据需要，对车辆开门的时间或地点进行设置。在车辆未按规定开门时，车载终端将发出报警。

5. 单向监听

车辆发生紧急情况报警后，可对车辆实时单向监听功能，设定回拨电话，即可监听车辆上所有状况，并可将监听情况进行录音，以便事后查询。

11.3.4 图像采集功能

车载终端设备选配摄像头。在出现异常的情况下，车载终端设备会按指令拍下车辆内部或外部的实时景象，上报到监控中心，监控中心根据照片对现场情形做出正确判断，从而采取恰当的应对措施。拍摄到的现场图片也可以用于事后的分析。

11.3.5 数据语音通信

1. 数据通信

用户系统通过短文信令对车载设备下达查询、调度、指挥、电召等命令，车载设备可按预先设置的信息应答，也可用中英文输入法编辑短信。

2. 语音通信

如果配置车载电话，则可与指定电话进行语音通话。

11.3.6 数据存储及回放

系统管理平台设置有各类动态和静态信息数据库，车载终端上报的位置信息由管理平台进行存贮，不仅适于用户系统调用、查询，也便于为互联网授权用户访问服务。数据资料长期保存，用户可根据地图、时间段、回放速度对特定车辆的行驶轨迹进行回放。

车辆的历史轨迹包含了时间、地点等多种信息，为事后的数据分析和车队各项管理提供了有力的支持。

11.3.7 车辆监视控制

1. 实时监视

系统在用户监管中心以电子地图为背景显示车辆动态与轨迹，对车辆实施监视与管理。

2. 实时控制

系统对车辆采用点名查看、定时呼叫、报警发送等多种方式进行控制，获得车辆静态或动态数据信息。

3. 跟踪控制

中心平台或远程平台可对车辆进行跟踪、取消跟踪设置。当选定跟踪车辆后，对选定车辆进行实时跟踪，在电子地图中心显示被跟踪车辆，对该选定的车辆进行连续实时跟踪监视，采取断油断电等措施。

4. 其他控制

系统的其他控制包括选择监控车辆、车辆行驶区域设置、跟踪车辆、取消跟踪车辆、刷新所有车辆位置、超速报警设置、通话权限设置、停车报警设置等。

11.3.8 自导航接口

车载终端具有实时 GPS 信号输出，行驶过程中，司机在设定目的地后还可以进行语音导航，如果偏离航线，系统将自动语音提醒，并重新自动设计新路线。

11.3.9　电子地图功能

1. 放大缩小

可对当前地图进行放大与缩小操作，以便了解整个地区的总体情况和某个区域的详细情况。

2. 地图平移

可利用鼠标的拖动来实现地图的平移。

3. 配置显示

电子地图对不同的地物具有不同的编码，在地图上以其特定的方式和颜色显示，值班员可以根据爱好和需要自行配置显示方案。

4. 标注隐显

地图上可以显示路名、建筑物名称等标注信息，值班员可以根据需要隐藏或显示标注。

5. 流动路名

电子地图在移动时，路名可以动态地调整显示位置，保证路名处于可见状态。

6. 动态注记

电子地图在缩放时，相邻标注可以自动避让，保证注记不被压盖。

7. 标志查询

可进行地理位置、建筑物的查询，及该位置附件空车、重车、所有车辆的查询。

11.4　系统网络中心建设

系统网络中心是信息处理和交换的平台，系统网络中心的建设有诸多的因素如容量、安全、经济性等要充分考虑。

本系统采用总监控中心和分监控中心结合的方式组网，总监控中心负责整体的指挥和管理，分监控中心负责某一部分车辆的监控和调度指挥。

11.4.1　系统容量

系统容量：每个分监控中心按 20000 台终端登录设计。

11.4.2　网络中心主要技术指标

GPRS 方式兼容短信息，TCP/IP 通信协议。

用户接口：用户通过 Internet 操作。

固定 IP：能通过互联网访问。

11.4.3　扩容能力

现网络中心的容量可以逐级扩容建设。按 60 s 上传一次位置数据，设备工作时间按一天 24 h 计算。如以后管理车辆增加，可通过增加服务器分摊工作任务，以及增加 CPU 和内存提高运算速度来方便地对系统进行平滑扩容。通过增加新的软件模块对用户提供新的服务内容。

11.5 系统配置

11.5.1 分监控中心硬件配置表

分监控中心硬件配置表如表 11-1 所示。

表 11-1 分监控中心硬件配置表

项目	型号	配置	数量
数据库服务器	HP DL580G04 X7130M Performance PRC Svr	CPU：双核 Xeon 7130 3.2GHz ×4 内存：8G 硬盘：146GB 10K SAS 2.5 热插拔硬盘×2	1
存储柜	MSA60 2U LFF SAS JBOD 磁盘柜	硬盘：300GB 15K SAS 3.5″热插拔硬盘×10 冗余电源和风扇；机架导轨；1×0.5m mini-SAS cable；2×AC 电源线和 2×PDU 线缆	1
磁带机	HP	HP 1/8 Ultrium 920 G2 Tape Autoloader HP Ultrium 800 GB ＊ data cartridge HP Ultrium Universal cleaning cartridge ＊＊	1
通信服务器	HP DL380G5 5110 1G Entry CN Svr	CPU：双核 Intel Xeon 5110 处理器 内存：2G 硬盘：146GB 10K SAS 2.5″热插拔硬盘	1
Web 服务器(可选)	HP DL380G5 5110 1G Entry CN Svr	CPU：双核 Intel Xeon 5110 处理器 内存：4G 硬盘：146GB 10K SAS 2.5″热插拔硬盘	1
平台互连服务器(可选)	HP DL380G5 5110 1G Entry CN Svr	CPU：双核 Intel Xeon 5110 处理器 内存：2G 硬盘：146GB 10K SAS 2.5″热插拔硬盘	1
服务坐席	HP 商用机	CPU：双核 Intel Xeon 5110 处理器 内存：2GD 硬盘：146GB 10K SAS 2.5″热插拔硬盘	10
数据维护坐席	HP 商用机	CPU：Intel Core2 Duo E6300 1.86G 内存：1G 硬盘：160GB 显示器：19″液晶	2
服务器接入交换机	GS-2024	可网管二层千兆以太网交换机，24 个千兆电口，2 个 SFP 光接口；各端口 MAC 绑定/数量限制/过滤；端口捆绑；802.1x；端口镜像；端口限速；快速生成树协议；VLAN(Port/802.1Q)；优先队列；DiffSverv；IGMP 侦听；广播风暴控制；Web/telnet/Console/带外管理；支持 ZyXEL 的丛管理(iStacking)	

续表 11-1

项目	型号	配置	数量
坐席接入交换机	ES-3124	24 口 10/100M 交换机，2 个千兆电口，2 个 RJ-45/SFP 千兆双属性端口；可网管二层以太网交换机；各端口 MAC 绑定/数量限制/过滤；IP/TCP/UDP 过滤；端口捆绑；802.1x；端口镜像；端口限速；快速生成树协议；VLAN（Port/802.1Q），VLAN Stacking（Q in Q）；优先级队列；IGMP 侦听；广播风暴控制；Web/telnet/Console/带外管理；支持 ZyXEL 的丛管理（iStacking）	1
网关 UTM	ZyWALL 1050	信息安全网关；纯硬件 VPN 集成器防火墙；支持 1000 条 IPSec VPN 隧道；具备入侵检测与保护功能；支持 VRRP 硬件 HA；多 WAN 口负载均衡和故障备份/恢复；5 个自定义千兆端口；自定义的用户感知访问控制策略；URL 分类过滤功能；带宽管理功能；Web/Telnet/Console 管理；支持 CNM 集中网络管理	1
数字卡	东进 DN300	支持 PRI，SS1	1
模拟卡	D161A		2
模拟卡	M2U		10
分线器	C14		3
耳麦			10
UPS	山特 3C10KS（三单）	40KVA	1
UPS 电池	松下 LC-X12100CH	12V/100AH	10

11.5.2　软件配置表

1. 系统应用软件

系统应用软件配置如表 11-2 所示。

表 11-2　系统应用软件配置表

序号	品名	产品描述	数量	备注
1	数据库服务器软件	车辆、用户资料维护	1	
2	平台互连服务器软件	中心软件负载管理	1	
3	GPRS 通信程序软件	接收终端数据	1	
4	Web 服务器软件	Web 方式接入服务	1	
5	平台管理软件		1	

2. 第三方软件

第三方软件配置如表 11-3 所示。

表 11-3　第三方软件配置表

项目	说明	数量	备注
操作系统	Windows 2003 标准版	1	
数据库	Oracle 9i 企业版	1	
数据库	SQL SERVER2005	1	
电子地图			
杀毒软件	NOD32 50 用户		

重点与难点

重点：(1) 系统架构；(2) 系统功能；(3) 系统配置。
难点：GPS/GPRS 车辆智能管理系统的功能以及配置方式。

思考与练习

11-1　GPS/GPRS 车辆智能管理的子系统有哪些？各有什么作用？

11-2　如何实现连续定位以及车辆的监控？

11-3　图像与电子地图在 GPS/GPRS 车辆智能管理系统中起什么作用？

11-4　监控中心的硬件设备如何配置？

附　录

附录一：典型固定式车辆监测设备参数表

检测技术	交通量	占有率	车速	车队长度	多车道覆盖	车头时距	车型	车长	其他
环形感应线圈	√	√	*	*	√			√	
视频	√	√	√	√	√	√	√		
微波	√	√	√	*	√	√			
超声波	√	√	*	*	×				
红外线	√	√	√	*	√		√		

注：√——直接检测；*——间接检测；×——不能检测。

附录二：典型移动式车辆监测设备参数表

检测技术	交通流量	瞬时车速	行程时间	行程车速	多车道覆盖	其他
GPS	√	√	*	*	√	车辆行驶方向角
RFID	√	×	*	*		车和驾驶员的信息
汽车牌照	√	×	*	*	√	
手机定位	*	×	*	*	√	

注：√——直接检测；*——间接检测；×——不能检测。

附录三：典型固定车辆监测设备检测成本和精度

设备名称	综合成本/（$）	检测精度	参考厂商及其规格型号
环形感应线圈检测器	计算基础：6 车道 6 个线圈； 初值成本：13800； 维修成本：1250/年（允许 5% 的误差）； 平均寿命：根据道路施工条件和超重车辆管理情况而定	±0.5%	英国 PEEK Sarasota IDS
视频检测器	计算基础：6 车道 1 个检测器； 初值成本：主机 36175，摄像机 2500/个； 维修成本：主机 325/年，摄像机 66/个（允许 5% 的误差）； 平均寿命：5 年	±4%	美国 ISS Autoscop 2004 Standard
微波检测器	计算基础：6 车道 2 个线圈； 初值成本：6600； 维修成本：400/年（允许 5% 的误差）； 平均寿命：7 年	±2%	Electronic Intergrated systems RTMS
超声波检测器	计算基础：6 车道 6 个线圈； 初值成本：18480； 维修成本：600/年（允许 5% 的误差）； 平均寿命：7 年	±4%	Novax Industries Lane King
红外检测器	计算基础：6 车道 6 个线圈； 初值成本：39000； 维修成本：600/年（允许 5% 的误差）； 平均寿命：7 年	±6%	ASIM Technologies 255

附录四：交通信息数据采集以及预处理流程

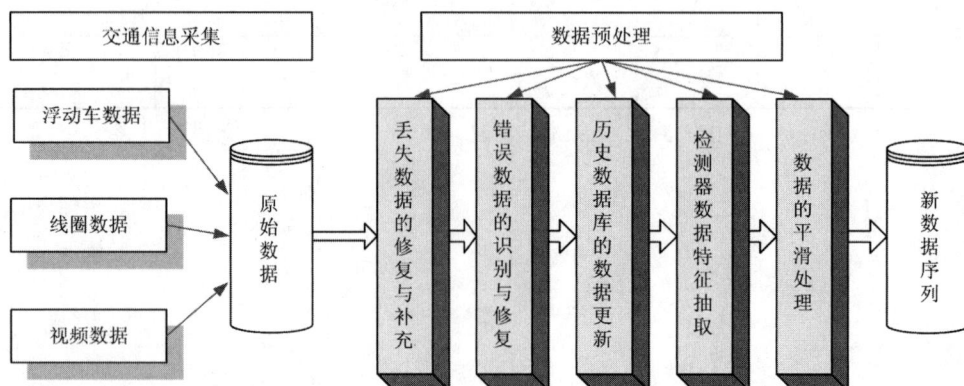

附录五：车辆监测技术方案选择方法

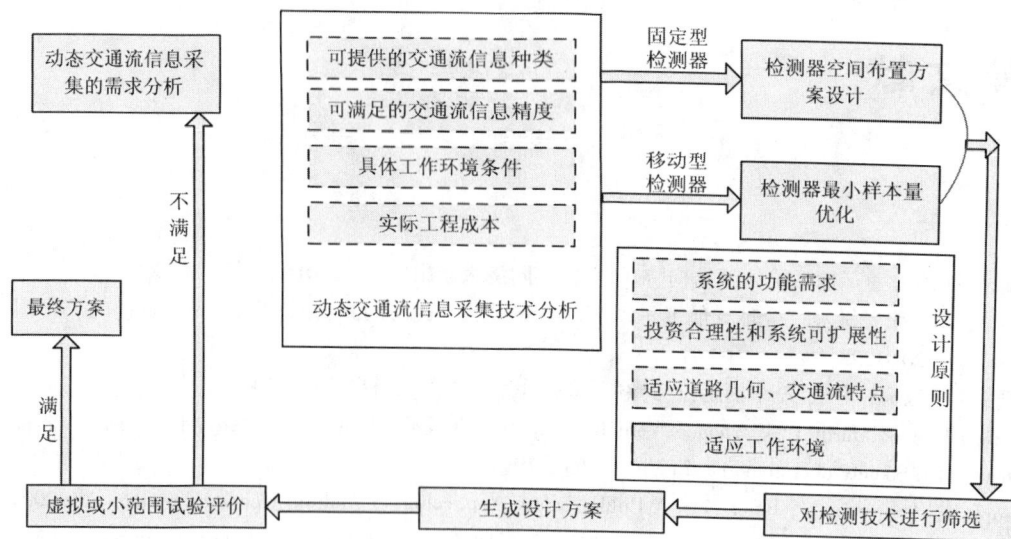

附录六：车辆定位与跟踪方法

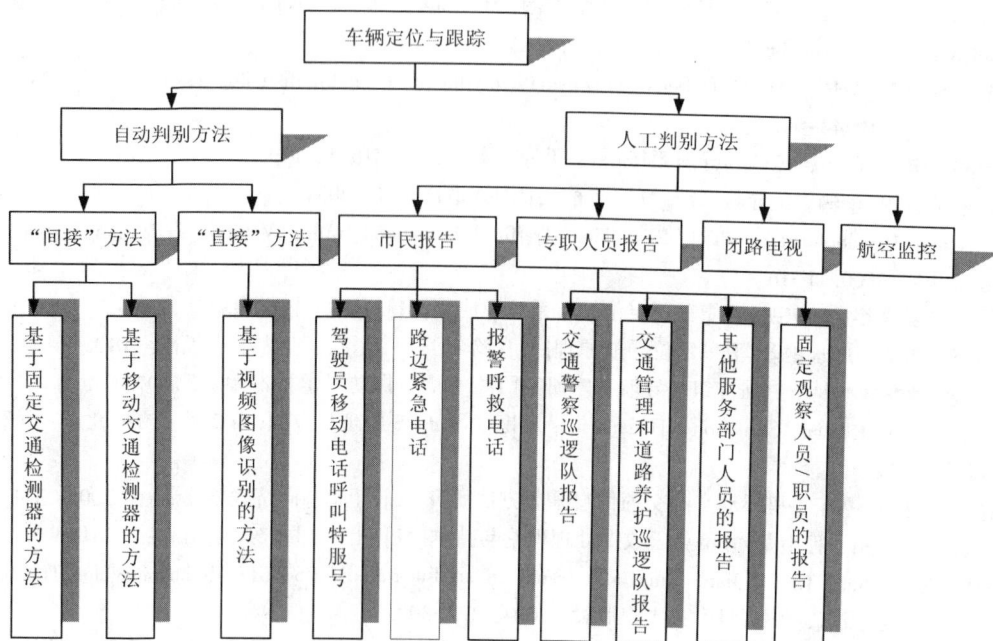

参考文献

[1]杨佩昆.智能交通运输系统体系结构[M].上海:同济大学出版社,2001.

[2]梁坤,裴超,张爱敏等.《全球导航卫星系统(GNSS)接收机(时间测量型)校准规范》解读[J].中国计量,2013(7):120-122.

[3]胡振文,孙玉梅,邢献芳.车辆定位与导航[M].北京:中国铁道出版社,2009.

[4]Francis J Dance, Martin L G, Thoone. Vehicle Navigation Systems:Is America Ready? Intelligent Transportation Systems[M]. Society of Automotive Engineers Inc, 1997.

[5]Whipple J, Arensman W, Boler M S. A Public Safety Application of Android Operating System[A]. 2009.

[6]北京产业研究院.2014—2019年中国电子地图(数字地图)行业前景展望及投资机会分析报告[M].http://www.sn180.com/member1/newsview-246148.html.

[7]费立凡等.MapInfo 入门教程[M].北京:科学出版社,2005.

[8]百度地图 API 官方资料站点.百度地图 API 开发指南[M].http://developer.baidu.com/map/.

[9]Google 地图 API 讨论组.谷歌地图 API 开发指南[M].http://code.google.com/intl/zh-CN/apis/maps/documentation/reference.html.

[10]KIM D H, KIM Y H, ESTRIN D. Sensloc:sensing everyday places and paths using less energy[A]. New York:acm Press, 2010.43-56.

[11]赵亦林,谭国真.车辆定位与导航系统[M].北京:电子工业出版社,1999.

[12]富立,范耀祖.车辆定位导航系统[M].北京:中国铁道出版社,2004.

[13]N Disange. Development of RTTI(Real Time Traffic Information) within Vehicle Navigation Systems[A]. London UK, 2000.11-16.

[14]张其善,吴今培,杨东凯.智能车辆定位导航系统及应用[M].北京:科学出版社,2000.

[15]孟维晓,韩帅,迟永钢著.卫星定位导航原理[M].哈尔滨:哈尔滨工业大学出版社,2013.

[16]许国珍.微惯性/卫星/磁强计组合导航技术研究[D].长沙:国防科学技术大学,2007.

[17][美] Elliot D. Kaplan, Christopher Hegarty 著;寇艳红译.GPS 原理与应用(第2版)[M].北京:电子工业出版社,2012.

[18]杨兆升,王媛.基于手机浮动车的交通信息采集方法研究[A].上海:同济大学出版社,2005:321-326.

[19]程效军,贾东峰,程小龙.海量点云数据处理理论与技术[M].上海:同济大学出版社,2014.

[20]TONG Xiao-hua, CHEN Jian-yang. Key Issues in an Integrated GPS-GIS Methodology for Travel Time Estimation[A].北京:中国科学技术出版社,2004:297-300.

[21]DING Ke-liang. Link Travel Time Estimation Based on Integration GPS-GIS[A].北京:中国科学技术出版社,2004:289-291.

[22]任福田,刘小明,荣建.交通工程学[M].北京:人民交通出版社,2003:62-72.